난생처음 MySQL

배은영 지음

한빛아카데미
Hanbit Academy, Inc.

지은이 **배은영** yourdatastudio@gmail.com

숙명여자대학교에서 데이터를 전공한 컴퓨터공학박사 배은영은 글로벌 컨설팅 회사인 ㈜딜로이트경영컨설팅의 시스템사업부, ㈜언스트영경영컨설팅의 솔루션팀에 재직하며 데이터베이스 및 시스템 구축 프로젝트 업무를 수행했었다. 이후 20년 동안 중앙대학교 전산원과 미래교육원에서 전임교수와 주임교수를 맡아 교육 및 학생지도 업무를 해왔다. 또한 숙명여자대학교와 서울사이버대학교 외래교수, 서일대학교 겸임교수 등의 경력을 갖고 있다. 최근에는 대한항공의 ODS 구축 프로젝트에 참여했으며, 온라인교육 플랫폼 인프런에서 '49회만에 실무 SQL 완전정복' 콘텐츠도 운영하고 있다.

난생처음 MySQL

초판발행 2024년 1월 17일

지은이 배은영 / **펴낸이** 전태호

펴낸곳 한빛아카데미(주) / **주소** 서울시 서대문구 연희로2길 62 한빛아카데미(주) 2층

전화 02-336-7112 / **팩스** 02-336-7199

등록 2013년 1월 14일 제2017-000063호 / **ISBN** 979-11-5664-014-1 93000

총괄 박현진 / **책임편집** 김성무 / **기획·편집** 김예원 / **교정** 윤미현

디자인 이아란 / **전산편집** 이소연 / **삽화** 임의영 / **제작** 박성우, 김정우

영업 김태진, 김성삼, 이정훈, 임현기, 이성훈, 김주성 / **마케팅** 길진철, 김호철, 심지연

이 책에 대한 의견이나 오탈자 및 잘못된 내용에 대한 수정 정보는 아래 이메일로 알려주십시오.

잘못된 책은 구입하신 서점에서 교환해 드립니다. 책값은 뒤표지에 표시되어 있습니다.

홈페이지 www.hanbit.co.kr / 이메일 question@hanbit.co.kr

Published by HANBIT Academy, Inc. Printed in Korea

지은이 머리말

SQL 입문자를 위한 쉽고 친절한 MySQL 입문서

20년 넘게 교단에서 데이터베이스를 가르친 경험과 기업 프로젝트 수행을 통해 얻은 저의 교육 방법론이 적용된 도서가 출간되어 기쁩니다.

본 도서는 다음과 같은 특징을 갖습니다.

첫째, 한글 테이블명과 한글 컬럼명을 사용하여 직관적으로 이해할 수 있도록 하였습니다.

둘째, 현업에서 사용하는 유형의 데이터베이스 구조와 데이터를 실습에 사용함으로써 실무에 쉽게 적응할 수 있도록 하였습니다.

셋째, 산업에서 바로 활용할 수 있는 쿼리를 기초부터 심화까지 다양한 시나리오 기반 예제로 구성하였습니다.

넷째, 공공데이터를 활용한 프로젝트를 통해 데이터에 대한 시야를 넓히고, SQL 활용 능력을 향상시킬 수 있게 하였습니다.

다섯째, 쿼리 결과를 시각화하여 표현함으로써 탐색적 데이터 분석을 위한 SQL의 활용 사례를 제시하였습니다.

본 도서는 MySQL로 데이터베이스에 입문하고자 하는 학생뿐만 아니라 기초에서 중급으로 발전하고 싶거나 이미 데이터를 업무에서 활용하고 있는 사람들에게도 도움이 될 수 있습니다. SQL 기술을 탄탄히 익힌 여러분은 IT뿐만 아니라 비즈니스, 의료, 교육, 공공서비스 등 다양한 분야에서 데이터에 대한 전문성을 발휘할 수 있을 것입니다.

도서가 완성되기까지 많은 도움을 주신 한빛아카데미(주)의 김예원 선임님과 관계자 여러분께 감사드립니다. 또한 늘 응원과 지원을 아끼지 않는 부모님과 가족, 선배 문지영 님께 지면을 빌어 존경과 감사, 사랑의 말씀을 전합니다.

여러분의 즐거운 학습 여정을 응원합니다.

지은이 배은영

『난생처음 MySQL』 8단계 길잡이

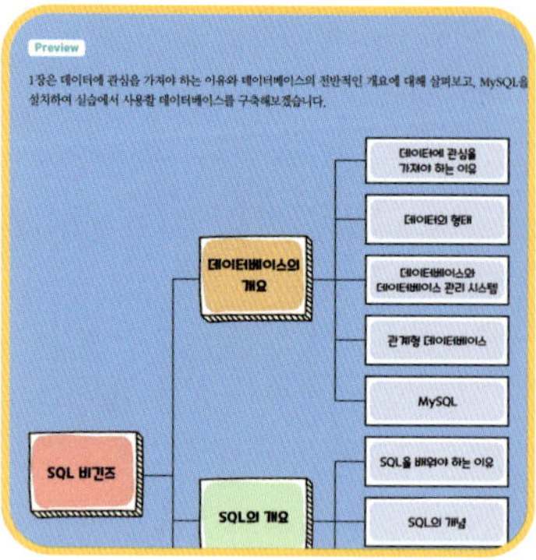

1 Preview

해당 장에서 배울 내용을 간략하게 정리하며, 로드맵을 함께 제시하여 주제 및 주요 개념을 큰 맥락에서 볼 수 있도록 도와줍니다.

2 예제

SQL 문법을 실무형 예제 시나리오로 직접 실습하면서 기본 개념을 이해하고 문제 해결력을 기를 수 있습니다.

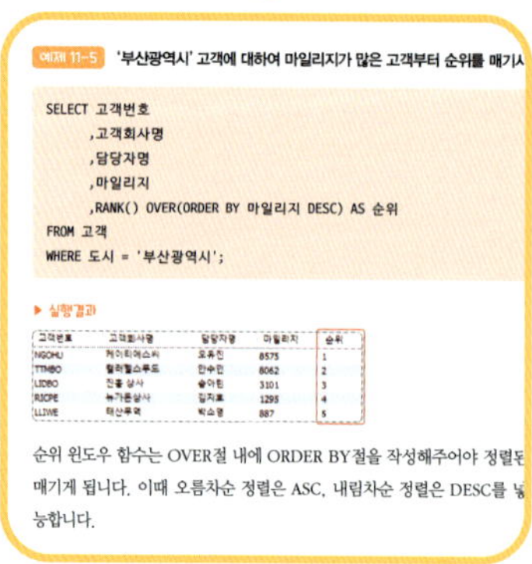

3 하나 더 알기

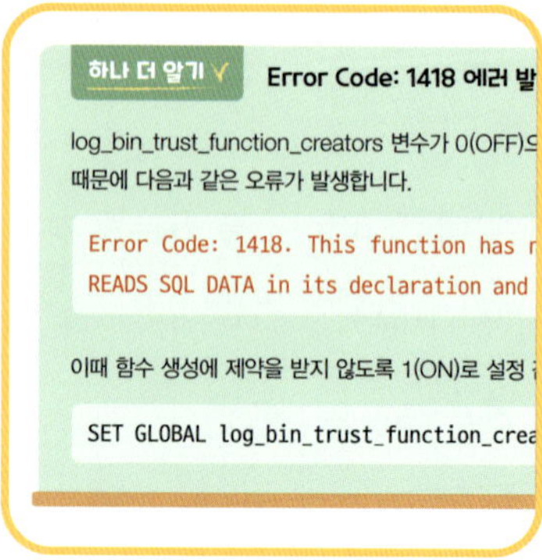

본문과 관련된 도움말이나 참고로 알아두면 좋은 내용을 담고 있습니다.

4 말풍선

지나치기 쉬운 내용이나 꼭 기억해 두어야 할 내용을 짚어줍니다.

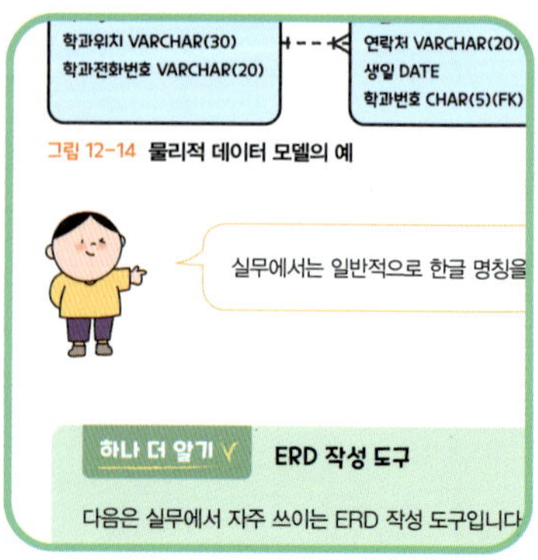

5 Q&A

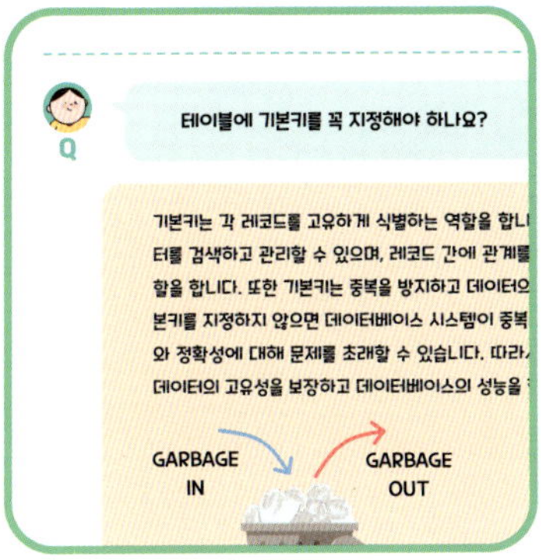

저자가 강의 중 학생들에게 실제로 받았던 질문에 대한 답을 수록해 독자의 궁금증을 해소해줍니다.

6 확인문제

하나의 주제가 끝날 때마다 간단한 문제를 통해 확인학습이 가능합니다.

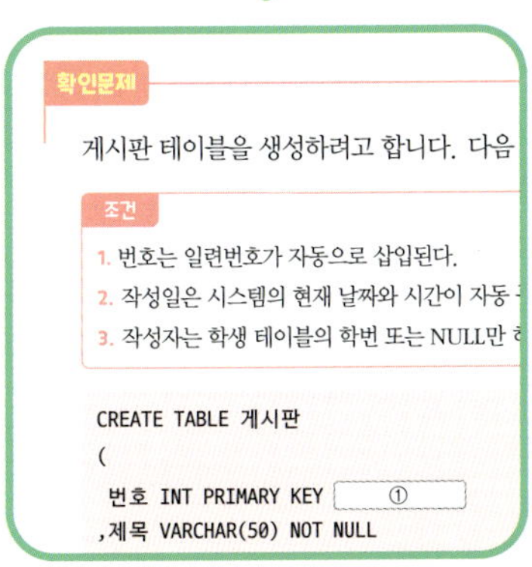

7 점검문제

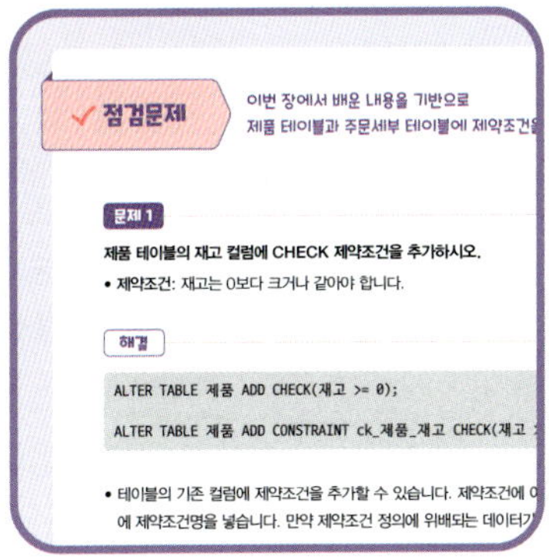

하나의 장이 끝날 때마다 본문에서 배운 내용을 점검할 수 있는 문제를 제공합니다. 이를 통해 실제 상황에서의 문제 해결력을 키울 수 있습니다.

8 연습문제

해당 장에서 배운 핵심 개념과 문법을 묻고, 실습문제를 통해 자신의 실력을 테스트할 수 있습니다.

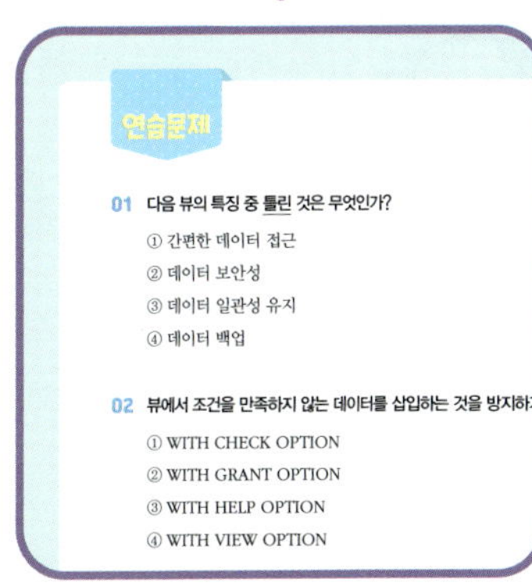

학습 로드맵

Go!

01. SQL 기초(1~4장)

데이터베이스와 MySQL의 개념을 이해하고 무역회사 데이터베이스를 기반으로 SQL 기본 문법을 익힙니다.

- SQL 비긴즈
- SQL의 기본 질의문과 연산자
- 함수1: 단일 행 함수
- 함수2: 집계 함수

▼

02. SQL 심화(5~8장)

SQL의 심화 문법을 학습하고 다양한 실무 예제를 실습하면서 SQL 스킬을 향상시킵니다.

- 조인
- 서브쿼리
- DML: 데이터 조작어
- DDL: 데이터 정의어

▼

03. SQL 활용(9~13장)

데이터베이스를 설계하고 지하철 공공데이터를 분석하는 프로젝트까지 진행하면서 실전 감각을 높입니다.

- 뷰와 인덱스
- 프로시저와 함수, 트리거
- 윈도우 함수
- 데이터 모델링
- [프로젝트] 공공데이터를 활용한 데이터 분석

실무 예제와 쉬운 설명으로
문제 해결 능력을 키워보아요!

Goal!

이 책의 사용 설명서

• 실습 자료

실습에 필요한 자료는 아래 주소에서 내려받을 수 있습니다.

http://www.hanbit.co.kr/src/40014

• 실습 환경

이 책의 실습 환경은 다음과 같습니다. 학습을 시작하기 전에 실습 도구인 MySQL과 워크벤치(Workbench)를 꼭 설치하세요.

- **운영체제** Windows 10(Windows 7 이후라면 모두 사용 가능)
- **실습 도구** MySQL 8.0, 워크벤치(Workbench) 8.0

• 강의 보조 자료

한빛아카데미 홈페이지에서 '교수회원'으로 가입하신 분은 인증 후 교수용 강의 보조 자료를 제공받을 수 있습니다. 한빛아카데미 홈페이지 상단의 〈교수전용공간〉 메뉴를 클릭하세요.

http://www.hanbit.co.kr/academy

• 연습문제 해답 안내

이 책은 대학 강의용 교재로 개발되었으므로 연습문제 해답을 제공하지 않습니다.

목차

목차

PART 02 SQL 심화

CHAPTER 05 조인

CHAPTER 06 서브쿼리

CHAPTER 07 DML: 데이터 조작어

CHAPTER 08 DDL: 데이터 정의어

PART 03 SQL 활용

CHAPTER 09 뷰와 인덱스

목차

· PART ·

01

SQL 기초

CONTENTS

CHAPTER 01

SQL 비긴즈

학습목표

- 데이터의 중요성을 이해할 수 있습니다.
- 데이터베이스와 SQL의 개념을 이해할 수 있습니다.
- SQL 실습을 위한 환경을 구축합니다.

Preview

1장은 데이터에 관심을 가져야 하는 이유와 데이터베이스의 전반적인 개요에 대해 살펴보고, MySQL을 설치하여 실습에서 사용할 데이터베이스를 구축해보겠습니다.

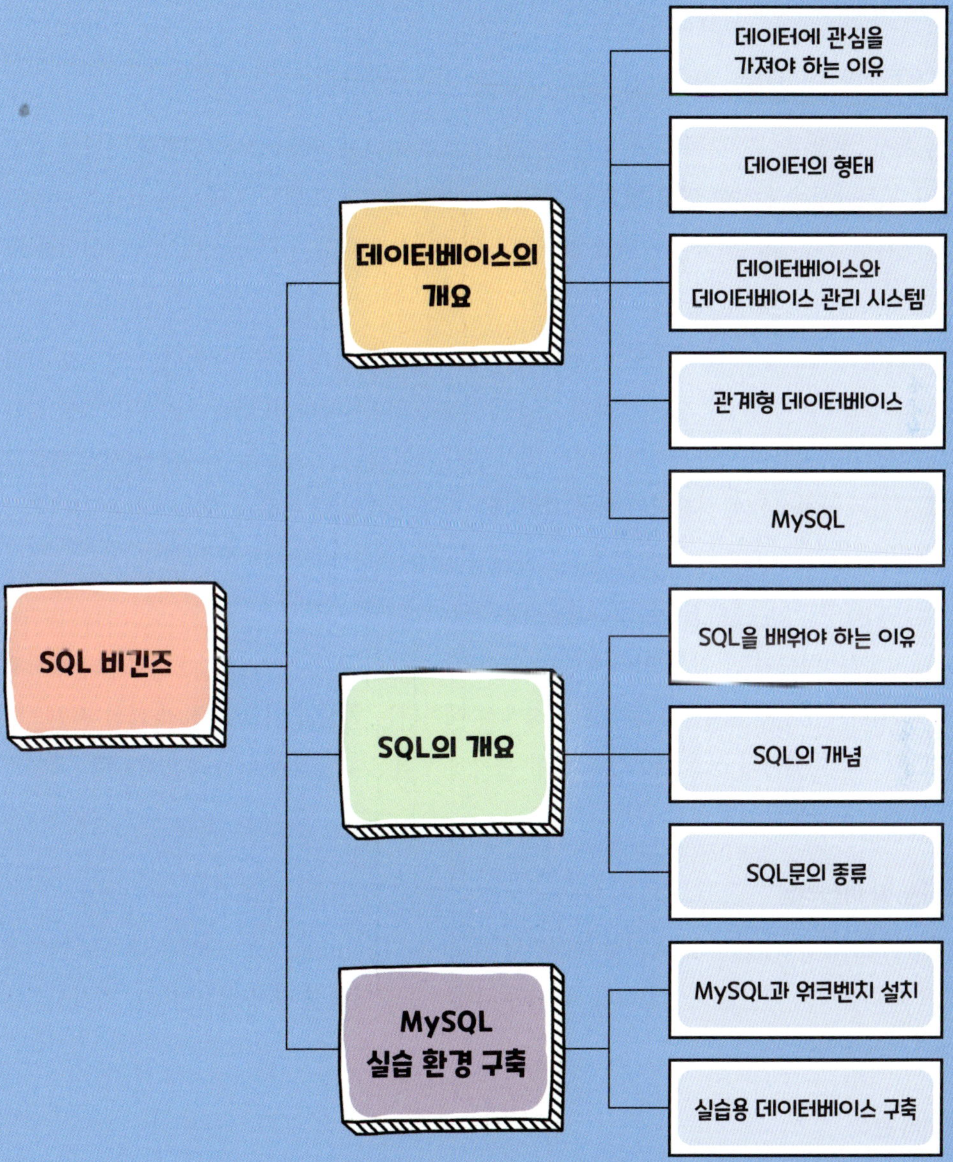

Section
01 데이터베이스의 개요

1 데이터에 관심을 가져야 하는 이유

데이터는 측정, 관찰, 연구, 분석 등을 통해 수집된 정보로서 금융 부문에서는 위험과 사기를 감지하고, 의료 부문에서는 유전학 및 질병을 분석하는 데 활용됩니다. 또한 기업에서는 고객의 행동과 선호도를 이해하거나 새로운 시장 기회를 발견하고 비즈니스 전략을 수립하는 데에도 데이터를 활용합니다.

데이터를 '21세기 새로운 석유'라고도 하는데, 이는 2차 산업혁명의 동력이 석유였듯이 4차 산업혁명의 동력으로서 데이터가 엄청난 가치를 지닌 자원임을 의미합니다. 또한 두 자원은 가치를 갖는 방식도 유사합니다. 석유와 마찬가지로 데이터 역시 원시 데이터 그 자체로는 가치가 없지만 빠르고 정확하게 수집되고 적절하게 정제되어 다른 관련 데이터와 연결될 때 비로소 가치가 창출됩니다.

4차 산업혁명 기술과 데이터

디지털화, 자동화, 인공지능, 사물 인터넷 등이 포함된 4차 산업혁명은 기술의 변화로부터 시작된 혁명이라고 할 수 있습니다. 4차 산업혁명 기술에서 데이터는 혁신과 기술 발전의 핵심 자원으로 작용하며, 기술과 데이터의 상호 작용은 다양한 분야에서 혁신적인 결과를 낳고 있습니다. 데이터가 핵심 자원으로 적용되는 분야를 살펴봅시다.

■ 인공지능 및 머신러닝

인공지능(Artificial Intelligence, AI) 및 머신러닝(Machine Learning, ML) 모델은 대규모 데이터를 기반으로 학습하고 패턴을 파악합니다. 데이터는 이러한 모델을 훈련시키고 성능을 향상시키는 데 반드시 필요합니다.

■ 빅데이터 분석

데이터는 빅데이터 분석에 중요한 자원입니다. 데이터를 분석하고 인사이트를 도출하는 능력은 비즈니스 프로세스 최적화를 통한 전략 수립, 제품 개발, 신규 고객 개발, 고객 경험 향상 등에 활용되며, 비즈니스 경쟁력 강화에 꼭 필요한 자질입니다.

■ **사물 인터넷**

사물 인터넷(Internet of Things, IoT) 장치는 실시간 데이터를 생성하고 전송합니다. 이 데이터는 스마트 시스템에서 기기 간 통신을 가능하게 하며 스마트 도시, 생산 시설 등의 기능 향상에 활용됩니다.

■ **블록체인**

블록체인(Blockchain)은 분산 컴퓨팅 기술 기반의 데이터 위·변조 방지 기술입니다. 블록체인은 데이터의 보안과 무결성을 보장하며 금융 거래, 공급망 관리, 투표 시스템 및 스마트 계약에서 데이터를 안전하게 저장하고 공유하여 거래의 투명성을 증진시키는 데 사용됩니다.

■ **로봇공학**

로봇공학(Robotics)에서 로봇은 주변 환경을 이해하고 상황을 파악하기 위해 센서 데이터를 사용합니다. 이러한 데이터는 초음파 센서 또는 카메라 등을 통해 수집되고, 물체 인식, 장애물 감지, 주행 경로 조정, 환경 지도 작성, 위치 추적 등에 사용되며, 로봇의 자율성과 효율성을 향상시키는 데 활용됩니다.

■ **가상 현실 및 증강 현실**

가상 현실(Virtual Reality, VR) 및 증강 현실(Augmented Reality, AR) 애플리케이션은 현실과 가상 환경 사이의 상호 작용을 위해 데이터를 사용하며, 사용자의 동작 및 환경 데이터를 분석하여 현실감을 제공하거나 더 나은 사용자 경험을 제공합니다.

폭발적으로 증가하는 데이터

정보 기술의 발전과 디지털화로 인해 막대한 양의 데이터가 생성되고 있습니다. 또한 데이터 기술과 클라우드 컴퓨팅의 발전 덕분에 데이터를 저장하고 처리하는 비용이 감소함으로써 데이터 증가율은 더욱 커지고 있습니다.

그렇다면 얼마나 많은 데이터가 생성되고 있을까요? 미국 시장조사기관인 IDC에 따르면 2020년을 기준으로 전 세계 디지털 정보량은 60제타바이트(ZB, 10^{21}Bytes) 수준이라고 합니다. 이는 지구상 해변의 모든 모래알 수의 약 1,282배에 달하는 양입니다. 2025년에는 175제타바이트에 달할 것으로 예상하고 있습니다. 이처럼 데이터가 폭발적으로 증가함에 따라 데이터를 다양한 도구와 모델을 이용해 분석하고 새로운 가치를 도출할 수 있는 데이터 활용 능력은 데이터 경제 시대에서 살아남기 위한 기업과 개인에게 필수 능력이 되었습니다.

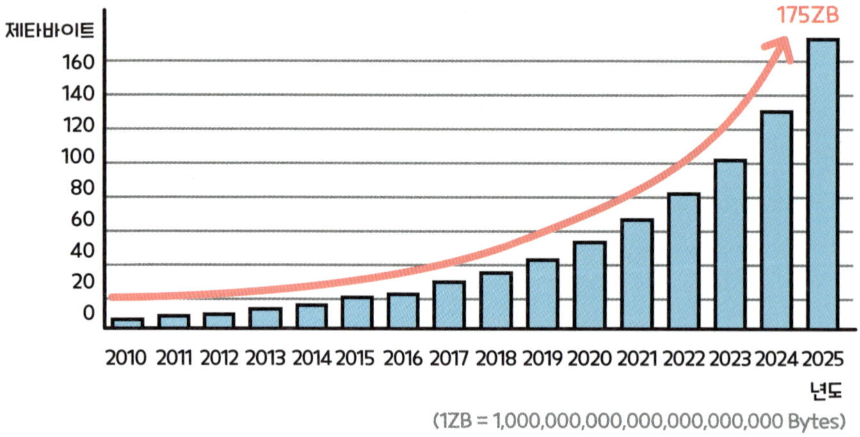

그림 1-1 데이터 예상 증가율

데이터의 활용 분야

그렇다면 데이터는 어디에 활용될 수 있을까요? 우선 인사, 홍보, 영업, 마케팅 등 기업 활동 전반에서 데이터가 생성 및 사용되고 있습니다. 또한 개인별 데이터 분석을 통해 취향에 맞는 콘텐츠 및 상품을 추천하는 초개인화 서비스에서도 데이터가 활용됩니다. 뿐만 아니라 맞춤형 정밀 진단을 통한 의료 서비스, 최첨단 스마트 공장, 자율주행차, 스마트 팜, 최적의 교통신호 제어, 범죄 분석, 신용 대출 및 기후, 환경, 노동, 직업, 교육, 예술 등 거의 모든 분야에서 데이터 기반의 활동이 이루어지고 있습니다.

한편 UN 미래 보고서에 의하면 2030년에는 현존하는 직업 중 20억 개가 없어지고, 일자리의 80%가 15년 안에 사라진다고 예측하고 있습니다. 그런데 데이터와 관련해서는 새로운 서비스와 직업군이 생겨나고 있습니다.

그림 1-2 데이터가 활용되는 분야

데이터 관리자, 데이터 분석가, 데이터 과학자, 데이터 시각화 전문가, 데이터 엔지니어, 데이터 큐레이터뿐만 아니라 데이터 랭글러, 데이터 해석가, 데이터 정제가, 데이터 알고리즘 통역사, 데이터 기반 행동예측 분석가, 데이터 중개인, 데이터 농부, 데이터 보호 솔루션 설계자, 데이터 재활용 개발자, 데이터 저널리스트 등 데이터와 관련하여 다양한 직업군이 파생되고 있습니다.

하나 더 알기 ✓ **개인이 일상에서 만들어내는 데이터에는 어떤 것이 있을까?**

우리는 알게 모르게 엄청난 데이터를 만들어내고 있습니다. 일상에서 개인이 생성하는 데이터에는 어떤 것이 있을까요? 지하철을 타면 '지하철 승/하차 시간', '탑승한 지하철 호선' 등이 데이터로 저장됩니다. 친구와 통화했다면 '통화 시작 시간'과 '종료 시간', '통화 중 이동한 위치' 등이 저장됩니다. 편의점에서 음료수를 샀다면 '구매 시간', '제품명', '가격', '구매한 장소' 등이 저장됩니다. 걸어가는 길에 CCTV에 찍힌 나의 영상도 데이터로 저장됩니다. 유튜브에서 음악을 듣다가 '구독'과 '좋아요'를 누르고 댓글을 달았다면 그 또한 데이터로 저장됩니다. 인스타그램에 올린 '파스타' 사진 역시 내가 만든 데이터입니다. 살짝만 살펴봐도 개인이 일상 속에서 생성하는 데이터가 꽤 많다는 것을 알 수 있습니다.

2 데이터의 형태

데이터는 형태에 따라 정형 데이터, 반정형 데이터, 비정형 데이터로 분류할 수 있습니다.

정형 데이터

정형 데이터(Structured Data)는 미리 정해진 구조에 따라 저장된 데이터를 의미합니다. 이것은 정해진 형식과 저장 구조를 바탕으로 손쉽게 데이터 검색 및 삽입, 수정, 삭제 연산을 수행할 수 있어 주로 정형화된 업무 또는 서비스에 사용합니다. 행과 열에 의해 지정된 각 셀에 데이터를 저장하는 엑셀의 스프레드시트나 관계형 데이터베이스의 테이블에 저장된 데이터가 대표적인 정형 데이터라고 할 수 있습니다.

	A	B	C	D
1	사용일자	노선명	역명	승차총승객수
2	20220101	3호선	수서	7370
3	20220101	3호선	학여울	461
4	20220101	3호선	대청	3224
5	20220101	3호선	일원	3321
6	20220101	경원선	싱송	1
7	20220101	1호선	신설동	4939
8	20220101	1호선	동대문	6486
9	20220101	1호선	종로5가	7975
10	20220101	1호선	서울역	18398
11	20220101	1호선	동묘앞	7240
12	20220101	1호선	시청	5604
13	20220101	1호선	종각	9977
14	20220101	1호선	종로3가	11017
15	20220101	2호선	구로디지털단지	18363
16	20220101	2호선	신대방	11652
17	20220101	2호선	신림	29564
18	20220101	2호선	봉천	9207
19	20220101	2호선	서울대입구(관악·	20142

그림 1-3 **정형 데이터의 예(엑셀 파일)**

반정형 데이터

반정형 데이터(Semi-Structured Data)는 정형 데이터와는 달리 구조화되어 있지 않아서 연산이 불가능하며, 데이터 내부에 데이터 구조에 대한 메타 정보를 함께 제공하는 파일 형식의 데이터입니다. 웹에서 데이터를 교환하기 위해 작성하는 HTML, XML, JSON 파일이나 웹 로그, 센서 데이터 등이 반정형 데이터의 예입니다.

```
{
  "crewId": "110135",
  "qualificationCode": "737TCE",
  "renewalType": "RECURRENT",
  "fromDateTime": "2099-04-30 00:00:00",
  "toDateTime": "2099-05-30 00:00:00",
  "qualificationStatus": "PLANNED",
  "checkDateTime": "2022-04-07 00:00:00",
  "comments": null,
  "internalCrewID": "108207",
  "odsChangeTimestamp": "2023-08-14 13:37:57.668287"
}
```

그림 1-4 **반정형 데이터의 예(JSON 파일)**

비정형 데이터

비정형 데이터(Unstructured Data)는 동영상, 오디오, 사진, 보고서, 메일과 같이 정해진 구조나 규칙이 없고, 연산에 사용할 수 없는 형태의 데이터를 의미합니다. 대표적인 비정형 데이터에는 페이스북, 인스타그램, 트위터 등의 소셜 데이터 및 워드나 PDF 문서, 이미지, 영상과 같은 멀티미디어 데이터가 있습니다.

(a) 페이스북 (b) 인스타그램 (c) 트위터

그림 1-5 **다양한 SNS의 예**

3 데이터베이스와 데이터베이스 관리 시스템

데이터베이스(Database)는 여러 사람이 공유하고 운영할 목적으로 관리되는 통합적인 정보의 집합으로 컴퓨터 시스템에 전자적으로 저장되는 구조화된 데이터 모음입니다. 데이터베이스는 데이터베이스 관리 시스템(DataBase Management System, DBMS)에 의해 관리됩니다.

DBMS는 최종 사용자 또는 응용 프로그램이 데이터베이스에 접근할 수 있는 인터페이스 역할을 하며, 저장된 데이터를 보다 체계적으로 관리하고 이용할 수 있게 해주는 소프트웨어입니다. DBMS를 통해 데이터베이스를 구축할 수 있고, 효율적으로 데이터를 검색하고 저장할 수 있습니다. 또한 성능 모니터링, 튜닝, 백업, 복구와 같은 DBMS의 다양한 기능을 통해 무결성, 일관성, 유용성을 유지할 수 있습니다.

데이터베이스 유형

데이터베이스는 데이터의 사용 방식에 따라 다양한 유형으로 구분됩니다.

표 1-1 **데이터베이스 유형**

데이터베이스 유형	설명
관계형 데이터베이스	열과 행이 있는 테이블 집합으로 구성되며, 정형 데이터에 액세스하는 가장 효율적이고 유연한 방법을 제공한다.
객체 지향 데이터베이스	객체 지향 패러다임을 사용하는 객체 지향 프로그래밍으로부터 영향을 받아 생성된 데이터베이스로 정보를 객체의 형태로 표현한다.
분산 데이터베이스	물리적으로 떨어진 데이터베이스를 네트워크로 연결하여 단일 데이터베이스 이미지를 보여준다. 분산된 작업 처리를 수행하는 데이터베이스로 사용자는 시스템이 분산되어 있는지 인식하지 못한 채 사용할 수 있다.
데이터 웨어하우스	조직 내 서로 다른 다양한 소스들의 정보를 집계하고 저장하는 시스템으로 최종 사용자가 전사적 정보를 분석할 수 있게 하여 의사 결정을 도모할 수 있도록 설계된다.
NoSQL 데이터베이스	관계형 데이터베이스 이외의 형식으로 데이터를 저장하는 데이터베이스로 대량의 분산된 데이터를 저장하고 조회하는 데 특화되어 있나.
클라우드 데이터베이스	클라우드 플랫폼을 통해 구축·접근할 수 있는 데이터베이스로 기존 데이터베이스와 동일한 기능에 클라우드 컴퓨팅의 유연성이 추가되었다. 사용자가 클라우드 인프라에서 DBMS를 선택하여 데이터베이스를 구현할 수 있다.
자율 운영 데이터베이스	클라우드를 기반으로 머신러닝을 사용하여 데이터베이스 튜닝, 보안, 백업, 업데이트 및 기타 데이터베이스 관리자가 전통적으로 수행해 온 일상적인 관리 작업을 자동화한 데이터베이스이다.

4 관계형 데이터베이스

관계형 데이터베이스(Relational Database)는 관계형 데이터 모델을 기반으로 한 데이터베이스로서 모든 데이터는 테이블 단위로 저장됩니다. 테이블은 단일 주제에 대한 데이터의 집합으로 행(Row)과 열(Column)로 구성된 2차원 형태이며, SQL문을 사용하여 테이블에 데이터를 저장하거나 테이블에서 데이터를 가져올 수 있습니다. 또한 각 테이블의 공통 열을 연결하여 관계(Relationship)를 생성함으로써 테이블 간 종속성을 표현할 수 있습니다. 5장에서 배우는 조인을 사용하면 여러 테이블에 들어있는 관련 데이터를 한번에 확인할 수 있습니다.

관계형 데이터베이스에서 사용하는 주요 용어를 살펴보겠습니다.

■ 테이블(Table)

- 릴레이션(Relation)이라고도 하며 동일한 주제의 데이터 집합으로 이루어집니다.
- 1개 이상의 열과 0개 이상의 행으로 이루어진 데이터 집합입니다.
- 데이터베이스 내에서 유일한 이름을 가져야 합니다.

■ 열(Column)

- 속성(Attribute), 필드(Field)라고도 합니다.
- 의미가 더 이상 분리되지 않는 최소의 데이터 단위입니다.
- 한 테이블 내에서 유일한 열 이름을 가져야 하며 문자, 숫자, 날짜 등 자신만의 데이터타입을 가지고 있습니다.

■ 행(Row)

- 튜플(Tuple), 레코드(Record)라고도 합니다.
- 관련 있는 열의 묶음입니다.
- 한 테이블에 저장된 모든 행은 동일한 수의 열을 가집니다.

■ 관계(Relationship)

- 두 테이블 간에 서로 연결되는 방식을 의미하며, 데이터의 종속성을 표현합니다.

■ 기본키(Primary key)

- 주된 식별자입니다.
- 한 테이블 내에서 행을 구별할 수 있는 열 또는 열의 묶음입니다.

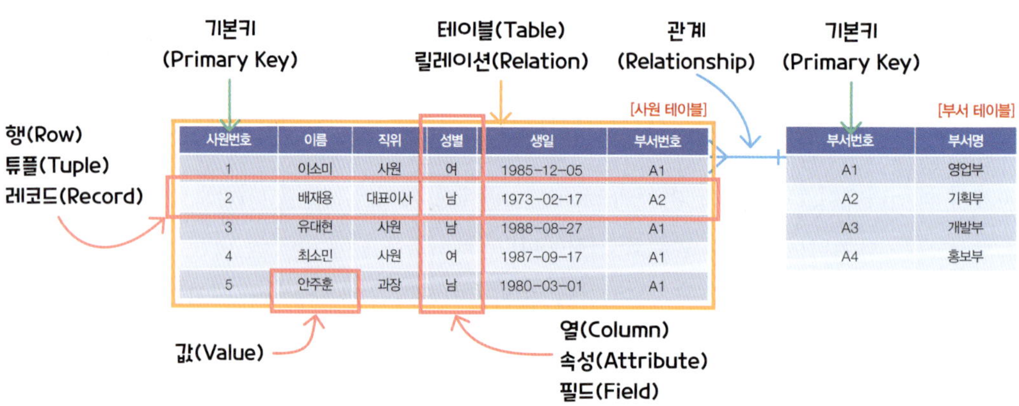

그림 1-6 관계형 데이터베이스의 기본 용어

5 MySQL

MySQL은 1995년에 발표된 오픈 소스 RDBMS입니다. MySQL의 최초 제작사는 스웨덴의 MySQL AB였는데, 2008년에 썬마이크로시스템즈사에 인수되었으며 2010년에 오라클사에서 썬을 인수하면서 현재는 오라클의 소유가 되었습니다. MySQL은 무료인 커뮤니티 버전과 유료인 상용 버전이 있습니다. 이 두 버전은 백업, 모니터링, HA(High Availability)와 같은 기능과 기술지원 등에서 차이가 있습니다.

MySQL은 웹 애플리케이션용으로 설계 및 최적화되었기 때문에 모든 플랫폼에서 실행할 수 있습니다. 현재 MySQL은 Oracle, MS-SQL, PostgreSQL 등과 함께 4대 RDBMS로서 자리를 차지하고 있습니다.

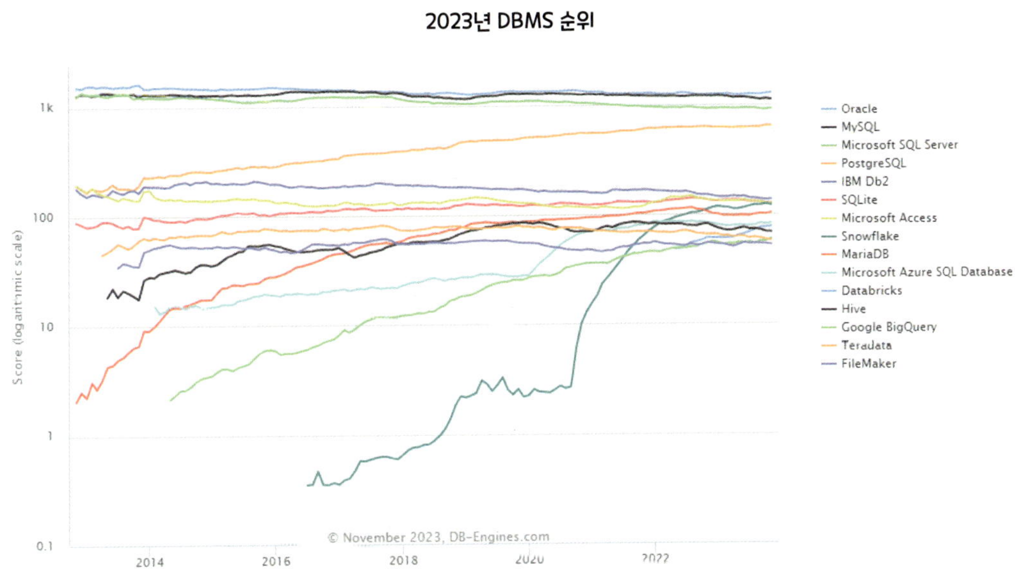

그림 1-7 2023년 기준 DBMS 순위(©https://db-engines.com/en/ranking_trend/relational+dbms)

하나 더 알기 √ **MySQL과 MariaDB**

MariaDB는 MySQL의 포크(Fork)로 시작되었습니다. MySQL 개발자였던 몬티 와이드니어스(Monty Widenius)가 개발을 주도하였는데, MariaDB라는 이름은 그의 둘째 딸 마리아의 이름을 딴 것이라고 합니다. MariaDB는 MySQL과 소스코드를 같이 사용하므로 명령어 및 사용 방법, 구조 등이 MySQL과 유사합니다. 또한 MariaDB는 순수한 오픈 소스 프로젝트이기에 오라클로부터 자유롭고 누구든 커뮤니티를 통해 MariaDB를 다운받아 사용할 수 있습니다.

Section 02

SQL의 개요

1 SQL을 배워야 하는 이유

SQL은 데이터에 접근하기 위한 가장 보편적인 수단입니다. 많은 회사에서 고객정보, 주문정보, 상품정보와 같은 주요한 데이터를 RDBMS(Relational DataBase Management System)에 저장하고 관리합니다. 데이터베이스 시장 점유율 1~4위를 차지하고 있는 Oracle, MySQL, MS-SQL, PostgreSQL 역시 전부 RDBMS로 모두 SQL 형태의 인터페이스를 제공합니다.

아마존 레드시프트 ML(Amazon Redshift ML), 구글 빅쿼리 ML(Google BigQuery ML), 스노플레이크(Snowflake), 오라클 클라우드 인프라 데이터 사이언스(Oracle Cloud Infrastructure Data Science), 마이크로소프트 SQL 서버 머신러닝 서비스(Microsoft SQL Server Machine Learning Service) 등 클라우드 기반의 머신러닝 플랫폼에서도 SQL이 사용됩니다.

운영 데이터베이스 및 데이터 웨어하우스, 데이터 레이크에서 대규모의 데이터 조회, 가공, 분석 등 데이터와 관련된 작업을 위해 SQL은 필수입니다.

이제 SQL의 개념과 종류를 조금 더 자세히 살펴보겠습니다.

하나 더 알기 ✓ 데이터 웨어하우스와 데이터 레이크

데이터 웨어하우스(Data Warehouse)는 기업의 의사결정 지원에 효과적으로 사용될 수 있도록 수년간 발생한 조직 내부 데이터와 외부 데이터를 주제 중심적으로 추출, 변환, 통합하여 실시간으로 다양한 각도에서 분석할 수 있도록 만든 읽기전용 데이터베이스입니다. 데이터 웨어하우스는 실시간으로 업데이트되지는 않지만 많은 양의 이력 데이터를 저장하기 때문에 "작년 대비 올해 실적은 어떠한가?" 또는 "어느 부서가 영업 실적을 달성했는가?" 등 장기 추세 데이터를 기반으로 한 쿼리 처리에 적합합니다.
데이터 레이크(Data Lake)는 조직에서 수집한 정형, 반정형, 비정형 데이터를 원시 형태(Raw Data)로 저장하는 단일 데이터 저장소입니다. 데이터 레이크는 부서나 조직별로 흩어진 데이터를 한 장소에 저장하기 때문에 접근하기가 편하고, 다양하면서도 방대한 데이터를 활용한 데이터 분석에 적합합니다.

데이터 웨어하우스는 보고를 위해 설계된 구조화된 데이터 모델을 제공하여 데이터를 저장함으로써 높은 수준의 분석에 용이하며 주로 BI, 시각화 등에 사용됩니다. 이에 반해 데이터 레이크는 가공되지 않은 데이터를 저장하고 분석이 필요할 때 변환하기 때문에 다양한 관점에서 효율적으로 분석을 진행할 수 있으며, 주로 머신러닝이나 예측 분석 등에 사용됩니다.

2 SQL의 개념

SQL(Structured Query Language)은 IBM이 1970년대에 개발한 SEQUEL(Structured English Query Language)을 기반으로 만들어진 언어로, 관계형 데이터베이스 관리 시스템(RDBMS)의 데이터를 관리하고 다양한 데이터 동작을 수행하는 데 사용되는 표준화된 프로그래밍 언어입니다. SQL은 데이터베이스 및 테이블 생성, 데이터 검색, 추가, 수정, 삭제 및 트랜잭션 처리, 보안 및 권한 제어 등 데이터베이스의 모든 측면을 관리하는 데 사용됩니다.

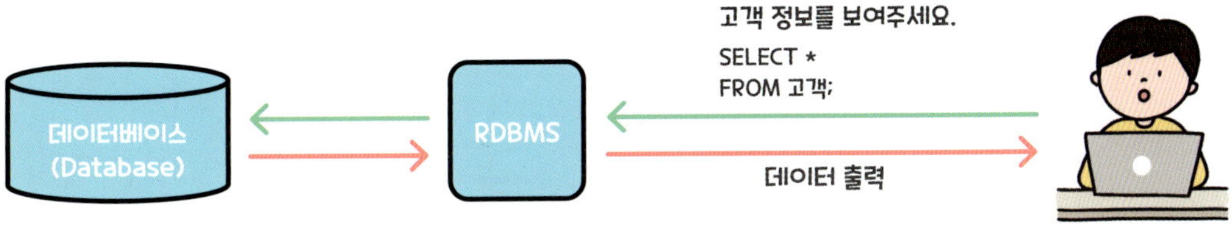

고객번호	고객회사명	담당자명	담당자직위	주소	도시
ACDDR	굿모닝서울	이은광	영업 과장	송파구 잠실동 220	서울특별시
ADHTR	엘케이 상사	김병현	영업 사원	동작구 흑석 3동 140-3	서울특별시
AIHTR	씨엔그룹	김성민	영업 사원	송파구 가락동 301	서울특별시

그림 1-8 **SQL 역할**

SQL의 특징

SQL은 다음과 같은 특징을 갖고 있습니다.

- 영어 문장과 비슷한 구문을 갖추고 있기 때문에 배우기 쉽고 사용하기가 용이하다.
- 데이터 연산에 대한 처리 과정이 절차적이지 않으며 집합 단위로 처리된다.
- 어떻게 처리되는지에 대한 절차를 고려할 필요 없이 무엇을 얻고 싶은지에 대해서만 기술하면 되는 사용자 편의 중심 언어이다.
- 미국표준협회(ANSI)의 표준에 맞게 SQL을 작성한다면 Oracle, MySQL, MS-SQL, PostgreSQL, MariaDB 등 상용 RDBMS 간에 호환과 전환이 용이하다.

3 SQL문의 종류

SQL문에는 데이터 정의어, 데이터 조작어, 데이터 제어어, 트랜잭션 제어어가 있습니다.

데이터 정의어

데이터 정의어(Data Definition Language, DDL)는 데이터베이스의 구조를 정의할 때 사용하는 언어입니다. 따라서 데이터 정의어는 데이터베이스나 테이블, 인덱스와 같은 데이터베이스 객체를 생성, 변경, 삭제할 때 사용합니다.

표 1-2 DDL문의 종류

종류	설명
CREATE	데이터베이스 객체를 생성한다(예 데이터베이스, 테이블, 뷰, 인덱스 등).
ALTER	생성된 객체의 구조를 변경한다.
DROP	생성된 객체를 삭제한다.
TRUNCATE	테이블에 있는 데이터를 모두 삭제한다.

데이터 조작어

데이터 조작어(Data Manipulation Language, DML)는 데이터를 관리하는 데 사용하는 언어입니다. 따라서 데이터 조작어는 레코드를 추가, 삭제하거나 데이터를 변경할 때 사용합니다. 데이터를 검색하는 데 사용하는 SELECT문은 데이터 조작어에 포함하기도 하고 데이터 질의어(Data Query Language, DQL)로 분리하기도 합니다.

표 1-3 DML문의 종류

종류	설명
SELECT	테이블에서 조건에 맞는 데이터를 검색한다.
INSERT	테이블에 새로운 레코드를 삽입한다.
UPDATE	테이블에 있는 데이터 값을 수정한다.
DELETE	테이블에 있는 레코드를 삭제한다.

데이터 제어어와 트랜잭션 제어어

데이터 제어어(Data Control Language, DCL)는 데이터에 대한 액세스를 제어하기 위한 언어입니다. 따라서 데이터 제어어는 데이터베이스 객체나 데이터에 대한 권한을 관리하는 데 사용합니다. 트랜잭션 제어어(Transaction Control Language, TCL)는 INSERT, UPDATE, DELETE문에 의해 수행된 변경 사항을 관리하는 데 사용됩니다. 이 책에서는 데이터 제어어와 트랜잭션 제어어에 관한 내용은 별도로 다루지 않습니다.

표 1-4 DCL문과 TCL문의 종류

종류		설명
DCL	GRANT	특정 사용자 또는 특정 객체에 대해 생성, 수정 등 특정 작업을 할 수 있도록 권한을 부여한다.
	REVOKE	GRANT문으로 부여한 권한을 철회할 때 사용한다.
TCL	COMMIT	트랜잭션 작업 내용을 실제 데이터베이스에 영구 저장한다.
	ROLLBACK	트랜잭션 처리 과정에서 발생한 변경 사항을 취소한다.

하나 더 알기 ✓ **트랜잭션**

트랜잭션(Transaction)이란 여러 개의 DML 작업을 하나로 묶은 논리적인 작업 단위를 의미합니다. 예를 들어 A계좌에서 B계좌로 계좌이체를 한다면 다음의 세 가지 과정이 필요합니다.

❶ A계좌의 잔액 확인
❷ A계좌에서 이체할 금액만큼 출금
❸ B계좌로 입금

이때 ❷, ❸번 작업은 논리적으로 묶여서 모두 성공하거나 모두 실패(All or Nothing)해야 합니다. 예를 들어 A계좌에서는 출금되었는데 B계좌로 입금되지 않는 문제가 발생하면 안 됩니다. 출금과 입금 작업이 모두 성공해야 계좌 이체가 성공한 것이며, 계좌 이체 과정에서 뭔가 문제가 발생하면 입출금 작업이 모두 반영되지 않아야만 일관성과 신뢰성을 유지할 수 있습니다. 업무 시스템이나 금융 시스템과 같은 애플리케이션에서 데이터베이스 트랜잭션은 핵심적인 역할을 합니다.

그림 1-9 트랜잭션 부분 성공의 문제점

확인문제

1. 다음 빈칸에 들어갈 단어를 채우시오.

[　　　　]은 관계형 데이터베이스를 관리하고, 다양한 데이터 동작을 수행하는 데 사용되는 표준화된 프로그래밍 언어입니다. 이것을 사용하면 데이터베이스 생성 및 데이터를 검색하거나 추가, 수정, 삭제를 할 수 있습니다.

2. 다음 빈칸에 들어갈 단어를 채우시오.

의미가 더 이상 분리되지 않는 최소의 데이터 단위인 [①]와/과 서로 관련 있는 [①]의 묶음인 [②](으)로 이루어진 데이터의 집합을 [③]이라고 합니다.

① ____________　② ____________　③ ____________

정답

1. SQL(Structured Query Language)　2. ① 열(Column) 또는 필드(Field) 또는 속성(Attribute)　② 행(Row) 또는 레코드(Record) 또는 튜플(Tuple)　③ 테이블(Table) 또는 릴레이션(Relation)

Section

03 MySQL 실습 환경 구축

실습 환경을 구성하기 위해서 RDBMS인 MySQL을 설치해보겠습니다. 이와 함께 SQL 개발과 관리, 데이터베이스 설계와 생성 등을 위해 단일 개발 통합 환경을 제공하는 비주얼 데이터베이스 설계 도구인 MySQL 워크벤치(Workbench)도 함께 설치하겠습니다.

1 MySQL과 워크벤치의 설치

01 MySQL을 설치하기 위해 웹 브라우저를 실행하고 MySQL을 검색합니다. 검색 결과 중 MySQL Installer를 클릭하여 MySQL 홈페이지의 다운로드 페이지(https://dev.mysql.com/downloads/installer/)에 접속합니다.

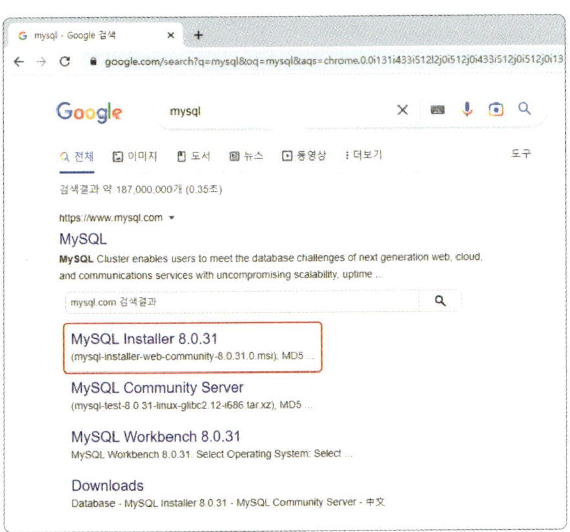

설치 시점에 따라 버전이 다를 수 있지만, 우리의 학습을 위해서는 차이가 없으니 현재 시점의 버전을 다운로드하면 됩니다.

02 [MySQL Community Downloads] 창에서 두 번째 파일인 'mysql–installer–community–8.0.31.0.msi'의 [Download] 버튼을 클릭합니다.

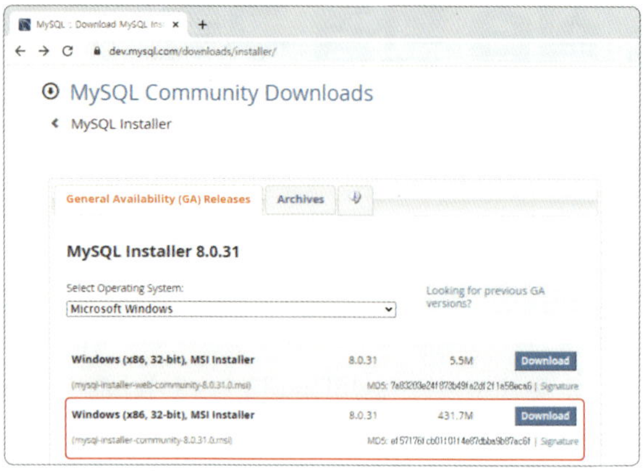

03 하단의 [No thanks, just start my download.] 링크를 클릭하면 로그인 없이 바로 다운로드할 수 있습니다. [다운로드] 폴더에서 내려받은 파일을 더블클릭하여 실행합니다.

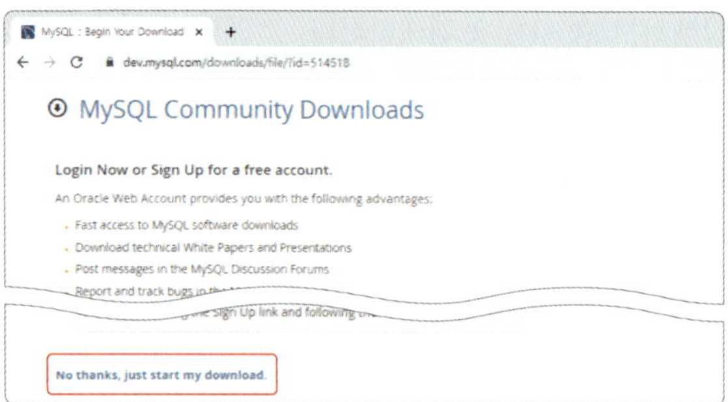

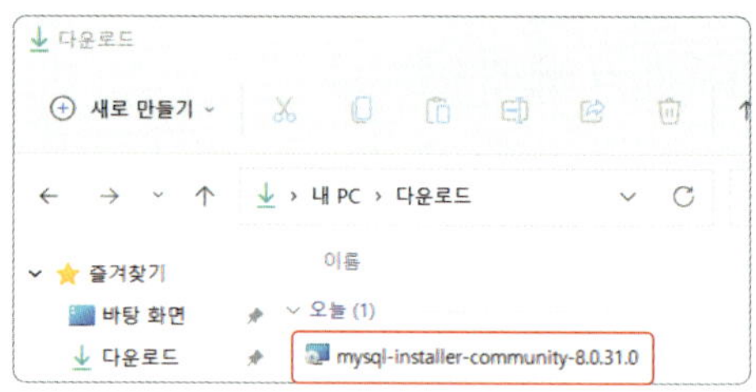

04 설치가 시작되면 설치 타입을 선택하는 [Choosing a Setup Type] 창에서 [Custom] 항목을 클릭하여 필요한 항목만 설치합니다. 〈Next〉 버튼을 클릭합니다.

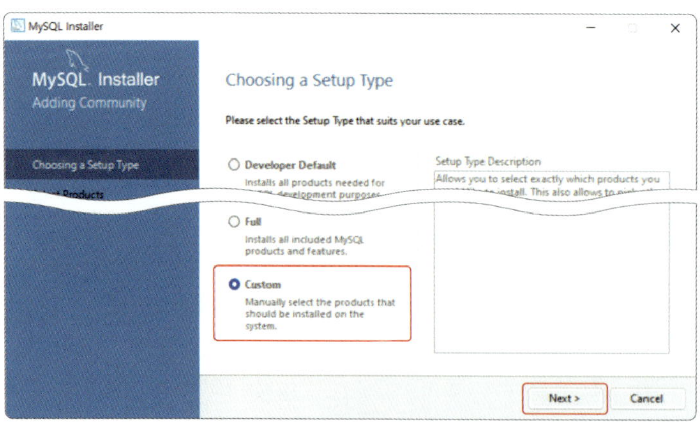

05 [Select Products] 창의 'Available Products'에서 'MySQL Server 8.0.31–x64'와 'MySQL Workbench 8.0.31–x64'를 'Products To Be Installed'로 옮긴 후 〈Next〉 버튼을 클릭합니다.

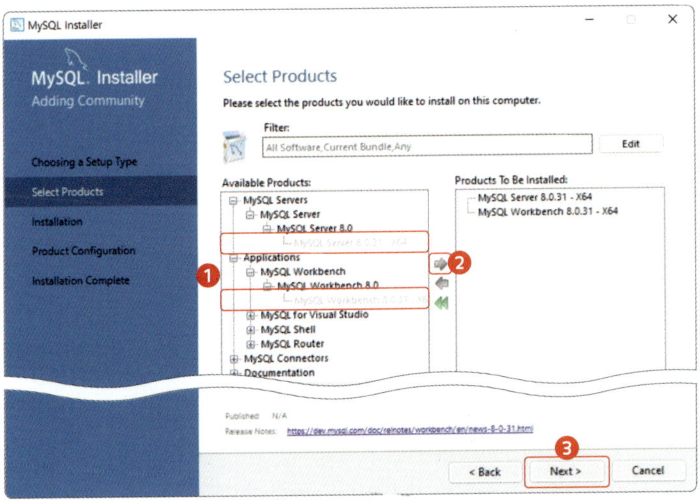

06 〈Execute〉 버튼을 클릭하여 설치를 진행하고, 설치가 끝나면 〈Next〉 버튼을 클릭합니다.

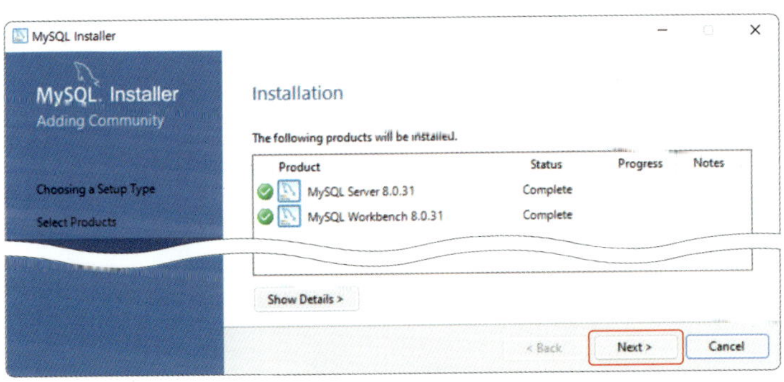

07 [Type and Networking] 창에서 'TCP/IP'와 'Open Windows Firewall ports for network access' 항목에 체크되어 있는지 확인한 후, 〈Next〉 버튼을 클릭하여 계속 진행합니다.

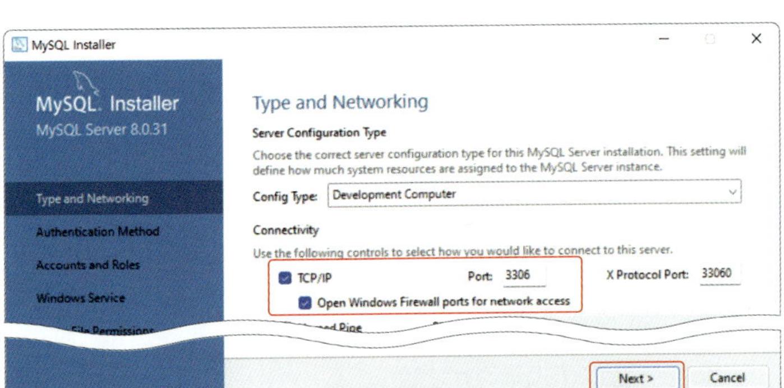

08 사용자 인증 방식 유형을 선택하기 위한 [Authentication Method] 창에서는 기존 프로그램들과의 호환성을 위해서 MySQL 5.x 버전에서 사용하던 방식을 선택하겠습니다. 'Use Legacy Authentication Method(Retain MySQL 5.x Compatibility)'에 체크하고 〈Next〉 버튼을 클릭합니다.

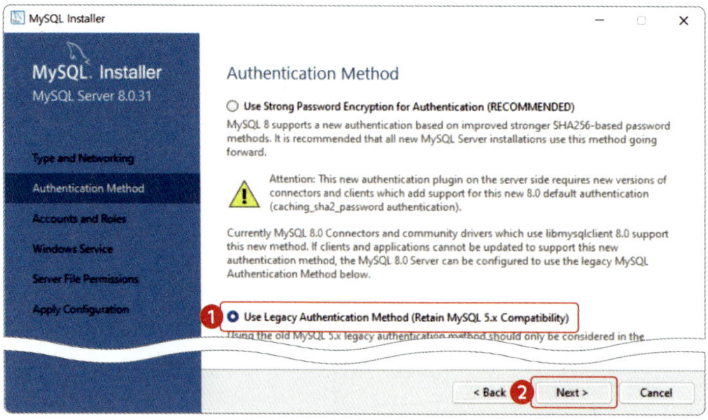

09 MySQL 관리자의 비밀번호를 설정하고 〈Next〉 버튼을 클릭합니다. 실습에서는 비밀번호를 'mysql123'으로 지정했습니다.

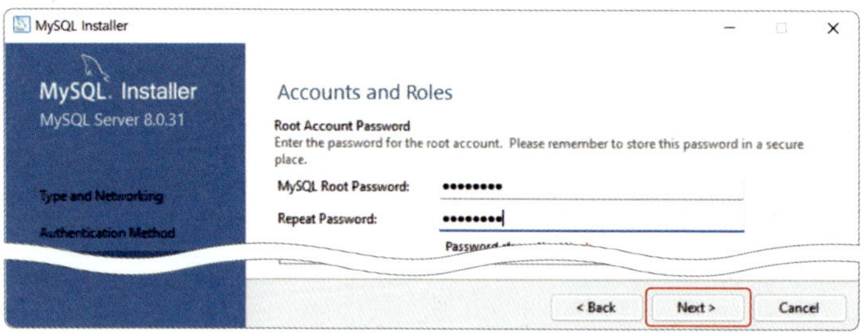

10 [Windows Service] 창에서 〈Next〉 버튼을 클릭하여 계속 진행합니다.

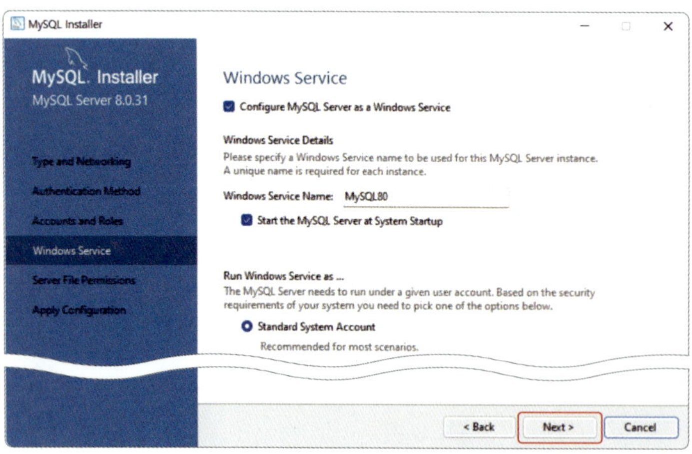

11 이어지는 화면에서 〈Next〉 버튼과 〈Execute〉 버튼을 클릭하여 설치를 계속 진행합니다.

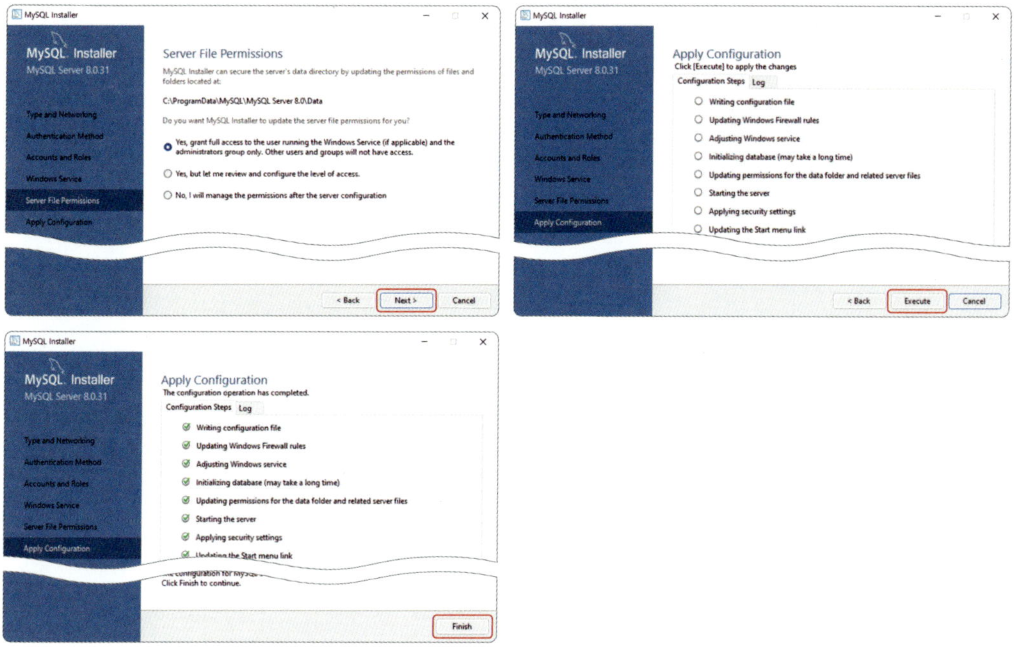

12 [Installation Complete] 화면에서 〈Finish〉 버튼을 클릭하면 워크벤치의 시작화면이 나타납니다.

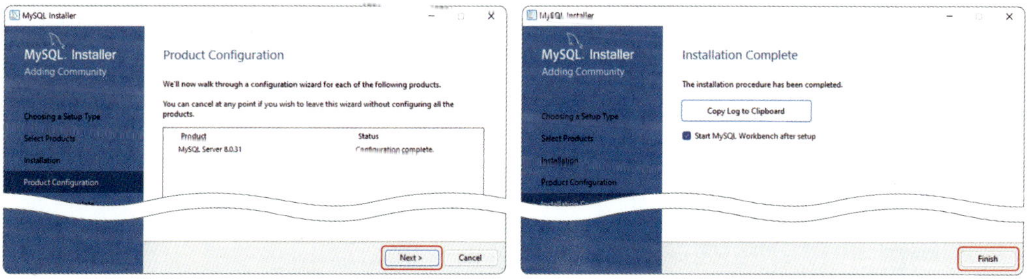

13 워크벤치의 시작화면에서 하단의 [Local instance MySQL80]을 클릭합니다.

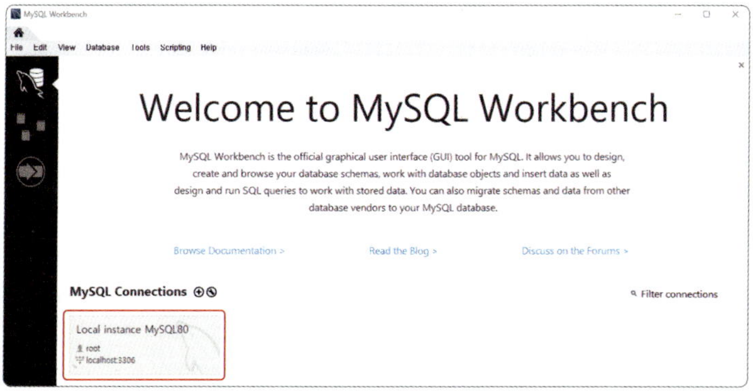

14 MySQL을 설치할 때 지정했던 비밀번호 mysql123을 입력합니다. 이후 실행할 때 비밀번호를 다시 입력하지 않기 위해 [Save password in vault]에 체크하고 〈OK〉 버튼을 클릭합니다.

15 MySQL 워크벤치 화면이 나타나면 설치가 성공적으로 완료된 것입니다.

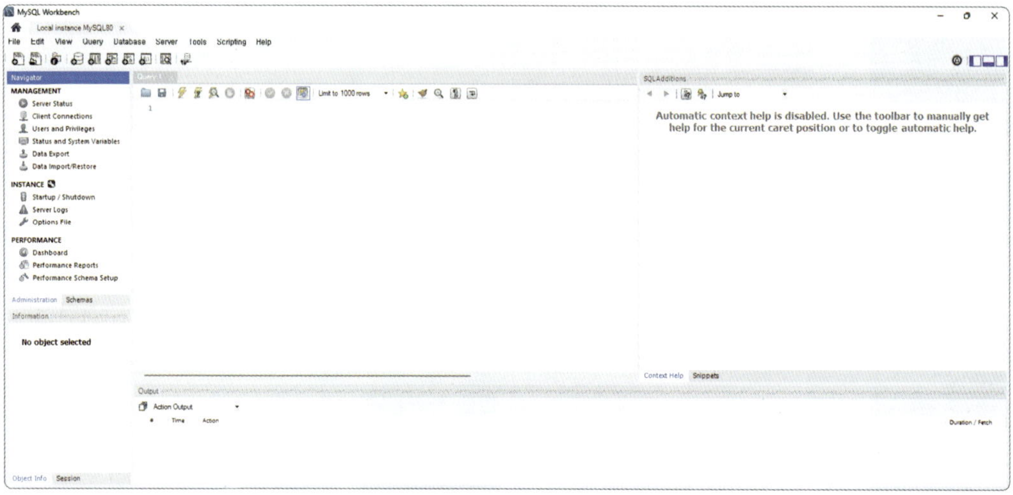

2 실습용 데이터베이스 구축

교재에서 사용할 실습 데이터베이스는 '한빛무역'입니다. 한빛무역 데이터베이스에서는 고객, 사원, 부서, 주문, 주문세부, 제품에 대한 데이터를 관리하게 됩니다.

우선 스크립트 파일을 실행하여 데이터베이스와 테이블을 일괄 생성합니다. 실습 데이터베이스를 생성하기 위해 한빛아카데미 자료실(http://www.hanbit.co.kr/src/40014)에서 실습 예제 압축파일을 다운로드합니다. [C] 드라이브에 [데이터] 폴더를 새로 생성하여 다운로드한 파일을 옮기고 압축을 해제합니다.

> 한빛무역 데이터베이스에서 고객은 '거래처' 회사를 의미합니다.

데이터베이스와 테이블을 생성한 후에는 CSV 파일에 있는 데이터를 각각의 테이블로 가져오겠습니다. 데이터베이스 생성 스크립트에 대한 자세한 내용은 8장에서 학습합니다.

01 윈도우에서 워크벤치를 실행하기 위해 를 클릭하고 [MySQL]–[MySQL Workbench 8.0 CE]를 클릭합니다.

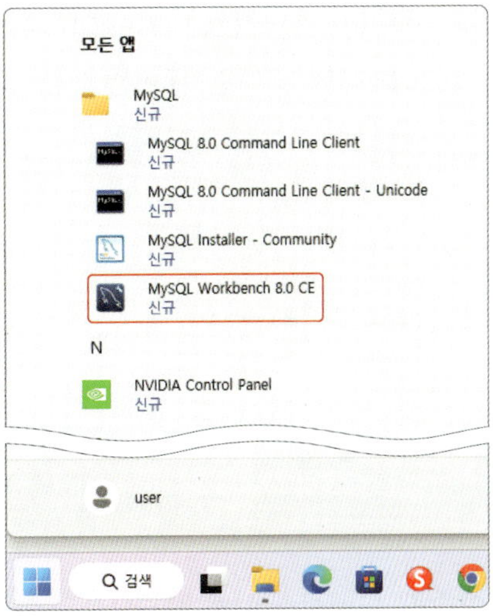

02 시작화면에서 붉은색 박스 부분을 클릭합니다. 아직 연결된 데이터베이스가 없어서 오류가 발생할 수 있는데, 이런 경우에는 〈Ignore〉 버튼을 클릭하여 넘어갑니다.

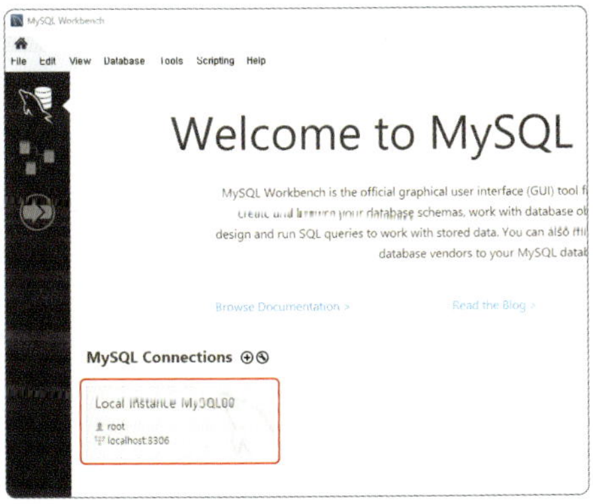

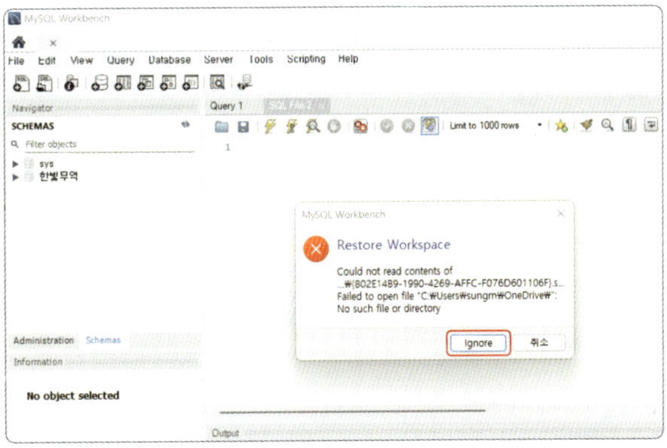

이제 첫 데이터베이스를 만들어보겠습니다.

03 워크벤치 시작화면에서 [File]–[Open SQL Script] 메뉴를 클릭합니다.

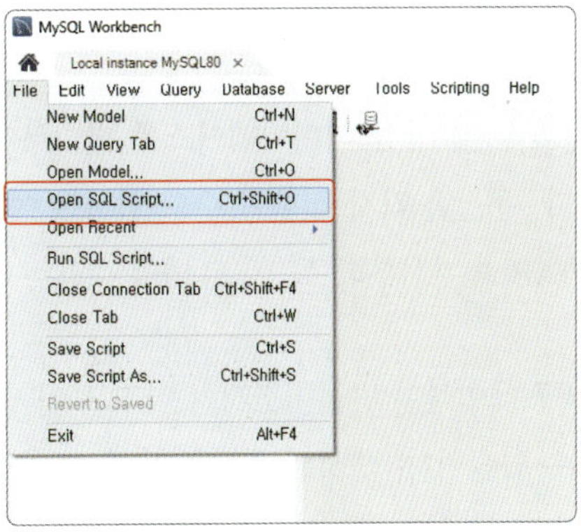

04 [데이터] 폴더에서 데이터베이스 생성 스크립트 파일인 '한빛무역-데이터베이스생성스크립트.sql'을 선택하고 [열기] 버튼을 클릭합니다.

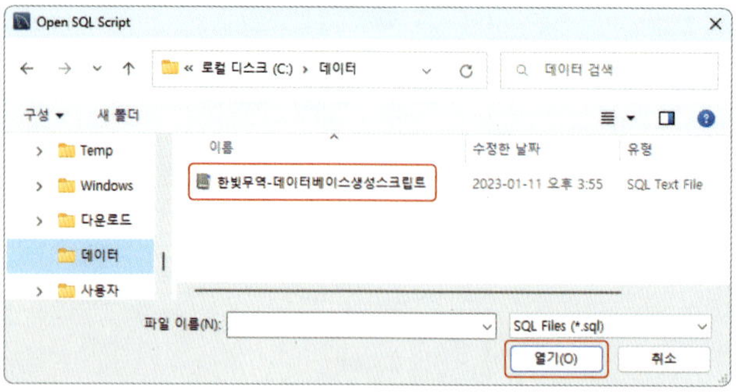

05 데이터베이스와 테이블 생성을 위한 스크립트가 나타납니다. 스크립트의 모든 명령어를 한번에 실행할 수도 있지만 원하는 부분을 선택하여 실행할 수도 있습니다. 먼저 데이터베이스를 생성하는 코드인 11행의 CREATE DATABASE...을 드래그하고 실행버튼( )을 클릭합니다. 실행이 완료되면 하단에 초록색 체크표시( )가 나타나고 데이터베이스가 생성되었다는 메시지가 나타납니다.

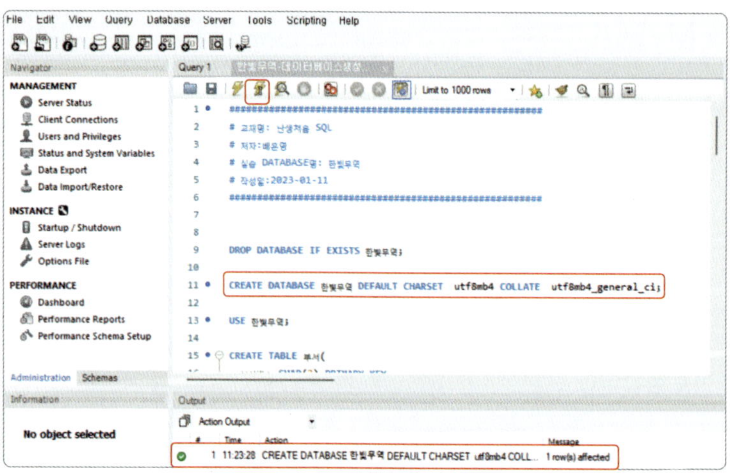

06 이제 작업 데이터베이스를 한빛무역으로 바꾸기 위하여 13행의 USE 한빛무역;을 실행합니다. 문장을 각각 실행할 수도 있지만 여러 문장을 한번에 실행할 수도 있습니다. 15행인 CREATE TABLE 부서부터 스크립트 파일에 있는 나머지 문장 끝까지 선택하고 실행버튼( )을 클릭합니다.

07 테이블이 만들어졌지만 아직 보이지는 않습니다. 테이블 목록은 [Schema] 탭(❷)에서 확인할 수 있습니다. 생성된 테이블 목록(❸)을 확인하기 위해서는 먼저 새로고침 버튼(❶)을 클릭합니다. 고객 테이블의 구조를 확인하려면 한빛무역 데이터베이스에 있는 고객 테이블을 클릭합니다. 그러면

❹와 같이 고객 테이블에 들어있는 컬럼 이름과 데이터타입을 확인할 수 있습니다. ❺번 버튼을 클릭하면 워크벤치 화면을 크게 사용할 수 있습니다.

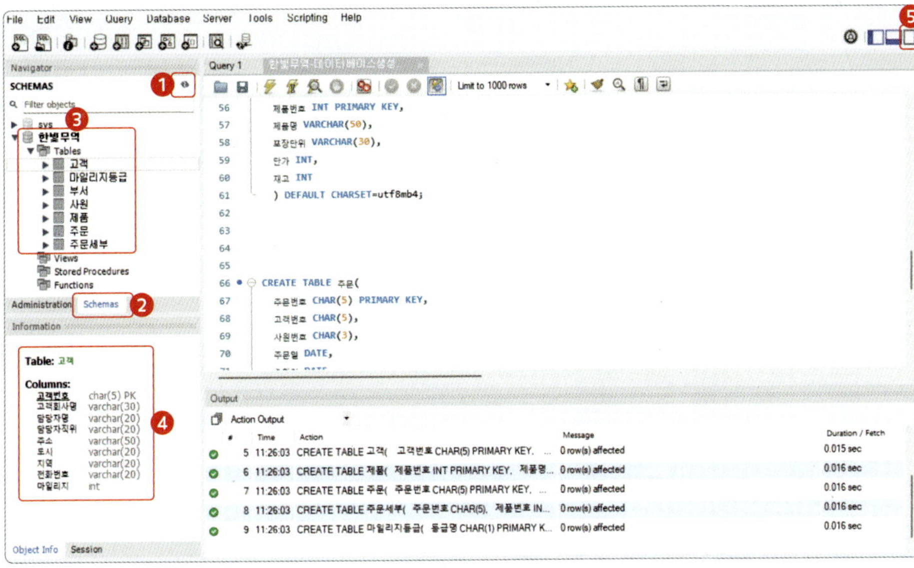

08 이제 CSV 파일에 들어있는 데이터를 각 테이블에 넣겠습니다. 먼저 고객 테이블에서 마우스 오른쪽 클릭(❶)하여 [Table Data Import Wizard]를 선택(❷)합니다. [Select File to Import] 창에서 [Browse] 버튼을 클릭(❸)하여 [데이터] 폴더에 있는 '고객.csv' 파일을 선택(❹)하고 〈열기〉 버튼을 클릭(❺)합니다. 그리고 〈Next〉 버튼을 클릭(❻)합니다.

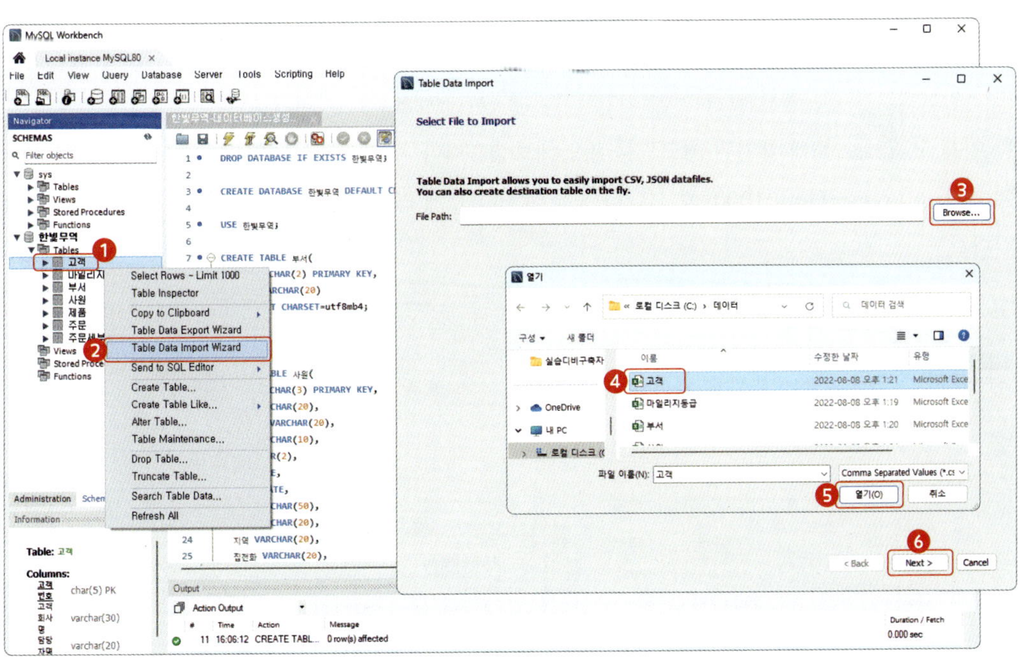

09 각 설치 단계마다 기본 설정을 그대로 두고 〈Next〉 버튼을 클릭합니다.

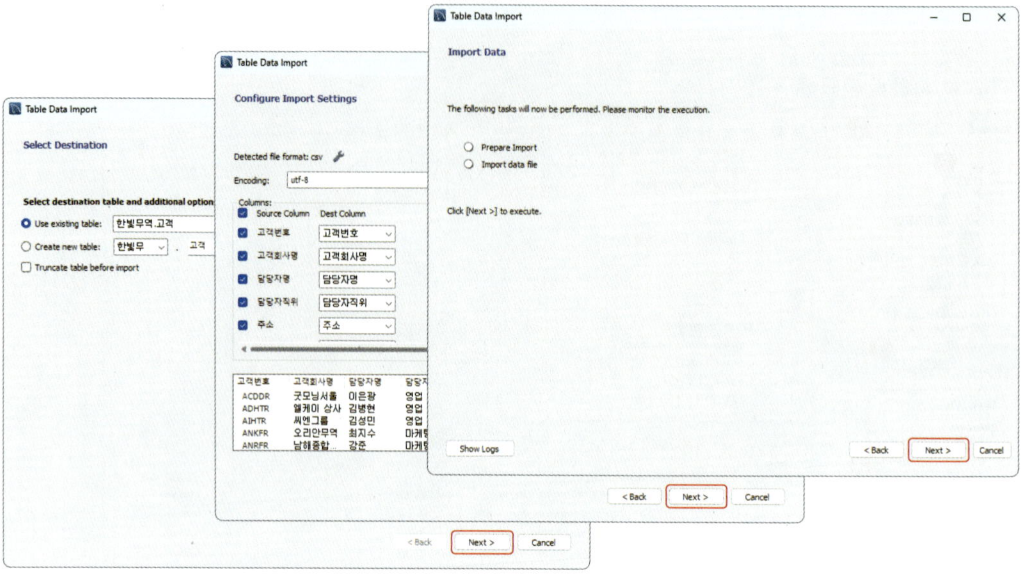

10 마지막 화면에서 [Finish] 버튼을 클릭하면 데이터 삽입이 완료됩니다.

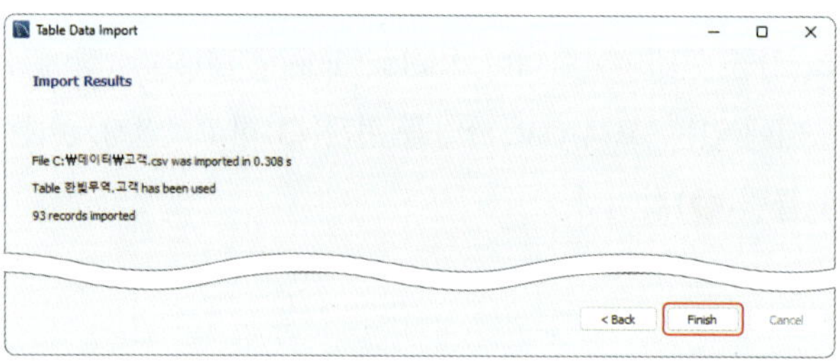

11 이제 고객 테이블에 삽입된 레코드를 확인해보겠습니다. 고객 테이블에서 마우스 오른쪽 클릭하여 [Select Rows–Limit 1000]을 선택하면 고객 테이블에 레코드가 들어있는 것을 확인할 수 있습니다.

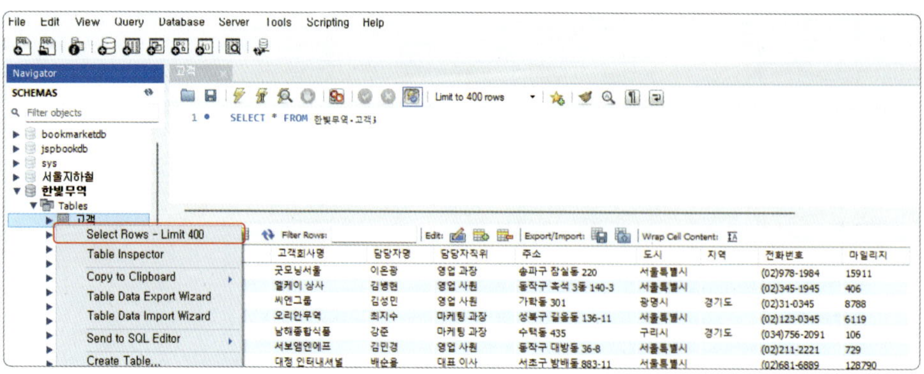

12 부서, 사원, 제품, 주문, 주문세부, 마일리지등급 테이블에 대하여 동일하게 작업을 진행하면 실습을 위한 데이터베이스 구축 작업이 완료됩니다.

이렇게 해서 실습을 위한 데이터베이스 구축과 데이터 삽입이 완료되었습니다. 이 데이터베이스를 기반으로 다음 장부터 SQL 문법을 살펴보고 실습을 진행하겠습니다.

하나 더 알기 ✓ **워크벤치 실행 오류**

만일 다시 워크벤치를 실행할 때 연결 오류가 나타난다면 다음과 같이 작업을 진행합니다. [Database]-[Connect to Database]를 선택하고, [Default Schema]에 '한빛무역' 데이터베이스명을 입력한 후, [OK] 버튼을 클릭합니다. 이제 한빛무역 데이터베이스가 디폴트 데이터베이스로 설정되었습니다.

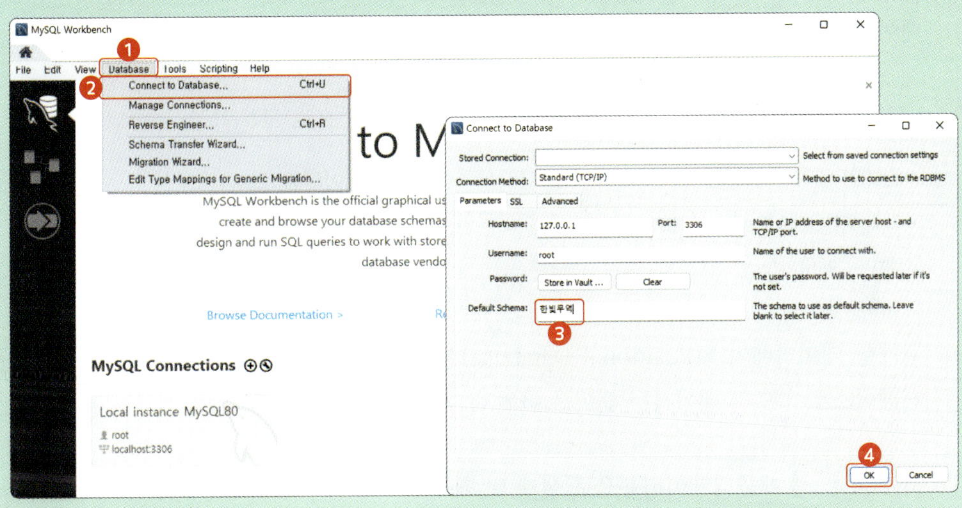

하나 더 알기 ✓ **실습 데이터 초기화**

만일 데이터를 초기화하고 싶다면 다시 가져올 테이블에서 마우스 오른쪽 버튼을 클릭하여 [Table Data Import Wizard]를 클릭하고 [Select Destination] 창에서 'Truncate table before import'에 체크합니다. 이후 데이터 가져오기를 다시 진행합니다.

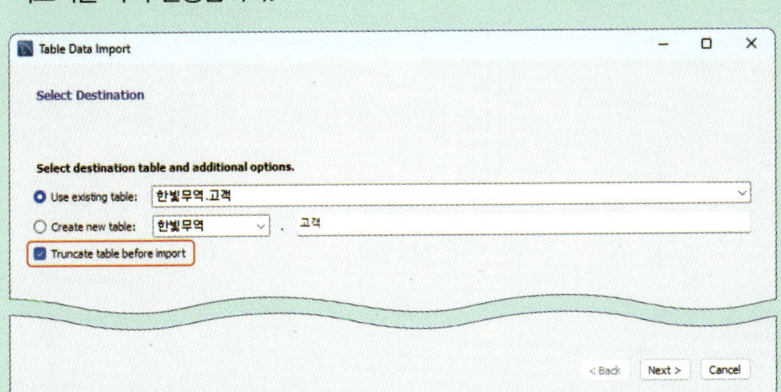

요약

01 4차 산업혁명 기술에서 데이터는 혁신과 기술 발전의 핵심 자원으로 작용하며, 기술과 데이터의 상호 작용은 다양한 분야에서 혁신적인 결과를 낳고 있습니다. 4차 산업혁명 기술이 적용되는 분야의 예시는 다음과 같습니다.

- 인공지능 및 머신러닝
- 빅데이터 분석
- 사물 인터넷
- 블록체인
- 로봇공학
- 가상 현실 및 증강 현실

02 데이터는 형태에 따라 정형 데이터, 반정형 데이터, 비정형 데이터로 분류할 수 있습니다.

03 데이터베이스는 데이터의 사용 방식에 따라 다양한 유형으로 구분될 수 있습니다.

- 관계형 데이터베이스
- 객체 지향 데이터베이스
- 데이터 웨어하우스
- NoSQL 데이터베이스
- 클라우드 데이터베이스
- 자율 운영 데이터베이스

04 관계형 데이터베이스(Relational Database)는 관계형 데이터 모델을 기반으로 한 데이터베이스로서 모든 데이터는 테이블 단위로 저장됩니다.

05 MySQL은 웹 애플리케이션용으로 설계 및 최적화되었기 때문에 모든 플랫폼에서 실행할 수 있습니다.

06 SQL은 데이터베이스 생성, 데이터 검색, 추가, 수정, 삭제 및 트랜잭션 처리, 보안 및 권한 제어 등 데이터베이스의 모든 측면을 관리하는 데 사용됩니다. SQL문에는 데이터 정의어, 데이터 조작어, 데이터 제어어, 트랜잭션 제어어가 있습니다.

연습문제

01 다음 SQL 명령어 중에서 DDL이 아닌 것은 무엇인가?

① CREATE

② SELECT

③ DROP

④ ALTER

02 다음 SQL 명령어 중에서 DCL은 무엇인가?

① GRANT

② COMMIT

③ ALTER

④ ROLLBACK

03 조직에 필요한 정보를 얻기 위해 논리적으로 연관된 데이터를 모아 구조적으로 통합해 놓은 것을 무엇이라고 하는가?

① 데이터베이스

② 데이터베이스 시스템

③ 데이터베이스 관리 시스템

④ 데이터 모델

04 다음 설명 중 옳은 것은 무엇인가?

① 의미가 더 이상 분리되지 않는 최소의 데이터 단위를 레코드(Record)라고 한다.

② 테이블은 1개 이상의 열과 1개 이상의 행으로 이루어진 데이터 집합이다.

③ 복잡한 데이터도 하나의 테이블에 저장하는 것이 바람직하다.

④ SQL은 데이터 연산에 대한 처리 과정이 절차적이지 않으며 집합 단위로 처리된다.

CHAPTER 02

SQL의 기본 질의문과 연산자

학습목표

- 데이터 조회를 위한 SQL 문법을 이해할 수 있습니다.
- SELECT절, WHERE절, ORDER BY절 및 LIMIT n에 대한 문법을 이해할 수 있습니다.
- SQL문에서 연산자를 활용할 수 있습니다.

Preview

1장에서는 스크립트 파일을 사용하여 한빛무역 데이터베이스와 고객, 사원, 주문 등의 테이블을 일괄적으로 생성하고, 각 테이블마다 CSV 파일의 데이터를 가져오는 작업을 수행하였습니다. 이번 장에서는 테이블에 들어있는 데이터를 조회하는 SELECT문의 문법에 대하여 알아보고, SQL문에서 사용하는 여러 연산자에 대해서 학습하겠습니다.

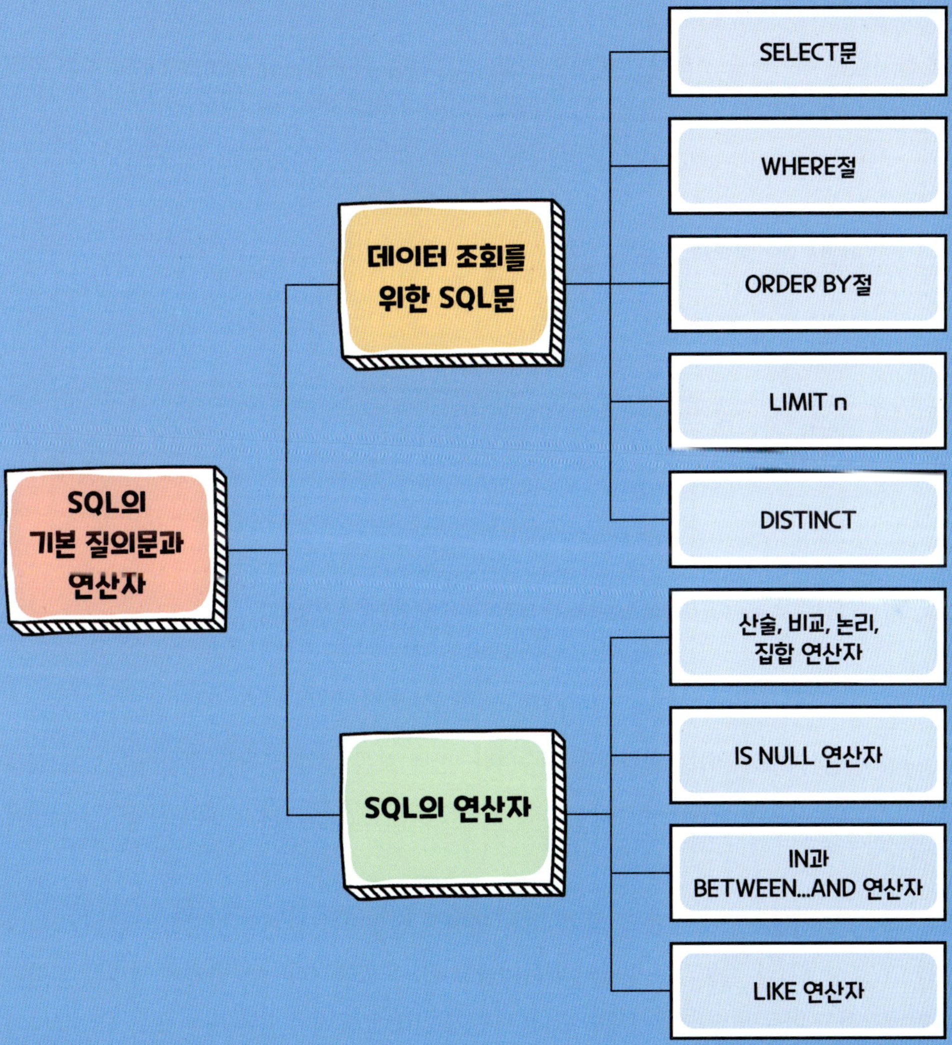

Section 01 데이터 조회를 위한 SQL문

• 예제 소스: Ch02.sql

1 SELECT문

테이블에 들어있는 데이터를 조회하기 위해서는 SELECT문을 사용합니다. SELECT문의 기본 문법은 다음과 같습니다.

형식

```
SELECT      컬럼1 [AS 별명1]
           ,컬럼2 [별명2]
           ,컬럼3
FROM        테이블명
[WHERE      조건]
[ORDER BY   컬럼]
[LIMIT      n];
```

- 컬럼1: 검색할 컬럼명
- 테이블명: 데이터를 검색할 테이블명

문법에서 대괄호([ ]) 안에 있는 내용은 필요에 따라 넣거나 뺄 수 있습니다.

SELECT 다음에 검색하고자 하는 컬럼명을 넣습니다. 만일 모든 컬럼에 대한 데이터를 보고 싶을 때는 컬럼명 대신 * 기호를 넣습니다. SELECT절에는 컬럼명 뿐만 아니라 수식이나 함수가 들어갈 수도 있습니다.

또한 컬럼에는 별명(Alias)을 붙여줄 수 있습니다. 별명은 컬럼명을 실제로 변경하는 것이 아니라 현재 SELECT 문장에서만 적용되는 컬럼의 제목이라고 할 수 있습니다. AS 다음에 별명을 입력하거나 AS를 생략하고 바로 별명을 입력해도 됩니다. 만약 별명에 공백이 있는 경우 또는 특수문자가 포함된 경우에는 반드시 쌍따옴표(" ")나 작은따옴표(' ') 안에 별명을 넣어줍니다.

그림 2-1 별명을 붙이는 이유

이제 예제를 통해 SELECT문을 사용하여 원하는 데이터를 가져오겠습니다.

예제 2-1 고객 테이블에 있는 모든 데이터를 조회하시오.

```
SELECT *
FROM 고객;
```

▶ 실행결과

고객번호	고객회사명	담당자명	담당자직위	주소	도시	지역	전화번호	마일리지
ACDDR	굿모닝서울	이은광	영업 과장	송파구 잠실동 220	서울특별시		(02)978-1984	15911
ADHTR	옐케이 상사	김병현	영업 사원	동작구 흑석 3동 140-3	서울특별시		(02)345-1945	406
AIHTR	씨엔그룹	김성민	영업 사원	가학동 301	광명시	경기도	(02)31-0345	8788
ANKFR	오리안무역	최시우	마케팅 과장	성북구 길음동 136-11	서울특별시		(02)123-0345	6119
ANRFR	남해종합식품	강준	마케팅 과장	수택동 435	구리시	경기도	(034)756-2091	106
ANSFR	서보앰엔에프	김민경	영업 사원	동작구 대방동 36-8	서울특별시		(02)211-2221	729
ATRAN	대정 인터내셔널	배순용	대표 이사	서초구 방배동 883-11	서울특별시		(02)681-6889	128790
AUSBL	제원인터내쇼날	박지혜	영업 사원	서대문구 남가좌 1동 121	서울특별시		(02)811-1234	47865
BEVBS	케이리할리스	오선주	영업 사원	구산동 17-111	김해시	경상남도	(0525)342-3333	8758
DQQZA	비큐큐푸드	황수영	대표 이사	서초구 서초동 120-3	서울특별시		(02)456-9876	100
CARRI	진가식품	이두원	영업 사원	비전 1동 118-36	평택시	경기도	(033)945-1932	122
CCOPI	진산푸드	김효정	영업 과장	구로구 오류 1동 101	서울특별시		(02)100-1670	1034
CORLA	한승F&B	이상훈	영업 사원	구로구 가리봉 1동 22-1	서울특별시		(02)123-7981	1331
CSURI	유로에이치	이소영	영업 과장	서대문구 창천동 167-3	서울특별시		(02)712-8931	6608
CTEVI	한국맥널트 무역	김유환	영업 사원	중구 답동 78	인천광역시		(032)58-1984	939
CTUCA	유성물산교역	우지선	영업 사원	강남구 대치동 315-11	서울특별시		(02)943-4486	7232
DOSGO	프루트코리아	김태욱	영업 과장	중구 광희동 1가 188-3	서울특별시		(02)545-8911	713
DWOOL	하이롱 식품	김예진	영업 사원	도봉구 미아 7동 334-7	서울특별시		(02)774-1290	6935

하나 더 알기 SQL 문장에 관하여

SQL문은 한 줄 명령어가 아닙니다. 따라서 한 문장을 한 줄에 써도 되고 여러 줄에 걸쳐 작성해도 됩니다. SQL 문장은 SELECT, INSERT, UPDATE, ALTER, DROP, CREATE와 같은 키워드로 시작하고, 세미콜론(;)으로 끝납니다.

MySQL은 키워드와 데이터 모두 대소문자를 구별하지 않습니다. 만일 데이터에 대해 대소문자를 구별하여 검색하고 싶다면 WHERE BINARY 고객번호 LIKE 'a%'와 같이 BINARY 키워드를 넣습니다. SQL문을 작성할 때 일반적으로 키워드는 대문자로 작성을 하고, 영문 테이블명이나 컬럼명 등은 소문자로 작성하여 구분합니다.

예제 2-2 **고객 테이블에서 고객번호, 담당자명, 고객회사명, 마일리지, 10% 인상된 마일리지를 조회하시오. 이때 마일리지는 '포인트'로, 인상된 마일리지는 '10%인상된 마일리지'로 별명을 붙입니다.**

```
SELECT 고객번호
      ,담당자명
      ,고객회사명
      ,마일리지 AS 포인트
      ,마일리지 * 1.1 AS "10%인상된 마일리지"
FROM 고객;
```

▶ 실행결과

컬럼명인 마일리지 대신 별명인 '포인트'가 보여짐

고객번호	담당자명	고객회사명	포인트	10%인상된 마일리지
ACDDR	이은광	굿모닝서울	15911	17502.1
ADHTR	김병현	엘케이 상사	406	446.6
AIHTR	김성민	씨엔그룹	8788	9666.8
ANKFR	최지수	오리안무역	6119	6730.9
ANRFR	강준	남해종합식품	106	116.6
ANSFR	김민경	서보엠엔에프	729	801.9
ATRAN	배순용	대정 인터내셔널	128790	141669.0
AUSBL	박지혜	제원인터내쇼날	47865	52651.5
BEVBS	오선주	케이리할리스	8758	9633.8
BQQZA	황수영	비큐큐푸드	100	110.0
CARRI	이두원	진가식품	122	134.2
[illegible]	김효정	[illegible]	1034	[illegible]

컬럼명 다음에는 AS 별명 또는 AS를 생략한 별명을 넣을 수 있습니다. 별명에 공백이 있거나 특수문자를 포함하는 경우에는 따옴표 안에 넣어줍니다.

2 WHERE절

원하는 레코드를 가져오고 싶을 때는 WHERE절에 조건을 작성합니다. 조건절에는 여러 종류의 연산자가 사용될 수 있습니다.

예제 2-3 **고객 테이블에서 마일리지가 100,000점 이상인 고객의 고객번호, 담당자명, 마일리지를 조회하시오.**

```
SELECT 고객번호
      ,담당자명
      ,마일리지
FROM 고객
WHERE 마일리지 >= 100000;
```

▶ 실행결과

고객번호	담당자명	마일리지
ATRAN	배순용	128790
PRDSU	한현구	116898

3 ORDER BY절

레코드를 순서대로 정렬하고자 할 때는 ORDER BY절을 사용합니다. 정렬에는 작은 값부터 순서대로 보여주는 오름차순 정렬(ASC)과 큰 값부터 보여주는 내림차순 정렬(DESC)이 있습니다. 오름차순 정렬을 나타내는 ASC는 생략이 가능합니다. 또한 ORDER BY절에는 컬럼명 이외에도 수식이나 함수 또는 컬럼의 순번이 올 수도 있습니다.

예제 2-4 **'서울특별시'에 사는 고객에 대해 고객번호, 담당자명, 도시, 마일리지를 조회하시오. 이때 마일리지가 많은 고객부터 순서대로 보입니다.**

```
SELECT 고객번호
      ,담당자명
      ,도시
      ,마일리지 AS 포인트
FROM 고객
WHERE 도시 = '서울특별시'
ORDER BY 마일리지 DESC;
```

▶ 실행결과

고객번호	담당자명	도시	포인트
ATRAN	배순용	서울특별시	128790
PRDSU	한민구	서울특별시	116898
HMSLE	조효주	서울특별시	78001
AUSBL	박지혜	서울특별시	47865
LMKWI	조가영	서울특별시	36960
LASLI	지승환	서울특별시	22260
ACDDR	이은광	서울특별시	15911

WHERE절을 작성할 때 문자열이나 날짜 데이터는 작은따옴표 안에 넣고, 숫자 데이터는 따옴표 없이 작성합니다.

ORDER절에서 컬럼명 대신 별명이나 컬럼의 순서를 넣을 수도 있습니다.

```
ORDER BY 포인트 DESC;   (O)
ORDER BY 4 DESC;        (O)
```

4 LIMIT n

LIMIT를 사용하여 반환되는 레코드의 개수를 지정할 수 있습니다. 1행부터 시작하여 n개의 레코드를 가져오기 위해서는 문장의 맨 마지막에 LIMIT n을 추가합니다. 시작행의 위치를 지정할 수도 있습니다.

LIMIT를 ORDER BY절과 함께 쓰면 유용한 결과를 얻을 수 있습니다. ORDER BY절 뒤에 LIMIT와 가져올 레코드의 수를 넣으면 상위 또는 하위 n개의 레코드를 조회할 수 있습니다.

예제 2-5 **고객 테이블에서 1행부터 시작하여 3개의 고객 정보를 조회하시오.**

```
SELECT *
FROM 고객
LIMIT 3;
```

▶ 실행결과

고객번호	고객회사명	담당자명	담당자직위	주소	도시	지역	전화번호	마일리지
ACDDR	굿모닝서울	이은광	영업 과장	송파구 잠실동 220	서울특별시		(02)978-1984	15911
ADHTR	엘케이 상사	김병현	영업 사원	동작구 흑석 3동 140-3	서울특별시		(02)345-1945	406
AIHTR	씨엔그룹	김성민	영업 사원	가학동 301	광명시	경기도	(02)31-0345	8788

1행부터 시작하여 3개의 행을 가져왔습니다. 만약 10행부터 시작하여 3개의 고객 정보를 확인하고자 하면 LIMIT 10, 3;이라고 작성합니다.

예제 2-6 **마일리지가 많은 고객부터 상위 3명의 고객에 대한 모든 정보를 조회하시오.**

```
SELECT *
FROM 고객
ORDER BY 마일리지 DESC
LIMIT 3;
```

▶ 실행결과

고객번호	고객회사명	담당자명	담당자직위	주소	도시	지역	전화번호	마일리지
ATRAN	대정 인터내셔널	배순용	대표 이사	서초구 방배동 883-11	서울특별시		(02)681-6889	128790
PRDSU	황인터프라이시스	한현구	회계 과장	용산구서빙고동 111-16	서울특별시		(02)934-1984	116898
EBITH	그린로더스	홍소현	마케팅 과장	남동구 간석동 264-11	인천광역시		(032)945-1846	81479

n개의 레코드를 가져오는 방법은 DBMS에 따라 다를 수 있습니다. 예를 들어 MS-SQL에서는 SELECT절에 TOP n을 넣습니다.

5 DISTINCT

데이터를 조회할 때 중복된 데이터를 한 번만 보이고자 할 때는 SELECT절에 DISTINCT를 넣습니다. SELECT절에서 DISTINCT를 빼고 실행하면 레코드 수만큼의 결과가 보이지만, DISTINCT를 넣으면 중복된 값은 제거한 결과를 보여줍니다.

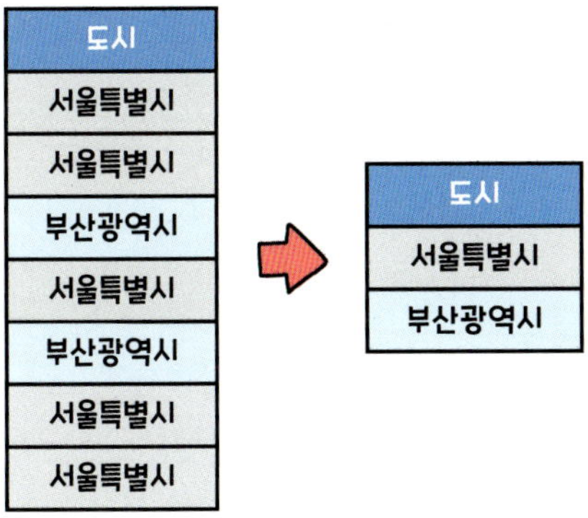

그림 2-2 DISTINCT 사용으로 중복 데이터 제거

예제 2-7 **고객 테이블의 도시 컬럼에 들어있는 값 중 중복되는 도시 데이터를 한 번씩만 보이시오.**

```
SELECT DISTINCT 도시
FROM 고객;
```

▶ 실행결과

도시
서울특별시
광명시
구리시
김해시
평택시
인천광역시
대전광역시
상주시

확인문제

다음 빈칸에 들어갈 단어를 채우시오.

중복된 값을 제거하기 위해서는 SELECT 다음에 [①]를 넣어줍니다. 레코드의 순서를 지정하기 위해서는 [②]절을 사용합니다. 이때 작은 값부터 순서대로 보이고 싶으면 [③]를, 큰 값부터 보이고 싶으면 [④]를 넣어줍니다. [③]는 생략이 가능합니다.

① ____________ ② ____________ ③ ____________ ④ ____________

정답

① DISTINCT ② ORDER BY ③ ASC ④ DESC

Section

02 SQL 연산자

변수나 값의 연산을 위해 사용되는 부호를 연산자라고 합니다. SQL에서도 연산자를 사용할 수 있습니다. 연산자는 단독으로 사용할 수 없으며, 컬럼이나 상수 등과 함께 사용하여 여러 가지 계산 작업을 수행할 수 있습니다.

MySQL에서 사용할 수 있는 연산자에는 무엇이 있는지 살펴보겠습니다.

1 산술 연산자

산술 연산자에는 더하기(+), 빼기(−), 곱하기(*), 나누기(/), 나머지(%)가 있습니다. 정수 결과를 얻고자 하면 DIV 연산자를 사용하고, 나머지를 구하기 위해서는 % 연산자 또는 MOD 연산자를 사용합니다.

예제 2-8 **두 개의 숫자 23과 5로 산술 연산자 +, −, *, /, %를 사용한 결과를 나타내시오. DIV, MOD 연산자의 사용 결과도 함께 확인해봅니다.**

```
SELECT  23 + 5 AS 더하기     ← 컬럼에 보여질 별명
       ,23 - 5 AS 빼기
       ,23 * 5 AS 곱하기
       ,23 / 5 AS 실수나누기
       ,23 DIV 5 AS 정수나누기
       ,23 % 5 AS 나머지1
       ,23 MOD 5 AS 나머지2;
```

테이블에서 데이터를 가져오지 않는 경우에는 FROM절을 생략하고 SELECT절만 작성합니다.

▶ 실행결과

더하기	빼기	곱하기	실수나누기	정수나누기	나머지1	나머지2
28	18	115	4.6000	4	3	3

2 비교 연산자

비교 연산자는 두 값을 비교하여 조건에 맞는 결과를 얻고자 할 때 사용합니다. 1(True)이나 0(False) 값이 반환됩니다. 비교 연산자에는 크거나 같다(>=), 작거나 같다(<=), 크다(>), 작다(<), 같다(=), 같지 않다(!= 또는 <>)가 있습니다.

예제 2-9 두 개의 숫자 23과 5로 비교 연산자 >=, <=, >, <, =, !=, <>를 사용한 결과를 보이시오.

```
SELECT 23 >= 5
      ,23 <= 5
      ,23 > 23
      ,23 < 23
      ,23 = 23
      ,23 != 23
      ,23 <> 23;
```

▶ 실행결과

23 >= 5	23 <= 5	23 > 23	23 < 23	23 = 23	23 != 23	23 <> 23
1	0	0	0	1	0	0

비교 연산자를 사용한 연산 결과가 참(True)인 경우에는 1을, 거짓(False)인 경우에는 0을 반환합니다.

예제 2-10 담당자가 '대표 이사'가 아닌 고객의 모든 정보를 보이시오.

```
SELECT *
FROM 고객
WHERE 담당자직위 <> '대표 이사';
```

▶ 실행결과

고객번호	고객회사명	담당자명	담당자직위	주소	도시	지역	전화번호	마일리지
ACDDR	굿모닝서울	이은광	영업 과장	송파구 잠실동 220	서울특별시		(02)978-1984	15911
ADHTR	엘케이 상사	김병현	영업 사원	동작구 흑석 3동 140-3	서울특별시		(02)345-1945	406
AIHTR	씨엔그룹	김성민	영업 사원	가학동 301	광명시	경기도	(02)31-0345	8788
ANKFR	오리안무역	최지수	마케팅 과장	성북구 길음동 136-11	서울특별시		(02)123-0345	6119
ANRFR	남해종합식품	강준	마케팅 과장	수택동 435	구리시	경기도	(034)756-2091	106

3 논리 연산자

논리 연산자는 표현식이 참인지 거짓인지를 확인하기 위해 사용합니다. 논리 연산자에는 AND, OR, NOT이 있습니다. AND나 OR는 조건이 두 개 이상 있는 경우에 사용합니다. AND를 사용하는 경우에는 모든 조건이 참(True)인 레코드를 반환하고, OR를 사용하는 경우에는 여러 조건 중에서 하나 이상의 조건이 참인 레코드를 반환합니다. NOT은 부정을 의미하는 연산자입니다. 관계형 데이터베이스는 수학의 집합 이론에 근거하기 때문에 AND, OR, NOT 연산자를 교집합, 합집합, 여집합으로 대응시킬 수 있습니다.

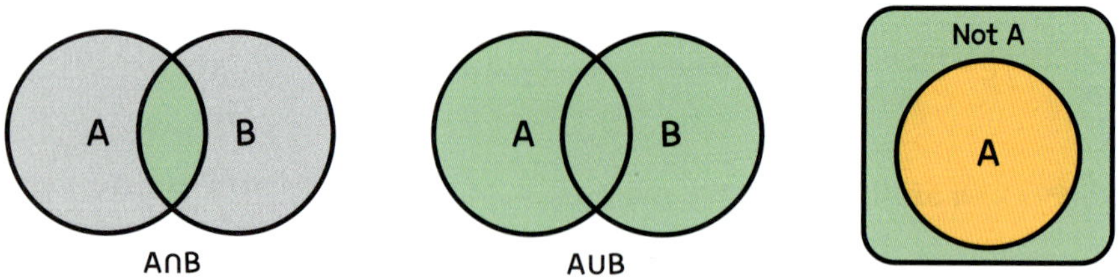

(a) AND 연산 (b) OR 연산 (c) NOT 연산

그림 2-3 **논리 연산자의 집합 표현**

예제 2-11 **도시가 '부산광역시'이면서 마일리지가 1,000점보다 작은 고객의 모든 정보를 보이시오.**

```
SELECT *
FROM 고객
WHERE 도시 = '부산광역시'
AND 마일리지 < 1000;
```

▶ 실행결과

고객번호	고객회사명	담당자명	담당자직위	주소	도시	지역	전화번호	마일리지
LLIWE	태산무역	박소영	영업 과장	부산진구 양정 1동 462-...	부산광역시		(051)555-5111	806

이 예제의 조건은 두 개입니다. 도시 = '부산광역시'인 레코드와 마일리지 < 1000인 레코드에 대해서 두 조건을 모두 만족하는 레코드가 반환됩니다.

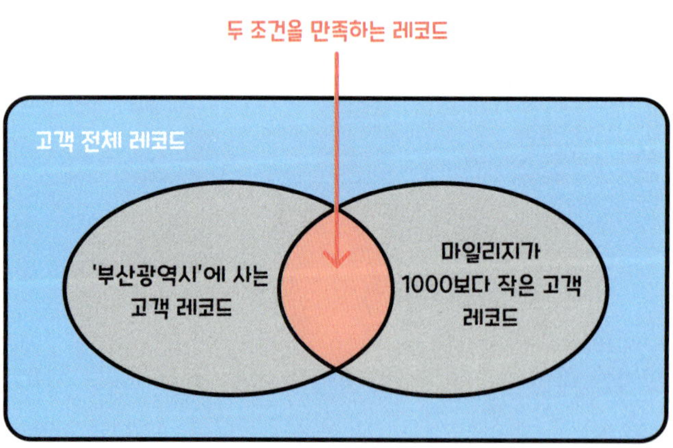

그림 2-4 **[예제 2-11]의 두 가지 조건**

4 집합 연산자

MySQL은 집합 연산자 중에서 합집합에 대한 연산자만 제공합니다. 집합 연산자를 사용한 쿼리문에는 두 개 이상의 SELECT문이 들어있어야 하며, 두 개의 SELECT문 사이에 집합 연산자를 넣어줍니다. 합집합 연산자는 UNION입니다. 만약 중복된 레코드까지 모두 다 나타내고자 할 때에는 UNION ALL이라고 작성합니다.

UNION 연산자를 사용할 때는 주의할 점이 두 가지 있습니다.

❶ 각 SELECT문에서 컬럼의 개수는 동일해야 한다.

❷ 각 SELECT문에서 같은 위치에 존재하는 컬럼의 데이터 타입은 동일하거나, 상호 호환이 가능해야 한다.

이 두 가지 조건만 만족한다면 같은 테이블은 물론이고 다른 테이블의 데이터도 합칠 수 있습니다. 각 SELECT문에서 같은 위치에 존재하는 컬럼명이 서로 다른 경우에는 첫 번째 SELECT문의 컬럼명으로 결과가 출력됩니다.

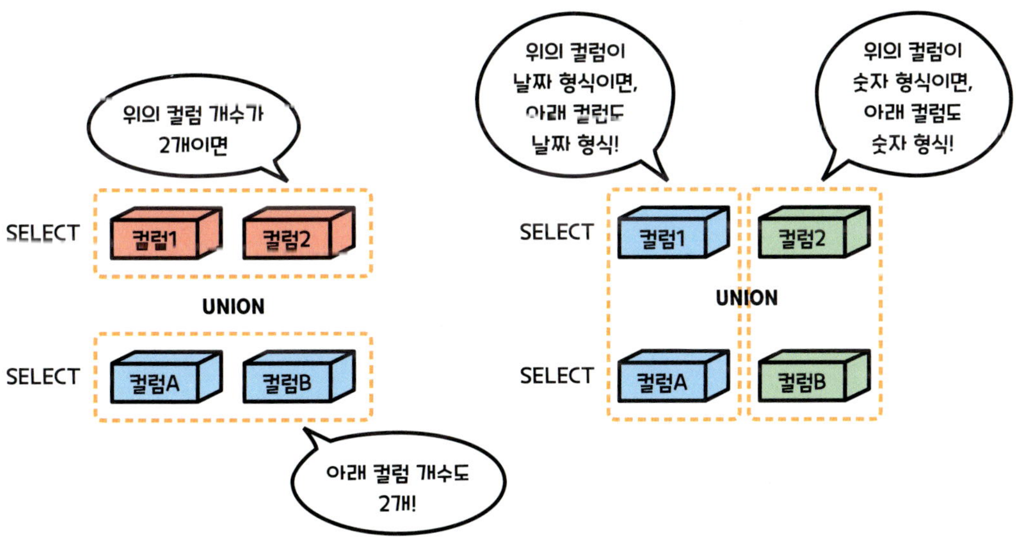

그림 2-5 **UNION 연산자 사용 시 주의사항**

DBMS에 따라서 제공되는 집합 연산자가 다릅니다. MS-SQL에서 교집합은 INTERSECT, 차집합은 EXCEPT를 사용하고, 오라클에서 교집합은 INTERSECT, 차집합은 MINUS를 사용합니다. MySQL에서는 5장에서 배우는 JOIN을 사용하여 교집합이나 차집합과 유사한 결과를 얻을 수 있습니다.

예제 2-12 **'부산광역시'에 살거나 마일리지가 1,000점보다 작은 고객에 대하여 고객번호, 담당자명, 마일리지, 도시를 보이시오. 이때 결과는 고객번호 순으로 정렬합니다.**

```
SELECT 고객번호
      ,담당자명
      ,마일리지
      ,도시
FROM 고객
WHERE 도시 = '부산광역시'
UNION
SELECT 고객번호
      ,담당자명
      ,마일리지
      ,도시
FROM 고객
WHERE 마일리지 < 1000
ORDER BY 1; ●———— ORDER BY절은 제일 마지막에 넣어줌
```

이 문제는 OR 연산자를 사용하여 해결할 수도 있습니다.

```
SELECT 고객번호
      ,담당자명
      ,마일리지
      ,도시
FROM 고객
WHERE 도시 = '부산광역시'
OR 마일리지 < 1000
ORDER BY 1;
```

▶ **실행결과**

고객번호	담당자명	마일리지	도시	
	주현욱		의정부시	
TTCRA		892		
TTMBO	안수인	7329	부산광역시	A
TTRAN	김희원	448	서울특별시	B
URLGO	김하경	865	성남시	B
VESSE	전혜연	414	서울특별시	B
ZYKLA	장재성	261	원주시	

위의 실행결과는 전체 결과 중 일부 화면입니다. 여기서 **A**는 도시 = '부산광역시'라는 조건을 만족하는 결과이고, **B**는 마일리지 < 1000이라는 조건을 만족하는 결과입니다. UNION을 사용하면 두 조건을 다 만족하는 레코드를 한 번씩만 보입니다. UNION ALL을 사용하면 두 조건을 만족하

는 결과를 모두 보입니다. 다시 말해 [그림 2-6]과 같이 도시 = '부산광역시'와 마일리지 < 1000을 둘 다 만족한다면 중복되는 레코드라 하더라도 모두 보여줍니다.

고객번호	담당자명	마일리지	도시
LLIWE	박소영	806	부산광역시
LLIWE	박소영	806	부산광역시
MAILA	이소연	428	대전광역시
MEYRO	이수호	409	오산시
MIAFA	정솔미	662	서울특별시

그림 2-6 **UNION ALL의 경우**

5 IS NULL 연산자

데이터베이스에서 NULL은 특별한 의미를 갖습니다. NULL은 알 수 없는 값(Unknown Value)을 의미합니다. 값을 알 수 없다는 것이 무슨 의미일까요? 쉽게 말해 아무 값도 넣지 않으면 어떤 값인지 알 수 없다는 의미입니다. 이것은 0이나 빈 문자열(Empty String)과는 다른 의미입니다.

컬럼에 값이 들어있지 않은 데이터를 검색하기 위해서는 IS NULL을 사용해야 합니다. = NULL이 아님을 기억하기 바랍니다.

예제 2-13 지역에 값이 들어있지 않는 고객의 정보를 보이시오.

```
SELECT *
FROM 고객
WHERE 지역 IS NULL;
```

▶ 실행결과

고객번호	고객회사명	담당자명	담당자직위	주소	도시	지역	전화번호	마일리지
NULL	NULL	NULL	NULL	NULL	NULL	NULL	NULL	NULL

그런데 실행결과를 보면 0개의 레코드가 나왔습니다. 이번에는 빈 문자열로 검색 조건을 바꿔보겠습니다.

```
SELECT *
FROM 고객
WHERE 지역 ='';
```

▶ 실행결과

빈 문자열

고객번호	고객회사명	담당자명	담당자직위	주소	도시	지역	전화번호	마일리지
ACDDR	굿모닝서울	이은광	영업 과장	송파구 잠실동 220	서울특별시		(02)978-1984	15911
ADHTR	엘케이 상사	김병현	영업 사원	동작구 흑석 3동 140-3	서울특별시		(02)345-1945	406
ANKFR	오리안무역	최지수	마케팅 과장	성북구 길음동 136-11	서울특별시		(02)123-0345	6119
ANSFR	서보앰엔에프	김민경	영업 사원	동작구 대방동 36-8	서울특별시		(02)211-2221	729
ATRAN	대정 인터내셔널	배순용	대표 이사	서초구 방배동 883-11	서울특별시		(02)681-6889	128790
AUSBL	제원인터내쇼날	박지혜	영업 사원	서대문구 남가좌 1동 121	서울특별시		(02)811-1234	47865
[illegible]	비큐큐푸드	[illegible]	대표 이사	[illegible]	서울특별시		[illegible]456-9876	100

빈 문자열이 들어가 있는 레코드들이 검색된 것을 볼 수 있습니다. 분명히 지역 컬럼에 값이 들어있지 않은 것들이 있는데, IS NULL을 사용했을 때에는 왜 검색되지 않았을까요? NULL과 빈 문자열은 의미가 서로 다르기 때문입니다.

CSV 파일에서 테이블로 가져오기를 했을 때 값이 들어있지 않은 셀은 NULL이 아닌 빈 문자열로 저장됩니다. 따라서 IS NULL을 사용하여 레코드를 조회하면 결과가 나오지 않습니다. 그렇다면 빈 문자열을 NULL로 변경하기 위해서는 어떻게 해야 할까요? 7장에서 배울 UPDATE문을 미리 사용해보겠습니다.

```
UPDATE 고객
SET 지역 = NULL
WHERE 지역 = '';
```

이제 지역 컬럼의 값이 NULL인 레코드를 다시 검색해보겠습니다.

```
SELECT *
FROM 고객
WHERE 지역 IS NULL;
```

▶ 실행결과

고객번호	고객회사명	담당자명	담당자직위	주소	도시	지역	전화번호	마일리지
ACDDR	굿모닝서울	이은광	영업 과장	송파구 잠실동 220	서울특별시	NULL	(02)978-1984	15911
ADHTR	엘케이 상사	김병현	영업 사원	동작구 흑석 3동 140-3	서울특별시	NULL	(02)345-1945	406
ANKFR	오리안무역	최지수	마케팅 과장	성북구 길음동 136-11	서울특별시	NULL	(02)123-0345	6119
ANSFR	서보앰엔에프	김민경	영업 사원	동작구 대방동 36-8	서울특별시	NULL	(02)211-2221	729
ATRAN	대정 인터내셔널	배순용	대표 이사	서초구 방배동 883-11	서울특별시	NULL	(02)681-6889	128790
AUSBL	제원인터내쇼날	박지혜	영업 사원	서대문구 남가좌 1동 121	서울특별시	NULL	(02)811-1234	47865
[illegible]	비큐큐푸드	[illegible]	대표 이사	[illegible]	서울특별시	NULL	[illegible]456-9876	100

빈 문자열이 NULL로 대체되었음을 알 수 있습니다. 이처럼 NULL과 빈 문자열은 전혀 다른 값을 의미하기 때문에 이를 잘 구분하여 사용해야 합니다.

하나 더 알기 UPDATE나 DELETE가 제대로 동작하지 않는 경우

MySQL에서는 테이블에서 키를 이용한 UPDATE 또는 DELETE만을 허용합니다. 즉, UPDATE나 DELETE문에서 WHERE절이 없거나 WHERE절에 키 컬럼 외의 컬럼을 사용한 조건문이 사용되면 오류가 발생합니다.

```
Error Code: 1175. You are using safe update mode and you tried to update a table
without a WHERE that uses a KEY column. To disable safe mode, toggle the option in
Preferences -> SQL Editor and reconnect.
```

이를 해결하기 위해서는 Safe Mode 옵션을 해제해주어야 합니다. 워크벤치의 [Edit]-[Preferences] 메뉴에서 [SQL Editor]를 선택한 다음, 체크되어 있는 [Safe Updates] 항목을 클릭하여 체크 해제하고 〈OK〉 버튼을 클릭한 후 워크벤치를 재실행합니다.

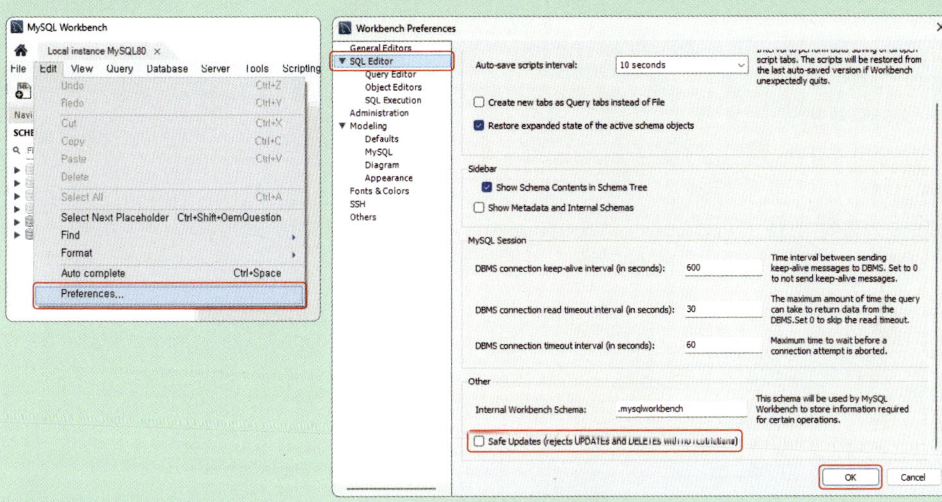

만일 일시적으로 Safe Mode 해제 옵션을 적용하려면 다음과 같이 작성합니다.

```
SET SQL_SAFE_UPDATES = 0;
```

6 IN과 BETWEEN...AND 연산자

이번에는 WHERE절을 조금 더 쉽고 효율적으로 사용할 수 있게 도와주는 연산자 IN과 BETWEEN ...AND 연산자에 대해 알아보겠습니다.

IN

동일한 컬럼에 대해서 OR 연산을 수행해야 하는 경우 IN을 사용하면 좀 더 간단하게 해결할 수 있습니다. 다음 예제를 살펴봅시다.

예제 2-14 **담당자직위가 '영업 과장'이거나 '마케팅 과장'인 고객에 대하여 고객번호, 담당자명, 담당자직위를 보이시오.**

```
SELECT 고객번호
      ,담당자명
      ,담당자직위
FROM 고객
WHERE 담당자직위 = '영업 과장'
OR 담당자직위 = '마케팅 과장';
```

이 문제를 IN을 사용하여 해결해보겠습니다.

```
SELECT 고객번호
      ,담당자명
      ,담당자직위
FROM 고객
WHERE 담당자직위 IN ('영업 과장', '마케팅 과장');
```

▶ 실행결과

고객번호	담당자명	담당자직위
ACDDR	이은광	영업 과장
ANKFR	최지수	마케팅 과장
ANRFR	강준	마케팅 과장
CCOPI	김효정	영업 과장
CSURI	이소영	영업 과장

BETWEEN...AND

동일한 컬럼에 대해서 '~이상 ~이하'라는 조건이 있는 경우에는 BETWEEN...AND 연산자를 사용하면 좀 더 간단하게 문제를 해결할 수 있습니다.

예제 2-15 **마일리지가 100,000점 이상 200,000점 이하인 고객에 대해 담당자명, 마일리지를 보이시오.**

```
SELECT 담당자명
      ,마일리지
FROM 고객
WHERE 마일리지 >= 100000
AND 마일리지 <= 200000;
```

이 문제를 BETWEEN...AND 연산자를 사용하여 해결해보겠습니다.

```
SELECT 담당자명
       ,마일리지
FROM 고객
WHERE 마일리지 BETWEEN 100000 AND 200000;
```

▶ 실행결과

담당자명	마일리지
배순용	128790
한현구	116898

7 LIKE 연산자

LIKE 연산자는 특정 문자열이 지정된 패턴과 일치하는지 확인할 때 사용합니다. LIKE는 와일드카드 문자(%, _)와 함께 사용하여 원하는 결과를 얻을 수 있습니다. LIKE와 와일드카드 문자를 함께 사용하지 않으면 = 기호를 사용한 것과 동일한 결과가 나옵니다.

표 2-1 **와일드카드 문자와 사용 예**

와일드카드 문자	설명	예시 문제	SQL 코드
%	0개 이상의 문자를 가진 문자열을 포함	주소 컬럼 값 중 '흑석'이 들어가는 것	주소 LIKE '%흑석%'
		도시 컬럼 값 중 '광역시'로 끝나는 것	도시 LIKE '%광역시'
_(밑줄)	정확히 한 개의 문자를 포함	고객번호 두 번째가 'C'인 것	고객번호 LIKE '_C%'
		고객번호 세 번째가 'C'인 것	고객번호 LIKE '__C%'
		고객번호가 5글자이면서 세 번째가 'C'인 것	고객번호 LIKE '__C__'

하나 더 알기 **와일드카드 문자란?**

SQL에서 와일드카드(Wildcard) 문자는 문자열을 비교하거나 검색할 때 패턴 매칭을 위해 사용되는 특수 문자를 나타냅니다. 와일드카드 문자를 사용하면 일부 문자열을 일치시키거나 패턴에 따라 문자열을 검색할 수 있어 데이터 검색 및 필터링에 유용합니다.

예제 2-16 **도시가 '광역시'이면서 고객번호 두 번째 글자 또는 세 번째 글자가 'C'인 고객의 모든 정보를 보이시오.**

```
SELECT *
FROM 고객
WHERE 도시 LIKE '%광역시'
AND (고객번호 LIKE '_C%' OR 고객번호 LIKE '__C%');
```

▶ 실행결과

고객번호	고객회사명	담당자명	담당자직위	주소	도시	지역	전화번호	마일리지
ICKQU	인터비스	정대광	회계 과장	서구 연희동 400-16	인천광역시	NULL	(032)44-1114	857
NTCCE	코스리아 무역	유석희	마케팅 과장	남동구 간석 3동 270-8	인천광역시	NULL	(032)944-3687	112
RICPE	뉴가든상사	김지호	영업 사원	금정구 청룡동 168-14	부산광역시	NULL	(051)12-1122	1177

조건의 우선순위

WHERE절에서 조건의 우선순위를 지정해야 하는 경우 소괄호(( ))를 사용하여 지정할 수 있습니다. 만일 소괄호로 우선순위를 표현하지 않은 경우에는 잘못된 결과가 반환될 수 있습니다.

예를 들어 [예제 2-16]에서 괄호를 넣지 않으면 A가 먼저 수행된 후에 B가 수행되기 때문에 잘못된 결과를 반환합니다.

```
WHERE 도시 LIKE '%광역시' AND 고객번호 LIKE '_C%' OR 고객번호 LIKE '__C%';
```

A: 도시 LIKE '%광역시' AND 고객번호 LIKE '_C%'

B: OR 고객번호 LIKE '__C%';

따라서 C와 같이 괄호를 사용하여 우선순위를 명시적으로 지정해야 제대로 된 결과를 얻을 수 있습니다.

```
WHERE 도시 LIKE '%광역시' AND (고객번호 LIKE '_C%' OR 고객번호 LIKE '__C%');
```

C: (고객번호 LIKE '_C%' OR 고객번호 LIKE '__C%');

하나 더 알기 REGEXP 연산자

REGEXP 연산자 또는 REGEXP_LIKE 함수를 사용하면 LIKE보다 좀 더 정교한 패턴 매칭을 통해 데이터를 검색할 수 있습니다. 예를 들어 '푸드'가 들어가 있는 고객회사명을 검색해보겠습니다. REGEXP 연산자를 사용하면 컬럼명 REGEXP 패턴 형식으로 작성합니다.

```
SELECT *
FROM 고객
WHERE 고객회사명 REGEXP '푸드';
```

REGEXP_LIKE 함수를 사용하면 함수명 안에 컬럼명과 패턴을 함께 넣습니다.

```
SELECT *
FROM 고객
WHERE REGEXP_LIKE(고객회사명, '푸드');
```

▶ 실행결과

고객번호	고객회사명	담당자명	담당자직위	주소	도시	지역	전화번호	마일리지
BQQZA	비큐큐푸드	황수영	대표 이사	서초구 서초동 120-3	서울특별시		(02)456-9876	100
CCOPI	진산푸드	김효정	영업 과장	구로구 오류 1동 101	서울특별시		(02)100-1670	1034
FCRTH	플라워푸드	권덕현	영업 사원	종로구 내자동 190-53	서울특별시		(02)954-1397	364

[표 2-2]를 통해 몇 가지 패턴에 대한 사용 방법을 확인해봅시다.

표 2-2 자주 사용되는 패턴 문자와 예시

패턴 문자	설명	예시 문제 → SQL 코드
.	단일 문자	고객회사명이 5글자 이상 → `WHERE 고객회사명 REGEXP '.....'`
¦	OR	도시가 '과천시' 또는 '오산시' → `WHERE 도시 REGEXP '과천시¦오산시'`
[]	[] 안에 나열된 패턴에 해당하는 문자열	도시가 '인천광역시' 또는 '부산광역시' 또는 '대전광역시' → `WHERE 도시 REGEXP '[인천¦부산¦대전]광역시'`
^	시작하는 문자열	'한'으로 시작하는 고객회사명 → `WHERE 고객회사명 REGEXP '^한'`
$	끝나는 문자열	고객회사명이 5글자이면서 데이터 중 4번째 글자가 '푸'인 고객회사명 → `WHERE 고객회사명 REGEXP '^...푸.$'`
*	0번 이상	'정'이 0번 이상 들어있는 담당자명 → `WHERE 담당자명 REGEXP '정*'`
+	1번 이상	'정'이 1번 이상 들어있는 담당자명 → `WHERE 담당자명 REGEXP '정+'`
[^문자]	괄호 안의 문자 제외	고객번호 맨 뒷자리에 'H'~'Z'가 들어가지 않는 고객번호 → `WHERE 고객번호 REGEXP '[^H-Z]$'`
{m}	m회	고객회사명이 5글자 → `WHERE 고객회사명 REGEXP '^.{5}$';`
		'T'나 'S'가 2회 나타나는 고객번호(TT, SS, TS, ST) → `WHERE 고객번호 REGEXP '[TS]{2}';`
{m,n}	m회 이상 n회 이하	'T'나 'S'가 1회 이상 2회 이하 나타나는 고객번호(T, S, TT, SS, TS, ST) → `WHERE 고객번호 REGEXP '[TS]{1,2}';`

패턴을 다양하게 응용하면 복잡한 조건의 데이터도 잘 매칭하여 검색할 수 있습니다.

확인문제

다음 문제를 읽고 빈칸을 채우시오.

1. 전화번호 뒷자리가 '45'로 끝나는 고객 정보

```
SELECT *
FROM 고객
WHERE 전화번호 LIKE [          ];
```

2. 전화번호 중 뒤에서 세 번째 부터가 '45'인 고객 정보

```
SELECT *
FROM 고객
WHERE 전화번호 LIKE [          ];
```

3. 전화번호 중에 '45'가 들어간 고객 정보

```
SELECT *
FROM 고객
WHERE 전화번호 LIKE [          ];
```

정답

1. '%45' 2. '%45_' 3. '%45%'

✓ 점검문제

이번 장에서 배운 내용을 기반으로
고객 테이블을 사용하여 SQL문을 작성해봅시다.

예제소스: Ch02_ex.sql

문제 1

다음 실행 결과를 참고하여 '서울'에 사는 고객 중에 마일리지가 15,000점 이상 20,000점 이하인 고객의 모든 정보를 보이시오.

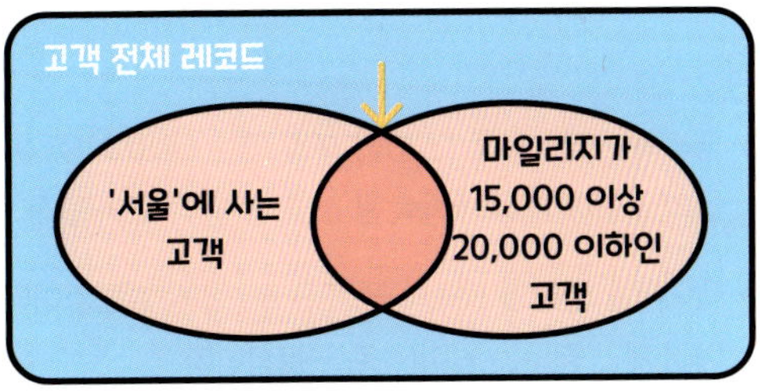

▶ 실행결과

고객번호	고객회사명	담당자명	담당자직위	주소	도시	지역	전화번호	마일리지
ACDDR	굿모닝서울	이은광	영업 과장	송파구 잠실동 220	서울특별시	NULL	(02)978-1984	15911

해결

```
SELECT *
FROM 고객
WHERE 도시 LIKE '서울%'
AND 마일리지 BETWEEN 15000 AND 20000;
```

- = 연산자를 사용하면 도시에 '서울'이라고 정확히 들어있어야만 검색됩니다. LIKE 연산자와 와일드카드 문자를 함께 사용하면 '서울', '서울시', '서울특별시' 등을 모두 검색할 수 있습니다.
- 마일리지 BETWEEN 15000 AND 20000; 대신 마일리지 >= 15000 AND 마일리지 <= 20000; 이라고 작성해도 동일한 결과를 얻을 수 있습니다.

문제 2

한빛무역의 고객들은 어느 지역, 어느 도시에 사는지 지역과 도시를 한 번씩만 보이시오. 이때 결과를 지역 순으로 나타내고, 동일 지역에 대해서는 도시 순으로 나타내봅니다.

▶ 실행결과

지역	도시
NULL	대전광역시
NULL	부산광역시
NULL	서울특별시
NULL	인천광역시
강원도	원주시
강원도	춘천시
경기도	과천시
경기도	광명시
경기도	구리시
경기도	동두천시

해결

```
SELECT DISTINCT 지역
               ,도시
FROM 고객
ORDER BY 1, 2;
```

- 중복되는 레코드를 한 번만 보일 때는 DISTINCT를 사용합니다. SELECT문에 여러 컬럼이 있을 때는 해당 컬럼들의 조합에 대해서 중복된 값을 한 번씩 보여줍니다.
- 데이터를 정렬할 때는 ORDER BY절에 컬럼명이나 별명 또는 컬럼의 순번을 넣습니다. 정렬하고자 하는 컬럼이 여러 개인 경우는 콤마(,)로 구분합니다.
- 오름차순을 나타내는 ASC는 생략할 수 있습니다.

문제 3

'춘천시'나 '과천시' 또는 '광명시'에 사는 고객 중에서 담당자직위에 '이사' 또는 '사원'이 들어가는 고객의 모든 정보를 보이시오.

▶ 실행결과

고객번호	고객회사명	담당자명	담당자직위	주소	도시	지역	전화번호	마일리지
AIHTR	씨엔그룹	김성민	영업 사원	가학동 301	광명시	경기도	(02)31-0345	8788
LAAHI	성민식품상사	신민주	영업 사원	중앙로 3가 150-1	춘천시	강원도	(0369)39-1243	382
LKOFO	진영무역	조희진	대표 이사	중앙동 427-10	과천시	경기도	(02)768-7688	8607
NSHCO	은혜식품	이승연	영업 사원	소하동 11-3	광명시	경기도	(02)489-9184	387

해결

```
SELECT *
FROM 고객
WHERE 도시 IN ('춘천시', '과천시', '광명시')
AND (담당자직위 LIKE '%이사%' OR 담당자직위 LIKE '%사원%');
```

- WHERE 도시 IN ('춘천시', '과천시', '광명시')는 WHERE 도시 = '춘천시' OR 도시 = '과천시' OR 도시 = '광명시'라고 작성할 수 있습니다.
- 담당자직위는 해당 문자열을 포함하는 데이터를 찾아야 하기 때문에 IN을 사용하는 대신 LIKE를 사용해야 문제를 해결할 수 있습니다. 또한 연산의 우선순위를 명시적으로 지정하기 위해서는 소괄호(( ))를 사용합니다. 이 문제에서 괄호를 생략하면 잘못된 결과를 얻게 됩니다.

문제 4

'광역시'나 '특별시'에 살지 않는 고객들 중에서 마일리지가 많은 상위 고객 3명의 모든 정보를 보이시오.

▶ 실행결과

고객번호	고객회사명	담당자명	담당자직위	주소	도시	지역	전화번호	마일리지
LZAWO	오뚜락	주민영	대표 이사	건입동 111-16	제주시	제주도	(064)643-2871	8838
AIHTR	씨엔그룹	김성민	영업 사원	가학동 301	광명시	경기도	(02)31-0345	8788
BEVBS	케이리할리스	오선주	영업 사원	구산동 17-111	김해시	경상남도	(0525)342-3333	8758

해결

```
SELECT *
FROM 고객
WHERE NOT (도시 LIKE '%광역시' OR 도시 LIKE '%특별시')
ORDER BY 마일리지 DESC
LIMIT 3;
```

- 조건이 여러 개인 경우 NOT을 쓸 때는 특히 주의해서 작성해야 합니다. 이 문제는 다음의 두 가지 방법으로 작성할 수 있습니다.
  ❶ `WHERE NOT (도시 LIKE '%광역시' OR 도시 LIKE '%특별시')`
  ❷ `WHERE 도시 NOT LIKE '%광역시' AND 도시 NOT LIKE '%특별시'`
- 정렬한 결과에 대해 집합의 개수를 제한하고자 할 때는 ORDER BY절 다음에 LIMIT를 넣습니다.

문제 5

지역에 값이 들어있는 고객 중에서 담당자직위가 '대표 이사'인 고객을 빼고 보이시오.

▶ 실행결과

고객번호	고객회사명	담당자명	담당자직위	주소	도시	지역	전화번호	마일리지
AIHTR	씨엔그룹	김성민	영업 사원	가학동 301	광명시	경기도	(02)31-0345	8788
ANRFR	남해종합식품	강준	마케팅 과장	수택동 435	구리시	경기도	(034)756-2091	106
BEVBS	케이리할리스	오선주	영업 사원	구산동 17-111	김해시	경상남도	(0525)342-3333	8758
[illegible]	진가식품	[illegible]	영업 사원	[illegible]	[illegible]	[illegible]	[illegible]	

해결

```
SELECT *
FROM 고객
WHERE 지역 IS NOT NULL
AND 담당자직위 <> '대표 이사';
```

- IS NOT NULL을 사용하면 고객의 모든 레코드 중에서 지역 IS NULL인 결과를 제외한 나머지 결과를 보여줍니다.
- 같지 않다를 나타내는 연산자는 <> 또는 !=를 사용할 수 있습니다.

요약

01 테이블에 들어있는 데이터를 조회하기 위해서는 SELECT문을 사용합니다.

형식

```
SELECT      컬럼1 [AS 별명1]
            ,컬럼2 [별명2]
            ,컬럼3
FROM        테이블명
[WHERE      조건]
[ORDER BY   컬럼]
[LIMIT      n];
```

02 컬럼에는 별명을 붙여줄 수 있습니다. 별명은 컬럼명을 실제로 변경하는 것이 아니라 현재 SELECT 문장에서만 적용되는 컬럼의 제목이라 할 수 있습니다.

03 원하는 레코드를 가져오고 싶을 때는 WHERE절에 조건을 작성합니다.

04 레코드를 순서대로 정렬할 때는 ORDER BY절을 사용합니다. 정렬에는 작은 값부터 순서대로 보여주는 오름차순 정렬(ASC)과 큰 값부터 보여주는 내림차순 정렬(DESC)이 있습니다.

05 LIMIT를 사용하여 반환되는 레코드의 개수를 지정할 수 있습니다. LIMIT는 ORDER BY절과 함께 자주 사용됩니다.

06 데이터를 조회할 때 중복된 데이터를 한 번만 보이고자 할 때는 SELECT절에 DISTINCT를 넣어줍니다.

07 산술 연산자에는 더하기(+), 빼기(−), 곱하기(*), 나누기(/), 나머지(%)가 있습니다.

08 데이터베이스에서 NULL은 알 수 없는 값(Unknown Value)을 의미하며, 이 값은 0이나 빈 문자열(Empty String)과는 다른 의미입니다.

연습문제

01 다음 중 MySQL에서 사용하는 집합 연산자는 무엇인가?

① UNION
② INTERSECT
③ MINUS
④ EXCEPT

02 다음 중 정수 나누기를 나타내는 연산자는 무엇인가?

① /
② DIV
③ //
④ MOD

03 다음 중 문법상 오류가 없는 문장은 무엇인가?

①
```
SELECT *
FROM 고객
ORDER BY 고객번호
WHERE 도시 <> '서울특별시';
```

②
```
SELECT 지역
      ,DISTINCT 도시
FROM 고객;
```

③
```
SELECT *
FROM 고객
WHERE 고객번호 LIKE '_A_C_';
```

④
```
SELECT 고객번호 고객 번호
FROM 고객;
```

04 마일리지가 1,000점 미만이거나 10,000점 초과인 고객의 모든 정보를 조회하려고 한다. 다음 중 오류가 발생하는 문장은 무엇인가?

①
```
SELECT *
FROM 고객
WHERE 마일리지 < 1000
OR 마일리지 > 10000;
```

②
```
SELECT *
FROM 고객
WHERE NOT (마일리지 >= 1000 AND 마일
리지 <= 10000);
```

③
```
SELECT *
FROM 고객
WHERE 마일리지 NOT BETWEEN 1000 AND
10000;
```

④
```
SELECT *
FROM 고객
WHERE 마일리지 NOT BETWEEN 1000 OR
10000;
```

05 다음 두 개의 문장 중에서 오류가 발생하는 문장은 무엇인가?

①
```
SELECT 담당자명 이름
      ,마일리지 포인트
FROM 고객
WHERE 포인트 >= 1000;
```

②
```
SELECT 담당자명 이름
      ,마일리지 포인트
FROM 고객
ORDER BY 포인트 DESC;
```

06 다음 세 개의 문장 중에서 오류가 발생하지 않는 문장은 무엇인가?

①
```
SELECT 고객회사명
      ,마일리지
FROM 고객
UNION
SELECT 제품명
      ,단가
FROM 제품;
```

②
```
SELECT 고객회사명
      ,마일리지
FROM 고객
WHERE 도시 = '경주시'
UNION
SELECT 마일리지
      ,고객회사명
FROM 고객
WHERE 도시 = '오산시';
```

③
```
SELECT 담당자명
      ,고객회사명
      ,마일리지
FROM 고객
WHERE 도시 <> '경주시'
UNION
SELECT 담당자명
      ,고객회사명
FROM 고객
WHERE 마일리지 >= 10000;
```

실습문제

한빛무역 데이터베이스에 있는 여러 테이블을 사용하여 SQL문을 작성해보시오.

01 제품 한빛무역에서 취급하는 제품 중에서 '주스' 제품에 대한 모든 정보를 검색하시오.

02 제품 단가가 5,000원 이상 10,000원 이하인 '주스' 제품에는 무엇이 있는지 검색하시오.

03 제품 제품번호가 1, 2, 4, 7, 11, 20인 제품의 모든 정보를 보이시오.

04 제품 재고금액이 높은 상위 10개 제품에 대해 제품번호, 제품명, 단가, 재고, 재고금액(단가 * 재고)을 보이시오.

CHAPTER 03

함수 1: 단일 행 함수

학습목표

- 함수의 개념과 종류를 이해할 수 있습니다.
- 단일 행 함수인 문자형 함수, 숫자형 함수, 날짜/시간형 함수를 활용할 수 있습니다.
- 기타 유용한 함수에 대해 이해할 수 있습니다.

Preview

SQL 함수는 데이터를 쿼리하거나 결과를 가공하기 위해 사용됩니다. 이번 장에서는 MySQL에서 사용할 수 있는 문자형 함수, 숫자형 함수, 날짜/시간형 함수, 형 변환 함수 및 제어 흐름 함수에 대해 살펴보겠습니다.

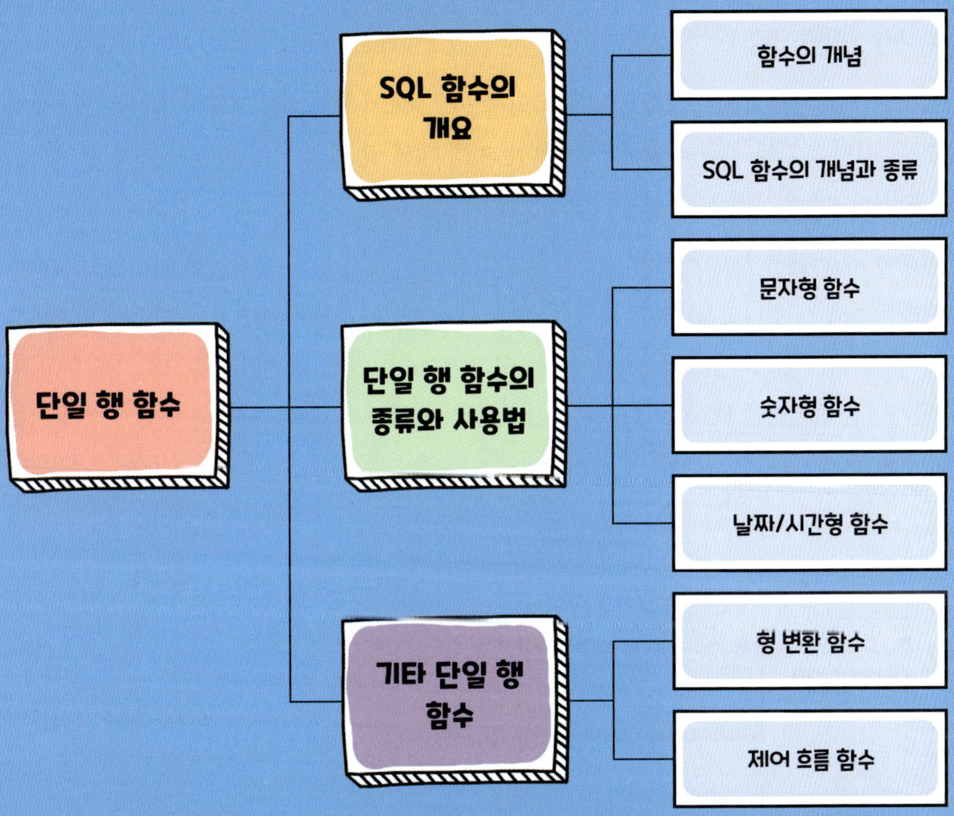

Section 01

SQL 함수의 개요

• 예제 소스: Ch03.sql

1 함수의 개념

함수란 특별한 목적의 작업을 수행하기 위해 독립적으로 설계된 프로그램 코드의 집합을 의미합니다. 사용자는 어떤 로직에 의해서 함수가 동작하는지에 대해 알 필요가 없습니다. 단지 필요한 값을 주고, 원하는 값을 얻으면 됩니다.

함수를 실행할 때 필요한 값은 매개변수를 통해 전달됩니다. 예를 들어 문자열의 길이를 반환하는 LENGTH라는 함수가 있다고 합시다. 이 함수를 사용하려면 문자열이 필요하기 때문에 매개변수 값으로 문자열을 입력합니다. [그림 3-1]에서는 문자열 'HELLO'를 매개변수 값으로 전달하고 있습니다. 문자열을 전달받은 LENGTH 함수는 내부 로직에 따라서 프로그램을 수행하고, 사용자는 문자열의 길이 5라는 결과를 얻게 됩니다.

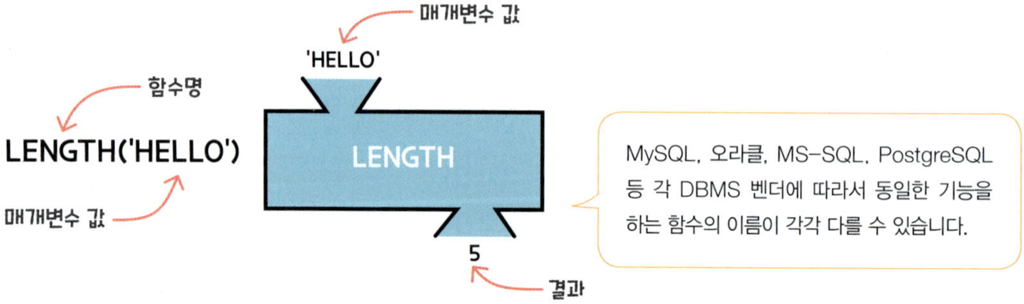

그림 3-1 **함수의 사용 방법**

2 SQL 함수의 개념과 종류

SQL 함수란 데이터를 조회하거나 집계, 저장, 수정하는 과정에서 값을 가공하기 위해 제공되는 모듈화된 기능을 의미합니다.

SQL 함수는 DBMS에 미리 만들어져 저장되어 있는지, 사용자가 필요에 따라서 직접 만드는지에 따라 내장 함수(Built-in Function)와 사용자 정의 함수(User-defined Function)로 구분합니다.

내장 함수는 단일 행을 처리하는지, 여러 행을 집계하거나 그룹화하여 처리하는지에 따라 단일 행 함수(Single-Row Function)와 복수 행 함수(Multi-Row Function)로 구분합니다.

단일 행 함수는 문자형 함수, 숫자형 함수, 날짜/시간형 함수, 형 변환 함수, 제어 흐름 함수, XML 함수, 비트 함수, 보안/압축 함수, 정보 함수, 공간 분석 함수 등으로 구분할 수 있습니다. 복수 행 함수는 집계 함수(Aggregate Function)라고도 하는데, 4장에서 별도로 다루게 됩니다. 사용자 정의 함수는 10장, 분석 함수는 11장에서 각각 학습합니다. 3장에서는 [그림 3-2]의 점선 안에 있는 함수에 대해 학습하겠습니다.

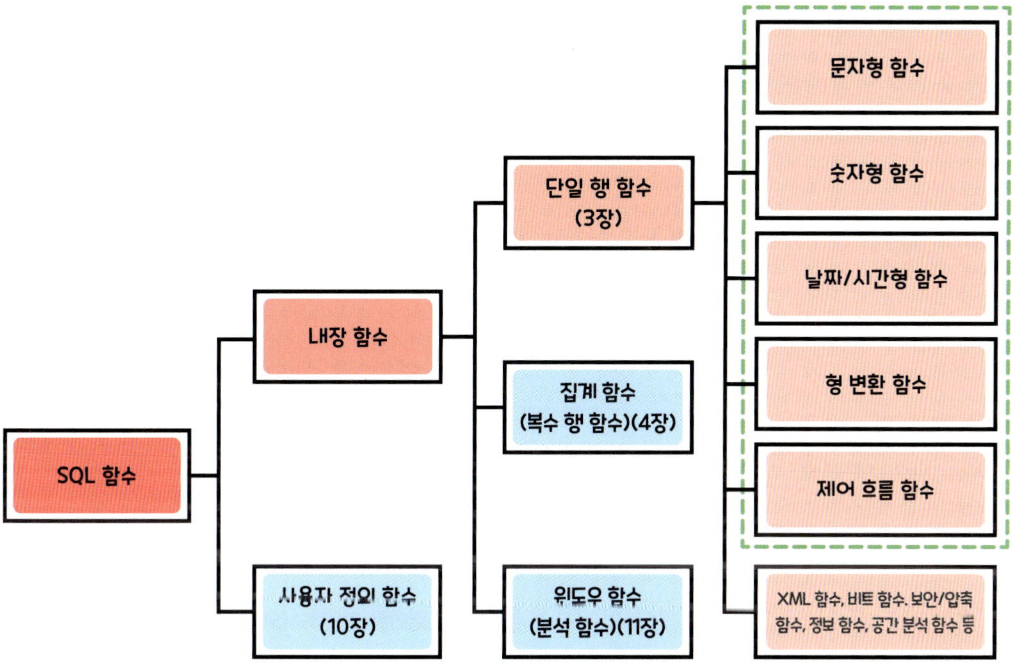

그림 3-2 **SQL 함수의 종류**

확인문제

다음 빈칸에 들어갈 단어를 채우시오.

SQL 함수는 DBMS에 미리 저장되어 있는지, 사용자가 필요에 따라서 직접 만드는지에 따라 [①]와 [②]로 구분됩니다. [①]에는 단일 행 함수, 집계 함수, 윈도우 함수 등이 있습니다.

① ____________ ② ____________

정답 ① 내장 함수(Built-in Function) ② 사용자 정의 함수(User-defined Function)

Section 02

단일 행 함수의 종류와 사용법

1 문자형 함수

문자형 함수는 문자열을 입력하면 문자열이나 숫자 값을 반환하는 함수입니다. 각각의 함수를 사용하는 방법을 예제를 통해 살펴보겠습니다.

CHAR_LENGTH( ), LENGTH( )

CHAR_LENGTH()는 문자의 개수를 반환하고, LENGTH()는 문자열에 할당된 바이트(Byte) 수를 반환하는 함수입니다.

형식

```
CHAR_LENGTH(문자열)
LENGTH(문자열)
```

예제 3-1 **영문 'HELLO'와 한글 '안녕'의 문자 개수를 세고, 결과를 확인하시오.**

```
SELECT CHAR_LENGTH('HELLO')      -- 영문자 개수 반환
      ,LENGTH('HELLO')           -- 영문자의 바이트 수 반환
      ,CHAR_LENGTH('안녕')        -- 문자 개수 반환
      ,LENGTH('안녕');            -- UTF-8의 바이트 수 반환
```

▶ 실행결과

CHAR_LENGTH('HELLO')	LENGTH('HELLO')	CHAR_LENGTH('안녕')	LENGTH('안녕')
5	5	2	6

LENGTH()는 문자열의 길이를 바이트 수로 반환하고 CHAR_LENGTH()는 문자 개수로 반환합니다. 따라서 '안녕'과 같은 한글의 경우에 LENGTH()의 결과는 UTF-8의 바이트 수인 6이 반환되고, CHAR_LENGTH()를 사용하면 문자 개수인 2가 반환됩니다.

CONCAT( ), CONCAT_WS( )

CONCAT()은 문자열을 연결할 때 사용하고, CONCAT_WS()는 구분자와 함께 문자열을 연결할 때 사용하는 함수입니다.

형식

```
CONCAT(문자열1, 문자열2, ...)
CONCAT_WS(구분자, 문자열1, 문자열2, ...)
```

예제 3-2 CONCAT() 함수와 CONCAT_WS() 함수를 사용하여 문자열을 연결했을 때의 결괏값을 비교하시오.

```
SELECT CONCAT('DREAMS', 'COME', 'TRUE')          -- 문자열 연결
      ,CONCAT_WS('-', '2023', '01', '29');       -- 구분자 '-'로 연결
```

▶ 실행결과

CONCAT('DREAMS', 'COME', 'TRUE')	CONCAT_WS('-', '2023', '01', '29')
DREAMSCOMETRUE	2023-01-29

CONCAT_WS()는 첫 번째 매개변수 값으로 한 문자 이상의 구분자 문자열을 넣을 수 있습니다. 이번 예제에서는 '–'를 구분자로 넣었습니다.

LEFT( ), RIGHT( ), SUBSTR( )

LEFT()는 문자열의 왼쪽부터 길이만큼 문자열을 반환하고, RIGHT()는 문자열의 오른쪽부터 길이만큼 문자열을 반환하는 함수입니다. SUBSTR()은 지정한 위치로부터 길이만큼의 문자열을 반환합니다.

형식

```
LEFT(문자열, 길이)
RIGHT(문자열, 길이)
SUBSTR(문자열, 시작_위치, 길이) 또는 SUBSTRING(문자열, 시작_위치, 길이)
```

SUBSTR()에서 길이를 생략하면 시작 위치부터 문자열의 끝까지 반환합니다.

예제 3-3 'SQL 완전정복' 문자열에서 지정한 길이만큼의 문자열을 반환하시오.

```
SELECT LEFT('SQL 완전정복', 3)          -- 왼쪽부터 3문자
```

```
      ,RIGHT('SQL 완전정복', 4)             -- 오른쪽부터 4문자
      ,SUBSTR('SQL 완전정복', 2, 5)         -- 2번째 문자부터 5문자
      ,SUBSTR('SQL 완전정복', 2);           -- 2번째 문자부터 끝까지
```

▶ 실행결과

LEFT('SQL 완전정복', 3)	RIGHT('SQL 완전정복', 4)	SUBSTR('SQL 완전정복', 2, 5)	SUBSTR('SQL 완전정복', 2)
SQL	완전정복	QL 완전	QL 완전정복

SUBSTRING_INDEX( )

SUBSTRING_INDEX()는 지정한 구분자를 기준으로 문자열을 분리해서 가져올 때 사용하는 함수입니다.

형식

```
SUBSTRING_INDEX(문자열, 구분자, 인덱스)
```

예제 3-4 '서울시 동작구 흑석로'에서 앞/뒤 2번째 위치에 있는 공백(' ')을 기준으로 문자열을 분리한 결과를 확인하시오.

```
SELECT SUBSTRING_INDEX('서울시 동작구 흑석로', ' ', 2)      -- 왼쪽부터 두 번째 공백 이후 제거
      ,SUBSTRING_INDEX('서울시 동작구 흑석로', ' ', -2);    -- 오른쪽부터 두 번째 공백 이전 제거
```

▶ 실행결과

SUBSTRING_INDEX('서울시 동작구 흑석로', ' ', 2)	SUBSTRING_INDEX('서울시 동작구 흑석로', ' ', -2)
서울시 동작구	동작구 흑석로

인덱스가 음수이면 오른쪽부터 시작합니다. 따라서 예제의 첫 번째 행은 왼쪽에서부터 두 번째 공백 이후의 문자열이 제거되었고, 두 번째 행은 오른쪽에서부터 두 번째 공백 이전의 문자열이 제거되었습니다.

LPAD( ), RPAD( )

LPAD()와 RPAD()는 지정한 길이에서 문자열을 제외한 빈칸을 특정 문자로 채울 때 사용합니다. LPAD()는 왼쪽에, RPAD()는 오른쪽에 특정 문자를 채웁니다.

형식

```
LPAD(문자열, 길이, 채울_문자열)
RPAD(문자열, 길이, 채울_문자열)
```

예제 3-5 'SQL' 문자열의 앞 7칸에 # 기호를 채우고, SQL 뒤 2칸에는 * 기호를 채우시오.

```
SELECT LPAD('SQL', 10, '#') ●———— 문자열 왼쪽에 # 채우기
      ,RPAD('SQL', 5, '*'); ●———— 문자열 오른쪽에 * 채우기
```

▶ 실행결과

LPAD('SQL', 10, '#')	RPAD('SQL', 5, '*')
#######SQL	SQL**

LTRIM( ), RTRIM( )

LTRIM()은 왼쪽의 공백을 제거할 때, RTRIM()은 오른쪽 공백을 제거할 때 사용합니다.

형식

```
LTRIM(문자열)
RTRIM(문자열)
```

예제 3-6 ' SQL ' 문자열의 앞/뒤에 있는 공백을 제거하고, 결과를 문자열의 길이로 확인하시오.

```
SELECT LENGTH(LTRIM(' SQL ')) ●———— 왼쪽 공백을 지운 후 길이 반환
      ,LENGTH(RTRIM(' SQL ')) ●———— 오른쪽 공백을 지운 후 길이 반환
      ,LENGTH(TRIM(' SQL ')); ●———— 양쪽 공백을 지운 후 길이 반환
```

▶ 실행결과

LENGTH(LTRIM(' SQL '))	LENGTH(RTRIM(' SQL '))	LENGTH(TRIM(' SQL '))
4	4	3

LTRIM()과 RTRIM()을 사용한 문자열의 길이는 왼쪽 공백과 오른쪽 공백이 제거되었기 때문에 4가 반환되고, TRIM()은 양쪽의 공백이 모두 제거되었기 때문에 3이 반환되었습니다.

TRIM(BOTH/LEADING/TRAILING)

양쪽에 있는 동일 문자열을 제거하고자 할 때에는 TRIM()의 첫 번째 매개변수에 BOTH를 넣습니다. BOTH 대신 LEADING을 넣으면 왼쪽에 있는 문자열이, TRAILING을 넣으면 오른쪽에 있는 문자열이 제거됩니다.

형식

```
TRIM(문자열)
TRIM(제거할_문자열의_방향(BOTH/LEADING/TRAILING) 제거할_문자열 FROM 문자열)
```

예제 3-7 'abcSQLabcabc'에서 BOTH/LEADING/TRAILING을 사용하여 앞뒤에 있는 'abc' 문자열을 제거하시오.

```
SELECT TRIM(BOTH 'abc' FROM 'abcSQLabcabc')        -- 양쪽의 모든 abc 제거
      ,TRIM(LEADING 'abc' FROM 'abcSQLabcabc')     -- 왼쪽의 abc 제거
      ,TRIM(TRAILING 'abc' FROM 'abcSQLabcabc');   -- 오른쪽의 abc 제거
```

▶ 실행결과

TRIM(BOTH '*' FROM '**SQL***')	TRIM(LEADING 'abc' FROM 'abcSQLabc')	TRIM(TRAILING 'abc' FROM 'abcSQLabcabc')
SQL	SQLabc	abcSQL

TRIM()에 BOTH를 넣은 경우 양쪽에 있는 'abc'가 제거되고, LEADING을 넣은 경우에는 왼쪽에 있는 'abc'가 제거되었습니다. TRAILING을 넣은 경우에는 오른쪽에 연달아 있는 'abc'가 한꺼번에 제거되었습니다.

FIELD( ), FIND_IN_SET( ), INSTR( ), LOCATE( )

FIELD(), FIND_IN_SET(), INSTR(), LOCATE()는 찾을 문자열의 위치 값을 반환해주는 함수입니다. 각각의 함수에 대한 형식과 사용법을 살펴보겠습니다.

■ FIELD( )

여러 문자열 중에서 찾는 문자열이 있으면 문자열의 위치 값을 반환합니다. 만약 찾는 문자열이 없으면 0을 반환합니다.

형식

```
FIELD(찾을_문자열, 문자열1, 문자열2, ...)
```

■ FIND_IN_SET( )

문자열 리스트에서 지정한 문자열을 찾아서 위치 값을 반환합니다.

형식

```
FIND_IN_SET(찾을_문자열, 문자열_리스트)
```

■ INSTR( ), LOCATE( )

기준 문자열 중에서 부분 문자열을 찾아서 위치 값을 반환합니다.

형식

```
INSTR(기준_문자열, 부분_문자열)
LOCATE(부분_문자열, 기준_문자열)
```

예제 3-8 **문자열의 위치를 찾는 4가지 함수 FIELD( ), FIND_IN_SET( ), INSTR( ), LOCATE( )를 사용하고 결과를 확인하시오.**

```
SELECT FIELD('JAVA', 'SQL', 'JAVA', 'C')          -- 첫 매개변수인 JAVA의 위치
      ,FIND_IN_SET('JAVA', 'SQL,JAVA,C')          -- ','로 구분된 두 번째 매개변수 값 중 JAVA의 위치
      ,INSTR('네 인생을 살아라', '인생')            -- 인생의 위치
      ,LOCATE('인생', '네 인생을 살아라');
```

▶ 실행결과

FIELD('JAVA', 'SQL', 'JAVA', 'C')	FIND_IN_SET('JAVA', 'SQL,JAVA,C')	INSTR('네 인생을 살아라', '인생')	LOCATE('인생', '네 인생을 살아라')
2	2	3	3

FIELD()는 첫 매개변수 값인 'JAVA'를 나머지 문자열 리스트에서 찾습니다. 'SQL' 다음에 'JAVA'가 있으므로 2를 반환했습니다. FIND_IN_SET()도 첫 매개변수 값인 'JAVA'를 찾는 것은 동일합니다. 다만 'SQL,JAVA,C' 리스트 전체가 하나의 문자열로 묶이고 각 문자열은 콤마(,)로 구분됩니다. 이때 콤마 사이에는 공백이 없어야 합니다. INSTR()과 LOCATE()는 동일한 기능을 수행하는데, 매개변수의 순서를 바꿔서 지정한다는 것이 차이점입니다.

ELT( )

ELT()는 지정한 위치에 있는 문자열을 반환합니다. FIELD()는 첫 매개변수 값에 찾고자 하는 문자열을 넣어주지만, ELT()는 찾을 문자열의 위치 값을 넣습니다.

형식

```
ELT(찾을_문자열_위치, 문자열1, 문자열2, ...)
```

예제 3-9 **문자열 리스트에서 두 번째 위치에 있는 문자열이 무엇인지 찾으시오.**

```
SELECT ELT(2, 'SQL', 'JAVA', 'C');          -- 두 번째 위치에 있는 문자열
```

▶ 실행결과

ELT(2, 'SQL', 'JAVA', 'C')
JAVA

'SQL', 'JAVA', 'C' 중에서 두 번째 위치에 있는 'JAVA'가 반환됩니다.

REPEAT( )

REPEAT()는 문자열을 반복하고자 할 때 사용하는 함수입니다. 매개변수에 반복할 문자열과 반복할 횟수를 넣습니다.

형식

```
REPEAT(문자열, 횟수)
```

예제 3-10 **REPEAT( )를 사용하여 '*' 5개를 반복하시오.**

```
SELECT REPEAT('*', 5);
```

▶ 실행결과

REPEAT('*', 5)
*****

REPLACE( )

REPLACE()는 문자열의 일부를 다른 문자열로 대체하고자 할 때 사용합니다.

형식

```
REPLACE(문자열, 원래_문자열, 바꿀_문자열)
```

예제 3-11 **'.'로 구분되어 있는 전화번호의 구분자를 '-'로 대체하시오.**

```
SELECT REPLACE('010.1234.5678', '.', '-');
```

▶ 실행결과

REPLACE('010.1234.5678', '.', '-')
010-1234-5678

REVERSE( )

REVERSE()는 문자열을 거꾸로 뒤집을 때 사용합니다.

형식

```
REVERSE(문자열)
```

예제 3-12 **'OLLEH'를 맨 뒤쪽의 문자부터 나타내시오.**

```
SELECT REVERSE('OLLEH');
```

▶ 실행결과

REVERSE('OLLEH')
HELLO

2 숫자형 함수

숫자를 다루는 단일 행 함수를 통해 올림, 버림, 반올림, 절댓값 반환, 나머지, 제곱승 등의 기능을 수행할 수 있습니다.

CEILING( ), FLOOR( ), ROUND( ), TRUNCATE( )

CEILING()은 올림, FLOOR()는 버림, ROUND()는 지정한 위치에서 반올림, TRUNCATE()는 지정한 위치에서 버림 작업을 수행합니다.

형식

```
CEILING(숫자)
FLOOR(숫자)
ROUND(숫자)
ROUND(숫자, 반올림할_자릿수)
TRUNCATE(숫자, 버림할_자릿수)
```

예제 3-13 **123.56에 대해 CEILING( ), FLOOR( ), ROUND( ), TRUNCATE( )를 사용한 결과를 확인하시오.**

```
SELECT CEILING(123.56)
      ,FLOOR(123.56)
      ,ROUND(123.56)
```

```
       ,ROUND(123.56, 1)
       ,TRUNCATE(123.56, 1);
```

▶ 실행결과

CEILING(123.56)	FLOOR(123.56)	ROUND(123.56)	ROUND(123.56, 1)	TRUNCATE(123.56, 1)
124	123	124	123.6	123.5

123.56에 대해 소수점 이하를 올림한 결과는 124이고, 버림한 결과는 123입니다. ROUND()에서 반올림할 자릿수를 지정하지 않으면 소수 이하 첫째 자리에서 반올림하여 124라는 결과가 나오게 됩니다. 소수점 이하 둘째 자리에서 반올림하여 첫째 자리까지 보이는 결과는 123.6이고, 소수점 이하 둘째 자리에서 버림해 보이는 결과는 123.5입니다.

ABS( ), SIGN( )

ABS()는 절댓값을 반환하고, SIGN()은 양수의 경우 1, 음수의 경우 −1을 반환합니다.

형식

```
ABS(숫자)
SIGN(숫자)
```

예제 3-14 −120과 120의 절댓값과 음수, 양수 여부를 판별하시오.

```
SELECT ABS(-120)
       ,ABS(120)
       ,SIGN(-120)
       ,SIGN(120);
```

▶ 실행결과

ABS(-120)	ABS(120)	SIGN(-120)	SIGN(120)
120	120	-1	1

ABS()의 결과는 음수이든 양수이든 120이 나오며, SIGN()의 결과는 음수는 −1, 양수는 1이 반환됩니다.

MOD( )

MOD()는 나머지를 구하는 함수로 세 가지 방법을 사용할 수 있습니다.

형식

```
MOD(숫자1, 숫자2)
숫자1 % 숫자2
숫자1 MOD 숫자2
```

예제 3-15 **203을 4로 나눈 나머지를 확인하시오.**

```
SELECT MOD(203, 4)
      ,203 % 4
      ,203 MOD 4;
```

▶ 실행결과

MOD(203, 4)	203 % 4	203 MOD 4
3	3	3

POWER( ), SQRT( ), RAND( )

POWER()는 n제곱승 값을, SQRT()는 제곱근 값을, RAND()는 0과 1사이 임의의 실수 값을 반환합니다. RAND()에서 매개변수 값을 넣지 않으면 실행할 때마다 0과 1 사이에 있는 임의의 실수를 얻을 수 있습니다. RAND() 안에 시드(Seed)를 설정하면 매번 동일한 임의의 값을 얻을 수 있습니다. 또한 ROUND(), TRUNCATE() 등의 함수를 같이 사용하면 임의의 정수를 만들 수 있습니다.

형식

```
POWER(숫자1, 숫자2)  ← 숫자1의 숫자2 제곱승
SQRT(숫자)
RAND()
RAND(숫자)
```

예제 3-16 **제곱과 제곱근, 랜덤값을 구하는 함수를 사용하고, 그 결과를 보이시오.**

```
SELECT POWER(2, 3)
      ,SQRT(16)
      ,RAND()
      ,RAND(100)
      ,ROUND(RAND() * 100);  ← 0~100 사이의 정수
```

▶ 실행결과

POWER(2, 3)	SQRT(16)	RAND()	RAND(100)	ROUND(RAND() * 100)
8	4	0.838829533046884	0.17353134804734155	76

POWER()와 SQRT()를 사용하면 제곱승과 제곱근 값을 얻을 수 있습니다. ROUND(RAND() * 100)이라고 하면 0과 100 사이에 있는 임의의 정수가 나옵니다.

3 날짜/시간형 함수

날짜/시간형 함수는 데이터 분석 등의 실무에서 특히 유용하게 사용할 수 있습니다.

현재 날짜/시간 반환 함수

현재 날짜와 시간을 반환하는 함수에는 NOW(), SYSDATE(), CURDATE(), CURTIME()이 있습니다. NOW()와 SYSDATE()는 시스템의 현재 날짜와 시간을 반환합니다. CURDATE()는 시스템의 현재 날짜를, CURTIME()은 시스템의 현재 시간을 반환합니다.

예제 3-17 현재 날짜와 시간을 다양한 형태로 반환하시오.

```
SELECT NOW()
      ,SYSDATE()
      ,CURDATE()
      ,CURTIME();
```

▶ 실행결과

NOW()	SYSDATE()	CURDATE()	CURTIME()
2023-01-31 14:31:07	2023-01-31 14:31:07	2023-01-31	14:31:07

연도, 분기, 월, 일, 시, 분, 초 반환 함수

YEAR(), QUARTER(), MONTH(), DAY(), HOUR(), MINUTE(), SECOND()는 날짜 중 해당 값을 반환합니다. 예를 들어 YEAR()는 날짜 중 연도를, QUARTER()는 날짜 중 분기를 반환합니다.

예제 3-18 날짜에 관한 다양한 함수의 결과를 확인하시오.

```
SELECT NOW()             ● ──── 현재 날짜
      ,YEAR(NOW())       ● ──── 연도
      ,QUARTER(NOW())    ● ──── 분기
      ,MONTH(NOW())      ● ──── 월
      ,DAY(NOW())        ● ──── 일
      ,HOUR(NOW())       ● ──── 시
      ,MINUTE(NOW())     ● ──── 분
      ,SECOND(NOW());    ● ──── 초
```

▶ 실행결과

NOW()	YEAR(NOW())	QUARTER(NOW())	MONTH(NOW())	DAY(NOW())	HOUR(NOW())	MINUTE(NOW())	SECOND(NOW())
2023-01-29 20:23:32	2023	1	1	29	20	23	32

NOW()는 시스템의 현재 날짜와 시간 값을 가져오는 함수입니다. 입력한 날짜에 대해 연도, 분기, 월, 일, 시, 분, 초를 얻는 함수를 사용하면 각각의 값을 얻을 수 있습니다.

기간 반환 함수

지정한 기간을 반환하는 함수에는 DATEDIFF(), TIMESTAMPDIFF()가 있습니다. DATEDIFF()는 기간을 일자 기준으로 반환합니다. TIMESTAMPDIFF()는 기간을 지정한 단위 기준으로 보여줍니다. DATEDIFF()는 끝 일자를 앞에 넣어주고, TIMESTAMPDIFF()는 끝 일자를 뒤에 넣어줍니다.

형식

```
DATEDIFF(끝_일자, 시작_일자)
TIMESTAMPDIFF(단위, 시작_일자, 끝_일자)
```

[표 3-1]은 TIMESTAMPDIFF() 함수에서 사용하는 단위입니다.

표 3-1 TIMESTAMPDIFF() 함수에 매개변수로 들어가는 단위

단위	의미	단위	의미
SECOND	초	WEEK	주
MINUTE	분	MONTH	월
HOUR	시	QUARTER	분기
DAY	일	YEAR	연도

예제 3-19 현재 날짜를 기준으로 날짜 사이의 기간을 확인하시오.

```
SELECT NOW()
      ,DATEDIFF('2025-12-20', NOW())  ❶
      ,DATEDIFF(NOW(), '2025-12-20')
      ,TIMESTAMPDIFF(YEAR, NOW(), '2025-12-20')
      ,TIMESTAMPDIFF(MONTH, NOW(), '2025-12-20')
      ,TIMESTAMPDIFF(DAY, NOW(), '2025-12-20');  ❷
```

▶ 실행결과

NOW()	DATEDIFF('2025-12-20', NOW())	DATEDIFF(NOW(), '2025-12-20')	TIMESTAMPDIFF(YEAR, NOW(), '2025-12-20')	TIMESTAMPDIFF(MONTH, NOW(), '2025-12-20')	TIMESTAMPDIFF(DAY, NOW(), '2025-12-20')
2023-01-31 14:35:11	1054	-1054	2	34	1053

DATEDIFF()는 두 날짜 사이의 일자 간격을 반환합니다. 이때 끝 일자를 첫 매개변수의 값으로 넣습니다. TIMESTAMPDIFF()는 첫 번째 매개변수에 날짜와 시간과 관련된 여러 단위(예 YEAR, MONTH, DAY 등)를 넣어주고, 기간에 대한 시작 일자와 끝 일자를 순서대로 넣습니다. ❶과 ❷ 둘 다 기간을 일자 단위로 보여주지만, TIMESTAMPDIFF()는 현재 시간까지 반영하여 계산된 결과가 반환됨을 확인할 수 있습니다.

기간을 반영하는 날짜 함수

ADDDATE()는 지정한 날짜를 기준으로 그 기간만큼 더한 날짜를 반환하고, SUBDATE()는 기간만큼 뺀 날짜를 반환합니다.

형식

```
ADDDATE(날짜, 기간)
또는 ADDDATE(날짜, INTERVAL 기간 단위)
SUBDATE(날짜, 기간)
또는 SUBDATE(날짜, INTERVAL 기간 단위)
```

예제 3-20 **오늘 날짜 및 오늘 날짜로부터 50일 후, 50개월 후, 50시간 전의 날짜를 확인하시오.**

```
SELECT NOW()
      ,ADDDATE(NOW(), 50)                        ❶ 50일 후
      ,ADDDATE(NOW(), INTERVAL 50 DAY)           ❷ 50일 후
      ,ADDDATE(NOW(), INTERVAL 50 MONTH)         50개월 후
      ,SUBDATE(NOW(), INTERVAL 50 HOUR);         50시간 전
```

▶ 실행결과

NOW()	ADDDATE(NOW(), 50)	ADDDATE(NOW(), INTERVAL 50 DAY)	ADDDATE(NOW(), INTERVAL 50 MONTH)	SUBDATE(NOW(), INTERVAL 50 HOUR)
2023-01-31 14:59:41	2023-03-22 14:59:41	2023-03-22 14:59:41	2027-03-31 14:59:41	2023-01-29 12:59:41

INTERVAL과 단위를 추가로 넣으면 지정한 단위의 기간이 반영된 날짜를 얻을 수 있습니다. 단위를 넣지 않으면 DAY를 기준으로 계산하기 때문에 ❶과 ❷는 동일한 결과를 얻습니다. 또한 SUBDATE() 대신 ADDDATE()를 사용하면서 기간을 음수로 넣어도 동일한 결과를 얻을 수 있습니다.

기타 날짜 반환 함수

LAST_DAY()는 해당 월의 마지막 일자를 반환합니다. DAYOFYEAR()는 현재 연도에서 며칠이

지났는지를 반환합니다. MONTHNAME()은 월을 영문으로, WEEKDAY()는 요일을 정수로 보여줍니다.

형식

```
LAST_DAY(날짜)
DAYOFYEAR(날짜)
MONTHNAME(날짜)
WEEKDAY(날짜)
```

예제 3-21 **오늘 날짜를 기준으로 이번 달 마지막 날짜와 일 년 중 몇 일째인지, 그리고 월 이름과 요일을 확인하시오.**

```
SELECT NOW()
       ,LAST_DAY(NOW())
       ,DAYOFYEAR(NOW())
       ,MONTHNAME(NOW())
       ,WEEKDAY(NOW());
```

▶ 실행결과

NOW()	LAST_DAY(NOW())	DAYOFYEAR(NOW())	MONTHNAME(NOW())	WEEKDAY(NOW())
2023-01-31 15:09:37	2023-01-31	31	January	1

WEEKDAY()는 월요일인 0부터 시작하여 일요일인 6까지의 숫자가 반환됩니다.

확인문제

다음 문제를 해결하려면 어떤 함수를 써야 할까요?

1. 오늘은 내가 태어난 지 몇 일째일까? (   )

2. 내 생일부터 10,000일이 지난 날짜는 언제일까? (   )

3. 나는 무슨 요일에 태어났을까? (   )

정답

1. DATEDIFF() 또는 TIMESTAMPDIFF()   2. ADDDATE()   3. WEEKDAY()

Section 03

기타 단일 행 함수

1 형 변환 함수

데이터를 검색하거나 삽입하는 경우에 컬럼에 맞는 형식으로 지정하지 않으면 오류가 나는 경우가 생기는데, 이러한 경우에는 형 변환 함수를 사용하여 문제를 해결할 수 있습니다.

CAST( ), CONVERT( )

CAST()나 CONVERT()를 사용하면 원하는 형태로 데이터타입을 변경하여 처리하거나 확인할 수 있습니다.

형식

```
CAST(값 AS 데이터타입)
CONVERT(값, 데이터타입)
```

CAST(값 AS 데이터타입)에서 값에는 변경시킬 원래 값을 넣고, 데이터타입에는 변경하고자 하는 타입을 넣습니다. 데이터타입에는 CHAR, SIGNED(부호 있는 숫자), UNSIGNED(부호 없는 숫자), DATE, DATETIME, TIME, BINARY 등을 넣을 수 있습니다. 형 변환 함수로 CONVERT(값, 데이터타입)을 사용할 수도 있습니다.

예제 3-22 문자 '1'을 부호 없는 숫자 형식으로, 숫자 2를 문자 형식으로 변환하시오.

```
SELECT CAST('1' AS UNSIGNED)
      ,CAST(2 AS CHAR(1))
      ,CONVERT('1', UNSIGNED)
      ,CONVERT(2, CHAR(1));
```

▶ 실행결과

CAST('1' AS UNSIGNED)	CAST(2 AS CHAR(1))	CONVERT('1', UNSIGNED)	CONVERT(2, CHAR(1))
1	2	1	2

2 제어 흐름 함수

제어 흐름 함수는 프로그램의 흐름을 제어할 때 사용합니다. 조건에 따른 결과를 SQL 문장 하나로 얻을 수 있기 때문에 유용하게 사용할 수 있습니다.

IF()

조건이 참 또는 거짓인지에 따라 다른 결과를 반환합니다. IF(조건, 수식1, 수식2)는 조건의 결과가 참이면 수식1을 반환하고, 그렇지 않으면 수식2의 결과를 반환합니다.

형식

```
IF(조건, 수식1, 수식2)
```

예제 3-23 **12,500원짜리 제품을 450개 이상 주문한 금액이 5,000,000원 이상이면 '초과달성', 미만이면 '미달성'이라고 보이시오.**

```
SELECT IF(12500 * 450 > 5000000, '초과달성', '미달성');
```

▶ 실행결과

IF(12500 * 450 > 5000000, '초과달성', '미달성')
초과달성

IFNULL(), NULLIF()

IFNULL()과 NULLIF()는 NULL과 관련된 제어 흐름 함수입니다. IFNULL()은 수식1이 NULL이 아니면 수식1의 값을 반환하고, NULL이면 수식2의 값을 반환합니다. NULLIF()는 두 수식 값을 비교하여 값이 같으면 NULL을 반환하고, 값이 다르면 수식1의 값을 반환합니다.

형식

```
IFNULL(수식1, 수식2)
NULLIF(수식1, 수식2)
```

예제 3-24 **IFNULL()의 첫 매개변수 값이 NULL인지 여부에 따라 어떻게 결과가 다르게 나오는지 확인하시오.**

```
SELECT IFNULL(1, 0)
      ,IFNULL(NULL, 0)
      ,IFNULL(1/0, 'OK');
```

▶ 실행결과

IFNULL(1, 0)	IFNULL(NULL, 0)	IFNULL(1/0, 'OK')
1	0	OK

IFNULL(1, 0)은 첫 번째 매개변수 값이 NULL이 아니므로 1이 반환됩니다. IFNULL (NULL, 0)과 IFNULL(1/0, 'OK')은 첫 번째 매개변수 값이 NULL이므로 두 번째 값을 반환합니다.

예제 3-25 **NULLIF( )을 사용하여 두 결과를 비교하시오.**

```
SELECT NULLIF(12 * 10, 120)
      ,NULLIF(12 * 10, 1200);
```

▶ 실행결과

NULLIF(12 * 10, 120)	NULLIF(12 * 10, 1200)
NULL	120

NULLIF(12*10,120)은 첫 번째 값과 두 번째 값이 같기 때문에 NULL을 반환하고, NULLIF(12*10,1200)은 두 값이 다르기 때문에 첫 번째 수식의 결괏값이 반환됩니다.

3 CASE문

CASE문은 함수는 아니지만 조건 비교가 여러 개일 때 유용하게 사용할 수 있기 때문에 함께 살펴보겠습니다. CASE문에서는 WHEN 조건1 THEN 값1 WHEN 조건2 THEN 값2... 와 같이 여러 번 조건을 나열할 수 있습니다. 모든 조건을 만족하지 않으면 ELSE 다음에 값을 넣어줍니다. CASE문은 END로 마무리되어야 합니다.

그림 3-3 다중 조건을 위한 CASE문

예제 3-26 **주문 금액이 5,000,000원 이상이면 '초과달성', 4,000,000원 이상이면 '달성' 그 나머지는 '미달성'이라고 할 때, 12,500원짜리 제품을 450개 이상 주문했다면 어디에 해당하는지 보이시오.**

```
SELECT CASE WHEN 12500 * 450 > 5000000 THEN '초과달성'
            WHEN 2500 * 450 > 4000000 THEN '달성'
            ELSE '미달성'
       END;
```

▶ 실행결과

CASE WHEN 12500 * 450 > 5000000 THEN '초과달성' WHEN 2500 * 450 > 4000000 THEN '달성' ELSE '미달성' END
초과달성

확인문제

다음 빈칸에 들어갈 함수명을 넣어주시오.

IFNULL()과 NULLIF()는 NULL과 관련된 제어 흐름 함수입니다. 첫 번째 매개변수가 NULL이 아니면 첫 번째 값을 반환하고, NULL이면 두 번째 값을 반환하는 함수는 [①]입니다. 두 매개변수를 비교하여 값이 같으면 NULL을 반환하고, 값이 다르면 첫 번째 수식 값을 반환하는 함수는 [②]입니다.

① ____________　　② ____________

정답

① IFNULL()　② NULLIF()

✓ 점검문제

이번 장에서 배운 내용을 기반으로
단일 행 함수를 사용해봅시다.

예제소스: Ch03_ex.sql

문제 1

다음 조건에 따라 고객 테이블에서 고객회사명과 전화번호를 다른 형태로 보이도록 함수를 사용해봅시다. 고객회사명2와 전화번호2를 만드는 조건은 다음과 같습니다.

조건

- 고객회사명2 : 기존 고객회사명 중 앞의 두 자리를 *로 변환한다.
- 전화번호2 : 기존 전화번호의 (xxx)xxx-xxxx 형식을 xxx-xxx-xxxx 형식으로 변환한다.

▶ 실행결과

고객회사명	고객회사명2	전화번호	전화번호2
굿모닝서울	**닝서울	(02)978-1984	02-978-1984
엘케이 상사	**이 상사	(02)345-1945	02-345-1945
씨엔그룹	**그룹	(02)31-0345	02-31-0345

해결

```
SELECT 고객회사명
      ,CONCAT('**', SUBSTR(고객회사명, 3)) AS 고객회사명2
      ,전화번호
      ,REPLACE(SUBSTR(전화번호,2), ')', '-') AS 전화번호2
FROM 고객;
```

- 함수 안에 함수를 넣어 사용할 수도 있는데 이 경우 안쪽에 있는 함수부터 실행됩니다. 즉, 고객회사명의 세 번째 문자부터 마지막 문자까지 가져온 다음, '**'를 연결하면 결과를 얻을 수 있습니다.
- 전화번호 두 번째 문자부터 끝까지 읽어들인 결과에서 ')'를 '-'로 대체하여 반환됩니다.

문제 2

다음 조건에 따라 주문세부 테이블의 모든 컬럼과 주문금액, 할인금액, 실제 주문금액을 보이시오. 이때 모든 금액은 1의 단위에서 버림을 하고 10원 단위까지 보이도록 합니다.

조건

- 주문금액 : 주문수량 * 단가
- 할인금액 : 주문수량 * 단가 * 할인율
- 실주문금액 : 주문금액 - 할인금액

▶ 실행결과

주문번호	제품번호	단가	주문수량	할인율	주문금액	할인금액	실주문금액
H0250	51	4200	35	0.15	147000	22050	124950
H0250	65	1700	15	0.15	25500	3820	21680
H0251	22	1700	6	0.05	10200	510	9690
H0251	57	1600	15	0.05	24000	1200	22800
	65					0	

해결

```
SELECT *
      ,단가 * 주문수량 AS 주문금액
      ,TRUNCATE(단가 * 주문수량 * 할인율, -1) AS 할인금액
      ,단가 * 주문수량 - TRUNCATE(단가 * 주문수량 * 할인율, -1) AS 실주문금액
 FROM 주문세부;
```

- 별명은 수식에서 사용할 수 없기 때문에 SELECT절에서 주문금액 – 할인금액과 같이 별명을 사용하면 오류가 발생합니다.

문제 3

사원 테이블에서 전체 사원의 이름, 생일, 만나이, 입사일, 입사일수, 입사한 지 500일 후의 날짜를 보이시오.

▶ 실행결과

이름	생일	만나이	입사일	입사일수	500일후
이소미	1985-12-05	38	2019-04-13	1706	2020-08-25
배재용	1973-02-17	50	2019-01-01	1808	2020-05-15
유대현	1988-08-27	35	2019-03-14	1736	2020-07-26
최소민	1987-09-17	36	2019-04-15	1704	2020-08-27
	1980-03-01		2018-12-29		

해결

```
SELECT 이름
      ,생일
      ,TIMESTAMPDIFF(YEAR, 생일, CURDATE()) AS 만나이
      ,입사일
      ,DATEDIFF(CURDATE(), 입사일) AS 입사일수
      ,ADDDATE(입사일, 500) AS '500일후'
FROM 사원;
```

- 날짜 사이의 기간을 보이기 위해 TIMESTAMPDIFF( ) 또는 DATEDIFF( ) 함수를 활용합니다. TIMESTAMPDIFF( )는 기간을 지정한 단위에 따라 보여주며, 최근 날짜를 뒤에 넣어줍니다.

- DATEDIFF( )는 TIMESTAMPDIFF( )와는 다르게 최근 날짜를 먼저 넣습니다.
- 입사 500일 후의 날짜를 보이기 위해서 ADDDATE( ) 함수를 활용합니다. 만약 월이나 시 등 다른 시간 단위를 사용하고자 한다면, ADDDATE(입사일, INTERVAL 50 MONTH)와 같이 작성합니다.

문제 4

고객 테이블에서 도시 컬럼의 데이터를 다음 조건에 따라 '대도시'와 '도시'로 구분하고, 마일리지 점수에 따라서 'VVIP', 'VIP', '일반 고객'으로 구분하시오.

조건

- 도시 구분 : '특별시'나 '광역시'는 '대도시'로, 그 나머지 도시는 '도시'로 구분한다.
- 마일리지 구분 : 마일리지가 100,000점 이상이면 'VVIP고객', 10,000점 이상이면 'VIP고객', 그 나머지는 '일반고객'으로 구분한다.

▶ 실행결과

담당자명	고객회사명	도시	도시구분	마일리지	마일리지구분
이은광	굿모닝서울	서울특별시	대도시	15911	VIP고객
김병현	옐케이 상사	서울특별시	대도시	406	일반고객
김성민	씨엔그룹	광명시	도시	8788	일반고객

해결

```
SELECT 담당자명
      ,고객회사명
      ,도시
      ,IF(도시 LIKE '%특별시' OR 도시 LIKE '%광역시', '대도시', '도시') AS 도시구분
      ,마일리지
      ,CASE WHEN 마일리지 >= 100000 THEN 'VVIP고객'
            WHEN 마일리지 >= 10000 THEN 'VIP고객'
            ELSE '일반고객'
      END AS 마일리지구분
 FROM 고객;
```

- IF()를 사용하면 조건이 참인지 거짓인지에 따라서 다른 결괏값을 보일 수 있습니다. IF()의 첫 번째 매개변수에 WHERE절과 유사한 형식으로 조건을 넣어주면 됩니다.
- 조건이 여러 개인 경우에는 IF() 대신 CASE문을 사용할 수도 있습니다. CASE와 END 사이에 WHEN 조건 THEN 값을 필요한 만큼 넣어주고, 그 나머지는 ELSE에 값을 넣어줍니다.

문제 5

주문 테이블에서 주문번호, 고객번호, 주문일 및 주문년도, 분기, 월, 일, 요일, 한글요일을 보이시오.

▶ 실행결과

주문번호	고객번호	주문일	주문년도	주문분기	주문월	주문일	주문요일	한글요일
H0248	NETVI	2020-03-12	2020	1	3	12	3	목요일
H0249	MSPTO	2020-03-13	2020	1	3	13	4	금요일
H0250	NARHA	2020-03-16	2020	1	3	16	0	월요일
H0251	CTEVI	2020-03-16	2020	1	3	16	0	월요일
H0252	PRDSU	2020-03-17	2020	1	3	17	1	화요일

해결

```
SELECT 주문번호
      ,고객번호
      ,주문일
      ,YEAR(주문일) AS 주문년도
      ,QUARTER(주문일) AS 주문분기
      ,MONTH(주문일) AS 주문월
      ,DAY(주문일) AS 주문일
      ,WEEKDAY(주문일) AS 주문요일
      ,CASE WEEKDAY(주문일) WHEN 0 THEN '월요일'
                            WHEN 1 THEN '화요일'
                            WHEN 2 THEN '수요일'
                            WHEN 3 THEN '목요일'
                            WHEN 4 THEN '금요일'
                            WHEN 5 THEN '토요일'
                            ELSE '일요일'
       END AS 한글요일
FROM 주문;
```

- 날짜에 대해 YEAR(), QUARTER(), MONTH(), DAY(), WEEKDAY() 등의 함수를 사용하여 필요한 단위의 값을 얻을 수 있습니다.
- 한글 요일을 보이기 위해서는 CASE문과 WEEKDAY()를 함께 사용하여 결과를 얻을 수 있습니다.
- CASE...WHEN...END문에서 조건에 = 기호가 들어가는 경우에는 다음과 같이 작성할 수도 있습니다.

```
CASE WHEN WEEKDAY(주문일) = 0 THEN '월요일'
     WHEN WEEKDAY(주문일) = 1 THEN '화요일'
     ELSE '기타 요일'
END AS 한글요일
```

문제 6

주문 테이블에서 요청일보다 발송일이 7일 이상 늦은 주문내역을 보이시오.

▶ 실행결과

주문번호	고객번호	사원번호	주문일	요청일	발송일	지연일수
H0380	NGOHU	E07	2020-08-20	2020-09-17	2020-09-24	7
H0423	URLGO	E06	2020-10-01	2020-10-15	2020-11-02	18
H0427	CCOPI	E04	2020-10-05	2020-11-02	2020-11-09	7
H0451	ICKQU	E04	2020-10-28	2020-11-11	2020-11-18	7

해결

```
SELECT *
      ,DATEDIFF(발송일, 요청일) AS 지연일수
FROM 주문
WHERE DATEDIFF(발송일, 요청일) >= 7;
```

- 두 날짜 사이의 기간을 얻기 위해서는 DATEDIFF( )를 사용할 수 있습니다. 월이나 년 등 다양한 시간 단위로 값을 얻기 위해서는 TIMESTAMPDIFF( )를 사용합니다.

요약

01 함수란 특별한 목적의 작업을 수행하기 위해 독립적으로 설계된 프로그램 코드의 집합을 의미합니다.

02 SQL 함수란 데이터를 조회하거나 집계, 저장, 수정하는 과정에서 값을 가공하기 위하여 제공되는 모듈화된 기능을 의미합니다.

03 SQL 함수는 DBMS에 미리 저장되어 있는지 사용자가 필요에 따라 직접 만드는지에 따라 내장 함수와 사용자 정의 함수로 구분됩니다.

04 문자형 함수란 문자열을 입력하면 문자나 숫자 값을 반환하는 함수를 의미합니다.

- CHAR_LENGTH( ), LENGTH( )
- CONCAT( ), CONCAT_WS( )
- LEFT( ), RIGHT( ), SUBSTR( )
- SUBSTRING_INDEX( )
- LPAD( ), RPAD( )
- LTRIM( ), RTRIM( )
- TRIM(BOTH/LEADING/TRAILING)
- FIELD( ), FIND_IN_SET( ), INSTR( ), LOCATE( )
- REPEAT( )
- REPLACE( )
- REVERSE( )

05 숫자형 함수란 숫자를 다루는 주요 단일 행 함수를 의미합니다.

- CEILING( ), FLOOR( ), ROUND( ), TRUNCATE( )
- ABS( ), SIGN( )
- MOD( )
- POWER( ), SQRT( ), RAND( )

06 날짜/시간형 함수는 다음과 같은 것들이 있습니다.

- NOW( ), SYSDATE( ), CURDATE( ), CURTIME( )
- YEAR( ), QUARTER( ), MONTH( ), DAY( ), HOUR( ), MINI( ), SECOND( )
- DATEDIFF( ), TIMESTAMPDIFF( ),
- ADDDATE( ), SUBDATE( )

07 기타 유용한 단일 행 함수에는 다음과 같은 것들이 있습니다.

- 형 변환 함수 : CAST( ), CONVERT( )
- 제어 흐름 함수 : IF( ), IFNULL( ), NULLIF( )

연습문제

01 다음 쿼리의 실행 결과로 옳은 것은 무엇인가?

```
SELECT CHAR_LENGTH('데이터'), LENGTH('데이터');
```

① 3, 9　　② 3, 6

③ 6, 9　　④ 6, 6

02 다음 쿼리의 실행 결과로 옳은 것은 무엇인가?

```
SELECT SUBSTRING_INDEX('165.134.87.132', '.', -2);
```

① 165.134　　② 134

③ 87　　④ 87.132

03 다음 함수 중 찾고 싶은 문자열의 위치 값을 보여주는 함수가 아닌 것은 무엇인가?

① FIELD()　　② FIND_IN_SET()

③ INSTR()　　④ ELT()

04 현재 시간부터 500시간 후의 날짜와 시간을 얻으려고 한다. 빈칸에 들어갈 값으로 옳은 것은 무엇인가?

```
SELECT ADDDATE(   (A)   , INTERVAL   (B)      (C)   );
```

① (A) CURDATE()　(B) 500　(C) HOUR

② (A) SYSDATE()　(B) 500　(C) HOUR

③ (A) NOW()　(B) 500　(C) HOUR

④ (A) NOW()　(B) HOUR　(C) 500

05 다음 쿼리의 실행 결과로 옳은 것은 무엇인가?

```
SELECT IFNULL(128/0, '오류'), NULLIF(1 + 2, 3), NULLIF(1 + 2, 5);
```

① '오류', NULL, 3　　② 0, NULL, 3

③ '오류', 3, 3　　④ 0, 3, 3

06 다음 문장 중 오류가 발생하는 것은 무엇인가?

①
```
SELECT 담당자명
      ,CASE 담당자직위 WHEN '대표 이사'  THEN 'CEO'
                       ELSE '직원' END
FROM 고객;
```

②
```
SELECT 담당자명
      ,CASE WHEN 담당자직위 = '대표 이사'  THEN 'CEO'
                       ELSE '직원' END
FROM 고객;
```

③
```
SELECT 담당자명
      ,CASE WHEN 마일리지 >= 100000  THEN 'VIP'
                       ELSE 'GENERAL' END
FROM 고객;
```

④
```
SELECT 담당자명
      ,CASE 마일리지 WHEN >= 100000  THEN 'VIP'
                       ELSE 'GENERAL' END
FROM 고객;
```

실습문제

한빛무역 데이터베이스의 여러 테이블을 사용하여 SQL문을 작성하시오.

01 **고객** 이름에 '정'이 들어가는 담당자명을 검색하시오.

02 **주문** 2020년 2사분기의 주문내역을 보이시오.

03 **제품** 제품번호, 제품명, 재고, 재고구분을 보이시오.

> 재고구분 : 재고가 100개 이상이면 '과다재고', 10개 이상이면 '적정', 나머지는 '재고부족'

04 **사원** 입사한 지 40개월이 지난 사원을 찾아 이름, 부서번호, 직위, 입사일, 입사일수, 입사개월수를 보이시오.

CHAPTER 04

함수 2: 집계 함수

학습목표

- 집계 함수를 사용하여 데이터를 요약할 수 있습니다.
- 소계와 총계를 한번에 요약하는 문법에 대해 이해할 수 있습니다.

Preview

집계 함수는 대량의 데이터를 요약한 결과를 제공합니다. 이번 장에서는 데이터를 집계하거나 통계적인 정보를 추출할 때 필수적인 역할을 하는 집계 함수에 대해 알아보겠습니다.

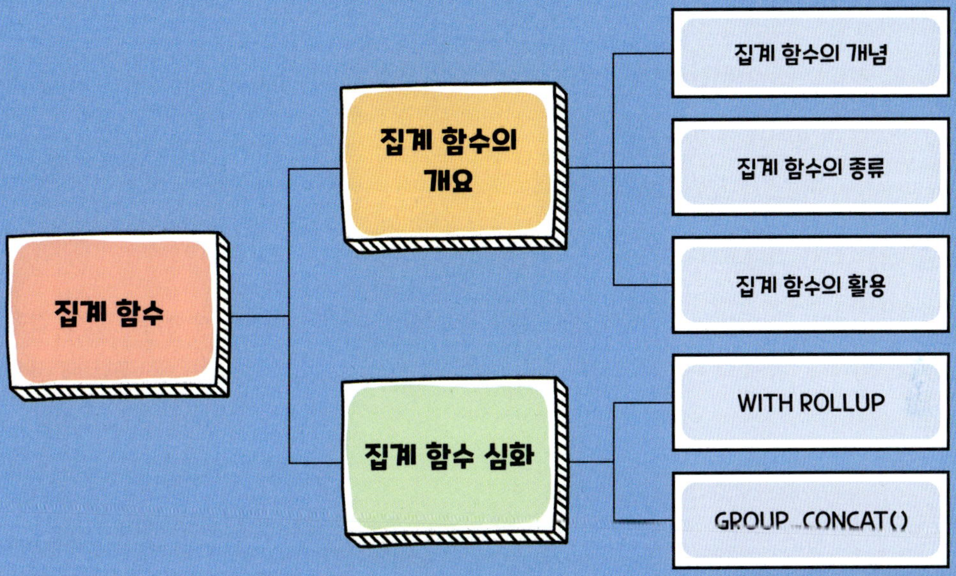

Section 01

집계 함수의 개요

• 예제 소스: Ch04.sql

3장에서 단일 행 함수를 살펴봤다면 4장에서는 집계 함수(복수 행 함수)에 대해 배웁니다. 우선 집계 함수의 개념과 활용법을 살펴보겠습니다.

1 집계 함수의 개념

집계 함수(Aggregate Function)는 여러 행에 걸쳐 있는 값을 묶어서 계산을 수행하여 단일 값을 반환하는 함수입니다. 집계 함수는 레코드의 개수나 합계, 평균, 최댓값, 최솟값 등을 구할 때 사용합니다.

```
SELECT 담당자명
       ,도시
       ,마일리지
FROM 고객
WHERE 도시 = '대전광역시';
```

담당자명	도시	마일리지
박은빈	대전광역시	139
이소연	대전광역시	428
박건희	대전광역시	57746
정수환	대전광역시	975

```
SELECT  SUM(마일리지) AS 마일리지합
FROM 고객
WHERE 도시 = '대전광역시';
```

마일리지합
59288

그림 4-1 집계 함수의 활용

2 집계 함수의 종류

집계 함수를 사용하는 SELECT문의 문법은 다음과 같습니다.

형식

```
SELECT 집계_함수
FROM 테이블명
[WHERE절];
```

[표 4-1]은 집계 함수 중 자주 사용되는 함수입니다.

표 4-1 주요 집계 함수

집계 함수	설명	사용 예
COUNT(*¦컬럼)	레코드 개수	COUNT(*), COUNT(마일리지), COUNT(고객번호)
SUM(컬럼¦수식)	합	SUM(마일리지), SUM(단가 * 주문수량)
AVG(컬럼¦수식)	평균	AVG(단가), AVG(단가 * 주문수량)
MAX(컬럼¦수식)	최댓값	MAX(고객번호), MAX(단가 * 주문수량)
MIN(컬럼¦수식)	최솟값	MIN(담당자명), MIN(단가)
STDDEV(컬럼¦수식)	표준편차	STDDEV(단가)

SUM(), AVG(), MAX(), MIN() 등의 집계 함수를 사용하면 요약 값을 얻을 수 있습니다. COUNT(*)는 NULL값과 상관없이 모든 행의 개수를 카운트하지만, COUNT(컬럼)은 해당 컬럼의 값이 NULL인 것은 포함하지 않습니다. 나머지 집계 함수도 NULL은 제외하고 계산합니다.

예제 4-1 **고객 테이블에서 고객번호, 도시, 지역의 개수를 조회하시오.**

```
SELECT COUNT(*)
      ,COUNT(고객번호)
      ,COUNT(도시)
      ,COUNT(지역)
FROM 고객;
```

▶ 실행결과

COUNT(*)	COUNT(고객번호)	COUNT(도시)	COUNT(지역)
93	93	93	27

COUNT(지역)의 결과가 27개인 것은 지역 컬럼에 NULL이 아닌 값이 들어있는 것이 27개이고, 나머지에는 NULL이 들어있는 것입니다.

예제 4-2 **고객 테이블의 마일리지 컬럼에 대하여 마일리지 합과 평균 마일리지, 최소 마일리지와 최대 마일리지를 조회하시오.**

```
SELECT SUM(마일리지)
      ,AVG(마일리지)
      ,MIN(마일리지)
      ,MAX(마일리지)
FROM 고객;
```

▶ 실행결과

SUM(마일리지)	AVG(마일리지)	MIN(마일리지)	MAX(마일리지)
802027	8623.9462	100	128790

3 집계 함수의 활용

집계 함수를 사용할 때 조건을 적용할 수 있습니다. 집계 함수에서 사용하는 조건절에는 WHERE절과 HAVING절이 있습니다.

WHERE절

WHERE절에 조건을 넣어주면 조건에 맞는 레코드에 한해서 값을 요약할 수 있습니다.

예제 4-3 **고객 테이블에서 '서울특별시' 고객에 대해 마일리지합, 평균마일리지, 최소마일리지, 최대마일리지를 조회하시오.**

```
SELECT SUM(마일리지)
      ,AVG(마일리지)
      ,MIN(마일리지)
      ,MAX(마일리지)
FROM 고객
WHERE 도시 = '서울특별시';
```

▶ 실행결과

SUM(마일리지)	AVG(마일리지)	MIN(마일리지)	MAX(마일리지)
556854	11137.0800	100	128790

GROUP BY절

그룹별로 묶어서 요약할 때는 GROUP BY절을 사용합니다. SELECT절에 그룹으로 묶을 컬럼명과 집계 함수를 넣어줍니다. 이때 SELECT절의 집계 함수를 제외한 나머지 컬럼이나 수식은 반드시 GROUP BY절에도 넣어야 오류가 발생하지 않습니다.

형식

```
SELECT 그룹으로_묶을_컬럼명
      ,집계_함수
FROM 테이블명
[WHERE절]
GROUP BY 그룹으로_묶을_컬럼명 또는 컬럼_순번;
```

예제 4-4 고객 테이블에서 도시별 고객의 수와 해당 도시 고객들의 평균마일리지를 조회하시오.

```
SELECT 도시
      ,COUNT(*) AS 고객수
      ,AVG(마일리지) AS 평균마일리지
FROM 고객
GROUP BY 도시;
```

▶ 실행결과

도시	고객수	평균마일리지
서울특별시	50	11137.0800
광명시	2	4587.5000
구리시	1	106.0000
김해시	1	8758.0000
평택시	1	122.0000
인천광역시	7	[illegible]

도시별로 그룹을 묶어서 요약하려면 SELECT절과 GROUP BY절에 도시 컬럼을 넣어야 합니다.

GROUP BY절에는 다음과 같이 컬럼명 대신 SELECT절에 나열되어 있는 컬럼의 순번을 넣을 수도 있습니다.

```
SELECT 도시
      ,COUNT(*) AS 고객수
      ,AVG(마일리지) AS 평균마일리지
FROM 고객
GROUP BY 1;
```

예제 4-5 담당자직위별로 묶고, 같은 담당자직위에 대해서는 도시별로 묶어서 집계한 결과(고객수와 평균마일리지)를 보이시오. 이때 담당자직위 순, 도시 순으로 정렬되도록 합니다.

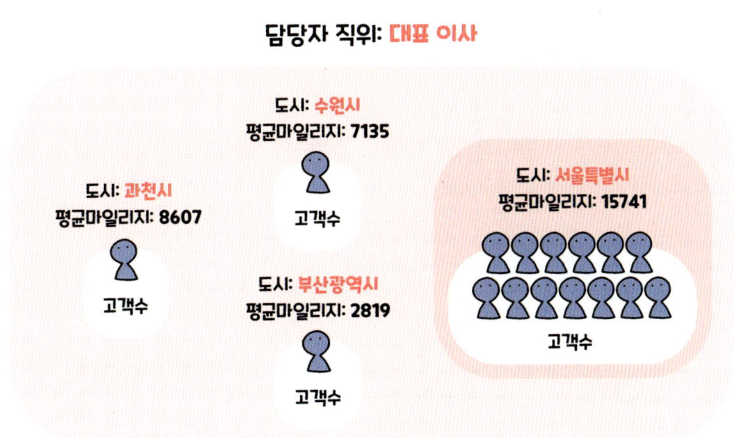

```
SELECT 담당자직위
       ,도시
       ,COUNT(*) AS 고객수
       ,AVG(마일리지) AS 평균마일리지
FROM 고객
GROUP BY 담당자직위
         ,도시
ORDER BY 1, 2;
```

▶ 실행결과

담당자직위	도시	고객수	평균마일리지
대표 이사	과천시	1	8607.0000
대표 이사	부산광역시	1	2819.0000
대표 이사	서울특별시	13	15741.3846

ORDER BY절에서 1, 2 대신 담당자직위, 도시와 같이 컬럼명을 넣을 수도 있습니다. ORDER BY절에 여러 컬럼을 넣을 경우에는 왼쪽 컬럼부터 우선 정렬됩니다.

HAVING절

GROUP BY의 결과에 대하여 추가 조건을 넣고자 한다면 HAVING절을 사용합니다. HAVING절에는 SELECT절에 있는 컬럼과 함수에 대한 조건만 넣을 수 있습니다.

형식

```
SELECT 그룹으로_묶을_컬럼명
       ,집계_함수
FROM 테이블명
[WHERE절]
GROUP BY 그룹으로_묶을_컬럼명
[HAVING절];
```

예제 4-6 **고객 테이블에서 도시별로 그룹을 묶어서 고객수와 평균마일리지를 구하고, 이 중에서 고객수가 10명 이상인 레코드만 걸러내시오.**

```
SELECT 도시
       ,COUNT(*) AS 고객수
       ,AVG(마일리지) AS 평균마일리지
FROM 고객
GROUP BY 도시
HAVING COUNT(*) >= 10;
```

▶ 실행결과

도시	고객수	평균마일리지
서울특별시	50	11137.0800

도시별로 그룹을 묶어서 고객수와 평균마일리지를 구한 결과에 대해서 고객수가 10명 이상이라는 추가 조건을 넣기 위해 HAVING절을 사용하였습니다. 이때 '고객수', 평균마일리지와 같은 별명은 조건절에서 사용할 수 없습니다.

HAVING COUNT(*) >= 10

도시	고객수	평균마일리지
서울특별시	50	11137.0800
광명시	2	4587.5000
구리시	1	106.0000
김해시	1	8758.0000
평택시	1	122.0000
인천광역시	7	13088.0000

```
SELECT 도시
       ,COUNT(*) 고객수
       ,AVG(마일리지) 평균마일리지
FROM 고객
GROUP BY 도시
```

그림 4-2 GROUP BY에 대한 추가 조건 처리

예제 4-7 **고객번호가 'T'로 시작하는 고객에 대해 도시별로 묶어서 고객의 마일리지 합을 구하시오. 이때 마일리지 합이 1,000점 이상인 레코드만 보이시오.**

```
SELECT 도시
      ,SUM(마일리지)
FROM 고객
WHERE 고객번호 LIKE 'T%'
GROUP BY 도시
HAVING SUM(마일리지) >= 1000;
```

▶ 실행결과

도시	SUM(마일리지)
서울특별시	1661
부산광역시	7329

HAVING절에는 도시 또는 SUM(마일리지)에 대한 조건만을 기술할 수 있습니다.

```
SELECT 고객번호, 도시, 마일리지
FROM 고객
WHERE 고객번호 LIKE 'T%';
```

고객번호	도시	마일리지
TIKOT	안양시	113
TONAN	서울특별시	1213
TSSLE	의정부시	712
TTCRA	시흥시	892
TTMBO	부산광역시	7329
TTRAN	서울특별시	448

(a) 'T'로 시작하는 고객

```
SELECT 도시, SUM(마일리지)
FROM 고객
WHERE 고객번호 LIKE 'T%'
GROUP BY 도시;
```

도시	SUM(마일리지)
안양시	113
서울특별시	1661
의정부시	712
시흥시	892
부산광역시	7329

(b) 도시별로 묶은 결과

```
SELECT 도시, SUM(마일리지)
FROM 고객
WHERE 고객번호 LIKE 'T%'
GROUP BY 도시
HAVING SUM(마일리지) >= 1000;
```

도시	SUM(마일리지)
서울특별시	1661
부산광역시	7329

(c) 도시 중 마일리지 합 >= 1000의 결과

그림 4-3 HAVING절의 절차

[그림 4-3] (a)에서 볼 수 있듯이 'T'로 시작하는 고객은 6개 레코드입니다. 그리고 이들을 도시별로 묶은 결과가 (b)입니다. 그룹으로 묶은 후 추가 조건인 '마일리지 합이 1,000점 이상'인 정보만을 걸러내기 위해서 (c)와 같이 HAVING절에 조건을 넣어줍니다.

확인문제

다음은 '광역시' 고객에 대해 담당자직위별로 최대마일리지를 보이되, 최대마일리지가 10,000점 이상인 레코드만 보이는 SQL문입니다. 빈칸을 채워 문장을 완성하시오.

```
SELECT 담당자직위
      ,MAX(마일리지) AS 최대마일리지
FROM 고객
[   ①   ] 도시 LIKE '%광역시'
GROUP BY [   ②   ]
[   ③   ] MAX(마일리지) >= 10000
```

① ________　　② ________　　③ ________

정답

① WHERE　② 담당자직위　③ HAVING

Section

02 집계 함수 심화

1 WITH ROLLUP

WITH ROLLUP은 그룹별 소계와 전체 총계를 한번에 확인하고 싶을 때 사용합니다. GROUP BY 절 다음에 WITH ROLLUP을 사용하면 그룹별 소계와 전체 합계를 같이 나타낼 수 있습니다.

형식

```
SELECT 그룹으로_묶을_컬럼명
       ,집계_함수
FROM 테이블명
GROUP BY 그룹으로_묶을_컬럼명
WITH ROLLUP;
```

그림 4-4 WITH ROLLUP의 역할

하나 더 알기 **오라클과 MS-SQL에서 소계를 구하는 함수**

오라클에서는 ROLLUP( ), CUBE( ), GROUPING SETS( )와 같은 함수를 제공하여 소계 및 총계를 한 번에 구할 수 있습니다. MS-SQL은 WITH ROLLUP과 함께 모든 컬럼의 조합에 대한 소계를 구할 수 있는 WITH CUBE 및 ROLLUP( ), CUBE( ), GROUPING SETS( )와 같은 함수를 제공합니다.

예제 4-8 **지역이 NULL인 고객에 대해 도시별로 고객수와 평균마일리지를 보이시오. 이때 맨 마지막 행에 전체 고객수와 전체 고객에 대한 평균마일리지도 함께 볼 수 있도록 작성하시오.**

```
SELECT 도시
      ,COUNT(*) AS 고객수
      ,AVG(마일리지) AS 평균마일리지
FROM 고객
WHERE 지역 IS NULL
GROUP BY 도시
WITH ROLLUP;
```

▶ 실행결과

도시	고객수	평균마일리지
대전광역시	4	14822.0000
부산광역시	5	3985.2000
서울특별시	50	11137.0800
인천광역시	7	13088.0000
NULL	66	11025.5152

실행 결과가 나오지 않는다면 2장의 [예제 2-13]과 같이 고객 테이블의 지역 컬럼에 값이 들어가 있지 않은 빈 문자열을 NULL로 변경했는지 확인하세요.

IFNULL()을 함께 사용하면 WITH ROLLUP의 결과로 보이는 NULL 대신 문자열을 넣을 수 있습니다. 다음은 SELECT절에 IFNULL()을 추가하여 [예제 4-8]을 보완한 SQL문입니다. 맨 마지막 행에서 NULL 대신 '총계'로 보여지는 것을 확인할 수 있습니다.

```
SELECT IFNULL(도시,'총계') AS 도시
      ,COUNT(*) AS 고객수
      ,AVG(마일리지) AS 평균마일리지
FROM 고객
WHERE 지역 IS NULL
GROUP BY 도시
WITH ROLLUP;
```

▶ 실행결과

도시	고객수	평균마일리지
부산광역시	5	3985.2000
서울특별시	50	11137.0800
인천광역시	7	13088.0000
총계	66	11025.5152

두 개 이상의 컬럼을 기준으로 집계하는 경우에는 GROUP BY절에 있는 컬럼들의 순서에 따라 WITH ROLLUP의 결과가 달라집니다. 다시 말해 컬럼 순서에 따라 계층적인 부분 총계를 확인할 수 있습니다.

예제 4-9 **담당자직위에 '마케팅'이 들어가 있는 고객에 대해 고객(담당자직위, 도시)별 고객수를 보이시오. 담당자직위별 고객수와 전체 고객수도 함께 볼 수 있도록 조회하시오.**

```
SELECT 담당자직위
      ,도시
      ,COUNT(*) AS 고객수
FROM 고객
WHERE 담당자직위 LIKE '%마케팅%'
GROUP BY 담당자직위
        ,도시
WITH ROLLUP;
```

▶ **실행결과**

담당자직위	도시	고객수	
마케팅 과장	구리시	1	
		12	
마케팅 담당	나주시	1	A
마케팅 담당	서울특별시	3	A
마케팅 담당	NULL	4	B
NULL	NULL	16	

실행결과를 보면 (담당자직위, 도시)별 소계(**A**), (담당자직위)별 소계(**B**), 총계를 한번에 확인할 수 있습니다.

GROUP BY절에 2개의 컬럼을 넣고 WITH ROLLUP을 추가하면 [그림 4-5] (a)와 같은 형태로 요약됩니다. GROUP BY절에 3개의 컬럼을 넣고 WITH ROLLUP을 추가하면 (b)와 같은 형태로 요약됩니다.

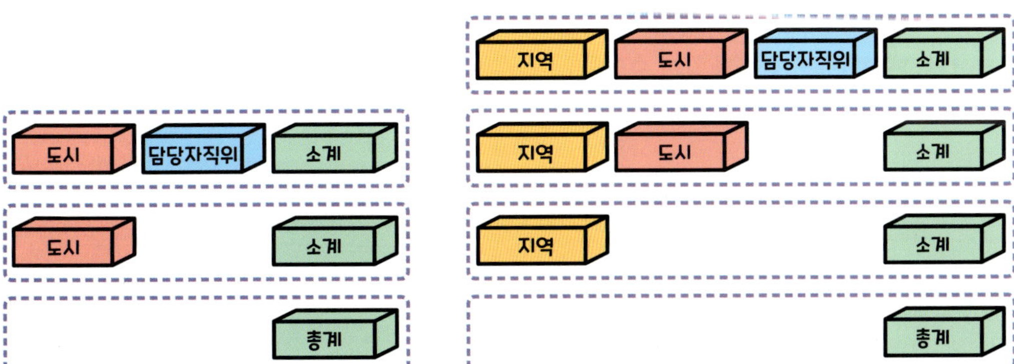

(a) GROUP BY 도시, 담당자직위 WITH ROLLUP;의 결과 (b) GROUP BY 지역, 도시, 담당자직위 WITH ROLLUP;의 결과

그림 4-5 **다중 컬럼이 사용된 WITH ROLLUP**

GROUPING( )

원래의 컬럼에 NULL이 있는 경우에 WITH ROLLUP을 사용한다면 어떤 결과가 보일까요? 다음 예제를 살펴봅시다.

예제 4-10 **담당자직위가 '대표 이사'인 고객에 대하여 지역별로 묶어서 고객수를 보이고, 전체 고객수도 함께 보이시오.**

```
SELECT 지역
      ,COUNT(*) AS 고객수
FROM 고객
WHERE 담당자직위 = '대표 이사'
GROUP BY 지역
WITH ROLLUP;
```

▶ 실행결과

지역	고객수	
NULL	14	A
경기도	4	
제주도	1	
NULL	19	B

실행결과를 보면 담당자직위가 '대표 이사'인 고객들에 대하여 (A)와 같이 지역 컬럼에 값이 들어 있지 않은 고객수가 14명이고, (B)와 같이 전체 고객수는 19명임을 추측할 수 있습니다. 그렇다면 의미가 서로 다른 두 NULL을 어떻게 구별할 수 있을까요?

GROUPING()을 사용하면 문제를 해결할 수 있습니다. GROUPING()은 WITH ROLLUP의 결과로 나온 NULL에 대해서는 1을 반환하고, 그렇지 않은 NULL에 대해서는 0을 반환합니다. [예제 4-10]의 SELECT문을 다음과 같이 수정하고 실행해봅시다.

```
SELECT 지역
      ,COUNT(*) AS 고객수
      ,GROUPING(지역) AS 구분
FROM 고객
WHERE 담당자직위 = '대표 이사'
GROUP BY 지역
WITH ROLLUP;
```

▶ 실행결과

지역	고객수	구분
NULL	14	0
경기도	4	0
제주도	1	0
NULL	19	1

실행결과의 1행에 있는 NULL은 값이 들어 있지 않은 지역에 대한 집계이기 때문에 0을 보입니다. 반면 4행에 있는 NULL은 WITH ROLLUP의 결과로 나온 NULL이므로 1을 반환합니다.

2 GROUP_CONCAT()

CONCAT()이 컬럼 간의 값을 결합한다면, GROUP_CONCAT()은 각 행에 있는 값을 결합합니다. GROUP_CONCAT()과 관련된 예제를 살펴보며 익혀봅시다.

예제 4-11 GROUP_CONCAT()을 사용하여 사원 테이블에 들어있는 이름을 한 행에 나열하시오.

```
SELECT GROUP_CONCAT(이름)
FROM 사원;
```

▶ 실행결과

GROUP_CONCAT(이름)
이소미,배재용,유대현,최소민,안주훈,이현진,...

중복을 제거한 값을 한 행에 결합하고자 한다면 DISTINCT를 함께 사용합니다.

예제 4-12 고객 테이블에 들어있는 지역을 한 행에 나열하되 중복되는 지역은 한 번씩만 보이시오.

```
SELECT GROUP_CONCAT(DISTINCT 지역)
FROM 고객;
```

▶ 실행결과

GROUP_CONCAT(DISTINCT 지역)
,강원도,경기도,경상남도,경상북도,전라남도,...

그룹별로 값을 나열할 때 GROUP_CONCAT()은 더욱 유용하게 사용할 수 있습니다. 다음 예제를 봅시다.

예제 4-13 고객 테이블에서 도시별로 고객회사명을 나열하시오.

```
SELECT 도시
      ,GROUP_CONCAT(고객회사명) AS 고객회사명목록
FROM 고객
GROUP BY 도시;
```

▶ 실행결과

도시	고객회사명목록
공주시	오케이식품
과천시	대림에스엠,진영무역
광명시	은혜식품,씨엔그룹
구리시	남해종합식품
김해시	케이리할리스

확인문제

성별 사원수와 '총 사원수'를 함께 보여주는 SQL문을 완성하시오. 이때 WITH ROLLUP의 결과 행에서 NULL 대신 '총 사원수'라고 나타냅니다.

```
SELECT [    ①    ] (성별, '총 사원수') AS 성별
      ,[    ②    ] AS 사원수
FROM 사원
GROUP BY 성별
WITH ROLLUP;
```

▶ 실행결과

성별	사원수
남	5
여	5
총 사원수	10

① ____________ ② ____________

정답

① IFNULL ② COUNT(*)

✓ 점검문제

이번 장에서 배운 내용을 기반으로
고객, 주문, 제품 테이블을 사용하여 SQL문을 작성해봅시다.

예제소스: Ch04_ex.sql

문제 1

고객 테이블의 도시 컬럼에는 몇 개의 도시가 들어있을까요? 도시 수와 중복 값을 제외한 도시 수를 보이시오.

▶ 실행결과

COUNT(도시)	COUNT(DISTINCT 도시)
93	27

해결

```
SELECT COUNT(도시)
      ,COUNT(DISTINCT 도시)
FROM 고객;
```

- COUNT( ) 안에 DISTINCT를 넣으면 중복 값을 한 번씩만 셉니다.

문제 2

제품 테이블에서 주문년도별로 주문건수를 조회하시오.

▶ 실행결과

주문년도	주문건수
2020	270
2021	529
2022	31

해결

```
SELECT YEAR(주문일) AS 주문년도
      ,COUNT(*) AS 주문건수
FROM 주문
GROUP BY YEAR(주문일);
```

- GROUP BY절에는 SELECT절에 있는 집계 함수를 제외한 나머지 컬럼이나 함수, 수식을 반드시 넣어주어야 합니다.

문제 3

결과 화면을 참고하여 주문 테이블에서 (주문년도, 분기)별 주문건수, 주문년도별 주문건수, 전체 주문건수를 한번에 조회해봅시다.

▶ 실행결과

주문년도	분기	주문건수
2020	1	16
2020	2	72
2020	3	87
2020	4	95
2020	NULL	270
2021	1	91
2021	2	106
2021	3	133
2021	4	199
2021	NULL	529
2022	1	31
2022	NULL	31
NULL	NULL	830

(주문년도, 분기)별 주문건수
주문년도별 주문건수
전체 주문건수

해결

```
SELECT YEAR(주문일) AS 주문년도
       ,QUARTER(주문일) AS 분기
       ,COUNT(*) AS 주문건수
FROM 주문
GROUP BY YEAR(주문일)
        ,QUARTER(주문일)
WITH ROLLUP;
```

- YEAR( )를 사용하면 주문일자에서 주문년도만 얻을 수 있고, QUARTER( )를 사용하면 주문일자에서 분기만 얻을 수 있습니다. 이 값을 기준으로 그룹을 묶고 레코드 개수를 세어주기 위하여 COUNT( )를 사용합니다.
- WITH ROLLUP을 추가하면 GROUP BY의 결과와 함께 주문년도별 주문건수와 전체 주문건수도 한번에 확인할 수 있습니다.

문제 4

주문 테이블에서 요청일보다 발송이 늦어진 주문내역이 월별로 몇 건씩인지 요약하여 조회하시오. 이때 주문월 순서대로 정렬하여 보이시오.

▶ 실행결과

주문월	주문건수
1	3
3	3
4	3
5	4
6	4
7	3
8	3
9	5
10	4
11	4
12	2

해결

```
SELECT MONTH(주문일) AS 주문월
      ,COUNT(*) AS 주문건수
FROM 주문
WHERE 요청일 < 발송일
GROUP BY MONTH(주문일)
ORDER BY MONTH(주문일);
```

- MONTH( ) 함수를 사용하면 주문일 컬럼에서 월을 얻을 수 있으며 월별로 묶어서 레코드 개수를 세어주면 월별로 주문된 주문건수를 얻을 수 있습니다.
- 그룹을 묶기 전의 조건은 WHERE절에, 그룹을 묶은 후의 추가 조건은 HAVING절에 기술합니다. '요청일보다 발송이 늦다'라는 조건은 월별로 그룹이 묶여진 후에는 확인할 수 없기 때문에 이 조건은 WHERE절에 기술합니다. 한편 두 날짜 간 차이는 >=, <= 등의 부등호를 사용하여 비교할 수 있습니다.
- MONTH(주문일)별로 묶기 위하여 GROUP BY절을 사용합니다.
- 순서대로 정렬하여 보이려면 ORDER BY절을 문장의 맨 뒤에 기술합니다. MONTH(주문일) 대신 별명인 주문월을 넣을 수도 있습니다.

문제 5

제품 테이블에서 '아이스크림' 제품들에 대하여 제품명별로 재고합을 보이시오.

▶ 실행결과

제품명	재고합
블루 바닐라 아이스크림	0
블루 초콜릿 아이스크림	9
이름 멜론 아이스크림	112

해결

```
SELECT 제품명
      ,SUM(재고) AS 재고합
FROM 제품
WHERE 제품명 LIKE '%아이스크림%'
GROUP BY 제품명;
```

- WHERE절에 조건을 넣으면 먼저 '아이스크림' 제품을 필터링한 후에 그들에 대해서 값을 집계합니다.
- 이 문제는 WHERE절 대신 HAVING절에 조건을 넣을 수도 있습니다.

```
SELECT 제품명
      ,SUM(재고) AS 재고합
FROM 제품
GROUP BY 제품명
HAVING 제품명 LIKE '%아이스크림%';
```

HAVING절에 조건을 넣으면 제품 테이블의 모든 레코드에 대해 제품명별로 집계를 한 결과에서 '아이스크림' 제품을 필터링합니다.

문제 6

고객 테이블에서 마일리지가 50,000점 이상인 고객은 'VIP고객', 나머지 고객은 '일반고객'으로 구분하고, 고객구분별로 고객수와 평균마일리지를 보이시오.

▶ 실행결과

고객구분	고객수	평균마일리지
일반고객	88	3853.5568
VIP고객	5	92582.8000

해결

```
SELECT IF(마일리지 >= 50000, 'VIP고객', '일반고객') AS 고객구분
      ,COUNT(*) AS 고객수
      ,AVG(마일리지) AS 평균마일리지
FROM 고객
GROUP BY IF(마일리지 >= 50000, 'VIP고객', '일반고객');
```

- 제어 흐름 함수와 집계 함수를 같이 사용하면 SQL 한 문장만으로 유용하게 데이터를 요약할 수 있습니다.
- SELECT절에 있는 집계 함수를 제외한 나머지 컬럼이나 함수 등은 반드시 GROUP BY절에 넣어주어야 합니다.

요약

01 집계 함수는 여러 행에 있는 값을 요약하여 단일 값을 반환하는 함수로 COUNT, SUM, MAX, MIN, AVG 등이 있습니다.

02 집계 함수를 사용하는 SELECT문의 문법은 다음과 같습니다.

형식

```
SELECT 집계_함수
FROM 테이블명
[WHERE절];
```

03 집계 함수에서 사용하는 조건절에는 WHERE절과 HAVING절이 있습니다.

04 그룹별로 묶어서 요약할 때는 GROUP BY절을 사용합니다.

05 GROUP BY의 결과에 대하여 추가 조건을 넣고자 한다면 HAVING절을 사용합니다. HAVING절에는 SELECT절에 있는 컬럼과 함수에 대한 조건만 넣을 수 있습니다.

06 WITH ROLLUP은 그룹별 소계와 전체 총계를 한번에 확인하고 싶을 때 사용합니다.

07 CONCAT()은 각 컬럼의 값을 결합하지만, GROUP_CONCAT()은 각 행에 있는 값을 결합합니다.

연습문제

01 다음 중 집계 함수가 아닌 것은 무엇인가?

① SUM( )　　② AVG( )
③ MIN( )　　④ IF( )

02 다음 SQL문 중 빈칸에 들어갈 키워드가 순서대로 맞는 것은 무엇인가?

```
SELECT 담당자직위
      ,COUNT(*) 고객수
FROM 고객
(A) 도시 = '과천시'
(B) 담당자직위
(C) COUNT(*) >= 5;
```

① (A) WHERE (B) GROUP BY (C) HAVING
② (A) HAVING (B) GROUP BY (C) WHERE
③ (A) WHERE (B) ORDER BY (C) HAVING
④ (A) HAVING (B) ORDER BY (C) WHERE

03 다음 중 오류가 발생하지 않는 문장은 무엇인가?

①
```
SELECT 도시
      ,COUNT(*)
FROM 고객;
```

②
```
SELECT 도시
      ,COUNT(*) 고객수
FROM 고객
GROUP BY 도시
HAVING 고객수 > 2;
```

③
```
SELECT 도시
      ,COUNT(*)
FROM 고객
GROUP BY 도시
WHERE COUNT(*) > 2;
```

④
```
SELECT COUNT(*)
FROM 고객
GROUP BY 도시;
```

04 다음 문장의 결과로 확인할 수 없는 결과는 무엇인가?

```
SELECT 담당자직위
      ,도시
      ,COUNT(*) AS 고객수
FROM 고객
GROUP BY 담당자직위
        ,도시
WITH ROLLUP;
```

① 담당자직위, 도시별 고객수
② 담당자직위별 고객수
③ 도시별 고객수
④ 전체 고객수

05 다음 설명에서 각 빈칸에 들어갈 함수는 무엇인가?

| (A) |은(는) 각 컬럼의 값을 결합하지만, | (B) |은(는) 각 행에 있는 값을 결합하는 데 사용됩니다.

① (A) CONCAT() (B) GROUP_CONCAT()
② (A) CONCAT() (B) CONCAT_WS()
③ (A) CONCAT_WS() (B) GROUP_CONCAT()
④ (A) CONCAT_WS() (B) CONCAT()

실습문제

한빛무역 데이터베이스에 있는 여러 테이블을 사용하여 SQL문을 작성하시오.

01 주문세부 제품번호별로 주문수량합과 주문금액합을 보이시오.

02 주문세부 주문번호별로 주문된 제품번호의 목록과 주문금액합을 보이시오.

03 주문 2021년 주문내역에 대하여 고객번호별로 주문건수를 보이되, 주문건수가 많은 상위 3건의 고객의 정보만 보이시오.

04 사원 직위별로 사원수와 사원이름목록을 보이시오.

· PART ·
02

SQL 심화

CONTENTS

CHAPTER 05

조인

학습목표

- 조인의 개념과 표현 방식을 이해할 수 있습니다.
- 조인의 종류를 이해하고 활용할 수 있습니다.

Preview

여러 테이블의 데이터를 결합하여 원하는 정보를 추출하는 데 조인이 사용됩니다. 이번 장에서는 조인을 사용하여 여러 테이블에 있는 데이터를 한번에 검색해보겠습니다.

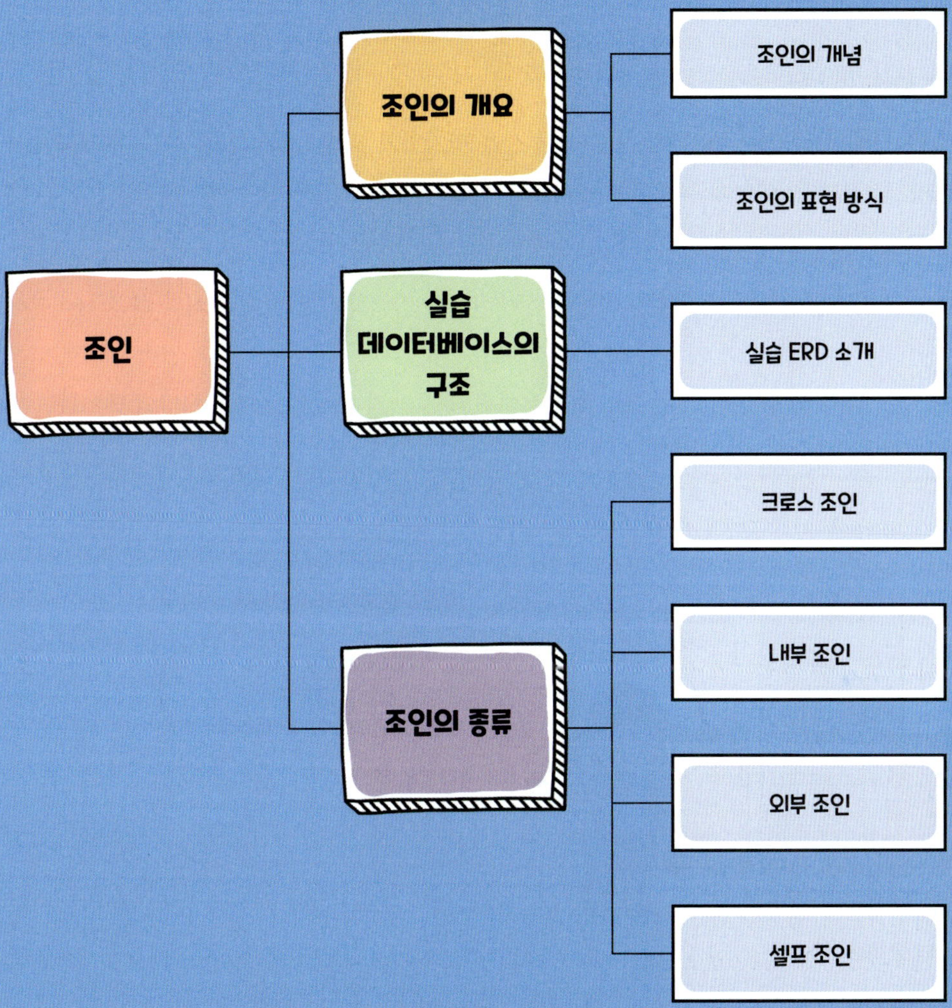

Section 01 조인의 개요

• 예제 소스: Ch05.sql

1 조인의 개념

관계형 데이터베이스에서는 이상(Anomaly) 현상을 방지하기 위해서 데이터를 여러 개의 테이블로 나누어 저장합니다. 이렇게 분리된 데이터를 한번에 확인하기 위해서는 여러 테이블에 있는 데이터를 다시 조합할 필요가 있습니다. 이를 위해서 조인을 사용할 수 있습니다.

조인(Join)은 두 개 이상의 테이블을 연결하여 데이터를 검색하는 방법으로 서로 다른 테이블에 저장된 관련된 데이터를 함께 가져와 하나의 결과로 표시합니다. 검색하고 싶은 컬럼이 서로 다른 테이블에 있을 때 사용할 수 있으며, 조인을 사용하면 여러 개의 테이블을 마치 하나의 테이블인 것처럼 쓸 수 있습니다.

그림 5-1 조인을 하는 이유

이상 현상은 12장에서 살펴보겠습니다.

2 조인의 표현 방식

MySQL에서 조인은 ANSI SQL 방식과 Non-ANSI SQL 방식으로 표현할 수 있습니다. ANSI 방식은 명시적(Explicit) 방식, Non-ANSI 방식은 암시적(Implicit) 방식이라고도 부릅니다.

ANSI SQL 방식은 JOIN과 ON 키워드를 사용하여 조인을 명시적으로 표현합니다. 이 방식은 미국 표준 협회(American National Standards Institute, ANSI)가 각기 다른 DBMS에서 공통으로 사용할 수 있도록 고안한 방식으로 표준 SQL이기 때문에 MySQL, 오라클, PostgreSQL 등 모든 RDBMS에서 공통으로 사용할 수 있습니다. 또한 조인 조건과 WHERE 조건이 분리되어 있어서 가독성이 좋다는 장점이 있습니다. Non-ANSI SQL 방식은 조인할 테이블을 콤마(,)를 사용하여 FROM절에 나열하며, 조인에 대한 조건을 포함한 모든 조건은 WHERE절에 기술합니다.

ANSI SQL 조인 방식

ANSI SQL 조인 방식은 FROM절에 있는 두 테이블명 사이에 조인 종류에 따라 CROSS, INNER, OUTER와 함께 JOIN 키워드를 넣어줍니다. 조인에 대한 조건은 ON절에 작성하고 나머지 조건은 WHERE절에 작성합니다. CROSS, INNER, OUTER 키워드는 생략할 수 있습니다.

형식

```
SELECT *
FROM 테이블A
[CROSS¦INNER¦OUTER] JOIN 테이블B
ON 조인_조건
WHERE 기타_조건;
```

Non-ANSI SQL 조인 방식

Non-ANSI SQL 조인 방식은 테이블을 쉼표(,)로 구분하여 FROM절에 작성합니다. 조인 조건과 기타 조건을 구분하지 않고 모두 WHERE절에 기술합니다.

형식

```
SELECT *
FROM 테이블A
    ,테이블B
WHERE 조인_조건 및 기타_조건;
```

Section 02 실습 데이터베이스의 구조

조인을 제대로 사용하기 위해서는 데이터베이스의 구조를 이해하는 것이 중요합니다. ERD를 통해 데이터베이스의 구조를 이해할 수 있습니다. 한빛무역 데이터베이스의 ERD에 관하여 좀 더 자세히 살펴보겠습니다.

1 실습 ERD 소개

ERD(Entity Relationship Diagram)는 테이블 간의 관계를 설명해주는 다이어그램입니다. ERD를 통해 프로젝트에서 사용되는 데이터베이스의 구조를 한눈에 파악할 수 있습니다. 다시 말해 ERD를 통해 서로 관계가 있는 테이블들을 파악할 수 있으며, 그들 간의 대응수(Cardinality, Degree)가 1:1인지 또는 1:N인지 등을 확인할 수 있습니다.

[그림 5-2]는 고객 테이블과 주문 테이블의 ERD를 보여줍니다.

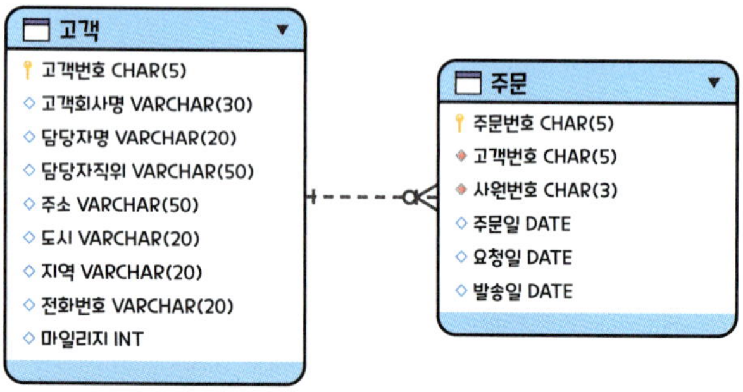

그림 5-2 고객 테이블과 주문 테이블의 관계

[그림 5-2]의 ERD에서 고객 테이블과 주문 테이블에 있는 열쇠 그림(🔑)은 해당 컬럼이 기본키임을 나타냅니다. 그리고 테이블을 이어주는 그림(+-----≪)은 두 테이블 간의 관계가 1:N임을 나타냅니다. 예를 들어 고객 테이블과 주문 테이블 사이가 1:N 관계라고 하는 것은 한 고객은 여러 번 주문할 수 있지만, 한 건의 주문은 한 고객만 할 수 있음을 의미합니다.

[그림 5-3]은 이 책의 실습에서 사용하고 있는 한빛무역 데이터베이스의 ERD를 보여줍니다.

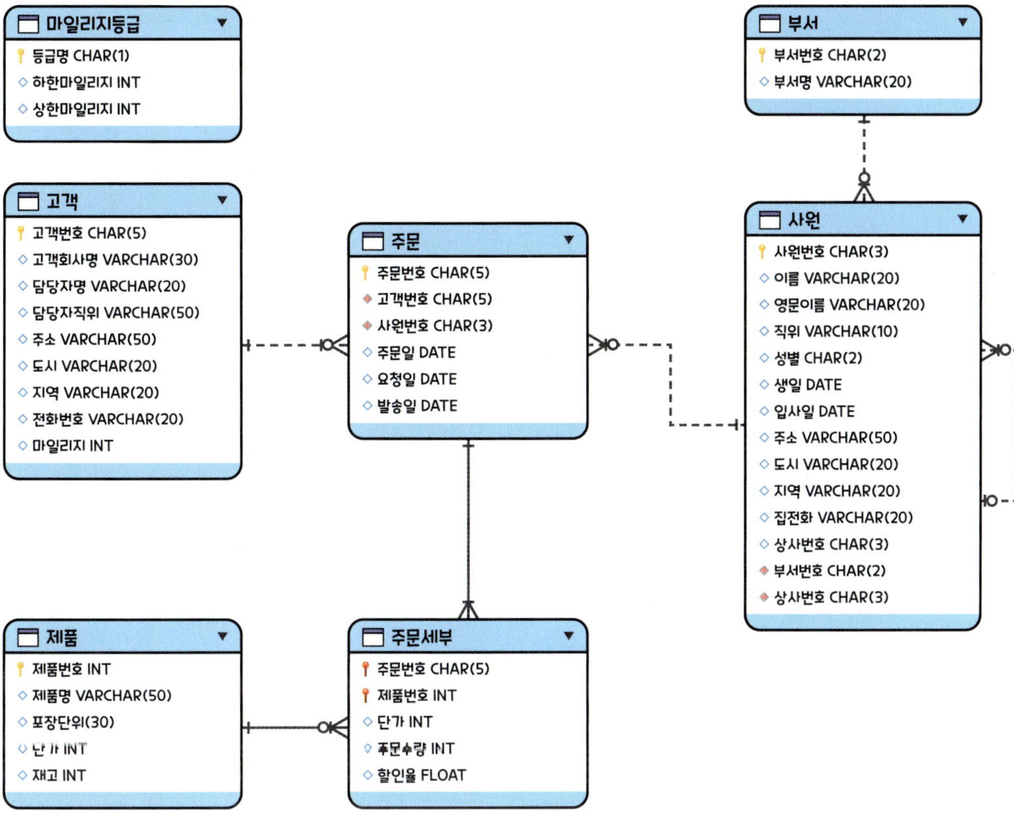

그림 5-3 **한빛무역 ERD**

[그림 5-3]의 ERD를 보면 고객 정보는 고객 테이블에, 사원 정보는 사원 테이블에, 제품 정보는 제품 테이블에 저장되어 있습니다. 한 부서에는 여러 사원이 소속될 수 있습니다. 한 고객은 여러 번 주문할 수 있고, 한 번 주문할 때 여러 제품을 주문할 수 있습니다. 한 사원은 여러 번 주문받을 수 있습니다. 주문 테이블에는 어느 고객이 주문했는지, 어느 사원이 주문받았는지, 언제 주문을 했고, 요청일과 발송일은 언제인지에 대한 상세 정보가 있습니다. 또한 각 고객에 대하여 마일리지를 관리하는데, 마일리지 점수에 따라 마일리지등급이 달라집니다.

데이터 모델링에 대한 좀 더 자세한 내용은 12장에서 다룹니다.

Q

주문세부 테이블에는 기본키가 두 개 있는 건가요?

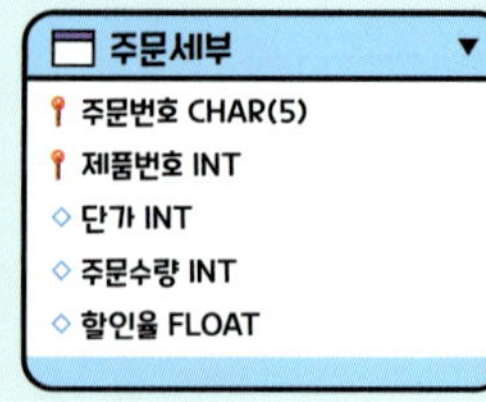

A

모든 테이블은 오직 한 개의 기본키만 가질 수 있습니다.
이 테이블의 기본키는 '주문번호 + 제품번호'로, 동일한 '주문번호 + 제품번호'를 가진 레코드는 오직 한 개만 존재해야 함을 의미합니다. 이와 같이 두 개 이상의 컬럼으로 이루어진 기본키를 복합키(Composite Key)라고 합니다.

확인문제

고객과 주문 테이블을 조인하는 문장을 ANSI SQL 방식과 Non-ANSI SQL 방식으로 표현하고자 합니다. 빈칸을 채워 문장을 완성하시오.

1. ANSI SQL 조인 표현 방식

```
SELECT *
FROM 고객
[    ①    ] 주문
[    ②    ] 고객.고객번호 = 주문.고객번호;
```

2. Non-ANSI SQL 조인 표현 방식

```
SELECT *
FROM 고객
    ,주문
[         ] 고객.고객번호 = 주문.고객번호;
```

정답

1. ① JOIN ② INNER JOIN, ON 2. WHERE

Section

03 조인의 종류

조인은 두 개 이상의 테이블을 연결하여 데이터를 검색하는 방법이라고 했습니다. 조인의 종류에는 크로스 조인, 내부 조인, 외부 조인, 셀프 조인이 있습니다. 이번 절에서는 각각의 조인에 대한 의미와 사용법을 살펴봅니다.

1 크로스 조인

크로스 조인(Cross Join)은 한쪽 테이블의 각 행마다 다른 쪽 테이블의 모든 행이 한 번씩 각각 매칭되는 조인을 의미하며, 카티션 곱(Cartesian Product)이라고도 부릅니다. 크로스 조인의 결과 행의 개수는 테이블A 행의 개수×테이블B 행의 개수입니다.

예를 들어 [그림 5-4]를 봅시다. 부서 테이블에는 2개의 레코드가 있고, 사원 테이블에는 3개의 레코드가 있습니다. 이 두 테이블을 크로스 조인한 결과는 인사부에 '문지영', '이혜연', '김미영'이 연결되고, 관리부에도 '문지영', '이혜연', '김미영'이 연결되어 총 6개의 행이 나오게 됩니다.

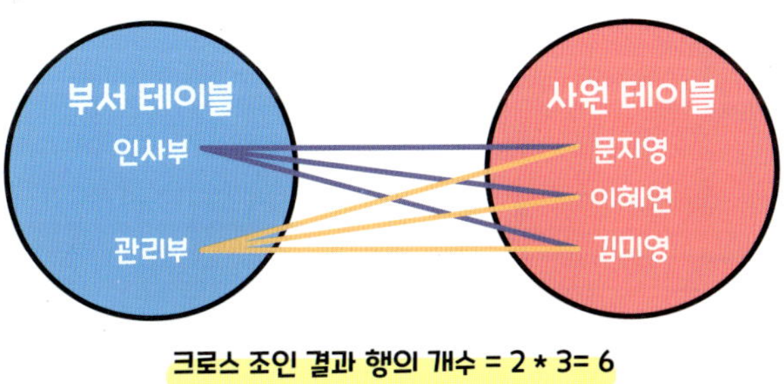

그림 5-4 **크로스 조인(카티션 곱)의 형태**

크로스 조인의 문법은 다음과 같습니다.

■ **ANSI SQL 조인**

형식

```
SELECT *
FROM 테이블A
[CROSS] JOIN 테이블B
WHERE 기타_조건;
```

ANSI SQL 조인으로 표현하는 크로스 조인은 조인할 두 테이블명 사이에 CROSS JOIN을 넣어주며, 조인 조건은 별도로 기술하지 않습니다. CROSS는 생략할 수 있습니다.

■ **Non-ANSI SQL 조인**

형식

```
SELECT *
FROM 테이블A
    ,테이블B
WHERE 기타_조건;
```

Non-ANSI SQL 조인으로 표현하는 크로스 조인은 FROM절에 조인할 테이블명을 쉼표(,)로 구분하여 넣어주며, 별도의 조인 조건은 넣지 않습니다.

예제 5-1 **사원 테이블과 부서 테이블을 크로스 조인하여 '배재용' 사원에 대한 정보(이름, 사원 테이블의 부서번호, 부서 테이블의 부서번호, 부서명)를 보이시오.**

크로스 조인은 조인 조건을 기술하지 않는 조인으로 사원 테이블의 각 행이 부서 테이블의 각 행에 매칭되는 형태로 결과가 보입니다.

■ **ANSI SQL 조인**

```
SELECT 부서.부서번호
      ,부서명
      ,이름
      ,사원.부서번호
FROM 부서
CROSS JOIN 사원
WHERE 이름 = '배재용';
```

■ **Non-ANSI SQL 조인**

```
SELECT 부서.부서번호 ●──── ❶
       ,부서명
       ,이름
       ,사원.부서번호
FROM 부서
     ,사원
WHERE 이름 = '배재용';
```

▶ 실행결과

부서번호	부서명	이름	부서번호
A1	영업부	배재용	A2
A2	기획부	배재용	A2
A3	개발부	배재용	A2
A4	홍보부	배재용	A2

쿼리 내에서 유일한 이름을 가진 컬럼을 조회할 때는 테이블명을 생략할 수 있지만 두 테이블에 동일한 컬럼명이 있는 경우에는 반드시 ❶과 같이 테이블명.컬럼명 형태로 작성해야 합니다.

실행결과를 보면 '배재용' 사원의 레코드가 부서 테이블에 있는 각 부서마다 매칭된 것을 확인할 수 있습니다.

2 내부 조인

내부 조인(Inner Join)은 각 테이블에서 조인 조건에 일치되는 데이터만 가져오는 조인을 의미합니다. 내부 조인에는 이퀴 조인(Equi Join)과 비이퀴 조인(Non-Equi Join)이 있습니다. 이퀴 조인은 조인 조건에 = 연산자를 사용하고, 비이퀴 조인은 조인 조건에 = 연산자 이외의 비교 연산자를 사용합니다.

여러 테이블을 사용할 때 조인 조건을 제대로 기술하지 않으면 카티션 곱(크로스 조인)을 한 결과가 나오게 됩니다. 따라서 조인 조건을 올바르게 작성해야 제대로 된 결과를 얻을 수 있음에 주의해야 합니다.

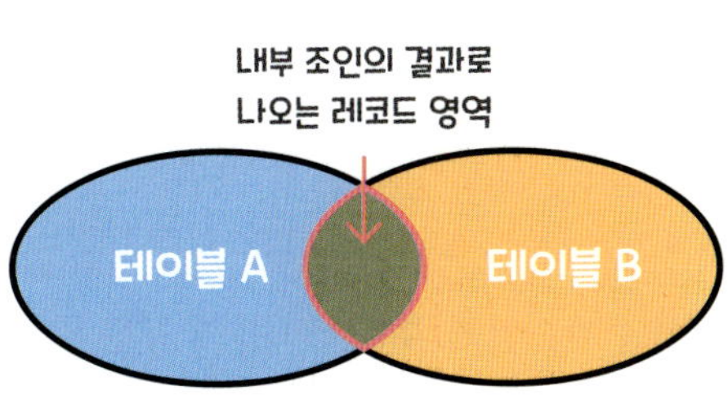

그림 5-5 내부 조인

내부 조인에 대한 문법은 다음과 같습니다.

■ ANSI SQL 조인

형식

```
SELECT *
FROM 테이블A
[INNER] JOIN 테이블B
ON 조인_조건
WHERE 기타_조건;
```

ANSI SQL 조인으로 표현하는 내부 조인은 조인할 테이블명 사이에 INNER JOIN을 넣으며, INNER는 생략할 수 있습니다. ON절에 조인 조건을 기술하고, 나머지 조건은 WHERE절에 기술합니다.

■ Non-ANSI SQL 조인

형식

```
SELECT *
FROM 테이블A
    ,테이블B
WHERE 조인_조건 및 기타_조건;
```

Non-ANSI SQL 방식으로 표현하기 위해서는 FROM절에 조인할 테이블명을 넣어주고 각 테이블은 쉼표(,)로 구분합니다. 조인 조건과 나머지 조건은 모두 WHERE절에 기술합니다.

이퀴 조인

이퀴 조인은 두 테이블에서 공통으로 존재하는 컬럼의 값이 일치하는 행을 찾기 위한 조인입니다. 조인 조건에 = 연산자를 사용합니다.

예제 5-2 '이소미' 사원의 사원번호, 직위, 부서번호, 부서명을 보이시오.

크로스 조인 결과에서 두 공통 컬럼에 들어있는 값이 서로 같은 레코드를 필터링한 것이 이퀴 조인입니다. 두 테이블을 조인하면 두 테이블에 있는 컬럼들은 마치 하나의 테이블에 있는 것처럼 사용할 수 있습니다.

[그림 5-6]은 사원 테이블과 부서 테이블의 ERD입니다. 사원 테이블과 부서 테이블의 공통 컬럼이 부서번호인 것을 확인할 수 있습니다. 따라서 부서번호를 조인 조건으로 넣어 문장을 만듭니다.

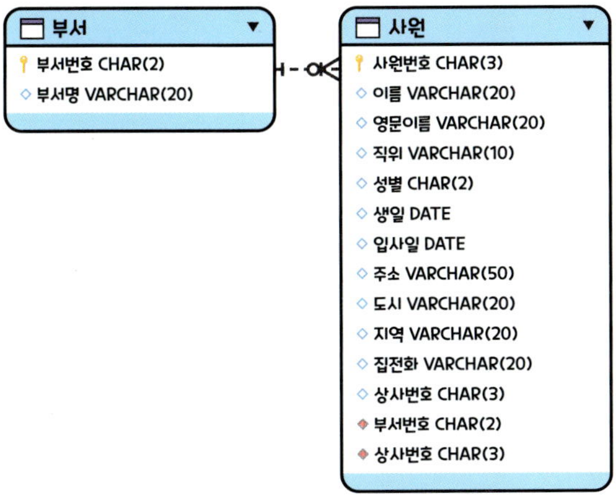

그림 5-6 **사원 테이블과 부서 테이블의 ERD**

■ ANSI SQL 조인

```
SELECT 사원번호
      ,직위
      ,사원.부서번호
      ,부서명
FROM 사원
INNER JOIN 부서
ON 사원.부서번호 = 부서.부서번호 ●———— 조인 조건
WHERE 이름 = '이소미'; ●———————— 기타 조건
```

ANSI SQL 방식에서 조인 조건(사원.부서번호 = 부서.부서번호)은 ON절에, 기타 조건(이름 = '이소미')은 WHERE절에 넣습니다. 그러면 사원.부서번호와 부서.부서번호가 같은 레코드와 이름 = '이소미'인 레코드가 필터링되어 결과로 반환됩니다.

부서번호를 보이고자 할 때 부서번호라는 컬럼명만 넣으면 오류가 발생합니다. 두 테이블에 있는 컬럼명이 동일한 경우에는 반드시 사원.부서번호, 부서.부서번호와 같이 테이블명을 함께 써주어야 합니다. 이퀴 조인의 경우에는 사원.부서번호 또는 부서.부서번호 중 어느 것을 넣어도 결과가 동일합니다.

■ Non-ANSI SQL 조인

```
SELECT 사원번호
      ,직위
      ,사원.부서번호
```

```
       ,부서명
FROM 사원
     ,부서
WHERE 사원.부서번호 = 부서.부서번호
AND 이름 = '이소미';
```

조인 조건과 기타 조건

Non-ANSI SQL 방식에서는 조인 조건(사원.부서번호 = 부서.부서번호)과 기타 조건(이름 = '이소미')을 모두 WHERE절에 기술합니다.

▶ 실행결과

사원번호	직위	부서번호	부서명
E01	사원	A1	영업부

예제 5-3 **고객 회사들이 주문한 주문건수를 주문건수가 많은 순서대로 보이시오. 이때 고객 회사의 정보로는 고객번호, 담당자명, 고객회사명을 보이시오.**

[그림 5-7]은 고객 테이블과 주문 테이블의 ERD입니다. 고객 테이블의 기본키인 고객번호와 주문 테이블의 고객번호를 조인 조건으로 넣습니다. 이때 두 테이블의 컬럼 값이 같은 레코드를 반환하기 위해서는 = 연산자를 사용합니다.

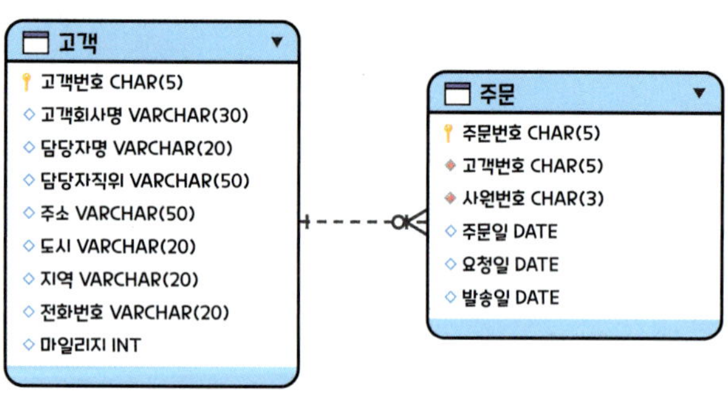

그림 5-7 고객 테이블과 주문 테이블의 ERD

테이블을 조인하면 두 테이블의 모든 컬럼은 마치 하나의 테이블에 있는 것처럼 사용할 수 있습니다.

■ ANSI SQL 조인

```
SELECT 고객.고객번호
       ,담당자명
       ,고객회사명
       ,COUNT(*) AS 주문건수
```

```
FROM 고객
INNER JOIN 주문
ON 고객.고객번호 = 주문.고객번호
GROUP BY 고객.고객번호
        ,담당자명
        ,고객회사명
ORDER BY COUNT(*) DESC;
```

■ Non-ANSI SQL 조인

```
SELECT 고객.고객번호
      ,담당자명
      ,고객회사명
      ,COUNT(*) AS 주문건수
FROM 고객
    ,주문
WHERE 고객.고객번호 = 주문.고객번호
GROUP BY 고객.고객번호
        ,담당자명
        ,고객회사명
ORDER BY COUNT(*) DESC;
```

▶ 실행결과

고객번호	담당자명	고객회사명	주문건수
VEASA	장시현	코림푸드	31
NSHER	씽다경	솜민더내서별	30
ICKQU	정대광	인터비스	28
NGOHU	오유진	케이티에스씨	19
LKOFO	조희진	진영무역	19
LAAHI	신민주	성민식품상사	18
TTCRA	송지윤	허브민트	18
RGSBE	박건희	탑푸드코리아	18
NAPBO	신종수	민성 무역	17
RTHWA	박규민	국일식품	15
ANKFR	최지수	오리안무역	15
HMSLE	조효주	대화유피스	15
NARHA	손창민	청운유통	14

예제 5-4 고객별(고객번호, 담당자명, 고객회사명)로 주문금액 합을 보이되, 주문금액 합이 많은 순서대로 보이시오.

[그림 5-8]은 고객 테이블, 주문 테이블, 주문세부 테이블의 ERD입니다. 고객 테이블과 주문 테이블의 공통 컬럼은 고객번호이고, 주문 테이블과 주문세부의 공통 컬럼은 주문번호인 것을 알 수 있습니다. 이 두 컬럼에 대하여 조인 조건을 기술합니다.

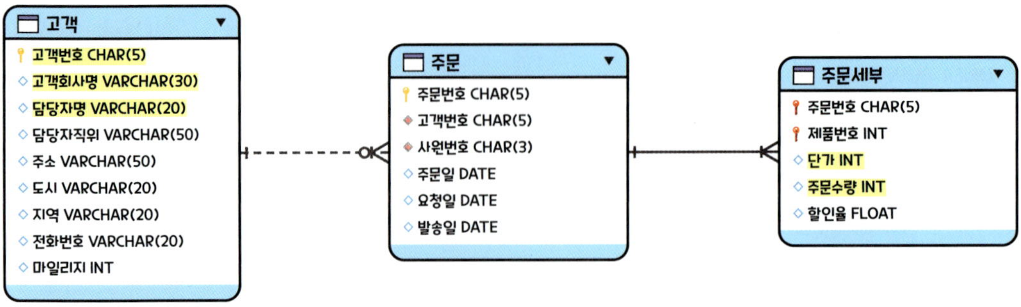

그림 5-8 **고객 테이블, 주문 테이블, 주문세부 테이블의 ERD**

주문금액은 주문세부 테이블의 '주문수량×단가'를 계산한 값입니다. 주의할 점은 예제와 같이 주문 테이블에 있는 컬럼을 조회할 필요가 없는 경우라도 고객 테이블과 주문세부 테이블은 공통 컬럼이 없기 때문에 직접 연결할 수 없으며 반드시 주문 테이블도 조인할 테이블로 넣어야 정확한 결과를 얻을 수 있습니다.

■ ANSI SQL 조인

```
SELECT 고객.고객번호
      ,담당자명
      ,고객회사명
      ,SUM(주문수량 * 단가) AS 주문금액합
FROM 고객
INNER JOIN 주문
ON 고객.고객번호 = 주문.고객번호
INNER JOIN 주문세부
ON 주문.주문번호 = 주문세부.주문번호
GROUP BY 고객.고객번호
        ,담당자명
        ,고객회사명
ORDER BY 4 DESC;
```

■ Non-ANSI SQL 조인

```
SELECT 고객.고객번호
      ,담당자명
      ,고객회사명
      ,SUM(주문수량 * 단가) AS 주문금액합
```

```
FROM 고객
     ,주문
     ,주문세부
WHERE 고객.고객번호 = 주문.고객번호
AND 주문.주문번호 = 주문세부.주문번호
GROUP BY 고객.고객번호
         ,담당자명
         ,고객회사명
ORDER BY 4 DESC;
```

▶ 실행결과

고객번호	담당자명	고객회사명	주문금액합
ICKQU	정대광	인터비스	11742000
VEASA	장시현	코림푸드	11611600
NSHER	정다경	솔인터내셔널	11356100
NGOHU	오유진	케이티에스씨	5739300
TTCRA	송지윤	허브민트	5086600
NARHA	손창민	청운유통	3418800

주문 테이블과 고객 테이블을 조인하고 주문세부 테이블과 주문 테이블을 조인하면 세 개의 테이블에 들어있는 컬럼들을 마치 하나의 테이블에 있는 것처럼 사용할 수 있습니다.

비이퀴 조인

비이퀴 조인(Non-Equi Join)은 조인 조건에 = 연산자가 아닌 >, <, >=, <=, != 등과 같은 비교 연산자를 사용하는 조인으로 구간이 있는 범위 값에 속한 레코드를 조인하고자 할 때 유용하게 사용할 수 있습니다.

예제 5-5 **고객 테이블과 마일리지등급 테이블을 크로스 조인하시오. 그 다음 고객 테이블에서 담당자가 '이은광'인 고객에 대하여 고객번호, 담당자명, 마일리지와 마일리지등급 테이블의 모든 컬럼을 보이시오.**

■ ANSI SQL 조인

```
SELECT 고객번호
       ,담당자명
       ,마일리지
       ,등급.*
FROM 고객
CROSS JOIN 마일리지등급 AS 등급
WHERE 담당자명 = '이은광';
```

■ Non-ANSI SQL 조인

```
SELECT 고객번호
      ,담당자명
      ,마일리지
      ,등급.*
FROM 고객
    ,마일리지등급 AS 등급
WHERE 담당자명 = '이은광';
```

▶ 실행결과

고객번호	담당자명	마일리지	등급명	하한마일리지	상한마일리지
ACDDR	이은광	15911	S	100000	999999999
ACDDR	이은광	15911	D	0	99
ACDDR	이은광	15911	C	100	999
ACDDR	이은광	15911	B	1000	9999
ACDDR	이은광	15911	A	10000	99999

테이블명에 별명을 지정하면 해당 SQL문에서는 테이블명 대신 별명을 사용해야 합니다. 다시 말해 등급.*는 마일리지등급 테이블의 모든 컬럼을 의미합니다.

실행결과를 보면 고객 테이블에서 담당자명이 '이은광'인 레코드가 마일리지등급 테이블에 있는 모든 레코드와 각각 매칭된 것을 확인할 수 있습니다. 5개의 결과 레코드 중에서 담당자가 '이은광'인 고객의 마일리지 15911은 10000~99999 사이에 있으므로 고객의 마일리지 등급은 'A'임을 알 수 있습니다.

그렇다면 '이은광'이 담당자인 고객의 마일리지에 해당하는 등급만 얻으려면 어떻게 해야 할까요? 비이퀴 조인을 사용하면 해결할 수 있습니다. 다음 예제를 확인해봅시다.

예제 5-6 고객 테이블에서 담당자가 '이은광'인 경우의 고객번호, 고객회사명, 담당자명, 마일리지와 마일리지등급을 보이시오.

[그림 5-9]는 고객 테이블과 마일리지등급 테이블의 ERD입니다. 고객 테이블과 마일리지등급 테이블의 조인 조건을 마일리지 >= 하한마일리지 AND 마일리지 <= 상한마일리지로 하면 결과를 얻을 수 있습니다. 이 조건은 마일리지 BETWEEN 하한마일리지 AND 상한마일리지로 지정할 수도 있습니다.

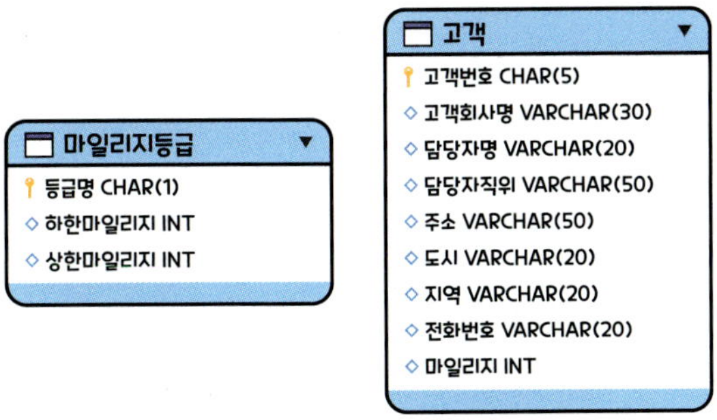

그림 5-9 고객 테이블과 마일리지등급 테이블의 ERD

■ ANSI SQL 조인

```
SELECT 고객번호
       ,고객회사명
       ,담당자명
       ,마일리지
       ,등급명
FROM 고객
INNER JOIN 마일리지등급
ON 마일리지 >= 하한마일리지
AND 마일리지 <= 상한마일리지
WHERE 담당자명 = '이은광';
```

위의 SQL에서 ON절을 다음과 같이 작성해도 됩니다.

```
FROM 고객
INNER JOIN 마일리지등급
ON 마일리지 BETWEEN 하한마일리지 AND 상한마일리지
```

■ Non-ANSI SQL 조인

```
SELECT 고객번호
       ,고객회사명
       ,담당자명
       ,마일리지
       ,등급명
FROM 고객
     ,마일리지등급
```

```
WHERE 마일리지 BETWEEN 하한마일리지 AND 상한마일리지
AND 담당자명 = '이은광';
```

▶ 실행결과

고객번호	고객회사명	담당자명	마일리지	등급명
ACDDR	굿모닝서울	이은광	15911	A

3 외부 조인

외부 조인(Outer Join)을 사용하면 조건에 맞지 않는 행도 함께 출력할 수 있습니다. 외부 조인은 두 테이블에서 한쪽에는 데이터가 있고 한쪽에는 데이터가 없는 경우 데이터가 있는 쪽의 테이블을 기준으로 데이터를 출력합니다. MySQL에서 외부 조인은 ANSI SQL 방식으로만 표현할 수 있습니다.

LEFT/RIGHT 외부 조인

외부 조인은 조인할 테이블명 사이에 LEFT 또는 RIGHT와 함께 OUTER JOIN을 넣습니다. 이때 OUTER는 생략 가능합니다. LEFT JOIN은 왼쪽에 있는 테이블의 결과를 기준으로 오른쪽 테이블의 데이터를 매칭하고, 매칭되는 데이터가 없는 경우에는 NULL로 표시합니다. RIGHT JOIN은 오른쪽에 있는 테이블 결과를 기준으로 왼쪽 테이블의 데이터를 매칭하고, 매칭되는 데이터가 없는 경우에는 NULL로 표시합니다.

형식

```
SELECT *
FROM 테이블A
LEFT¦RIGHT [OUTER] JOIN 테이블B
ON 조인_조건
WHERE 기타_조건;
```

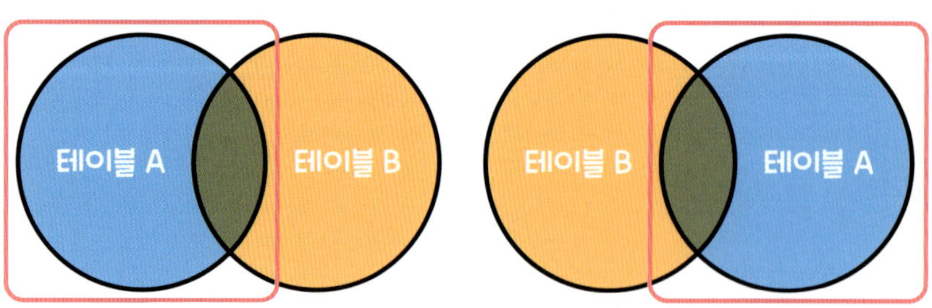

(a) LEFT 조인 (b) RIGHT 조인

그림 5-10 **매칭되는 것과 안 되는 행을 다 가져오는 LEFT/RIGHT 외부 조인**

하나 더 알기 FULL OUTER JOIN

FULL OUTER JOIN은 LEFT OUTER JOIN과 RIGHT OUTER JOIN을 합한 형태입니다. MySQL에서는 이것을 지원하지 않습니다. 대신 UNION 집합 연산자를 사용하여 동일한 결과를 얻을 수 있습니다.

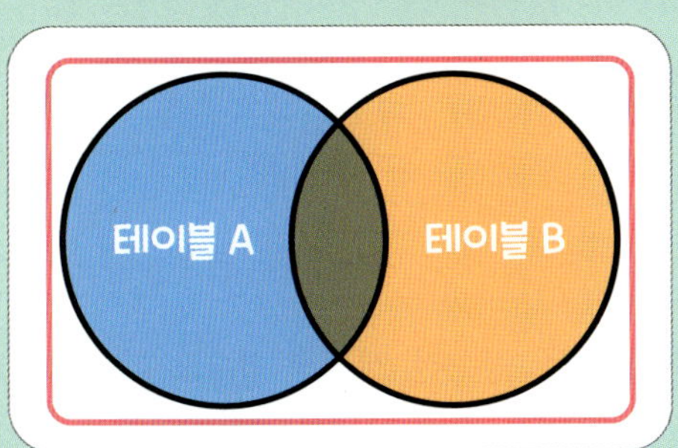

그림 5-11 FULL OUTER JOIN

형식

```
SELECT *
FROM 테이블A
LEFT [OUTER] JOIN 테이블B
ON 조인_조건
WHERE 기타_조건
UNION
SELECT *
FROM 테이블A
RIGHT [OUTER] JOIN 테이블B
ON 조인_조건
WHERE 기타_조건;
```

예제 5-7 **성별이 '여'인 사원에 대하여 사원번호, 사원의 이름, 부서명을 조회하시오. 이때 부서번호에 값이 들어있지 않은 사원의 정보도 함께 보이시오.**

이 예제는 사원 테이블에는 레코드가 들어있으나 해당하는 부서가 존재하지 않는 형태이므로 사원 테이블을 기준으로 외부 조인을 작성해야 합니다. 만약 이퀴 조인을 하면 부서번호가 NULL인 '여' 사원의 정보는 얻을 수 없습니다.

예를 들어 [그림 5-12](a)와 같이 '정수진' 사원은 부서번호가 없기 때문에 이퀴 조인을 하면 [그림 5-12](b)와 같이 '정수진' 사원의 레코드는 결과에 나오지 않습니다.

사원번호	이름	영문이름	직위	성별	생일	입사일	주소	도시	지역	집전화	상사번호	부서번호
E10	정수진	Jung Su Jin	수습사원	여	1993-10-07	2022-03-19	동작구 흑석동 현대아파트 1-1501	서울특별시	경인	(02)824-2898		

(a) 사원 테이블에서 부서번호가 없는 정수진 사원의 정보

사원번호	이름	부서명
E01	이소미	영업부
E04	최소민	영업부
E08	선하라	개발부
E09	유가을	영업부

(b) 이퀴 조인 결과

그림 5-12 사원 테이블과 부서 테이블에 대한 이퀴 조인 결과

따라서 이 경우에는 외부 조인을 사용해야 부서번호가 없는 '정수진' 사원의 정보도 함께 얻을 수 있습니다.

```
SELECT 사원번호
      ,이름
      ,부서명
FROM 사원
LEFT OUTER JOIN 부서
ON 사원.부서번호 = 부서.부서번호
WHERE 성별 = '여';
```

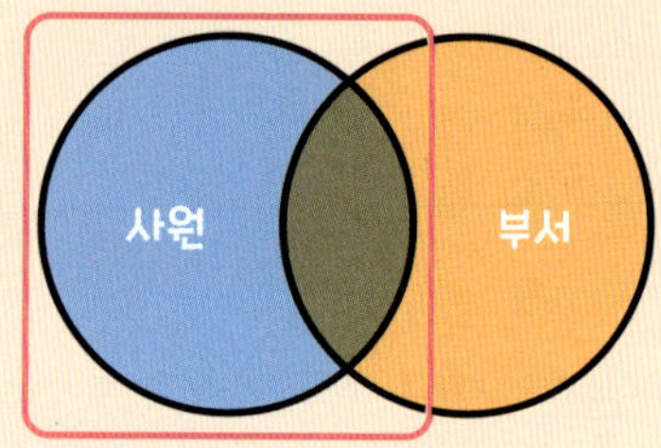

만약 사원 테이블명이 우측에 기술되어 있을 때에는 LEFT 대신 RIGHT를 넣으면 동일한 결과를 얻을 수 있습니다.

```
FROM 부서
RIGHT OUTER JOIN 사원
ON 사원.부서번호 = 부서.부서번호
```

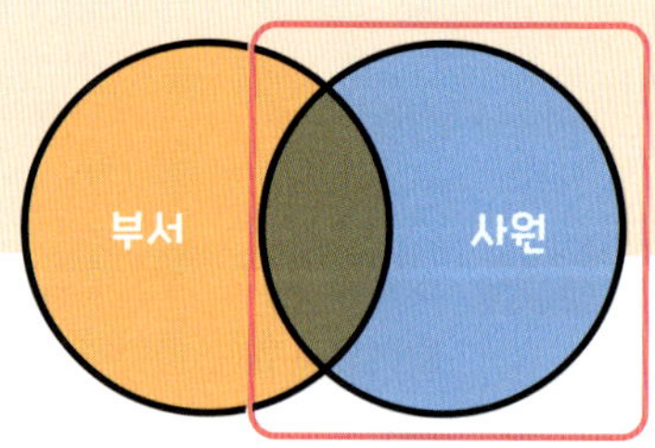

▶ **실행결과**

사원번호	이름	부서명
E01	이소미	영업부
E04	최소민	영업부
E08	선하라	개발부
E09	유가을	영업부
E10	정수진	NULL

예제 5-8 부서명과 해당 부서의 소속 사원 정보를 보이시오. 이때 사원이 한 명도 존재하지 않는 부서명이 있다면 그 부서명도 함께 보이시오.

[그림 5-13](a)과 같이 부서 테이블에는 'A4' 부서의 레코드가 존재합니다. 그런데 [그림 5-13](b)와 같이 사원 테이블에는 'A4' 부서에 소속된 사원이 존재하지 않습니다. 따라서 이퀴 조인을 한다면 'A4' 부서에 대한 정보는 확인할 수 없습니다.

부서번호	부서명
A1	영업부
A2	기획부
A3	개발부
A4	홍보부

(a) 부서 테이블

사원번호	이름	부서번호
E01	이소미	A1
E02	배재용	A2
E03	유대현	A1
E04	최소민	A1
E05	안주훈	A1
E06	이현진	A1
E07	오영수	A1
E08	선하라	A3
E09	유가을	A1
E10	정수진	

(b) 사원 테이블

그림 5-13 부서 테이블과 사원 테이블

'A4' 부서의 정보를 함께 확인하려면 외부 조인을 사용해야 합니다. 부서 테이블에는 레코드가 존재하지만, 매칭되는 사원이 없으므로 부서 테이블을 기준으로 외부 조인을 작성합니다.

```
SELECT 부서명
      ,사원.*
FROM 사원
RIGHT OUTER JOIN 부서
ON 사원.부서번호 = 부서.부서번호;
```

부서 테이블을 먼저 기술한 경우에는 다음과 같이 RIGHT 대신 LEFT JOIN을 해야 합니다.

```
FROM 부서
LEFT OUTER JOIN 사원
ON 사원.부서번호 = 부서.부서번호;
```

▶ **실행결과**

부서명	사원번호	이름	영문이름	직위	성별	생일	입사일	주소	도시	지역	집전화	상사번호	부서번호
영업부	E09	유가을	Yoo Ka Eul	부장	여	1980-0...	2019-10-29	남구 대명동 19-7	대구광...	영남	(053)465-1248	E02	A1
영업부	E07	오영수	O Yeong Soo	사원	남	1989-0...	2019-12-15	문화동 76-77	청주시	중부	(0431)19-1784	E06	A1
영업부	E06	이현진	Lee Hyun Jin	대리	남	1983-0...	2019-09-29	대덕구 이현동 577-1	대전광...	중부	(042)518-3876	E05	A1
영업부	E05	안주훈	Ahn Ju Hoon	과장	남	1980-0...	2018-12-29	남구 도화동 276-31	인천광...	경인	(032)515-0278	E09	A1
영업부	E04	최소민	Choi So Min	사원	여	1987-0...	2019-04-15	중구 중앙동 57-14	부산광...	영남	(051)587-4783	E06	A1
[illegible]	E03	[illegible]	[illegible]	사원	남	[illegible]	[illegible]	광산구 송정동 100-11	[illegible]	[illegible]	(062)73-0256	E06	[illegible]
기획부	E02	배재용	Bae Jae Yong	[illegible]	[illegible]	1973-0...	2019-01-01	[illegible]	부천시	경인	[illegible]		A2
개발부	E08	선하라	Seon Ha Ra	전산팀장	여	1982-0...	2019-02-16	덕진구 고랑동 116	전주시	호남	(0652)983-1985	E02	A3
홍보부	NULL	NULL	NULL	NULL	NULL	NULL	NULL	NULL	NULL	NULL	NULL	NULL	NULL

예제 5-9 **사원이 한 명도 존재하지 않는 부서명을 보이시오.**

부서 테이블을 기준으로 외부 조인을 한 다음 사원 테이블에 있는 값이 NULL인 레코드를 검색하면 소속된 사원이 없는 부서의 정보만 확인할 수 있습니다.

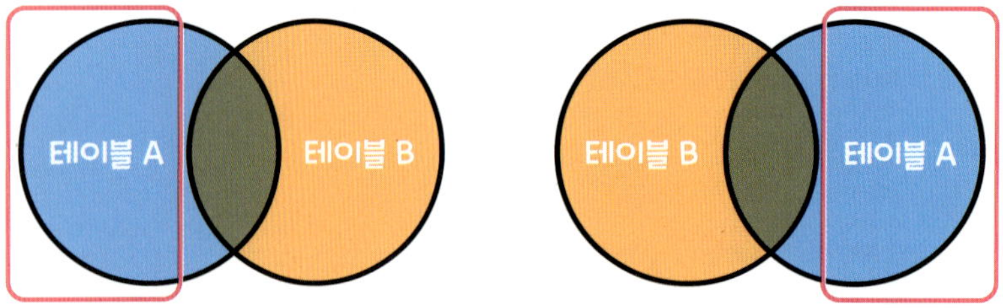

그림 5-14 LEFT/RIGHT 외부 조인에서 매칭이 안 되는 행만 선택

```
SELECT 부서명
      ,사원.*  ● 설명을 위해 사원 테이블의 정보도 함께 나타냄
FROM 사원
RIGHT OUTER JOIN 부서
ON 사원.부서번호 = 부서.부서번호
WHERE 사원.부서번호 IS NULL;
```

▶ 실행결과

부서명	사원번호	이름	영문이름	직위	성별	생일	입사일	주소	도시	지역	집전화	상사번호	부서번호
홍보부	NULL	NULL	NULL	NULL	NULL	NULL	NULL	NULL	NULL	NULL	NULL	NULL	NULL

예제 5-10 **소속 부서가 없는 사원의 이름을 보이시오.**

사원 테이블을 기준으로 외부 조인을 한 다음 부서 테이블에 있는 값이 NULL인 레코드를 검색하면 소속 부서가 없는 사원의 정보만 확인할 수 있습니다.

```
SELECT 이름
      ,부서.*  ● 설명을 위해 부서 테이블의 정보도 함께 나타냄
FROM 사원
LEFT OUTER JOIN 부서
ON 사원.부서번호 = 부서.부서번호
WHERE 부서.부서번호 IS NULL;
```

▶ 실행결과

이름	부서번호	부서명
정수진	NULL	NULL

4 셀프 조인

셀프 조인(Self Join)은 동일한 테이블 내에서 한 컬럼이 다른 컬럼을 참조하는 조인을 의미합니다. 셀프 조인을 하려면 조인 조건에 동일한 테이블명이 두 번 나타나게 되는데, 이때 테이블명을 다른 별명으로 지정하여 다른 테이블인 것처럼 사용합니다. 또한 동일한 테이블을 사용하는 것이기 때문에 컬럼명도 모두 동일하므로 테이블의 별명과 컬럼명을 함께 써줌으로써 컬럼의 소속을 구분해 주어야 합니다.

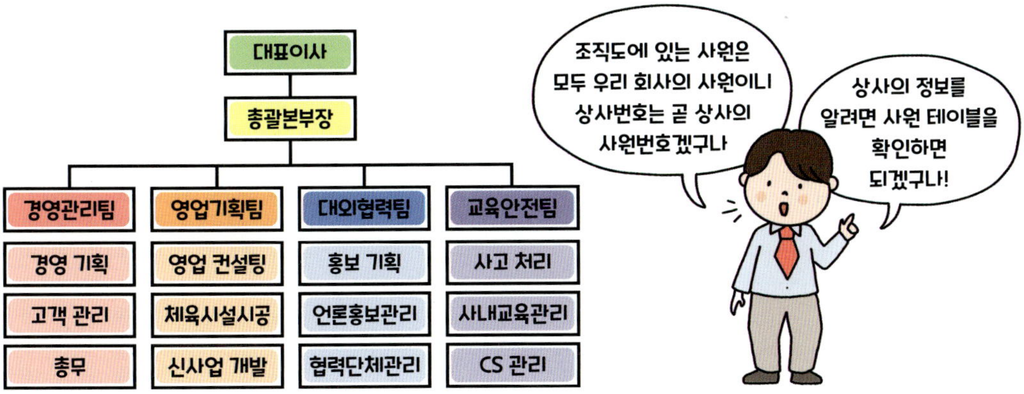

그림 5-15 **셀프 조인**

[그림 5-16](a)은 사원 테이블의 ERD입니다. 사원 테이블에 있는 상사번호는 해당 사원의 상사에 대한 사원번호를 의미합니다. 따라서 상사번호 컬럼에는 사원 테이블에 있는 사원번호가 들어있으며 사원의 상사번호를 읽은 다음에 동일한 값을 사원번호에서 찾으면 상사의 정보를 확인할 수 있습니다.

이것을 SQL문으로 작성하기 위해서는 [그림 5-16](b)과 같이 동일한 테이블이지만 하나는 사원 정보가 들어있는 테이블이라 생각하고, 다른 하나는 상사 정보가 들어있는 테이블이라 가정하여 '상사'라고 별명을 붙여 작업합니다. 그러면 마치 사원과 상사 두 개의 테이블이 있는 것처럼 사용할 수 있습니다.

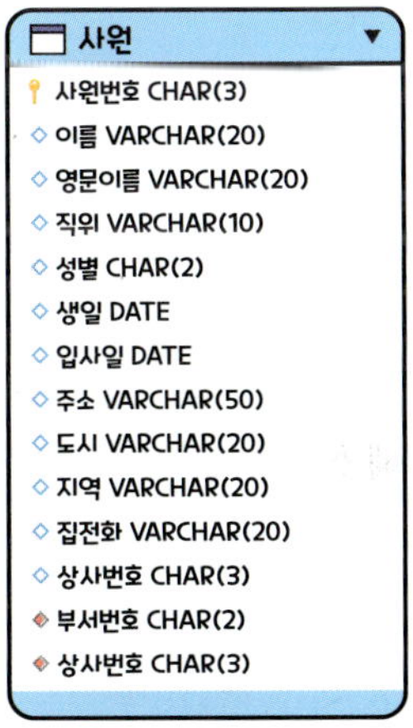

(a) 사원 테이블 ERD

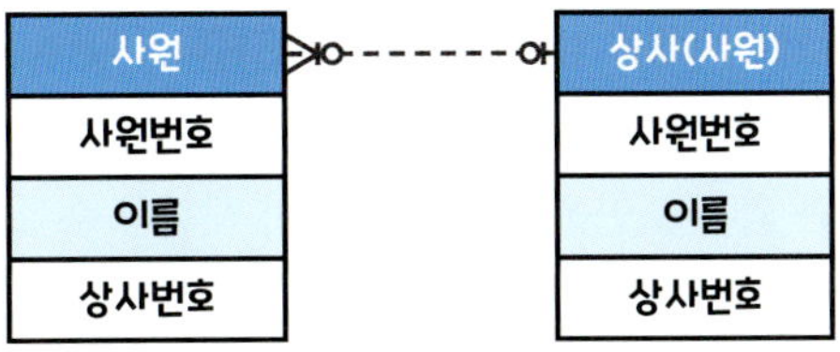

(b) 개념상 분리한 사원 테이블과 상사(사원) 테이블

그림 5-16 **사원 테이블의 ERD**

예제 5-11 **사원번호, 사원의 이름, 상사의 사원번호, 상사의 이름을 보이시오.**

사원 테이블의 상사번호와 '상사'라고 별명 붙인 사원 테이블의 '사원번호'를 = 연산자로 조인하는 형태로 기술하면 사원과 상사의 정보를 한번에 확인할 수 있습니다. 다음 코드로 확인해봅시다.

■ ANSI SQL 조인

```
SELECT 사원.사원번호
      ,사원.이름
      ,상사.사원번호 AS '상사의 사원번호'
      ,상사.이름 AS '상사의 이름'
FROM 사원
INNER JOIN 사원 AS 상사
ON 사원.상사번호 = 상사.사원번호;
```

■ Non-ANSI SQL 조인

```
SELECT 사원.사원번호
      ,사원.이름
      ,상사.사원번호 AS '상사의 사원번호'
      ,상사.이름 AS '상사의 이름'
FROM 사원
    ,사원 AS 상사
WHERE 사원.상사번호 = 상사.사원번호;
```

▶ 실행결과

사원번호	이름	상사의 사원번호	상사의 이름
E01	이소미	E06	이현진
E03	유대현	E06	이현진
E04	최소민	E06	이현진
[illegible]	안주훈	[illegible]	유가을

예제 5-12 **사원이름, 직위, 상사이름을 상사이름 순으로 정렬하여 나타내시오. 이때 상사가 없는 사원의 이름도 함께 보이시오.**

[예제 5-12]는 셀프 조인과 외부 조인을 함께 사용하여 해결할 수 있습니다. 셀프 조인을 사용하여 상사와 사원의 정보를 확인하고, 외부 조인을 사용하여 상사가 없는 사원의 정보를 확인합니다.

예를 들어 '배재용' 사원은 직위가 '대표이사'로 그의 상사가 없는 경우입니다. 또한 사원 '정수진'은 수습사원으로 아직 상사가 배정되지 않는 상황이라 상사가 없는 경우라고 가정해봅시다.

이름	직위	상사번호
이소미	사원	E06
배재용	대표이사	
유대현	사원	E06
최소민	사원	E06
안주훈	과장	E09
이현진	대리	E05
오영수	사원	E06
선하라	전산팀장	E02
유가을	부장	E02
정수진	수습사원	

그림 5-17 **상사가 없는 레코드 확인**

■ ANSI SQL 조인

```
SELECT 사원.이름 AS 이름
      ,사원.직위
      ,상사.이름 AS 상사이름
FROM 사원 AS 상사
RIGHT OUTER JOIN 사원
ON 사원.상사번호 = 상사.사원번호
ORDER BY 상사이름;
```

또는 FROM절을 다음과 같이 작성할 수도 있습니다.

```
FROM 사원
LEFT OUTER JOIN 사원 AS 상사
ON 사원.상사번호 = 상사.사원번호
```

▶ 실행결과

이름	직위	상사이름
배재용	대표이사	NULL
정수진	수습사원	NULL
선하라	전산팀장	배재용
유가을	부장	배재용
이현진	대리	안주훈

확인문제

다음 그림에서 붉은 박스에 해당하는 레코드를 검색하고자 합니다. 어떤 SQL문으로 작성해야 하는지 연결시키시오.

(1) 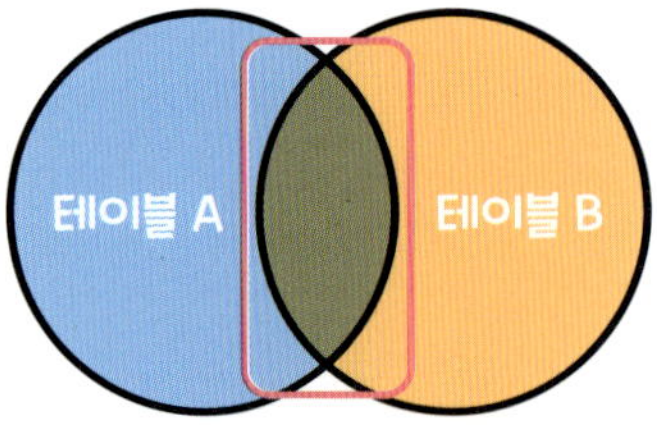

•

• (A)
```
SELECT *
FROM 테이블A
INNER JOIN 테이블B
ON 테이블A.컬럼 = 테이블B.컬럼;
```

(2) 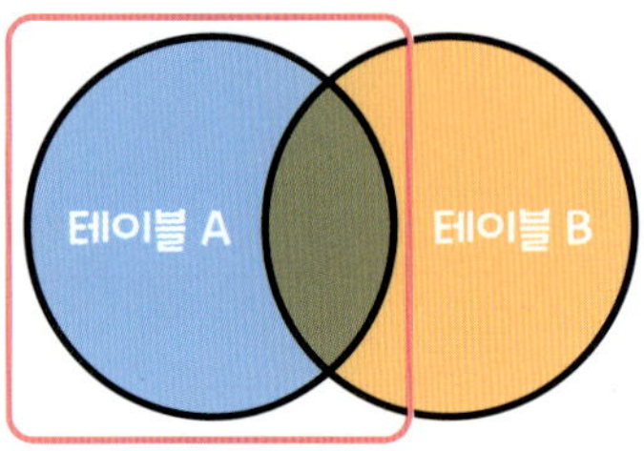

•

• (B)
```
SELECT *
FROM 테이블A
LEFT OUTER JOIN 테이블B
ON 테이블A.컬럼 = 테이블B.컬럼
WHERE 테이블B.컬럼 IS NULL;
```

(3) 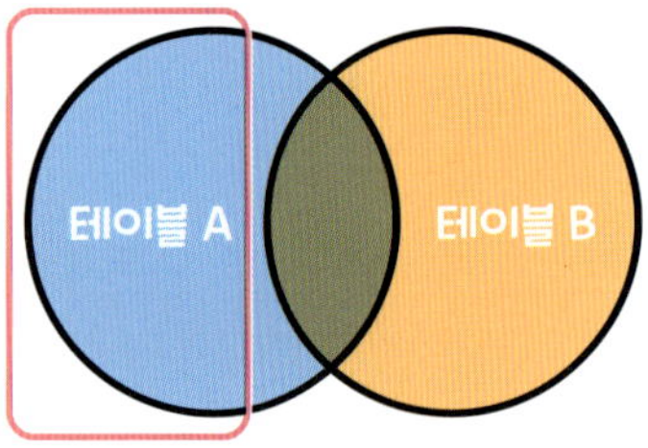

•

• (C)
```
SELECT *
FROM 테이블A
LEFT OUTER JOIN 테이블B
ON 테이블A.컬럼 = 테이블B.컬럼;
```

정답

1-A, 2-C, 3-B

✓ 점검문제

이번 장에서 배운 내용을 기반으로
ERD를 참고하여 SQL을 작성해봅시다.

예제 소스: Ch05_ex.sql

문제 1

한빛무역 데이터베이스의 제품 테이블과 주문세부 테이블을 조인하여 제품명별로 주문수량합과 주문금액합을 보이시오.

〈ERD〉

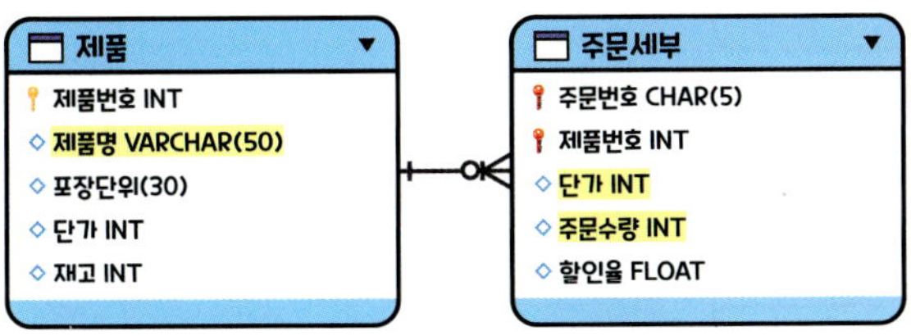

▶ 실행결과

제품명	주문수량합	주문금액합
썬 100% 레몬 주스	1033	1802300
썬 체리 시럽	318	298000
베리 100% 복숭아 시럽	452	945200
베리 100% 파인애플 시럽	298	574200
헬시 블루베리 잼	300	732000
헬시 건과(배)	762	2243400

해결

■ **ANSI SQL 조인**

```
SELECT 제품명
      ,SUM(주문수량) AS 주문수량합
      ,SUM(주문수량 * 주문세부.단가) AS 주문금액합
FROM 제품
INNER JOIN 주문세부
ON 제품.제품번호 = 주문세부.제품번호
GROUP BY 제품명;
```

■ **Non-ANSI SQL 조인**

```
SELECT 제품명
      ,SUM(주문수량) AS 주문수량합
      ,SUM(주문수량 * 주문세부.단가) AS 주문금액합
FROM 제품
    ,주문세부
WHERE 제품.제품번호 = 주문세부.제품번호
GROUP BY 제품명;
```

- 제품 테이블과 주문세부 테이블이 제품번호를 공통 컬럼으로 갖고 있으므로 제품번호를 조인 조건으로 넣습니다.
- 제품 테이블과 주문세부 테이블에는 각각 단가 컬럼이 들어있습니다. 제품 테이블의 단가는 현재의 단가이고, 주문세부 테이블의 단가는 주문한 시점의 단가입니다. 그렇다면 어느 단가를 사용하여 계산을 해야 할까요? 주문세부에 있는 단가로 계산을 해야 하지만 주문 시점의 단가로 금액을 계산할 수도 있습니다.

문제 2

주문, 주문세부, 제품 테이블을 활용하여 '아이스크림' 제품에 대하여 (주문년도 제품명)별로 주문수량합을 보이시오.

<ERD>

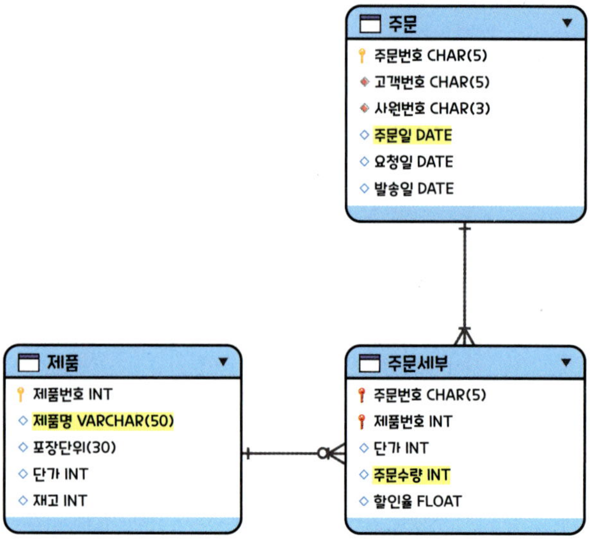

▶ 실행결과

주문년도	제품명	주문수량합
2020	이롬 멜론 아이스크림	364
2020	블루 바닐라 아이스크림	516
2020	블루 초콜릿 아이스크림	102
2021	이롬 멜론 아이스크림	381
2021	블루 바닐라 아이스크림	861
2021	블루 초콜릿 아이스크림	174
2022	블루 초콜릿 아이스크림	20
2022	이롬 멜론 아이스크림	10
2022	블루 바닐라 아이스크림	20

해결

■ ANSI SQL 조인

```
SELECT YEAR(주문일) AS 주문년도
      ,제품명
      ,SUM(주문수량) AS 주문수량합
FROM 제품
INNER JOIN 주문세부
ON 제품.제품번호 = 주문세부.제품번호
INNER JOIN 주문
ON 주문.주문번호 = 주문세부.주문번호
WHERE 제품명 LIKE '%아이스크림'
GROUP BY YEAR(주문일)
        ,제품명
ORDER BY 1, 2;
```

■ Non-ANSI SQL 조인

```
SELECT YEAR(주문일) AS 주문년도
      ,제품명
      ,SUM(주문수량) AS 주문수량합
```

```
FROM 제품
    ,주문세부
    ,주문
WHERE 제품.제품번호 = 주문세부.제품번호
AND 주문.주문번호 = 주문세부.주문번호
AND 제품명 LIKE '%아이스크림'
GROUP BY YEAR(주문일)
        ,제품명
ORDER BY 1, 2;
```

- 문장에 기술된 모든 테이블에 대하여 조인 조건이 들어가야 제대로 된 결과를 얻을 수 있습니다. 그렇지 않으면 카티션 곱에 대한 결과를 얻게 됩니다.

문제 3

제품, 주문세부 테이블을 활용하여 제품명별로 주문수량합을 보이시오. 이때 주문이 한 번도 안 된 제품에 대한 정보도 함께 나타내시오.

<ERD>

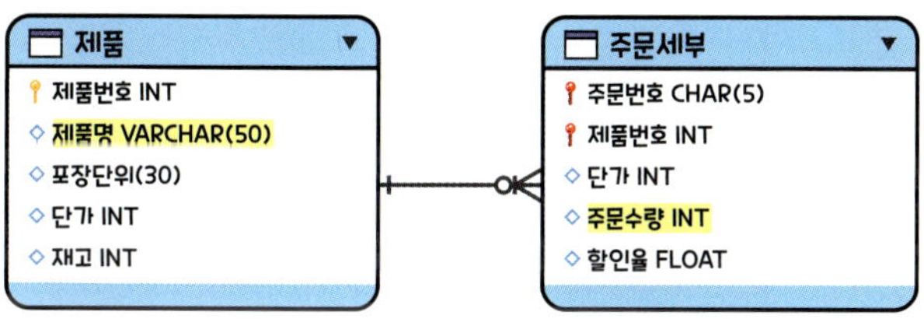

▶ 실행결과

제품명	주문수량합
워약 수 삼어발	291
서울 구이 김	297
뉴트리인 맥주	1151
참스 초콜릿 드링크	981
뉴트리 샐러드 드레싱	789
멜론트 망고 주스	NULL

해결

```
SELECT 제품명
      ,SUM(주문수량) AS 주문수량합
FROM 제품
LEFT OUTER JOIN 주문세부
ON 제품.제품번호 = 주문세부.제품번호
GROUP BY 제품명;
```

또는 다음과 같이 작성할 수 있습니다.

```
SELECT 제품명
      ,SUM(주문수량) AS 주문수량합
FROM 주문세부
RIGHT OUTER JOIN 제품
ON 제품.제품번호 = 주문세부.제품번호
GROUP BY 제품명;
```

- '델몬트 망고 주스'는 한 번도 주문된 적이 없으므로 주문세부 테이블에는 관련 레코드를 갖고 있지 않습니다. 따라서 이퀴 조인으로 조회되지 않습니다. 하지만 외부 조인으로 조회하면 주문된 적이 없는 '델몬트 망고 주스'에 대한 정보도 함께 확인할 수 있습니다.

문제 4

고객 회사 중 마일리지 등급이 'A'인 고객의 정보를 조회하시오. 조회할 컬럼은 고객번호, 담당자명, 고객회사명, 등급명, 마일리지입니다.

<ERD>

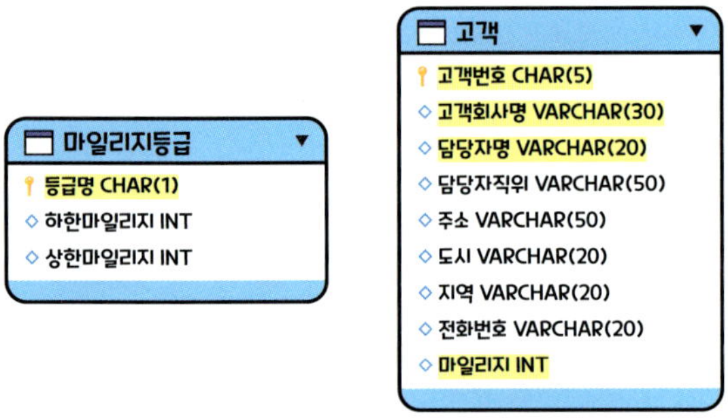

▶ 실행결과

고객번호	고객회사명	담당자명	등급명	마일리지
ACDDR	굿모닝서울	이은광	A	15911
AUSBL	제원인터내쇼날	박지혜	A	47865
EBITH	그린로더스	홍소현	A	81479
HMSLE	대화유피스	조효주	A	78001
LASLI	조홍식품	지승환	A	22260
LMKWI	태홍푸드	조가영	A	36960
NAPBO	민성 무역	신종수	A	10006
RGSBE	탑푸드코리아	박건희	A	57746

해결

- **ANSI SQL 조인**

```
SELECT 고객번호
      ,고객회사명
      ,담당자명
```

```
       ,등급명
       ,마일리지
FROM 고객
INNER JOIN 마일리지등급
ON 마일리지 BETWEEN 하한마일리지 AND 상한마일리지
WHERE 등급명 = 'A';
```

- 조회할 컬럼인 고객번호, 고객회사명, 담당자명, 마일리지를 SELECT문에 넣어줍니다.
- 범위 안에 있는 값을 매칭할 때는 비이퀴 조인을 사용합니다. 마일리지등급이 'A'인 경우 하한마일리지와 상한마일리지의 범위는 10000~99999입니다. 따라서 고객 테이블의 마일리지 컬럼 값이 이 범위 안에 드는 행과 매칭됩니다.
- 마일리지 BETWEEN 하한마일리지 AND 상한마일리지는 마일리지 >= 하한마일리지 AND 마일리지 <= 상한마일리지라고 설정해도 동일한 결과를 얻을 수 있습니다.

■ **Non-ANSI SQL 조인**

```
SELECT 고객번호
       ,고객회사명
       ,담당자명
       ,등급명
       ,마일리지
FROM 고객
     ,마일리지등급
WHERE 마일리지 BETWEEN 하한마일리지 AND 상한마일리지
AND 등급명 = 'A';
```

요약

01 조인은 두 개 이상의 테이블을 연결하여 데이터를 검색하는 방법으로 서로 다른 테이블에 저장된 관련 데이터를 함께 가져와 하나의 결과로 보여줍니다.

02 MySQL에서 조인은 ANSI SQL 방식과 Non-ANSI SQL 방식으로 표현할 수 있습니다.

- ANSI SQL 방식

형식

```
SELECT *
FROM 테이블A
[CROSS¦INNER¦OUTER] JOIN 테이블B
ON 조인_조건
WHERE 기타_조건;
```

- Non-ANSI SQL 방식

형식

```
SELECT *
FROM 테이블A
    ,테이블B
WHERE 조인_조건 및 기타_조건;
```

03 ERD는 테이블 간의 관계를 설명해주는 다이어그램을 의미합니다. ERD를 통해서 데이터베이스의 구조를 한눈에 파악할 수 있습니다.

04 크로스 조인은 한쪽 테이블의 각 행마다 다른 쪽 테이블의 모든 행이 각각 매칭되는 조인으로 카티션 곱이라고도 부릅니다.

05 내부 조인은 각 테이블에서 조인 조건에 일치되는 데이터만 가져오는 조인을 의미합니다.

06 외부 조인을 사용하면 조건에 맞지 않는 행도 함께 나타낼 수 있습니다.

07 셀프 조인은 동일한 테이블을 참조하여 조인합니다.

연습문제

01 ANSI SQL 방식으로 조인을 표현할 때 조인 조건은 어느 절에 기술해야 하는가?

① SELECT

② ON

③ FROM

④ WHERE

02 테이블 A에는 10개의 레코드가 있고, 테이블 B에는 5개의 레코드가 있다고 할 때 이 두 개의 테이블을 크로스 조인하면 몇 개의 행이 반환되는가?

① 15

② 50

③ 5

④ 2

03 동일한 테이블을 사용하는 조인으로 동일한 테이블 내에서 한 컬럼이 다른 컬럼을 참조하는 경우에 사용되는 조인은 무엇인가?

① 이퀴 조인

② 비이퀴 조인

③ 셀프 조인

④ 외부 조인

04 '이은광' 고객이 주문한 내역에 대해 제품명별로 주문금액합을 알아보고자 한다. [그림 5-3]의 ERD를 참고한다고 했을 때 조인을 위해 몇 개의 테이블을 사용해야 하는가?

① 2

② 3

③ 4

④ 5

05 다음 문장 중에서 오류가 발생하는 것은 무엇인가?

①
```
SELECT *
FROM 사원
LEFT OUTER JOIN 부서
ON 사원.부서번호 = 부서.부서번호;
```

②
```
SELECT *
FROM 사원
RIGHT OUTER JOIN 부서
ON 사원.부서번호 = 부서.부서번호;
```

③
```
SELECT *
FROM 사원
FULL OUTER JOIN 부서
ON 사원.부서번호 = 부서.부서번호;
```

④
```
SELECT *
FROM 사원
RIGHT JOIN 부서
ON 사원.부서번호 = 부서.부서번호;
```

실습문제

[그림 5-3]의 ERD를 참고하여 SQL문을 작성하시오.

01 마일리지 등급명별로 고객수를 보이시오.

02 주문번호 'H0249'를 주문한 고객의 모든 정보를 보이시오.

03 2020년 4월 9일에 주문한 고객의 모든 정보를 보이시오.

04 도시별로 주문금액합을 보이되 주문금액합이 많은 상위 5개의 도시에 대한 결과만 보이시오.

CHAPTER 06

서브쿼리

학습목표

- 서브쿼리에 대해 설명할 수 있습니다.
- 서브쿼리의 종류를 이해하고, 작성할 수 있습니다.

Preview

서브쿼리는 쿼리 안에 포함된 쿼리를 의미하며 데이터 검색, 비교, 필터링 계산 등의 작업에 활용할 수 있습니다. 이번 장에서는 서브쿼리의 다양한 활용 방식에 대해 알아보겠습니다.

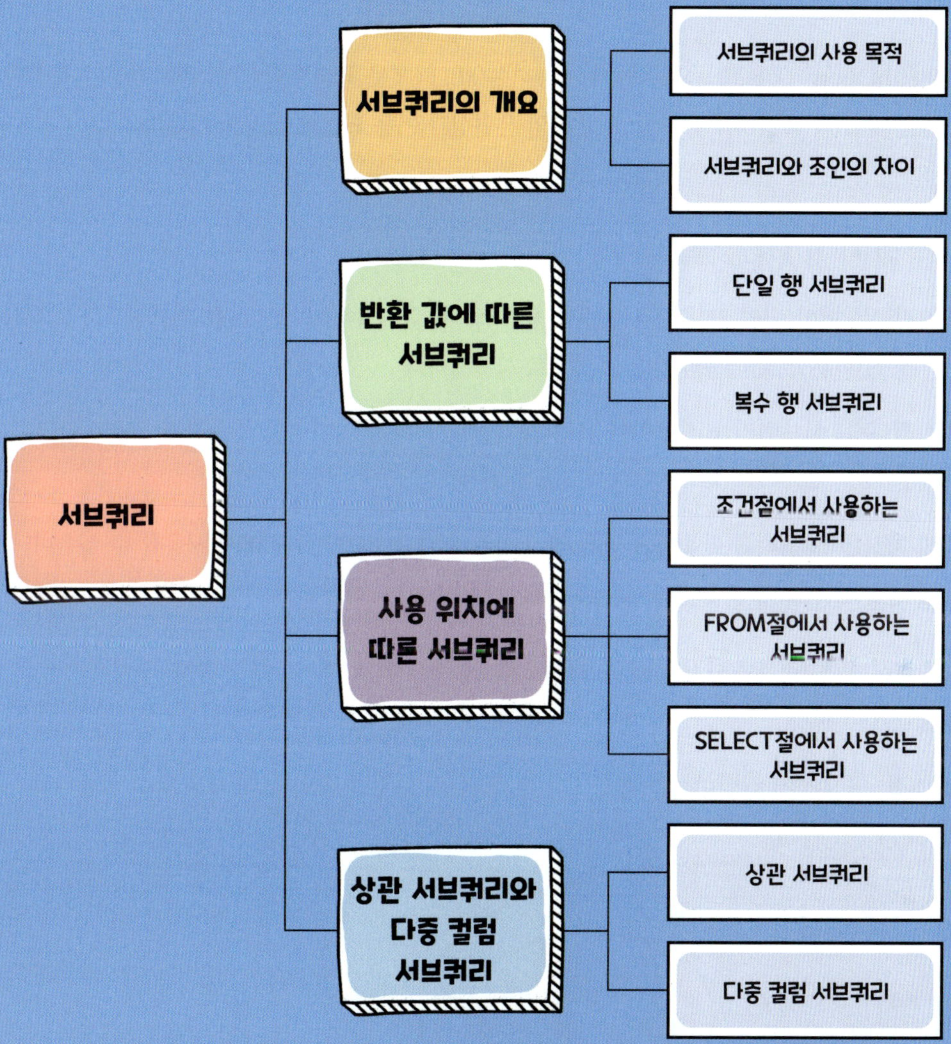

Section

01 서브쿼리의 개요

• 예제 소스: Ch06.sql

서브쿼리(SubQuery)란 SQL문 내부에서 사용하는 SELECT문을 의미합니다. 서브쿼리는 복잡한 데이터 추출 및 조작 작업에 유용하며, SQL문의 유연성과 기능 확장에 도움이 됩니다.

1 서브쿼리의 사용 목적

SQL 서브쿼리는 메인 쿼리 안에 또 다른 쿼리(서브쿼리)를 사용하여 데이터를 추출하거나 처리하기 위해 사용됩니다. 주로 다음과 같은 목적으로 사용됩니다.

- **데이터 필터링:** 서브쿼리를 사용하여 특정 조건을 만족하는 데이터를 추출하거나 필터링할 수 있습니다.
- **집계 및 계산:** 서브쿼리를 활용하여 얻은 집계 함수의 결과를 메인 쿼리에서 사용할 수 있습니다.
- **비교 및 검증:** 서브쿼리를 통해 두 데이터 집합을 비교할 수 있습니다.
- **중첩된 데이터 추출:** 중첩된 데이터 구조에서 필요한 정보를 추출하거나 조작할 때 사용할 수 있습니다.
- **EXISTS절:** 특정 조건을 만족하는 레코드가 존재하는지 여부를 확인할 때 사용할 수 있습니다.

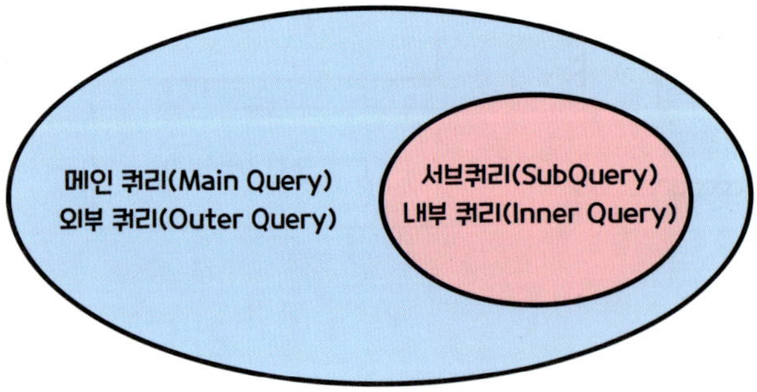

그림 6-1 서브쿼리의 구조

서브쿼리는 괄호(( )) 안에 기술해야 하며, WHERE절뿐만 아니라 SELECT절, FROM절, HAVING절 등에 넣어 사용할 수 있습니다. 일반적으로 서브쿼리가 먼저 실행된 후 메인 쿼리가 실행되는 순서로 작업이 이루어집니다.

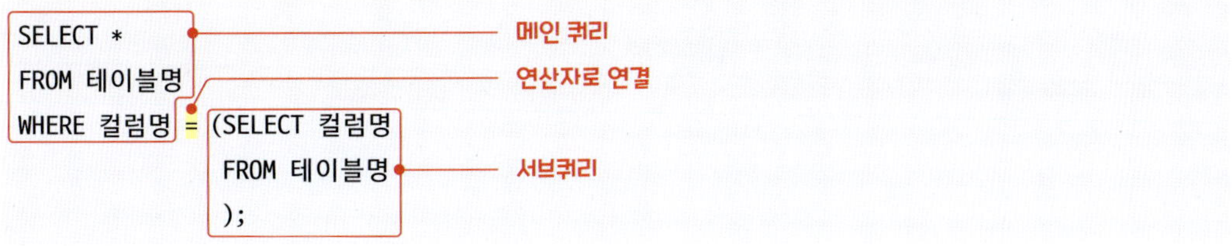

2 서브쿼리와 조인의 차이점

서브쿼리와 조인은 여러 개의 테이블로부터 데이터를 얻기 위한 방법으로 사용되지만, 데이터를 추출하는 접근 방식이 서로 다릅니다. 서브쿼리는 한 문장 안에 한 개의 메인 쿼리와 한 개 이상의 서브쿼리가 있는 구조입니다. 반면 조인은 한 개의 쿼리문 안에 두 개 이상의 테이블을 연결한 후 필요한 컬럼을 조회합니다.

두 방법 중 어느 것을 사용하는 것이 성능에 유리할까요? 조인과 서브쿼리의 성능은 여러 가지 요인에 의해 결정됩니다. 우선 테이블의 크기와 인덱스 유무가 성능에 큰 영향을 미칩니다. 큰 테이블이면서 적절한 인덱스가 있는 경우에는 조인이 효율적일 수 있으며, 작은 데이터셋이나 간단한 필터링 작업에는 서브쿼리가 유용할 수 있습니다.

코드의 가독성과 유지보수성 또한 서브쿼리와 조인을 선택할 때 고려해야 하는 중요한 요소 중 하나입니다. 간단한 쿼리에서는 서브쿼리가 코드를 더 명확하게 만들 수 있지만, 복잡한 쿼리에서는 조인이 더 적합할 수 있습니다. 쿼리의 목적에 따라 선택해야 할 수도 있습니다. 데이터 필터링이나 계산에는 서브쿼리가 유용할 수 있으며, 여러 테이블 간의 관계를 처리하기에는 조인이 더 적합할 수 있습니다. 결국 설계와 사용 사례 등에 따라 서브쿼리와 조인 중 어떤 것을 선택해야 하는지가 달라질 수 있으며, 최적의 성능을 위해서는 테스트와 프로파일링이 필요합니다.

문제에 따라서 서브쿼리와 조인이 모두 가능할 수도 있지만, 그렇지 않을 수도 있습니다. 예를 들어 GROUP BY를 사용한 서브쿼리가 FROM절에 있거나, 집계된 값을 반환하는 서브쿼리가 WHERE절이나 ALL 연산자에 있는 경우 등 서브쿼리로만 문제를 해결할 수 있습니다.

Section

02 반환 값에 따른 서브쿼리

서브쿼리는 반환 값에 따라 단일 행 서브쿼리와 복수 행 서브쿼리로 구분합니다. 하나씩 살펴보겠습니다.

1 단일 행 서브쿼리

단일 행 서브쿼리(Single-Row SubQuery)는 서브쿼리의 결과로 단일 행을 반환합니다. 이때 =, <, <=, >, >=, <> 등의 단일 행 비교 연산자를 사용하여 메인 쿼리와 서브쿼리를 연결할 수 있습니다.

예제 6-1 최고 마일리지를 보유한 고객의 정보를 보이시오.

```
SELECT 고객번호
      ,고객회사명
      ,담당자명
      ,마일리지
FROM 고객
WHERE 마일리지 = (SELECT MAX(마일리지)
                 FROM 고객
                 );
```

▶ 실행결과

고객번호	고객회사명	담당자명	마일리지
ATRAN	대정 인터내셔널	배순용	128790

[예제 6-1]의 요구사항을 보면 최고 마일리지가 얼마인지 알 수 없을 뿐더러 최고 마일리지는 시간에 따라 변하는 값입니다. 따라서 조건에 128790과 같은 상수를 직접 넣으면 안 됩니다. 상수 대신 현재 시점의 최대 마일리지 값을 얻을 수 있도록 서브쿼리를 작성하면 그 값을 기반으로 메인 쿼리가 실행됩니다.

또한 SUM()과 같은 집계 함수는 WHERE절에서 직접 사용할 수 없고 반드시 서브쿼리를 통해서 결과를 얻어야 합니다.

예제 6-2 **주문번호 'H0250'을 주문한 고객에 대해 고객회사명과 담당자명을 보이시오.**

[예제 6-2]는 서브쿼리를 사용해도 되고, 조인을 사용해도 동일한 결과를 얻을 수 있습니다. 우선 서브쿼리를 사용해보겠습니다.

```
SELECT 고객회사명
      ,담당자명
FROM 고객
WHERE 고객번호 = (SELECT 고객번호
                 FROM 주문
                 WHERE 주문번호 = 'H0250'
                 );
```

주문 테이블에는 주문을 한 고객의 고객번호 컬럼이 있습니다. 따라서 고객번호 컬럼을 매개로 하여 고객의 정보를 찾을 수 있습니다. 먼저 서브쿼리에서 주문번호 'H0250'을 주문한 고객의 고객번호를 찾습니다. 고객번호는 'NARHA'입니다. 그 다음 메인 쿼리에서 WHERE 고객번호 = 'NARHA'가 수행된 결과를 반환합니다.

고객 테이블과 주문 테이블에 대하여 고객번호로 이퀴 조인한 후, 추가 조건을 기술하면 동일한 결과를 얻을 수 있습니다.

```
SELECT 고객회사명
      ,담당자명
FROM 고객
INNER JOIN 주문
ON 고객.고객번호 = 주문.고객번호
WHERE 주문번호 = 'H0250';
```

▶ 실행결과

고객회사명	담당자명
청운유통	손창민

각각의 SQL을 실행해보면 서브쿼리를 사용한 방식과 조인을 사용한 방식의 결과가 같은 것을 확인할 수 있습니다.

예제 6-3 **'부산광역시'고객의 최소 마일리지보다 더 큰 마일리지를 가진 고객 정보를 보이시오.**

```
SELECT 담당자명
      ,고객회사명
      ,마일리지
FROM 고객
WHERE 마일리지 > (SELECT MIN(마일리지)
                  FROM 고객
                  WHERE 도시 = '부산광역시'
                  );
```

▶ 실행결과

담당자명	고객회사명	마일리지
이은광	굿모닝서울	15911
김성민	씨엔그룹	8788
최지수	오리안무역	6119

먼저 '부산광역시' 고객의 마일리지 중에서 최소 마일리지를 구한 후에 그 마일리지보다 큰 마일리지를 가진 고객의 정보를 보여줍니다. 서브쿼리의 결과가 한 개의 행이기 때문에 WHERE절에서 단일 행 비교 연산자(>)를 사용하여 결과를 얻었습니다.

2 복수 행 서브쿼리

복수 행 서브쿼리(Multi-Row SubQuery)는 서브쿼리의 결과가 여러 행이 나오는 쿼리를 의미합니다. IN, ALL, ANY, SOME, EXISTS와 같은 복수 행 비교 연산자를 사용하여 메인 쿼리와 서브쿼리를 연결합니다.

표 6-1 **복수 행 비교 연산자**

연산자	설명
IN	메인 쿼리의 비교 조건이 서브쿼리 결과 중 일치하는 것이 하나라도 있으면 참이다. 서브쿼리의 각 결괏값을 = 연산자로 비교한다.
ANY, SOME	서브쿼리의 각 결괏값을 >, <, >=, <= 등의 비교 연산자로 비교하여 하나 이상 일치하면 참이다. 즉, 서브쿼리의 최소 결괏값과 비교한다.
ALL	서브쿼리의 각 결괏값을 >, <, >=, <= 등의 비교 연산자로 비교하여 모두 일치하면 참이다. 즉, 서브쿼리의 최대 결괏값과 비교한다.
EXISTS	서브쿼리에 비교 조건을 만족하는 결과가 존재하면 참이다. 컬럼으로 비교하지 않고 행의 존재 여부로 비교하기 때문에 EXISTS 연산자 앞에는 컬럼명을 넣지 않는다.

예제 6-4 **'부산광역시' 고객이 주문한 주문건수를 보이시오.**

```
SELECT COUNT(*) AS 주문건수
FROM 주문
WHERE 고객번호 IN (SELECT 고객번호
                   FROM 고객
                   WHERE 도시 = '부산광역시'
                   );
```

▶ 실행결과

주문건수
51

먼저 '부산광역시' 고객에 대해 고객번호를 찾은 후, 그 고객이 주문한 주문건수를 계산합니다. 이때 '부산광역시' 고객이 여럿이기 때문에 메인 쿼리에서 WHERE절의 연산자로 = 연산자를 사용하면 오류가 발생합니다.

다시 말해 조건절 우측의 서브쿼리의 결과가 복수 행이라면 = 연산자 대신 복수 행 비교 연산자인 IN을 사용해야 합니다. IN은 서브쿼리의 각 결과마다 = 연산자를 사용하여 비교합니다.

'부산광역시' 고객의 고객번호

고객번호
LIDBO
LLIWE
NGOHU
RICPE
TTMBO

그림 6-2 복수 행 비교 연산자 IN

예제 6-5 **'부산광역시' 전체 고객의 마일리지보다 마일리지가 큰 고객의 정보를 보이시오.**

```
SELECT 담당자명
      ,고객회사명
      ,마일리지
FROM 고객
WHERE 마일리지 > ANY (SELECT 마일리지
                      FROM 고객
                      WHERE 도시 = '부산광역시'
                      );
```

▶ 실행결과

담당자명	고객회사명	마일리지
이은광	굿모닝서울	15911
김성민	씨엔그룹	8788
최지수	오리안무역	6119
배순용	대정 인터내셔널	128790
박지혜	제원인터내쇼날	47865

[예제 6-5]는 [예제 6-3]과 동일한 결과를 보이지만, 결과를 얻기 위한 접근 방식이 서로 다릅니다. [예제 6-3]에서는 '부산광역시' 고객들의 마일리지 중에서 최소 마일리지를 먼저 구한 후, 그 마일리지보다 큰 마일리지를 보유한 고객의 정보를 반환했습니다.

반면 이번 [예제 6-5]는 ANY를 사용하여 서브쿼리의 각 결과에 대해 > 연산자를 사용하여 비교한 후, 하나 이상 만족하는 고객의 정보를 반환합니다. 즉, '부산광역시' 고객의 마일리지 각각에 대하여 비교 연산을 수행한 후에 한 건이라도 만족하는 고객의 정보를 반환합니다.

마일리지
2819
806
7795
1177
7329

(a) 부산광역시 고객의 마일리지

고객회사명	마일리지	비교	결과
굿모닝서울	15911	15911>2819 OR 15911>806 OR 15911>7795 OR 15911>1177 OR 15911>7329	**TRUE**
엘케이 상사	406	406>2819 OR 406>806 OR 406>7795 OR 406>1177 OR 406>7329	FALSE
씨엔그룹	8788	8788>2819 OR 8788>806 OR 8788>7795 OR 8788>1177 OR 8788>7329	**TRUE**
오리안무역	6119	6119>2819 OR 6119>806 OR 6119>7795 OR 6119>1177 OR 6119>7329	**TRUE**

(b) 고객 테이블의 각 고객 마일리지에 대하여 '부산광역시' 고객의 마일리지를 각각 비교한 후 결과 반환

그림 6-3 **ANY를 사용한 서브쿼리의 처리 방식**

예제 6-6 각 지역의 어느 평균 마일리지보다도 마일리지가 큰 고객의 정보를 보이시오.

```
SELECT 담당자명
      ,고객회사명
      ,마일리지
  FROM 고객
  WHERE 마일리지 > ALL (SELECT AVG(마일리지)
```

```
                FROM 고객
                GROUP BY 지역
                );
```

▶ **실행결과**

담당자명	고객회사명	마일리지
이은광	굿모닝서울	15911
배순용	대정 인터내셔널	128790
박지혜	제원인터내쇼날	47865
홍소현	그린로더스	81479
조효주	대화유피스	78001
지승환	조홍식품	22260
조가영	태흥푸드	36960
한현구	황인터프라이시스	116898
박건희	탑푸드코리아	57746

서브쿼리의 결과로 지역별 평균 마일리지가 지역 수만큼 반환됩니다. ALL은 각 지역의 평균 마일리지 값에 대해 일일이 > 연산자로 비교한 후, 모든 비교 조건을 만족하는 행을 최종 반환합니다. 즉, ALL은 서브쿼리의 결과로 나온 각 지역의 평균 마일리지 중 최대 값보다 큰 마일리지를 가진 고객의 정보를 반환합니다.

지역	AVG(마일리지)
	11025.5152
경기도	2290.7059
경상남도	8758.0000
경상북도	7065.0000
전라북도	943.0000
강원도	321.5000

(a) 지역별 평균 마일리지

고객회사명	마일리지	비교	결과
굿모닝서울	15911	15911>11025 AND 15911>2290 AND 15911>8758 AND 15911>7065 ...	**TRUE**
엘케이 상사	406	406 > 11025 AND 406 > 2290 AND 406 > 8758 AND 406 > 7065 ···	FALSE
씨엔그룹	8788	8788 > 11025 AND 8788 > 2290 AND 8788 > 8758 AND 8788 > 7065 ...	FALSE
오리안무역	6119	6119 > 11025 AND 6119 > 2290 AND 6119 > 8758 AND 6119 > 7065 ...	FALSE

(b) 고객 테이블의 각 고객 마일리지에 대하여 지역별 평균 마일리지를 각각 비교한 후 결과 반환

그림 6-4 **ALL을 사용한 서브쿼리의 처리 방식**

예제 6-7 **한 번이라도 주문한 적이 있는 고객의 정보를 보이시오.**

```
SELECT 고객번호
      ,고객회사명
FROM 고객
WHERE EXISTS (SELECT *
```

```
            FROM 주문
            WHERE 고객번호 = 고객.고객번호
            );
```

이번 [예제 6-7]에서는 서브쿼리의 WHERE절에서 메인 쿼리에 있는 고객번호 컬럼과 조인을 하였습니다. 이렇게 서브쿼리 내에서 메인 쿼리의 컬럼을 사용하는 서브쿼리를 상관 서브쿼리라고 합니다. EXISTS는 주로 상관 서브쿼리와 함께 사용합니다.

일반적인 서브쿼리의 경우 서브쿼리가 먼저 실행되고 그 실행결과를 기반으로 메인 쿼리가 실행되어 결과를 반환합니다. 반면 상관 서브쿼리는 메인 쿼리의 첫 행부터 한 행씩 실행됩니다. 즉 고객 테이블의 첫 행을 읽고 첫 행의 고객번호와 주문 테이블의 고객번호가 동일한(=) 행이 주문 테이블에 존재한다면, 고객 테이블의 첫 행을 반환합니다. 그리고 이 과정을 고객 테이블의 모든 행에 적용합니다. 이처럼 EXISTS는 컬럼 값이 아닌 행 단위로 비교하기 때문에 EXISTS 앞에는 컬럼명을 적지 않습니다.

이번 [예제 6-7]은 IN을 사용해도 동일한 결과를 얻을 수 있습니다.

```
SELECT 고객번호
      ,고객회사명
FROM 고객
WHERE 고객번호 IN (SELECT DISTINCT 고객번호
                  FROM 주문
                  );
```

주문 테이블에 있는 고객번호에 대해 중복을 제거한 결과는 주문을 한 번이라도 한 고객의 고객번호입니다. 이 고객번호에 대한 정보를 고객 테이블에서 검색하면 결과를 얻을 수 있습니다.

또한 이 문제는 조인을 사용하여 해결할 수도 있습니다. 고객 테이블과 주문 테이블을 이뤄 조인하면 주문한 건수만큼의 결과를 반환하며, 동일한 고객이 여러 번 주문했을 수 있기 때문에 DISTINCT로 중복을 제거합니다.

```
SELECT DISTINCT 고객.고객번호
               ,고객회사명
FROM 고객
INNER JOIN 주문
ON 고객.고객번호 = 주문.고객번호;
```

▶ 실행결과

고객번호	고객회사명
ACDDR	굿모닝서울
ADHTR	엘케이 상사
AIHTR	씨엔그룹
ANKFR	오리안무역
ANRFR	남해종합식품
ANSFR	서보앰엔에프
ATRAN	대정 인터내셔널

확인문제

다음 보기의 SQL 중에서 동일한 결과를 보이는 SQL문끼리 연결된 것을 2개 고르시오.

(A)
```
SELECT COUNT(*)
FROM 고객
WHERE 마일리지 > ANY (SELECT 마일리지
                     FROM 고객
                     WHERE 도시 = '부산광역시');
```

(B)
```
SELECT COUNT(*)
FROM 고객
WHERE 마일리지 > ALL (SELECT 마일리지
                     FROM 고객
                     WHERE 도시 = '부산광역시');
```

(C)
```
SELECT COUNT(*)
FROM 고객
WHERE 마일리지 > (SELECT MAX(마일리지)
                 FROM 고객
                 WHERE 도시 = '부산광역시');
```

(D)
```
SELECT COUNT(*)
FROM 고객
WHERE 마일리지 (SELECT MIN(마일리지)
               FROM 고객
               WHERE 도시 = '부산광역시');
```

① (A) – (D)　　② (A) – (C)

③ (B) – (D)　　④ (B) – (C)

정답

①, ④

Section 03 사용 위치에 따른 서브쿼리

서브쿼리는 WHERE절뿐만 아니라 HAVING절, FROM절, SELECT절에서도 사용할 수 있습니다. 이에 대해 하나씩 살펴보겠습니다.

1 조건절에서 사용하는 서브쿼리

WHERE절에서 사용하는 서브쿼리는 앞 절에서 다루었기 때문에 이번에는 HAVING절에서 서브쿼리를 사용해보겠습니다.

예제 6-8 고객 전체의 평균마일리지보다 평균마일리지가 큰 도시에 대해 도시명과 도시의 평균마일리지를 보이시오.

```
SELECT 도시
      ,AVG(마일리지) AS 평균마일리지
FROM 고객
GROUP BY 도시
HAVING AVG(마일리지) > (SELECT AVG(마일리지)
                       FROM 고객
                       );
```

▶ 실행결과

도시	평균마일리지
서울특별시	11137.0800
김해시	8758.0000
인천광역시	13088.0000
대전광역시	14822.0000
제주시	8838.0000

도시별로 그룹을 묶은 후의 결과에 대해 추가 조건을 지정해야 하므로 HAVING절에 조건을 넣어줍니다. 이때 고객 전체의 평균마일리지에 대한 정보를 얻기 위하여 서브쿼리에서 고객의 평균마일리지를 구한 다음 조건을 처리합니다.

2 FROM절에서 사용하는 서브쿼리

FROM절에서도 서브쿼리를 사용할 수 있는데, 이를 인라인 뷰(Inline View)라고 합니다. 인라인 뷰에는는 반드시 별명을 지정해주어야 하며, 인라인 뷰의 별명은 테이블명처럼 사용할 수 있습니다.

예제 6-9 **담당자명, 고객회사명, 마일리지, 도시, 해당 도시의 평균마일리지를 보이시오. 그리고 고객이 위치하는 도시의 평균마일리지와 각 고객의 마일리지 간의 차이도 함께 보이시오.**

```
SELECT 담당자명
      ,고객회사명
      ,마일리지
      ,고객.도시  ──────────── ❶
      ,도시_평균마일리지
      ,도시_평균마일리지 - 마일리지 AS 차이
FROM 고객
    ,(SELECT 도시
            ,AVG(마일리지) AS 도시_평균마일리지  ──── 인라인 뷰
     FROM 고객
     GROUP BY 도시
     ) AS 도시별요약  ──── 별명
 WHERE 고객.도시 = 도시별요약.도시;
```

▶ 실행결과

담당자명	고객회사명	마일리지	도시	도시_평균마일리지	차이
이은광	굿모닝서울	15911	서울특별시	11137.0800	-4773.9200
김병현	엘케이 상사	406	서울특별시	11137.0800	10731.0800
김성민	씨엔그룹	8788	광명시	4587.5000	-4200.5000
최지수	오리안무역	6119	서울특별시	11137.0800	5018.0800
강준	남해종합식품	106	구리시	106.0000	0.0000

11,137−15,911

11,137−406

FROM절에 도시별 평균마일리지를 보이는 인라인 뷰가 들어있습니다. 이때 인라인 뷰에는 별명을 붙여야 하며, 이렇게 붙여진 별명은 테이블명처럼 사용할 수 있음을 주의해야 합니다.

고객 테이블과 도시별요약 테이블이 있다고 생각하고, 이들 간에 공통 컬럼인 '도시'를 기반으로 조인 조건을 작성합니다. 도시 컬럼은 양쪽 모두 들어있기 때문에 도시를 보이고 싶다면 ❶과 같이 고객.도시 또는 도시별요약.도시와 같이 작성합니다.

이제 '도시'를 공통 컬럼으로 조인을 하면 각 고객에 대하여 고객이 위치한 도시의 평균마일리지를 행 단위로 얻을 수 있으며, 고객이 위치한 도시의 평균마일리지와 각 고객의 마일리지 간의 차이를 구할 수 있습니다.

3 SELECT절에서 사용하는 서브쿼리

SELECT절 내에서도 서브쿼리를 사용할 수 있습니다. 서브쿼리가 하나의 값을 생성하는 형태를 스칼라 서브쿼리(Scalar SubQuery)라고 합니다. 다시 말해 스칼라 서브쿼리는 정확히 한 개의 행에 대해 한 개의 값을 반환하는 서브쿼리입니다.

쿼리를 실행하여 반환되는 값은 메인 쿼리에서 사용됩니다. 만약 서브쿼리의 결과로 행을 0개 반환한다면 메인 쿼리의 결과는 NULL이고, 행이 2개 이상 반환되면 오류가 발생합니다.

예제 6-10 **고객번호, 담당자명과 고객의 최종 주문일을 보이시오.**

```
SELECT 고객번호
      ,담당자명
      ,(SELECT MAX(주문일)
        FROM 주문
        WHERE 주문.고객번호 = 고객.고객번호
       ) AS 최종주문일
FROM 고객;
```

▶ 실행결과

고객번호	담당자명	최종주문일
ACDDR	이은광	2022-01-11
ADHTR	김병현	2021-09-27
AIHTR	김성민	2021-09-16
ANKFR	최지수	2021-12-17
[illegible]	강준	[illegible]

각 고객의 고객번호를 기준으로 고객의 최종주문일을 읽어오도록 서브쿼리를 작성합니다. 이때 서브쿼리에서 작성된 결과는 반드시 한 개의 행, 한 개의 열인 단일 값이어야 하며, 괄호 안에 넣어서 작성해야 합니다.

이번에 살펴본 [예제 6-10]은 메인 쿼리의 고객번호를 서브쿼리에서 사용하고 있기 때문에 상관 서브쿼리이기도 합니다. 상관 서브쿼리에 대해서는 다음 절에서 살펴보겠습니다.

4 CTE

CTE(Common Table Expression)는 쿼리로 만든 임시 데이터셋으로 WITH절에서 정의하며, 인라인 뷰와 마찬가지로 파생 테이블(Derived Table)처럼 사용할 수 있습니다. CTE는 하나의 쿼리를 논리적인 블록으로 나눌 수 있어 가독성이 좋고, 쿼리 내에서 여러 번 참조할 수 있기 때문에 재사용성이 좋습니다.

형식

```
WITH CTE명 AS
(
    SELECT문
)
```

예제 6-11 **[예제 6-9]를 CTE를 사용하여 작성하시오.**

```
WITH 도시별요약 AS
   (
     SELECT 도시
            ,AVG(마일리지) AS 도시_평균마일리지
     FROM 고객
     GROUP BY 도시
     )

SELECT 담당자명
       ,고객회사명
       ,마일리지
       ,고객.도시
       ,도시_평균마일리지
       ,도시_평균마일리지 - 마일리지 AS 차이
FROM 고객
     ,도시별요약
 WHERE 고객.도시 = 도시별요약.도시;
```

확인문제

다음 내용이 맞으면 ○, 틀리면 ×를 표시하시오.

1. 서브쿼리는 WHERE절에서만 작성이 가능하다. (   )
2. 메인 쿼리의 SELECT절 내에 SELECT문을 작성할 수 있나. (   )

정답

1. × 2. ○

Section 04

상관 서브쿼리와 다중 컬럼 서브쿼리

1 상관 서브쿼리

상관 서브쿼리(Correlated SubQuery)는 메인 쿼리와 서브쿼리 간의 상관관계를 포함하는 형태의 쿼리를 의미합니다. 우리는 이미 [예제 6-7], [예제 6-10]에서 상관 서브쿼리를 사용했습니다.

상관 서브쿼리는 메인 쿼리를 한 행씩 처리합니다. 이때 연관이 있는 컬럼을 기준으로 서브쿼리에서 값을 찾습니다. 즉 메인 쿼리의 모든 행에 대해서 한 번씩 서브쿼리가 실행되는데, 이로 인해 데이터가 많아지면 속도가 느려질 수 있으니 주의해야 합니다. 상관 서브쿼리는 SELECT절, FROM절, WHERE절 등에서 사용할 수 있습니다.

예제 6-12 사원 테이블에서 사원번호, 사원의 이름, 상사의 사원번호, 상사의 이름을 보이시오.

5장의 [예제 5-11]에서 셀프 조인을 사용하여 같은 예제를 살펴보았습니다. 이번에는 상관 서브쿼리를 사용해 이 문제를 해결해보겠습니다.

```
SELECT 사원번호
      ,이름
      ,상사번호
      ,(SELECT 이름
        FROM 사원 AS 상사
        WHERE 상사.사원번호 = 사원.상사번호   ❶
       ) AS 상사이름
 FROM 사원;
```

▶ 실행결과

사원번호	이름	상사번호	상사 이름
E01	이소미	E06	이현진
E02	배재용		NULL
E03	유대현	E06	이현진
E04	최소민	E06	이현진
E05	안주홍	E09	유가을
	이현진		안주홍

먼저 메인 쿼리인 사원 테이블에서 상사번호를 읽고, 그 상사번호와 동일한 사원번호를 서브쿼리(❶)에서 찾는 순으로 실행됩니다. 이 과정이 메인 쿼리의 모든 행에 대하여 진행됩니다. 만약 상사번호가 없는 사원이라면 결과는 NULL이 나옵니다.

2 다중 컬럼 서브쿼리

다중 컬럼 서브쿼리(Multi-Column SubQuery)는 서브쿼리에서 여러 개의 컬럼을 사용하여 다중 비교를 하는 쿼리를 의미합니다. 다시 말해 서브쿼리의 결과로 나오는 여러 컬럼을 메인 쿼리의 값과 비교하여 결과를 출력합니다.

예제 6-13 **각 도시마다 최고 마일리지를 보유한 고객의 정보를 보이시오.**

```
SELECT 도시
      ,담당자명
      ,고객회사명
      ,마일리지
FROM 고객
WHERE (도시, 마일리지) IN (SELECT 도시, MAX(마일리지)
                          FROM 고객
                          GROUP BY 도시);
```

순서와 개수가 같아야 함

▶ 실행결과

도시	담당자명	고객회사명	마일리지
광명시	김성민	씨엔그룹	8788
구리시	강준	남해종합식품	106
서울특별시	배순용	대정 인터내셔널	128790
김해시	오선주	케이리할리스	8758
평택시	이두원	진가식품	122
인천광역시	홍소현	그린로더스	81479
상주시	권기호	태원 산업	7065
전주시	박동찬	시드니식품	943
동두천시	김경태	선인 상사	631
춘천시	신민주	성민식품상사	382
부천시	최해주	세미원푸드	7106
과천시	조희진	진영무역	8607
제주시	주민영	오뚜락	8838
오산시	이수호	뉴서울제과	409
수원시	조연희	시대 통상	7135
제천시	손창민	청운유통	3852
안산시	홍지우	신푸드	1149
부산광역시	오유진	케이티에스씨	7795

다중 컬럼 서브쿼리의 결과로 메인 쿼리에서의 도시와 서브쿼리에서 나온 도시가 같으면서 동시에 메인 쿼리에서의 마일리지와 서브쿼리에서의 MAX(마일리지) 값이 같은 행을 반환합니다. 다중 컬럼 쿼리를 사용할 때에는 컬럼의 순서와 개수가 동일해야 한다는 것에 주의해야 합니다.

고객 테이블

담당자명	고객회사명	도시	마일리지
임재민	오케이식품	공주시	416
김지은	대림에스엠	과천시	1064
조희진	진영무역	과천시	8607
이승연	은혜식품	광명시	387
김성민	씨엔그룹	광명시	8788
강준	남해종합식품	구리시	106

서브쿼리

도시	MAX(마일리지)
공주시	416
과천시	8607
광명시	8798
구리시	106
김해시	8758

결과

도시	담당자명	고객회사명	마일리지
과천시	조희진	진영무역	8607
광명시	김성민	씨엔그룹	8788

과천시 최고 마일리지

그림 6-5 [예제 6-12]의 다중 컬럼 서브쿼리

확인문제

다음 SQL에서 오류가 발생하는 부분을 찾고 오류가 발생하는 이유를 적으시오.

```
① SELECT 도시
        ,담당자명
        ,고객회사명
        ,마일리지
② FROM 고객
③ WHERE (마일리지, 도시) IN (SELECT 도시, MAX(마일리지)
                          ④ FROM 고객
                          ⑤ GROUP BY 도시);
```

정답

③ 컬럼의 순서가 다르기 때문에 오류가 발생한다.

✓ 점검문제

이번 장에서 배운 내용을 기반으로
서브쿼리와 조인을 사용하여 SQL문을 작성해 봅시다.

예제 소스: Ch06_ex.sql

문제 1

'배재용' 사원의 부서명을 보이시오.

▶ 실행결과

부서명
기획부

해결

이 문제를 여러 방법으로 해결해보겠습니다. 먼저 상관 서브쿼리로 작성한 SQL문입니다.

■ **상관 서브쿼리**

```
SELECT (SELECT 부서명
        FROM 부서 AS d
        WHERE d.부서번호 = e.부서번호
        ) AS 부서명
FROM 사원 AS e
WHERE 이름 = '배재용';
```

- 먼저 '배재용' 사원의 부서번호를 찾고, 찾은 부서번호를 부서 테이블에서 검색하여 '배재용' 사원의 부서명을 확인합니다.

이번에는 WHERE절에서 서브쿼리를 작성해보겠습니다.

■ **WHERE절에서의 서브쿼리**

```
SELECT 부서명
FROM 부서
WHERE 부서번호 = (SELECT 부서번호
                 FROM 사원
                 WHERE 이름 = '배재용'
                 );
```

- 먼저 서브쿼리에서 '배재용' 사원의 부서번호를 찾고, 메인 쿼리에서 그 부서번호에 대한 부서명을 확인합니다.

5장에서 배운 조인 방식을 사용하여 해결할 수도 있습니다.

■ ANSI SQL 조인

```
SELECT 부서명
FROM 부서
INNER JOIN 사원
ON 부서.부서번호 = 사원.부서번호
WHERE 이름 = '배재용';
```

■ Non-ANSI 조인

```
SELECT 부서명
FROM 부서
    ,사원
WHERE 부서.부서번호 = 사원.부서번호
AND 이름 = '배재용';
```

문제 2

한 번도 주문한 적이 없는 제품의 정보를 보이시오.

▶ 실행결과

제품번호	제품명	포장단위	단가	재고	재고금액
78	멜론트 망고 주스	0.5 l bottles	3000	80	240000

해결

이 문제는 상관 서브쿼리를 활용하거나 외부 조인을 활용하여 해결할 수 있습니다. 우선 상관 서브쿼리를 활용해봅시다.

■ 상관 서브쿼리

```
SELECT *
FROM 제품 AS p
WHERE NOT EXISTS (
            SELECT *
            FROM 주문세부 AS d
            WHERE d.제품번호 = p.제품번호
            );
```

- WHERE절에서 서브쿼리를 사용했는데, 이 쿼리는 메인 쿼리와 연결되어 있습니다. 즉, 제품 테이블에서 제품번호를 읽은 후 주문세부 테이블에서 해당 제품번호를 검색합니다. 이러한 서브쿼리를 상관 서브쿼리라고 합니다.
- NOT EXISTS로 인해 서브쿼리의 결과 행이 존재하지 않으면 제품 테이블의 정보가 반환되며, 존재하면 정보가 반환되지 않습니다.

■ 외부 조인

```
SELECT 제품.*
FROM 제품
LEFT OUTER JOIN 주문세부
ON 제품.제품번호 = 주문세부.제품번호
WHERE 주문세부.제품번호 IS NULL;
```

- 제품 테이블에는 정보가 존재하지만 주문세부 테이블에는 존재하지 않는 제품의 정보를 찾기 위하여 LEFT OUTER JOIN을 사용했습니다. 그 결과 주문된 제품의 정보와 주문된 적이 없는 제품의 정보가 모두 나오게 됩니다.
- 이 중에서 주문된 적 없는 제품의 정보만 보이기 위해서는 WHERE절에서 주문세부 테이블의 제품번호가 NULL인 레코드만 필터링하도록 조건을 작성합니다.

문제 3

담당자명, 고객회사명, 주문건수, 최초주문일과 최종주문일을 보이시오.

▶ 실행결과

담당자명	고객회사명	주문건수	최초주문일	최종주문일
이은광	굿모닝서울	6	2020-08-04	2022-01-11
김병현	엘케이 상사	6	2020-05-06	2021-09-27
김성민	씨엔그룹	3	2021-02-25	2021-09-16
최지수	오리안무역	15	2020-04-06	2021-12-17
강준	남해종합식품	3	2021-05-26	2021-12-01
김민경	서보앰엔에프	6	2020-09-30	2022-01-07
배순용	대정 인터내셔널	4	2020-05-27	2021-11-11
박지혜	제원인터내쇼날	7	2020-12-16	2022-01-06

해결

```
SELECT 담당자명
       ,고객회사명
       ,주문건수
       ,최초주문일
       ,최종주문일
FROM 고객
     ,(SELECT 고객번호
             ,COUNT(*) AS 주문건수
             ,MIN(주문일) AS 최초주문일
             ,MAX(주문일) AS 최종주문일
      FROM 주문
      GROUP BY 고객번호
      ) AS 주문요약
WHERE 고객.고객번호 = 주문요약.고객번호;
```

- 고객번호별로 주문건수 및 최초주문일과 최종주문일을 확인할 수 있도록 인라인 뷰를 작성합니다.
- 인라인 뷰는 별명을 지정해야 하며, 이 문장 내에서는 이를 테이블명인 것처럼 사용할 수 있습니다.

요약

01 단일 행 서브쿼리는 서브쿼리의 결과로 단일 행이 나오는 쿼리를 의미합니다.

02 복수 행 서브쿼리는 서브쿼리의 결과로 여러 행이 나오는 쿼리를 의미합니다.

연산자	설명
IN	메인 쿼리의 비교 조건이 서브쿼리 결과 중 일치하는 것이 하나라도 있으면 참이다. 서브쿼리의 각 결괏값을 = 연산자로 비교한다.
ANY, SOME	서브쿼리의 각 결괏값을 >, <, >=, <= 등의 비교 연산자로 비교하여 하나 이상 일치하면 참이다. 즉, 서브쿼리의 최소 결괏값과 비교한다.
ALL	서브쿼리의 각 결괏값을 >, <, >=, <= 등의 비교 연산자로 비교하여 모두 일치하면 참이다. 즉, 서브쿼리의 최대 결괏값과 비교한다.
EXISTS	서브쿼리에 비교 조건을 만족하는 결과가 존재하면 참이다. 컬럼 값으로 비교하지 않고 행의 존재 여부로 비교하기 때문에 EXISTS 연산자 앞에는 컬럼명을 넣지 않는다.

03 서브쿼리는 WHERE절뿐만 아니라 HAVING절, FROM절, SELECT절에서도 사용할 수 있습니다.

04 FROM절에서 사용하는 서브쿼리를 인라인 뷰라고 합니다. 인라인 뷰는 반드시 별명을 지정해야 하며, 인라인 뷰의 별명은 테이블명인 것처럼 사용할 수 있습니다.

05 상관 서브쿼리는 메인 쿼리를 한 행씩 처리합니다. 이때 연관이 있는 컬럼을 기준으로 서브쿼리에서 값을 찾습니다.

연습문제

01 다음 SQL문 중 오류가 발생하는 것을 모두 고르시오.

①
```
SELECT *
FROM 고객
WHERE 마일리지 = MIN(마일리지);
```

②
```
SELECT 고객번호
      ,담당자명
      ,(SELECT COUNT(*) AS 주문건수
        FROM 주문
        WHERE 주문.고객번호 = 고객.고객번호
        ) AS 주문건수
FROM 고객;
```

③
```
SELECT *
FROM 고객
WHERE 마일리지 <= (SELECT AVG(마일리지)
                   FROM 고객
                   );
```

④
```
SELECT *
FROM 고객
WHERE 마일리지 <= SELECT AVG(미일리지)
                  FROM 고객;
```

02 다음 설명 중 옳은 것은 무엇인가?

① 모든 서브쿼리는 조인으로 대체할 수 있다.

② HAVING절에도 서브쿼리를 작성할 수 있다.

③ FROM절에서 서브쿼리를 작성할 때는 별명을 생략할 수도 있다.

④ SELECT절에는 서브쿼리를 작성할 수 없다.

03 다음 SQL문 중 오류가 발생하지 않는 문장은 무엇인가?

①
```
SELECT *
FROM 주문
WHERE 주문번호 = (SELECT 입사일
                FROM 사원
                WHERE 이름 = '이지수'
                );
```

②
```
SELECT *
FROM 주문
WHERE 고객번호 = (SELECT 고객번호
                      ,고객회사명
                FROM 고객
                WHERE 담당자명 = '한희수'
                );
```

③
```
SELECT *
FROM 주문
WHERE 고객번호 = (SELECT 고객번호
                FROM 고객
                );
```

④
```
SELECT *
FROM 주문
WHERE 고객번호 NOT IN (SELECT 고객번호
                     FROM 고객
                     WHERE 마일리지 <= 1000
                     );
```

실습문제

01 제품 테이블에 있는 제품 중 단가가 가장 높은 제품명은 무엇인가?

02 제품 테이블에 있는 제품 중 단가가 가장 높은 제품의 주문수량합은 얼마인가?

03 '아이스크림' 제품의 주문수량합은 얼마인가?

04 '서울특별시' 고객들에 대해 주문년도별 주문건수를 보이시오.

CHAPTER 07

DML: 데이터 조작어

학습목표

- 데이터 조작어를 사용하여 SQL문을 작성할 수 있습니다.
- 서브쿼리를 활용한 데이터 조작어 문장을 작성할 수 있습니다.

Preview

데이터 조작어는 데이터를 삽입, 수정, 삭제하는 데 필요한 명령어를 포함합니다. 이번 장에서는 데이터를 관리하는 데 사용하는 언어인 데이터 조작어에 대해 학습하겠습니다.

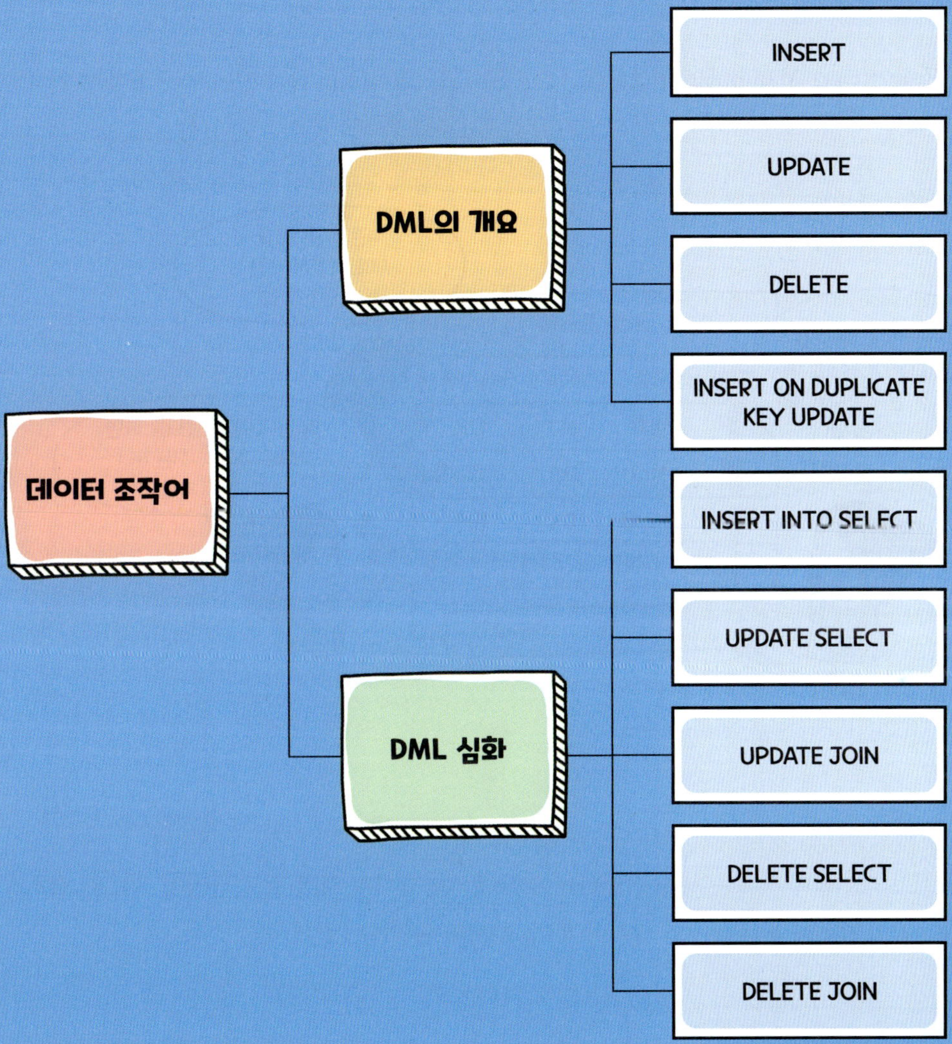

Section 01 DML의 개요

• 예제 소스: Ch07.sql

데이터 조작어(Data Manipulation Language, DML)는 데이터를 관리하는 데 사용하는 언어로 주로 데이터를 추가(INSERT), 변경(UPDATE), 삭제(DELETE)할 때 사용합니다.

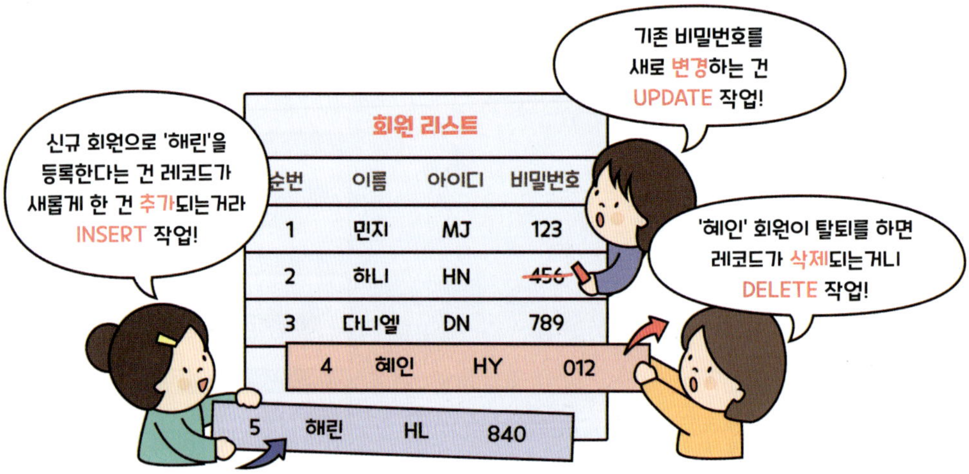

그림 7-1 INSERT, UPDATE, DELETE 작업

1 INSERT

INSERT문은 테이블에 새로운 행을 삽입하는 경우에 사용합니다. 삽입할 컬럼명이 생략된 경우에는 삽입할 값이 테이블의 컬럼 수와 같아야 하며, 순서도 동일해야 합니다.

형식

```
INSERT INTO 테이블명
VALUES(값1, 값2, ...);
```

예제 7-1 **부서 테이블에 다음 레코드를 삽입하시오.**

• **부서번호**: A5, **부서명**: 마케팅부

```
INSERT INTO 부서
VALUES('A5', '마케팅부');
```

▶ 실행결과

	#	Time	Action
✔	1	09:28:24	INSERT INTO 부서 VALUES('A5','마케팅부')

INSERT가 성공적으로 이루어졌습니다. 삽입된 결과를 확인하기 위해서 SELECT * FROM 부서;를 실행하면 [그림 7-2]와 같은 결과가 나타납니다.

부서번호	부서명
A1	영업부
A2	기획부
A3	개발부
A4	홍보부
A5	마케팅부

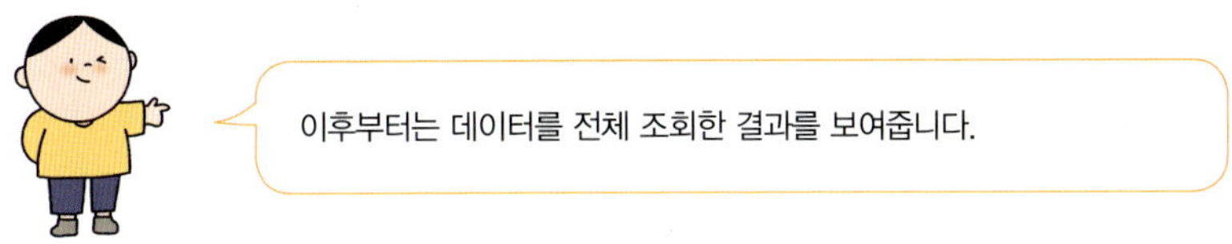

그림 7-2 **[예제 7-1] 레코드 삽입 결과**

컬럼명을 기술하지 않을 때는 테이블에 있는 모든 컬럼에 대해 컬럼의 순서대로 값을 나열해야 합니다. 이때 데이터가 없는 컬럼에 대해서는 NULL을 넣어줍니다.

예제 7-2 **제품 테이블에 다음 레코드를 추가하시오.**

• **제품번호**: 91, **제품명**: 연어피클소스, **단가**: 5000, **재고**: 40

```
INSERT INTO 제품
VALUES(91, '연어피클소스', NULL, 5000, 40);
```

▶ 실행결과

제품번호	제품명	포장단위	단가	재고
73	훤양 순 상어알	150 g jars	3500	101
74	서울 구이 김	5 kg pkg.	1000	4
75	뉴트리인 맥주	0.5 l bottles	2400	125
76	참스 초콜릿 드링크	500 ml	600	57
77	뉴트리 샐러드 드레싱	12 boxes	1300	32
78	멜론트 망고 주스	0.5 l bottles	3000	80
91	연어피클소스	NULL	5000	40

테이블명 다음에 컬럼명을 지정할 수도 있습니다. 이때 삽입할 값은 지정한 컬럼 수와 같아야 하며, 순서도 동일해야 합니다.

형식

```
INSERT INTO 테이블명(컬럼1, 컬럼2, ...)
VALUES(값1, 값2, ...);
```

예제 7-3 **제품 테이블에 다음 레코드를 추가하시오.**

- **제품번호**: 90, **제품명**: 연어핫소스, **단가**: 4000, **재고**: 50

```
INSERT INTO 제품(제품번호, 제품명, 단가, 재고)
VALUES(90, '연어핫소스', 4000, 50);
```

▶ 실행결과

제품번호	제품명	포장단위	단가	재고
[illegible]	원얏 [illegible]	150 g jars		[illegible]
77	뉴트리 샐러드 드레싱	12 boxes	1300	32
78	멜론트 망고 주스	0.5 l bottles	3000	80
90	연어핫소스	NULL	4000	50
91	연어피클소스	NULL	5000	40

여러 개의 레코드를 한 문장으로 삽입할 수도 있습니다. 한 행에 들어갈 데이터를 괄호 안에 넣고, 각 괄호 사이에는 쉼표(,)를 넣어 구분합니다.

예제 7-4 **사원 테이블에 한 문장으로 세 명의 레코드를 추가하시오.**

- **사원번호**: E20, **이름**: 김사과, **직위**: 수습사원, **성별**: 남, **입사일**: 현재 날짜
- **사원번호**: E21, **이름**: 박바나나, **직위**: 수습사원, **성별**: 여, **입사일**: 현재 날짜
- **사원번호**: E22, **이름**: 정오렌지, **직위**: 수습사원, **성별**: 여, **입사일**: 현재 날짜

```
INSERT INTO 사원(사원번호, 이름, 직위, 성별, 입사일)
VALUES('E20', '김사과','수습사원', '남', CURDATE())
      ,('E21', '박바나나','수습사원', '여', CURDATE())
      ,('E22', '정오렌지','수습사원', '여', CURDATE());
```

현재 날짜를 넣으려면 날짜 함수를 사용합니다.

▶ 실행결과

사원번호	이름	영문이름	직위	성별	생일	입사일	주소	도시	지역	집전화	상사번호	부서번호
E01	이소미	Lee So Mi	사원	여	1985-12-05	2019-04-13	강남구 역삼동 36-8	서울특별시	경인	(02)578-8988	E06	A1
E02	배재용	Bae Jae Yong	대표이사	남	1973-02-17	2019-01-01	원미동 16-11	부천시	경인	(032)69-0136		A2
E03	유대현	Yoo Dae Hyeon	사원	남	1988-08-27	2019-03-14	광산구 송정동 100-11	광주광역시	호남	(062)73-0256	E06	A1
E04	최소민	Choi So Min	사원	여	1987-09-17	2019-04-15	중구 중앙동 57-14	부산광역시	영남	(051)587-4783	E06	A1
E05	안주훈	Ahn Ju Hoon	과장	남	1980-03-01	2018-12-29	남구 도화동 276-31	인천광역시	경인	(032)515-0278	E09	A1
E06	이현진	Lee Hyun Jin	대리	남	1983-06-30	2019-09-29	대덕구 이현동 577-1	대전광역시	중부	(042)518-3876	E05	A1
E07	오영수	O Yeong Soo	사원	남	1989-05-27	2019-12-15	문화동 76-77	청주시	중부	(0431)19-1784	E06	A1
E08	선하라	Seon Ha Ra	전산팀장	여	1982-01-07	2019-02-16	덕진구 고랑동 116	전주시	호남	(0652)983-1985	E02	A3
E09	유가을	Yoo Ka Eul	부장	여	1980-01-25	2019-10-29	남구 대명동 19-7	대구광역시	영남	(053)465-1248	E02	A1
E10	정수진	Jung Su Jin	수습사원	여	1993-10-07	2022-03-19	동작구 흑석동 현대아파트 1-1501	서울특별시	경인	(02)824-2898		
E20	김사과	NULL	수습사원	남	NULL	2023-03-03	NULL	NULL	NULL	NULL	NULL	NULL
E21	박바나나	NULL	수습사원	여	NULL	2023-03-03	NULL	NULL	NULL	NULL	NULL	NULL
E22	정오렌지	NULL	수습사원	여	NULL	2023-03-03	NULL	NULL	NULL	NULL	NULL	NULL

2 UPDATE

UPDATE문은 기존 행에 있는 데이터 값을 변경할 때 사용합니다. UPDATE문에 WHERE절이 없으면 모든 행의 값이 변경되므로 주의해야 합니다.

형식

```
UPDATE 테이블명
SET 컬럼1 = 값1
   ,컬럼2 = 값2
[WHERE 조건];
```

만약 UPDATE문을 실행했을 때 오류가 발생한다면 2장 61p의 〈하나 더 알기〉를 참고하세요.

예제 7-5 사원번호가 'E20'인 사원의 데이터를 다음과 같이 수정하시오.

- (사원번호: E20, 이름: 김사과) → (사원번호: E20, 이름: 김레몬)

```
UPDATE 사원
SET 이름 = '김레몬'
WHERE 사원번호 = 'E20';
```

▶ 실행결과

사원번호	이름
E10	정수진
E20	김사과
E21	박바나나

➡

사원번호	이름
E10	정수진
E20	김레몬
E21	박바나나

만일 이 문장에서 WHERE절이 빠지면 모든 사원의 이름이 '김레몬'으로 바뀌므로 주의해야 합니다.

예제 7-6 제품번호가 91인 제품에 대하여 포장단위를 추가하시오.

- (제품번호: 91, 포장단위: NULL) → (제품번호: 91, 포장단위: 200 ml bottles)

```
UPDATE 제품
SET 포장단위 = '200 ml bottles'
WHERE 제품번호 = 91;
```

▶ 실행결과

제품번호	제품명	포장단위
77	뉴트리 샐러드 드레싱	12 boxes
78	델몬트 망고 주스	0.5 l bottles
90	연어핫소스	NULL
91	연어피클소스	NULL

➡

제품번호	제품명	포장단위
77	뉴트리 샐러드 드레싱	12 boxes
78	델몬트 망고 주스	0.5 l bottles
90	연어핫소스	NULL
91	연어피클소스	200 ml bottles

NULL인 컬럼에 새로운 데이터를 추가하기 위해서는 INSERT문이 아닌 UPDATE문을 사용해야 합니다. INSERT문은 새로운 행을 삽입하는 것이고, UPDATE문은 기존의 행에 대하여 데이터를 추가하거나 변경할 때 사용하는 것이기 때문입니다.

또한 한 문장에서 여러 컬럼의 값을 수정할 수 있으며, 수식이나 함수를 사용하여 데이터를 변경할 수도 있습니다.

예제 7-7 제품번호가 91인 제품에 대하여 단가를 10% 인상하고, 재고에서 10을 뺀 값으로 변경하시오.

```
UPDATE 제품
SET 단가 = 단가 * 1.1
   ,재고 = 재고 - 10
WHERE 제품번호 = 91;
```

▶ 실행결과

제품번호	제품명	포장단위	단가	재고
77	뉴트리 샐러드 드레싱	12 boxes	1300	32
78	델몬트 망고 주스	0.5 l bottles	3000	80
90	연어핫소스	NULL	4000	50
91	연어피클소스	200 ml bottles	5000	40

제품번호	제품명	포장단위	단가	재고
77	뉴트리 샐러드 드레싱	12 boxes	1300	32
78	델몬트 망고 주스	0.5 l bottles	3000	80
90	연어핫소스	NULL	4000	50
91	연어피클소스	200 ml bottles	5500	30

3 DELETE

DELETE문은 기존에 있는 행을 삭제할 때 사용합니다. 만약 DELETE문에 WHERE절이 없으면 모든 행이 삭제되므로 주의해야 합니다.

형식

```
DELETE FROM 테이블명
[WHERE 조건];
```

예제 7-8 **제품 테이블에서 제품번호가 91인 레코드를 삭제하시오.**

```
DELETE FROM 제품
WHERE 제품번호 = 91;
```

▶ **실행결과**

제품번호	제품명	포장단위	단가	재고
77	뉴트리 샐러드 드레싱	12 boxes	1300	32
78	델몬트 망고 주스	0.5 l bottles	3000	80
90	연어핫소스	NULL	4000	50
91	연어피클소스	200 ml bottles	5500	30

제품번호	제품명	포장단위	단가	재고
77	뉴트리 샐러드 드레싱	12 boxes	1300	32
78	델몬트 망고 주스	0.5 l bottles	3000	80
90	연어핫소스	NULL	4000	50

실행 결과를 보면 제품번호 91인 '연어피클소스'가 삭제된 것을 확인할 수 있습니다. 만일 위의 쿼리에서 WHERE절이 빠지면 제품 테이블의 모든 정보가 삭제되므로 주의해야 합니다.

DELETE문 사용시 LIMIT 키워드를 넣어 삭제할 행의 수를 지정할 수도 있습니다.

예제 7-9 **사원 테이블에서 입사일이 가장 늦은 사원 3명의 레코드를 삭제하시오.**

```
DELETE FROM 사원
ORDER BY 입사일 DESC
LIMIT 3;
```

다음 문장을 실행하면 [예제 7-4]에서 추가한 '김레몬', '박바나나', '정오렌지'가 삭제된 것을 확인할 수 있습니다.

```
SELECT *
FROM 사원
WHERE 이름 IN('김레몬,'박바나나',정오렌지');
```

▶ **실행결과**

사원번호	이름	영문이름	직위	성별	생일	입사일	주소	도시	지역	집전화	상사번호	부서번호
NULL	NULL	NULL	NULL	NULL	NULL	NULL	NULL	NULL	NULL	NULL	NULL	NULL

LIMIT를 사용하면 삭제할 행의 수를 제한할 수 있으며, LIMIT를 ORDER BY절과 함께 사용하면 정렬한 레코드를 기준으로 상/하위 레코드를 삭제할 수 있습니다.

4 INSERT ON DUPLICATE KEY UPDATE

레코드가 없다면 새롭게 추가하고, 이미 있다면 데이터를 변경하는 일을 한 문장으로 해결할 수는 없을까요? MySQL에서는 INSERT ON DUPLICATE KEY UPDATE를 사용하여 문제를 해결할 수 있습니다.

형식

```
INSERT INTO 테이블명(컬럼1, 컬럼2, 컬럼3, ...) ← ❶
VALUES(값1, 값2, 값3, ...)
ON DUPLICATE KEY UPDATE
컬럼2 = 값2, 컬럼3 = 값3, ...;
```

ON DUPLICATE KEY UPDATE를 사용하려면 ❶에서 지정한 컬럼 중에 기본키 컬럼이 존재해야 합니다. 삽입할 기본키의 값이 이미 존재하는 값이라면 데이터 변경 작업, 즉 UPDATE 작업이 수행되고, 존재하지 않는다면 레코드가 삽입됩니다. 다시 말해 INSERT와 UPDATE 작업을 선택적으로 수행할 수 있습니다.

예제 7-10 **91번 제품이 없다면 레코드를 추가하고, 이미 존재한다면 값을 변경하시오.**

• **제품번호**: 91, **제품명**: 연어피클핫소스, **단가**: 6000, **재고**: 50

```
INSERT INTO 제품(제품번호, 제품명, 단가, 재고)
VALUES(91, '연어피클핫소스', 6000, 50)
ON DUPLICATE KEY UPDATE
제품명 = '연어피클핫소스', 단가 = 6000, 재고 = 50;
```

▶ 실행결과

제품번호	제품명	포장단위	단가	재고
75	뉴트리인 맥주	0.5 l bottles	2400	125
76	잠스 초콜릿 드링크	500 ml	600	57
77	뉴트리 샐러드 드레싱	12 boxes	1300	32
78	델몬트 망고 주스	0.5 l bottles	3000	80
90	연어핫소스	NULL	4000	50
91	연어피클핫소스	NULL	6000	50

제품 테이블에서 기본키는 제품번호입니다. 앞의 [예제 7-2]에서 제품번호가 91인 제품에 대한 레코드를 삽입했고, [예제 7-8]에서 레코드를 삭제했기 때문에 91번 제품번호는 현재 존재하지 않습니다. 따라서 이 문장을 실행하면 새로운 레코드가 삽입됩니다.

확인문제

레코드가 존재하지 않으면 새롭게 추가하고, 이미 있다면 데이터를 변경하는 작업을 한 문장으로 해결하고자 한다. 빈칸을 채워 문장을 완성하시오.

```
INSERT INTO 고객(고객번호, 담당자명, 고객회사명, 도시)
VALUES('ZAQAQ', '김지현', '두빛트레이드', '서울특별시')
[                    ]
담당자명 = '오성균', 도시 = '인천광역시';
```

정답

ON DUPLICATE KEY UPDATE

Section

02 DML 심화

INSERT, UPDATE, DELETE문에서 조인이나 서브쿼리를 사용할 수도 있습니다. 이번 절에서는 DML에서 조인과 서브쿼리를 활용하는 방법을 살펴보겠습니다.

1 INSERT INTO SELECT

SELECT문의 결과를 다른 테이블에 삽입하려면 INSERT문에서 VALUES 대신 SELECT 문장을 넣어줍니다. 이때 SELECT문의 컬럼 수와 INSERT문에 있는 컬럼 수는 동일해야 하고, 순서도 같아야 합니다.

형식

```
INSERT INTO 테이블명(컬럼A, 컬럼B)
        SELECT 컬럼1, 컬럼2
        FROM 테이블명
        [WHERE 조건];
```

예제 7-11 고객주문요약 테이블을 만들고, 레코드를 추가하시오.

테이블을 생성하기 위해서는 CREATE라는 DDL문을 사용해야 하는데, 이 부분은 8장에서 자세히 다룹니다. 이번에 생성하는 고객주문요약 테이블의 컬럼과 데이터타입은 다음과 같습니다.

표 7-1 고객주문요약 테이블의 컬럼과 데이터타입

컬럼명	데이터타입
고객번호(기본키)	CHAR(5)
고객회사명	VARCHAR(50)
주문건수	INT
최종주문일	DATE

■ 고객주문요약 테이블 생성

```
CREATE TABLE 고객주문요약
(
 고객번호 CHAR(5) PRIMARY KEY
,고객회사명 VARCHAR(50)
,주문건수 INT
,최종주문일 DATE
);
```

■ 레코드 삽입

```
INSERT INTO 고객주문요약
       SELECT 고객.고객번호
             ,고객회사명
             ,COUNT(*)
             ,MAX(주문일)
       FROM 고객
           ,주문
       WHERE 고객.고객번호 = 주문.고객번호
       GROUP BY 고객.고객번호
               ,고객회사명;
```

▶ 실행결과

고객번호	고객회사명	주문건수	최종주문일
ACDDR	굿모닝서울	6	2022-01-11
ADHTR	엘케이 상사	6	2021-09-27
AIHTR	씨엔그룹	3	2021-09-16
ANKFR	오리안무역	15	2021-12-17
ANRFR	남해종합식품	3	2021-12-01

고객주문요약 테이블을 먼저 생성한 후, SELECT문으로 얻은 고객번호, 고객회사명, 주문건수, 최종주문일을 일괄 삽입하였습니다. INSERT절에 컬럼명을 지정할 수도 있습니다. 이때 INSERT절과 SELECT절에 기술하는 컬럼의 개수와 순서는 동일해야 합니다.

2 UPDATE SELECT

UPDATE문에서 서브쿼리를 사용할 수도 있습니다. 변경할 값을 얻기 위해서는 SET절에서 SELECT문을 사용합니다. 또한 WHERE절에서 SELECT문을 사용하면 조건에 필요한 값을 구할 수 있습니다.

형식

```
UPDATE 테이블명
SET 컬럼명 = (
         SELECT *
         FROM (
              SELECT 컬럼A
              FROM ...
             ) AS 별명
         WHERE 조건
         );
```

서브쿼리의 결괏값으로 데이터를 수정하고 싶다면 MySQL에서는 서브쿼리를 인라인 뷰와 같은 형식으로 작성해야 합니다. 서브쿼리의 SELECT문에는 반드시 별명을 붙여야 하고, 서브쿼리의 결과는 단일 값이어야 합니다. 즉, 컬럼 수와 행의 수는 한 개여야 합니다.

예제 7-12 **제품번호가 91인 제품의 단가를 '소스' 제품들의 평균단가로 변경하시오.**

```
UPDATE 제품
SET 단가 = (
           SELECT *
           FROM (
                 SELECT AVG(단가)
                 FROM 제품
                 WHERE 제품명 LIKE '%소스%'
                 ) AS t
           )
WHERE 제품번호 = 91;
```

▶ 실행결과

제품번호	제품명	단가	재고
75	뉴트리인 맥주	2400	125
76	참스 초콜릿 드링크	600	57
77	뉴트리 샐러드 드레싱	1300	32
78	델몬트 망고 주스	3000	80
90	연어핫소스	4000	50
91	연어피클핫소스	6000	50

⇨

제품번호	제품명	단가	재고
75	뉴트리인 맥주	2400	125
76	참스 초콜릿 드링크	600	57
77	뉴트리 샐러드 드레싱	1300	32
78	델몬트 망고 주스	3000	80
90	연어핫소스	4000	50
91	연어피클핫소스	2831	50

SET 절에서 사용하는 서브쿼리의 결과는 반드시 한 개의 행, 한 개의 열이어야 합니다.

Q

다른 DBMS에서도 같은 방식으로 작업해야 하나요?

A

아닙니다. 오라클이나 MS-SQL같은 경우에는 결과를 얻기 위한 SELECT문을 바로 넣어주면 실행됩니다.

```
UPDATE 제품
SET 단가 = (
            SELECT AVG(단가)
            FROM 제품
            WHERE 제품명 LIKE '%소스%'
            )
WHERE 제품번호 = 91;
```

■ **WHERE절에서 서브쿼리 사용**

형식

```
UPDATE 변경할_테이블명
      ,서브쿼리
SET 컬럼1 = 변경할 값
WHERE 컬럼2 IN (서브쿼리.컬럼);
```

UPDATE문에서 서브쿼리의 결과를 기반으로 데이터를 변경할 수도 있습니다.

예제 7-13 **한 번이라도 주문한 적이 있는 고객의 마일리지를 10% 인상하시오.**

```
UPDATE 고객
      ,(
        SELECT DISTINCT 고객번호
        FROM 주문
        ) AS 주문고객
SET 마일리지 = 마일리지 * 1.1
WHERE 고객.고객번호 IN (주문고객.고객번호);
```

결과를 확인하기 위해 다음 SELECT문을 실행해봅시다.

```
SELECT *
FROM 고객
WHERE 고객번호 IN (SELECT DISTINCT 고객번호
                  FROM 주문
                  );
```

▶ 실행결과

고객번호	고객회사명	담당자명	담당자직위	주소	도시	지역	전화번호	마일리지
ACDDR	굿모닝서울	이은광	영업 과장	송파구 잠실동 220	서울특별시	NULL	(02)978-1984	17502
ADHTR	엘케이 상사	김병현	영업 사원	동작구 흑석 3동 140-3	서울특별시	NULL	(02)345-1945	447
AIHTR	씨엔그룹	김성민	영업 사원	가학동 301	광명시	경기도	(02)31-0345	9667
ANKFR	오리안무역	최지수	마케팅 과장	성북구 길음동 136-11	서울특별시	NULL	(02)123-0345	6731

서브쿼리에 있는 고객번호는 주문을 한 고객의 고객번호로, 주문할 때마다 주문 레코드가 추가되므로 같은 고객번호가 여러 개 있을 수 있습니다. 따라서 DISTINCT로 중복을 제거한 고객번호를 가져오면 한 번이라도 주문한 적이 있는 고객번호를 얻고, 이 고객들에 대하여 마일리지를 10% 인상합니다.

3 UPDATE JOIN

INNER JOIN을 사용하여 다른 테이블의 행과 일치하는 행을 수정하거나 LEFT OUTER JOIN을 사용하여 그렇지 않은 행을 수정할 수 있습니다. 변경할 값에는 상수나 수식뿐만 아니라 조인할 테이블에 있는 컬럼에 기반하여 값을 넣을 수도 있습니다.

■ ANSI SQL 표현

형식

```
UPDATE 변경할_테이블A
[INNER|LEFT| OUTER] JOIN 조인할_테이블B
ON 조인_조건
SET 테이블A.컬럼명 = 값
WHERE 기타_조건;
```

■ Non-ANSI SQL 표현

형식

```
UPDATE 변경할_테이블A
      ,조인할_테이블B
SET 테이블A.컬럼명 = 값
WHERE 조인_조건
AND 기타_조건;
```

예제 7-14 **마일리지등급이 'S'인 고객의 마일리지에 1000점씩 추가하시오.**

■ ANSI SQL 표현

```
UPDATE 고객
INNER JOIN 마일리지등급
ON 마일리지 BETWEEN 하한마일리지 AND 상한마일리지
SET 마일리지 = 마일리지 + 1000
WHERE 등급명 = 'S';
```

■ Non-ANSI SQL 표현

```
UPDATE 고객
      ,마일리지등급
SET 마일리지 = 마일리지 + 1000
WHERE 마일리지 BETWEEN 하한마일리지 AND 상한마일리지
AND 등급명 = 'S';
```

결과를 확인하기 위해 다음 SELECT문을 실행해봅시다.

```
SELECT 고객번호
      ,고객회사명
      ,마일리지
FROM 고객
INNER JOIN 마일리지등급
ON 마일리지 BETWEEN 하한마일리지AND 상한마일리지
WHERE 등급명 = 'S';
```

▶ 실행결과

고객번호	고객회사명	마일리지
ATRAN	대정 인터내셔널	141669
PRDSU	황인터프라이시스	128588

고객번호	고객회사명	마일리지
ATRAN	대정 인터내셔널	142669
PRDSU	황인터프라이시스	129588

변경할 데이터가 있는 고객 테이블과 조건 지정에 필요한 마일리지등급 테이블을 비이퀴 조인을 사용하여 조인한 다음 UPDATE문을 수행하였습니다. 'S' 등급 고객에 대해서 마일리지 값이 변경된 것을 확인할 수 있습니다.

이 책에서는 [예제 7-14]에 대해 UPDATE문을 한 번만 실행한 결과로 이후 실습을 진행합니다. 따라서 두 방법을 모두 실행했다면 SET 마일리지 = 마일리지-1000으로 수정하여 재실행하면 책과 같은 실행결과를 확인할 수 있습니다.

4 DELETE SELECT

DELETE문에서도 삭제할 레코드를 찾기 위하여 서브쿼리를 사용할 수 있습니다.

형식

```
DELETE FROM 테이블A
WHERE 컬럼명 IN (
            SELECT 컬럼명
            FROM 테이블B
            );
```

예제 7-15 **주문 테이블에는 존재하나 주문세부 테이블에는 존재하지 않는 주문번호를 주문 테이블에서 삭제하시오.**

```
DELETE FROM 주문
WHERE 주문번호 NOT IN (
                SELECT DISTINCT 주문번호
                FROM 주문세부
                );
```

주문 테이블

주문번호	고객번호	사원번호	주문일	요청일	발송일
H1071	LASLI	E01	2022-01-12	2022-02-09	2022-01-20
H1072	NSHER	E04	2022-01-12	2022-02-09	2022-01-20
H1073	RICPE	E03	2022-01-12	2022-02-09	2022-01-20
H1074	MOBSI	E07	2022-01-13	2022-02-10	2022-01-23
H1075	CSURI	E07	2022-01-13	2022-02-10	2022-01-23
H1076	NAPBO	E04	2022-01-13	2022-02-10	2022-01-23
H1077	TTCRA	E01	2022-01-13	2022-02-10	2022-01-23

주문세부 테이블

주문번호	제품번호	단가	주문수량	할인율
H0248	11	1400	12	0
H0248	42	1000	10	0
H0248	72	3500	5	0
H0249	14	1900	9	0
H0249	51	4200	40	0
H0250	41	800	10	0
H0250	51	4200	35	0.15
H0250	65	1700	15	0.15
H0251	22	1700	6	0.05

주문 테이블에는 존재하지만 주문세부 테이블에는 존재하지 않는 주문번호

주문번호	고객번호	사원번호	주문일	요청일	발송일
H1077	TTCRA	E01	2022-01-13	2022-02-10	2022-01-23

주문 테이블에서 삭제

그림 7-3 **[예제 7-15] 진행 과정**

데이터베이스가 무결하다면 삭제될 레코드는 0개여야 하지만 기존 업무에서 엑셀 등을 사용하여 수작업으로 데이터를 관리했다면 일관성에 위배되는 데이터가 존재할 수 있습니다. 이러한 상황이라면 데이터베이스로 데이터를 가져오고 난 후에 이와 같이 작업하여 데이터베이스의 일관성을 유지할 수 있습니다.

이번 [예제 7-15]에서는 주문번호 'H1077' 레코드가 삭제된 것을 확인할 수 있습니다.

하나 더 알기 Collation 에러가 발생하는 경우

조인을 하거나 IF, CASE 등으로 값을 비교할 때, 양쪽 테이블의 Collation이 다를 때 다음과 같은 오류가 발생할 수 있습니다.

```
Error Code: 1267. Illegal mix of collations
```

이런 오류가 발생할 때는 다음과 같이 테이블의 Collation을 변경시켜주면 문제를 해결할 수 있습니다.

```
ALTER TABLE 고객 CONVERT TO CHAR SET utf8mb4 COLLATE utf8mb4_general_ci;
ALTER TABLE 주문 CONVERT TO CHAR SET utf8mb4 COLLATE utf8mb4_general_ci;
ALTER TABLE 주문세부 CONVERT TO CHAR SET utf8mb4 COLLATE utf8mb4_
general_ci;
ALTER TABLE 제품 CONVERT TO CHAR SET utf8mb4 COLLATE utf8mb4_general_ci;
...
```

5 DELETE JOIN

DELETE문에서 INNER JOIN을 사용하여 두 테이블에서 일치하는 행을 모두 삭제하거나, LEFT OUTER JOIN을 사용하여 일치하지 않는 행을 삭제할 수도 있습니다.

■ ANSI SQL 표현

형식

```
DELETE 테이블A
      ,테이블B
FROM 테이블A
[INNER¦LEFT OUTER] JOIN 테이블B
ON 조인_조건
WHERE 삭제할_조건;
```

■ Non-ANSI SQL 표현

형식

```
DELETE 테이블A
      ,테이블B
FROM 테이블A
    ,테이블B
```

```
WHERE 조인_조건
AND 삭제할_조건;
```

만일 주문취소가 발생했다면 주문 테이블에 있는 주문 내역과 주문세부 테이블에 있는 주문 내역을 모두 삭제해야만 데이터베이스의 일관성을 유지할 수 있습니다. MySQL에서는 하나의 문장으로 동시에 두 테이블에서 레코드를 삭제할 수 있습니다. 다음 [예제 7-16]을 통해 살펴보겠습니다.

예제 7-16 **주문번호 'H0248'에 대한 내역을 주문 테이블과 주문세부 테이블에서 모두 삭제하시오. 하나의 문장으로 작업을 수행해보시오.**

먼저 주문 테이블과 주문세부 테이블에 주문번호 'H0248'이 존재하는지를 확인하겠습니다.

```
SELECT *
FROM 주문
WHERE 주문번호 = 'H0248';
```

▶ 실행결과

주문번호	고객번호	사원번호	주문일	요청일	발송일
H0248	NETVI	E04	2020-03-12	2020-04-09	2020-03-24

```
SELECT *
FROM 주문세부
WHERE 주문번호 = 'H0248';
```

▶ 실행결과

주문번호	제품번호	단가	주문수량	할인율
H0248	11	1400	12	0
H0248	42	1000	10	0
H0248	72	3500	5	0

이제 주문 테이블과 주문세부 테이블에 있는 주문번호 'H0248' 정보를 동시에 삭제합니다.

■ ANSI SQL 표현

```
DELETE 주문
      ,주문세부
FROM 주문
INNER JOIN 주문세부
ON 주문.주문번호 = 주문세부.주문번호
WHERE 주문.주문번호 = 'H0248';
```

■ Non-ANSI SQL 표현

```
DELETE 주문
      ,주문세부
FROM 주문
    ,주문세부
WHERE 주문.주문번호 = 주문세부.주문번호
AND 주문.주문번호 = 'H0248';
```

주문 테이블과 주문세부 테이블에서 'H0248'이 삭제되었는지 다시 확인해보겠습니다.

▶ 실행결과

• 주문 테이블에서 주문번호 'H0248' 레코드 확인

주문번호	고객번호	사원번호	주문일	요청일	발송일
NULL	NULL	NULL	NULL	NULL	NULL

• 주문세부 테이블에서 주문번호 'H0248' 레코드 확인

주문번호	제품번호	단가	주문수량	할인율
NULL	NULL	NULL	NULL	NULL

예제 7-17 한 번도 주문한 적이 없는 고객의 정보를 삭제하시오.

먼저 한 번도 주문한 적이 없는 고객의 정보를 검색해보겠습니다.

```
SELECT 고객.*
FROM 고객
LEFT OUTER JOIN 주문
ON 고객.고객번호 = 주문.고객번호
WHERE 주문.고객번호 IS NULL;
```

▶ 실행결과

고객번호	고객회사명	담당자명	담당자직위	주소	도시	지역	전화번호	마일리지
BQQZA	비큐큐푸드	황수영	대표 이사	서초구 서초동 120-3	서울특별시	NULL	(02)456-9876	100
RISPA	한림통상	김정현	대표 이사	송파구 잠실본동 150	서울특별시	NULL	(02)909-2094	6942
SSAFI	대동 무역	정수환	회계 과장	동구 마산동 250-1	대전광역시	NULL	(042)33-3433	975
TTRAN	해피트리푸드	김희원	영업 과장	동작구 흑석동 220-12	서울특별시	NULL	(02)756-9787	448

외부 조인을 사용하면 주문한 적이 있는 고객의 정보와 함께 주문한 적이 없는 고객의 정보를 함께 확인할 수 있었습니다. 또한 WHERE절에 조건을 추가하여 주문한 적이 없는 고객의 정보만 검색할 수도 있음을 5장에서 학습했습니다. DELETE문에서도 외부 조인을 사용하여 해당 레코드를 삭제할 수 있습니다.

이제 주문한 적이 없는 고객의 레코드를 고객 테이블에서 삭제해보겠습니다.

```
DELETE 고객
FROM 고객
LEFT JOIN 주문
ON 고객.고객번호 = 주문.고객번호
WHERE 주문.고객번호 IS NULL;
```

한 번도 주문한 적이 없는 고객의 정보가 고객 테이블에서 삭제되었습니다. 삭제된 고객 정보가 고객 테이블에 존재하는지 확인해보겠습니다.

```
SELECT *
FROM 고객
WHERE 고객번호 IN ('BQQZA', 'RISPA', 'SSAFI', 'TTRAN');
```

▶ 실행결과

고객번호	고객회사명	담당자명	담당자직위	주소	도시	지역	전화번호	마일리지
NULL	NULL	NULL	NULL	NULL	NULL	NULL	NULL	NULL

확인문제

다음 지문을 읽고 옳은 것에는 ○, 틀린 것에는 ×를 표시하시오.

1. INSERT문에서 서브쿼리를 사용할 수 있다. (　　)
2. UPDATE문의 SET절에서 서브쿼리를 사용할 수 없다. (　　)
3. UPDATE문의 WHERE절에서 서브쿼리를 사용할 수 있다. (　　)
4. UPDATE문에서 INNER JOIN을 사용하여 다른 테이블의 행과 일치하는 행을 수정할 수 있다. (　　)
5. DELETE문에서 INNER JOIN을 사용하여 두 테이블에서 일치하는 행을 모두 삭제할 수 없다. (　　)

정답

1. ○ 2. × 3. ○ 4. ○ 5. ×

✓ 점검문제

이번 장에서 배운 내용을 기반으로 제품, 부서, 사원 테이블을 사용하여 SQL문을 작성해봅시다.

예제 소스: Ch07_ex.sql

문제 1

제품 테이블에 레코드를 추가하시오.

- 제품번호: 95, 제품명: 망고베리 아이스크림, 포장단위: 400g, 단가: 800, 재고: 30

▶ 실행결과

제품번호	제품명	포장단위	단가	재고
78	멜론트 망고 주스	0.5 l bottles	3000	80
90	연어핫소스	NULL	4000	50
91	연어피클핫소스	NULL	3283	50
95	망고베리 아이스크림	400g	800	30

해결

```
INSERT INTO 제품
VALUES(95, '망고베리 아이스크림', '400g', 800, 30);
```

- 테이블명 다음에 컬럼명을 생략할 경우 테이블에 있는 컬럼의 순서대로 데이터를 넣어줍니다.
- 문자열이나 날짜형 데이터는 작은 따옴표 안에 넣고 숫자형 데이터는 따옴표 없이 값을 넣어줍니다.

문제 2

제품 테이블에 레코드를 추가하시오.

- 제품번호: 96, 제품명: 눈꽃빙수맛 아이스크림, 단가: 2000

▶ 실행결과

제품번호	제품명	포장단위	단가	재고
90	연어핫소스	NULL	4000	50
91	연어피클핫소스	NULL	3283	50
95	망고베리 아이스크림	400g	800	30
96	눈꽃빙수맛 아이스크림	NULL	2000	NULL

해결

```
INSERT INTO 제품(제품번호, 제품명, 단가)
VALUES(96, '눈꽃빙수맛 아이스크림', 2000);
```

- 테이블에 있는 모든 컬럼에 데이터를 넣는 경우가 아니라면 컬럼명을 기술해주어야 하며, 삽입할 데이터는 기술된 컬럼 순으로 작성해야 합니다.

```
INSERT INTO 제품
VALUES(96, '눈꽃빙수맛 아이스크림', NULL, 2000, NULL);
```

- 컬럼명을 생략할 경우 값이 들어가지 않는 컬럼 자리에는 NULL을 입력합니다.

문제 3

[문제 2]에서 추가한 96번 제품의 재고를 30으로 변경하시오.

▶ 실행결과

제품번호	제품명	포장단위	단가	재고
90	연어핫소스	NULL	4000	50
91	연어피클핫소스	NULL	3283	50
95	망고베리 아이스크림	400g	800	30
96	눈꽃빙수맛 아이스크림	NULL	2000	30

해결

```
UPDATE 제품
SET 재고 = 30
WHERE 제품번호 = 96;
```

- NULL인 컬럼에 값을 새로 넣어준다고 생각하여 INSERT문을 사용하면 안 됩니다. INSERT는 레코드를 추가하는 것이고, 기존에 존재하는 레코드에 대해서는 컬럼에 값이 있거나 없는 경우 모두 UPDATE문으로 데이터를 넣어줍니다.

문제 4

사원이 한 명도 존재하지 않는 부서를 부서 테이블에서 삭제하시오.

▶ 실행결과

부서번호	부서명
A1	영업부
A2	기획부
A3	개발부
A4	홍보부
A5	마케팅부

⇨

부서번호	부서명
A1	영업부
A2	기획부
A3	개발부

해결

```
DELETE 부서
FROM 부서
LEFT JOIN 사원
ON 부서.부서번호 = 사원.부서번호
WHERE 사원.부서번호 IS NULL;
```

- 외부 조인을 사용하면 소속 사원이 한 명도 없는 부서를 확인할 수 있으며, DELETE문에서 외부 조인을 사용하여 관련 레코드를 삭제할 수 있습니다.

요약

01 데이터 조작어란 데이터를 관리하는 데 사용하는 언어로 데이터를 추가(INSERT), 삭제(DELETE), 변경(UPDATE)할 때 사용합니다.

02 INSERT문은 테이블에 새로운 행을 삽입할 때 사용합니다.

03 UPDATE문은 기존에 있는 행의 데이터 값을 변경할 때 사용합니다.

04 DELETE문은 기존에 있는 행을 삭제할 때 사용합니다. 만약 DELETE문에 WHERE절이 없으면 모든 행이 삭제됩니다.

05 SELECT문의 결과를 다른 테이블에 삽입하려면 INSERT문에서 VALUES 대신 SELECT 문장을 넣어줍니다.

```
INSERT INTO 테이블명(컬럼A, 컬럼B)
       SELECT 컬럼1, 컬럼2
       FROM 테이블명
       [WHERE 조건];
```

06 INNER JOIN을 사용하여 다른 테이블의 행과 일치하는 행을 수정하거나 LEFT OUTER JOIN을 사용하여 그렇지 않은 행을 수정할 수도 있습니다.

07 INNER JOIN을 사용하여 두 테이블에 있는 행을 동시에 삭제하거나 LEFT OUTER JOIN을 사용하여 한 쪽에만 있는 행을 삭제할 수도 있습니다.

연습문제

01 다음 문장 중 오류가 발생하지 않는 것은 무엇인가?

① INSERT INTO 고객(고객번호, 담당자명) VALUE('ABCDE', '김한빛');

② INSERT INTO 고객(고객번호, 담당자명, 마일리지) VALUES('BCDEF',20000, '박한별');

③ INSERT INTO 부서 VALUES('D', '운영팀');

④ INSERT INTO 부서(부서명) VALUES('D', '운영팀');

02 다음 중 DML문의 키워드가 아닌 것은 무엇인가?

① INSERT ② UPDATE ③ DELETE ④ CREATE

03 다음 문장에서 빈 칸에 들어갈 키워드는 무엇인가?

```
UPDATE 고객
[          ] 마일리지 = 1000
WHERE 마일리지 < 1000;
```

① CHANGE ② SET ③ SETS ④ ALTER

04 다음 중 DML문에서 쓸 수 있는 키워드가 아닌 것은 무엇인가?

```
DELETE FROM 고객;
```

① MODIFY ② SET ③ WHERE ④ INTO

05 91번 제품이 없다면 레코드를 새롭게 추가하고, 이미 있다면 데이터를 변경하고자 한다. 다음 빈칸에 들어갈 문장은 무엇인가?

```
INSERT INTO 제품(제품번호, 제품명, 단가, 재고)
VALUES(91, '연어피클핫소스', 6000, 50)
[                              ]
제품명 = '연어피클핫소스', 단가 = 6000, 재고 = 50;
```

① ON DUPLICATE KEY UPDATE ② ON DUPLICATE KEY INSERT

③ IF ④ CASE WHEN

실습문제

01 고객 테이블에 새로운 레코드를 삽입하시오.

- 고객번호: ZZZAA, 담당자명: 한동욱, 고객회사명: 자유트레이딩, 도시: 서울특별시

02 1번에서 삽입한 'ZZZAA' 고객의 레코드에 대해 컬럼 값을 다음과 같이 변경하시오.

- 도시: 부산광역시, 마일리지: 100, 담당자직위: 대표이사

03 1번에서 삽입한 'ZZZAA' 고객의 레코드에 대해 마일리지를 '대표 이사' 직위의 평균 마일리지 값으로 변경하시오.

04 사원번호 'E15'의 레코드가 없으면 레코드를 새로 삽입하고, 레코드가 있다면 데이터 값을 수정하는 문장을 작성하시오.

- 사원번호: E15, 이름: 이석진, 직위: 수습사원

05 1번에서 삽입한 'ZZZAA' 고객의 레코드를 삭제하시오.

06 4번에서 삽입한 'E15' 사원의 레코드를 삭제하시오.

CHAPTER 08

DDL: 데이터 정의어

학습목표

- 데이터 정의어를 작성할 수 있습니다.
- 제약조건을 이해하고 적용할 수 있습니다.

Preview

데이터 정의어는 데이터베이스에서 데이터의 구조를 정의하고 관리하는 언어입니다. 이번 장에서는 데이터 정의어를 사용하여 테이블을 생성, 수정, 삭제하고 데이터 무결성을 위해 설정하는 제약조건에 대해서도 학습하겠습니다.

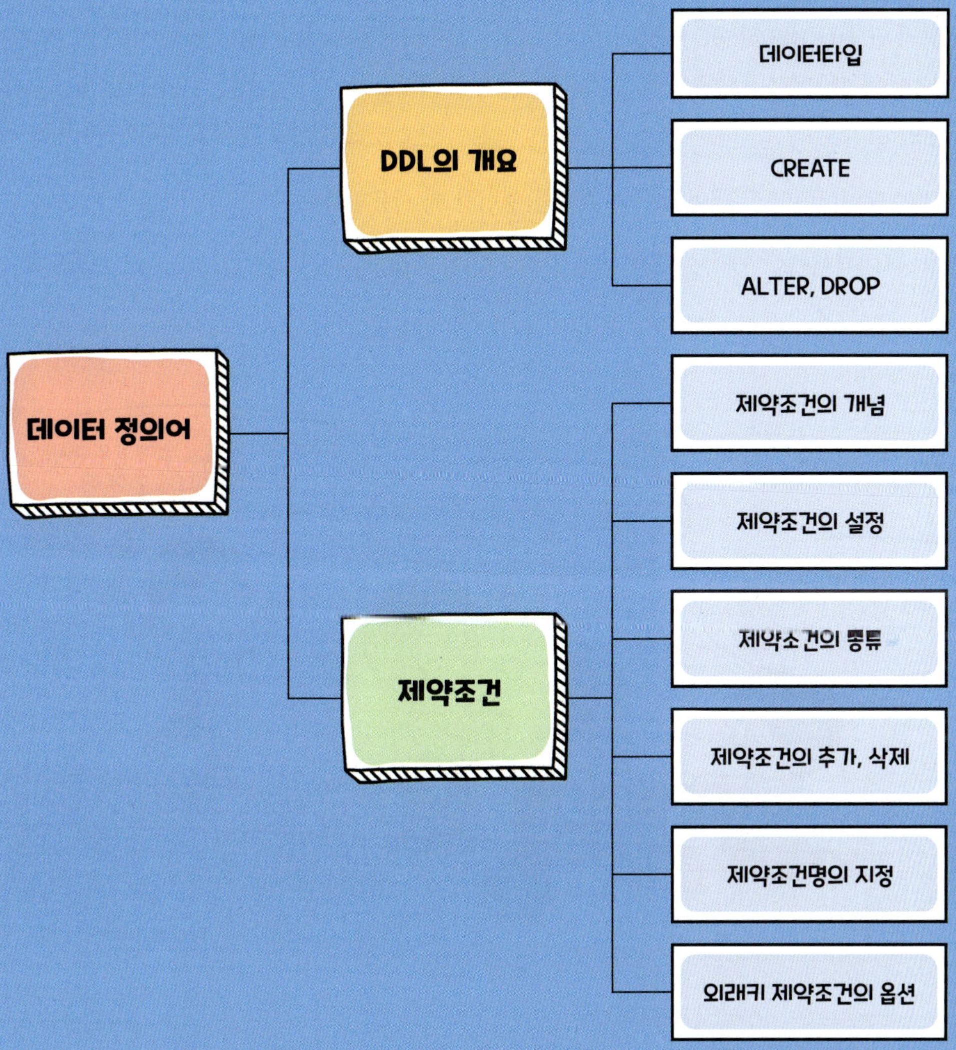

Section 01 DDL의 개요

• 예제 소스: Ch08.sql

데이터 정의어(Data Definition Language, DDL)는 데이터베이스 내에 테이블이나 인덱스, 뷰 등의 객체를 만들거나 수정, 삭제할 때 사용하는 언어를 의미합니다. DDL에는 CREATE, ALTER, DROP이 있습니다.

- **CREATE**: 데이터베이스, 테이블 등의 객체를 생성할 때 사용합니다.
- **ALTER**: 데이터베이스, 테이블 등의 객체를 수정할 때 사용합니다.
- **DROP**: 데이터베이스, 테이블 등의 객체를 삭제할 때 사용합니다.

그림 8-1 CREATE, ALTER, DROP의 개념

Section

02 데이터타입

테이블을 생성할 때는 컬럼명과 컬럼의 데이터타입을 지정해야 합니다. DDL 문법을 살펴보기 전에 이번 절에서 데이터타입에 대해 먼저 살펴보겠습니다.

1 문자형 데이터타입

고정길이 문자형 데이터타입인 CHAR은 지정한 길이보다 데이터 길이가 작으면 빈칸만큼 공백(Blank)이 들어갑니다. 이에 반해 가변길이 문자형 데이터타입 VARCHAR은 데이터의 길이만큼의 메모리만 차지합니다. 따라서 데이터의 길이가 제각각인 고객회사명이나 주소와 같은 컬럼은 VARCHAR로 지정합니다. 그리고 고객번호, 주민등록번호와 같이 길이가 동일한 컬럼은 CHAR로 지정합니다. TEXT는 VARCHAR과 달리 길이를 지정하지 않으며, 컬럼의 최대 길이를 모르는 경우에 사용하기 적합합니다.

표 8-1 문자형 데이터타입

데이터타입	설명	최대크기(단위: Bytes)
CHAR(길이)	고정길이 문자형 데이터타입	255
VARCHAR(길이)	가변길이 문자형 데이터타입	65,535
TINYTEXT	문자열 데이터타입	255
TEXT	문자열 데이터타입	65,535
MEDIUMTEXT	문자열 데이터타입	16,777,215
LONGTEXT	문자열 데이터타입	4,294,967,295
JSON	JSON 문자열 데이터타입	1GB

2 숫자형 데이터타입

정수형은 들어갈 데이터의 크기에 따라서 TINYINT부터 BIGINT 중에서 선택하여 지정할 수 있습니다. [표 8-2]는 정수형 데이터타입의 종류를 보여줍니다.

표 8-2 정수형 데이터타입

데이터타입	최대크기(단위: Bytes)
TINYINT	1
SMALLINT	2
MEDIUMINT	3
INT	4
BIGINT	8

실수를 저장할 때는 FLOAT형, DOUBLE형, DECIMAL형 중에서 선택하여 지정할 수 있습니다. [표 8-3]은 실수형 데이터타입의 종류을 보여줍니다.

표 8-3 실수형 데이터타입

데이터타입	표현 형식	최대크기
FLOAT	부동 소수점 형식	4Bytes 소수점 아래 7자리까지 표현
DOUBLE	부동 소수점 형식	8Bytes 소수점 아래 15자리까지 표현
DECIMAL(M,D) M: 전체 자릿수 D: 소수점 자릿수	고정 소수점 형식 DEC, NUMERIC이라고도 함	전체 자릿수(M)은 65까지 표현 소수점 자릿수(D)는 30까지 표현 예 DECIMAL(4,2): -99.99 ~ 99.99까지 저장

3 날짜시간형 데이터타입

DATE는 날짜, TIME은 시간을 저장하기 위한 데이터타입이고, DATETIME과 TIMESTAMP는 날짜와 시간을 함께 저장할 수 있는 데이터타입입니다. DATETIME과 TIMESTAMP의 차이는 시간대(Time Zone)의 적용 여부입니다. TIMESTAMP는 내부적으로 시간을 가져올 때 시간대를 적용시켜 보여줍니다. 즉, 데이터베이스가 글로벌 서비스에서 사용된다면 DATETIME 대신 TIMESTAMP를 사용해야 합니다. 그렇지 않으면 서울에서 12시로 입력했을 때 미국이나 영국에서도 12시인 것으로 확인되기 때문입니다.

표 8-4 날짜시간형 데이터타입

데이터타입	형식	데이터 범위
DATE	YYYY-MM-DD	1000-01-01 ~ 9999-12-31

TIME	HH:MI:SS	-838:59:59 ~ 838:59:59
DATETIME	YYYY-MM-DD HH:MI:SS	1000-01-01 00:00:00 ~ 9999-12-31 23:59:59
TIMESTAMP	YYYY-MM-DD HH:MI:SS	1970-01-01 00:00:01 UTC ~ 2038-01-19 03:14:07 UTC

하나 더 알기 ✓ **시간대**

시간대(Time Zone)란 지역 사이에 생기는 낮과 밤의 차이를 인위적으로 조정하기 위해 고안된 시간의 구분선을 의미합니다. 이는 영국의 그리니치 천문대를 기준으로 지역에 따른 시간의 차이를 계산하여 적용하기 때문에 GMT(Greenwich Mean Time)라 지칭합니다.

UTC(Coordinated Universal Time)는 1972년 1월 1일부터 시행된 국제 표준시로 UTC와 GMT는 초의 소수점 단위에서만 차이가 나기 때문에 혼용되어 사용되기도 하지만 기술적인 표기에서는 UTC가 사용됩니다. 우리나라에서는 KST(Korea Standard Time)를 표준시로 사용하는데, 이는 UTC에 9시간을 더한 시간대입니다.

4 이진형 데이터타입

BINARY나 BLOB(Binary Large OBject) 데이터타입은 이미지나 사운드, PDF 파일, 멀티미디어 및 기타 바이너리 데이터를 저장하는 데 사용됩니다. BINARY(n)와 BYTE(n)는 CHAR 형태의 이진형 데이터타입이고, VARBINARY(n)는 VARCHAR 형태의 이진형 데이터타입입니다. BLOB도 저장 크기에 따라 TINYBLOB, BLOB, MEDIUMBLOB, LONGBLOB 등의 데이터타입을 사용할 수 있습니다.

5 공간형 데이터타입

공간형(Spatial) 데이터타입은 공간 데이터를 저장하기 위한 데이터타입입니다. 공간형 데이터타입에는 GEOMETRY, POINT, LINESTRING, POLYGON, MULTIPOINT, MULTILINESTRING, MULTIPOLYGON, GEOMETRYCOLLECTION 등이 있습니다.

Section 03 CREATE

1 데이터베이스 생성하기

CREATE문은 데이터베이스나 테이블, 뷰, 인덱스 등 객체를 만들 때 사용합니다. 데이터베이스를 생성하는 형식은 다음과 같습니다.

형식

```
CREATE DATABASE [IF NOT EXISTS] 데이터베이스명;
```

CREATE DATABASE 대신 CREATE SCHEMA라고 작성해도 데이터베이스가 생성됩니다. 이미 동일한 이름을 가진 데이터베이스가 있다면 오류가 발생합니다. IF NOT EXISTS를 써주면 동일한 데이터베이스명이 없는 경우에만 데이터베이스가 생성됩니다.

형식

```
CREATE DATABASE 데이터베이스명 [CHAR SET utf8mb4 COLLATE utf8mb4_general_ci];
```

MySQL에서 한글을 사용하려면 Character Set을 utf8로 설정합니다. 이모지와 같은 글자를 표현하기 위해서는 글자당 최대 4바이트가 필요한데 MySQL에서 utf8은 최대 3바이트를 지원하기 때문에 이모지 글자를 표현하기 위해서는 Character Set을 utf8mb4로 설정합니다. utf8로 설정하고 이모지 데이터를 추가하면 오류가 발생합니다.

이모지(Emoji)란 일본의 휴대전화 문자 메시지에서 시작된 그림 문자로서 하나의 문자로 취급되는 이미지를 의미합니다.

하나 더 알기 **DBMS에 따른 스키마의 의미**

DBMS에 따라서 스키마의 의미가 조금씩 다릅니다. MySQL과 MariaDB에서 스키마는 데이터베이스와 동일한 의미로 사용합니다. 다시 말해 테이블, 뷰, 함수, 인덱스 등 데이터베이스의 여러 객체의 집합을 스키마라고 부릅니다.
이에 반해 PostgreSQL과 MS-SQL에서 스키마는 데이터베이스의 하위 개념으로 하나의 데이터베이스를 논리적으로 나누는 개념으로 사용됩니다. 즉 하나의 데이터베이스에는 여러 개의 스키마가 포함될 수 있으며, 각 스키마마다 테이블, 뷰, 함수 등의 데이터베이스 객체를 그룹화할 수 있습니다.
오라클에서 스키마는 사용자가 스키마를 포함하는 개념으로, 임의의 사용자가 생성한 데이터베이스 객체를 의미합니다. 따라서 오라클에서는 객체를 생성한 사용자의 이름과 스키마 이름이 서로 동일합니다. 예를 들어 userA라는 사용자가 테이블, 인덱스 등의 객체를 생성했다면 객체의 소유자(owner)는 userA가 되고, userA가 생성한 객체들을 'userA스키마'라고 합니다.

예제 8-1 **한빛학사 데이터베이스를 생성하시오.**

```
CREATE DATABASE 한빛학사;
```

MySQL 워크벤치(Workbench)의 Navigator 창에서 새로고침( )을 클릭하면 새로 생성된 데이터베이스명이 목록에 추가되어 있을 것입니다. 작업할 데이터베이스를 선택, 변경하기 위해서는 Navigator 창에서 데이터베이스명을 더블클릭하거나 쿼리 창에서 USE 한빛학사;를 실행합니다. 현재 작업 중인 데이터베이스는 Navigator 창 목록에서 굵은 글씨체로 보여집니다. 이제 데이터베이스 안에 테이블을 생성하고 사용해봅시다.

2 테이블 생성하기

테이블을 생성하는 형식은 다음과 같습니다.

형식

```
CREATE TABLE 테이블명
(
 컬럼1 데이터타입
,컬럼2 데이터타입
);
```

테이블을 생성할 때 모든 컬럼에는 데이터타입을 지정해주어야 합니다. 이때 적합한 데이터타입을 선택하는 것은 좋은 성능을 위해 중요합니다. 가령 작은 데이터타입일수록 메모리나 디스크, CPU 캐시에 좀 더 작은 공간을 사용하기 때문에 데이터 삽입에 문제가 없는 데이터타입 중 가장 작은 것을 선택하는 것이 좋습니다. 문자열 역시 VARCHAR는 각 값의 크기를 추적할 수 있는 오버헤드가 필요하기 때문에 컬럼의 모든 데이터 크기가 동일한 경우에는 CHAR가 좀 더 효율적입니다.

[예제 8-2]를 통해 테이블을 생성하고 데이터를 삽입해봅시다.

예제 8-2 **다음과 같이 한빛학사 데이터베이스에 학과 테이블을 생성하고, 레코드 3건을 삽입하시오.**

■ **학과 테이블 명세서**

컬럼명	데이터타입
학과번호	고정문자형 2자
학과명	가변문자형 20자
학과장명	가변문자형 20자

■ **학과 데이터**

학과번호	학과명	학과장명
AA	컴퓨터공학과	배경민
BB	소프트웨어학과	김남준
CC	디자인융합학과	박선영

먼저 학과 테이블을 생성합니다.

```
CREATE TABLE 학과
(
 학과번호 CHAR(2)
,학과명 VARCHAR(20)
,학과장명 VARCHAR(20)
);
```

이제 학과 테이블에 3건의 레코드를 삽입하겠습니다.

```
INSERT INTO 학과
VALUES('AA','컴퓨터공학과','배경민')
      ,('BB','소프트웨어학과','김남준')
      ,('CC','디자인융합학과','박선영');
```

▶ 실행결과

학과번호	학과명	학과장명
AA	컴퓨터공학과	배경민
BB	소프트웨어학과	김남준
CC	디자인융합학과	박선영

예제 8-3 **다음과 같이 학생 테이블을 생성하고, 레코드 3건을 삽입하시오.**

■ **학생 테이블 명세서**

컬럼명	데이터타입
학번	고정문자형 5자
이름	가변문자형 20자
나이	숫자형
연락처	숫자형
학과명	가변문자형 20자

학생 테이블 명세서를 살펴보면 적절하지 않은 컬럼이 하나 존재합니다. 바로 '나이' 컬럼입니다. 테이블에 '나이'와 같은 컬럼은 넣지 않는 것이 좋습니다. 나이는 매년 변경되는 값이기 때문입니다. 나이는 고정된 값인 생일을 사용하여 계산하는 것이 적절합니다.

주의해야 할 또 다른 컬럼은 '연락처'입니다. 주민등록번호, 연락처의 경우 숫자로 구성된 값이지만 코드형 데이터이거나 가감승제 연산에 사용되지 않는 데이터는 문자형으로 지정해주는 것이 좋습니다.

마지막으로 '학과명' 컬럼을 살펴봅시다. 만약 학생 테이블의 학과명 컬럼에 데이터를 넣을 때 '컴퓨터 공학과', '컴퓨터공학과' 또는 잘못 입력하여 '검퓨터콩학과'라고도 입력할 수 있습니다. 이런 경우 '컴퓨터공학과' 학생을 검색하고자 하면 틀린 검색 결과를 얻게 됩니다. '잘못된 입력 값을 넣으면 잘못된 결과가 나온다'라는 말이 있습니다(Garbage In Garbage Out, GIGO). 이것은 데이터베이스에도 명확히 적용됩니다. 그렇다면 올바른 데이터를 입력하는 방법은 무엇일까요? 우선 학과명 대신 학과번호를 넣습니다. 그리고 제약조건(Constraint)을 지정하는 것입니다. 제약조건에 대한 자세한 내용은 다음 절에서 다룹니다.

우선 위에서 고려한 사항을 반영한 테이블 명세서는 다음과 같습니다.

■ **변경된 학생 테이블 명세서**

컬럼명	데이터타입
학번	고정문자형 5자
이름	가변문자형 20자
생일	날짜형
연락처	가변문자형 20자
학과번호	고정문자형 2자

■ 학생 데이터

학과번호	이름	생일	연락처	학과번호
S0001	이윤주	2020-01-30	01033334444	AA
S0001	이승은	2021-02-23	NULL	AA
S0003	백재용	2018-03-31	01077778888	DD

```
CREATE TABLE 학생
(
 학번 CHAR(5)
,이름 VARCHAR(20)
,생일 DATE
,연락처 VARCHAR(20)
,학과번호 CHAR(2)
);
```

학생 테이블에 학생 데이터 표를 참고하여 3건의 레코드를 삽입하겠습니다.

```
INSERT INTO 학생
VALUES('S0001','이윤주','2020-01-30','01033334444','AA')
      ,('S0001','이승은','2021-02-23',NULL,'AA')
      ,('S0003','백재용','2018-03-31','01077778888','DD');
```

▶ 실행결과

학번	이름	생일	연락처	학과번호
S0001	이윤주	2020-01-30	01033334444	AA
S0001	이승은	2021-02-23	NULL	AA
S0003	백재용	2018-03-31	01077778888	DD

레코드가 성공적으로 삽입되었습니다. 그런데 이 데이터는 문제가 있습니다. '이승은' 학생의 학번이 '이윤주' 학생의 학번과 같기 때문에 삽입되어서는 안 되는데 성공적으로 삽입되었습니다. 그리고 [예제 8-2]에서 저장한 학과번호는 'AA', 'BB', 'CC' 세 가지뿐이었는데, '백재용' 학생의 학과번호에는 학과 테이블에 존재하지 않는 'DD'가 저장되었습니다. 이러한 문제들은 어떻게 해결할 수 있을까요? 제약조건을 설정하면 문제를 해결할 수 있습니다. 제약조건에 대한 자세한 내용은 다음 절에서 살펴보겠습니다.

기존에 있는 테이블의 구조와 데이터를 그대로 복사하여 새로운 테이블을 생성할 수도 있습니다. 형식은 다음과 같습니다.

형식

```
CREATE TABLE 테이블명 AS
    SELECT문;
```

학생 테이블을 복사하여 휴학생 테이블을 생성해봅시다.

예제 8-4 **학생 테이블을 사용하여 휴학생 테이블을 생성하시오. 이때 데이터는 복사하지 않고, 구조만 복사하시오.**

```
CREATE TABLE 휴학생 AS
     SELECT *
     FROM 학생
     WHERE 1 = 2;
```

▶ **실행결과**

학번	이름	생일	연락처	학과번호

WHERE절을 생략하면 레코드까지 모두 복사되지만, WHERE절에 조건을 지정하면 필요한 레코드만 선택하여 테이블을 생성할 수 있습니다. 레코드를 아예 복사하지 않기 위해서는 WHERE 1 = 2;와 같이 조건을 거짓으로 지정합니다.

3 GENERATED 컬럼

테이블을 생성할 때 계산 컬럼을 추가할 수 있습니다. 계산 컬럼은 GENERATED 컬럼이라고 하는데, 이것은 테이블에 있는 컬럼을 기반으로 하여 계산된 값을 저장할 수 있는 컬럼입니다. GENERATED 컬럼을 생성하는 형식은 다음과 같습니다.

형식

```
컬럼 데이터타입 [GENERATED ALWAYS] AS 계산식 [VIRTUAL | STORED]
```

GENERATED 컬럼은 값이 저장되는 방식에 따라 VIRTUAL과 STORED 두 가지 방식으로 설정할 수 있습니다. VIRTUAL 방식은 데이터는 저장하지 않고 정의만 데이터 사전에 추가하는 방식입니다. 이 방식은 컬럼에 값이 저장되지 않고 레코드를 읽을 때마다 계산하여 보여주기 때문에 별도의 저장 공간을 차지하지 않고 SELECT 문장을 실행할 때마다 계산이 수행됩니다. 이에 반해 STORED 방식은 레코드가 삽입되거나 수정될 때마다 값이 계산되어 저장되기 때문에 추가 저장 공간이 필요하지만, SELECT 검색 시에는 계산 없이 바로 값을 읽어올 수 있습니다. 별도로 지정하지 않으면 VIRTUAL이 기본값이 됩니다.

예제 8-5 **휘트니스센터의 회원을 관리하는 테이블을 만드시오. 이때 체질량지수가 자동 계산되어 저장되도록 GENERATED 컬럼으로 설정하시오.**

■ **회원 테이블 명세서**

컬럼명	데이터타입	제약조건
아이디	가변문자형 20자	기본키
회원명	가변문자형 20자	
키	정수형	
몸무게	정수형	
체질량지수	실수형	몸무게(Kg) / POWER(키(cm), 2)

```
CREATE TABLE 회원
(
 아이디 VARCHAR(20) PRIMARY KEY
,회원명 VARCHAR(20)
,키 INT
,몸무게 INT
,체질량지수 DECIMAL(4,1) AS (몸무게 / POWER(키 / 100, 2)) STORED
);
```

레코드 한 건을 추가하고 결과를 확인해봅시다.

```
INSERT INTO 회원(아이디, 회원명, 키, 몸무게)
VALUES('APPLE','김사과',178, 70);
```

▶ **실행결과**

아이디	회원명	키	몸무게	체질량지수
APPLE	김사과	178	70	22.1

확인문제

다음 지문의 내용이 맞으면 ◯, 틀리면 ×를 표시하시오.

1. MySQL에서는 컬럼에 있는 값을 기반으로 자동 계산되어지는 컬럼을 생성할 수 있다. (　　)

2. CREATE문을 사용하여 기존에 존재하는 테이블의 구조와 데이터를 그대로 복사할 수 있다. (　　)

정답

1. ○　2. ○

Section 04

ALTER, DROP

1 ALTER

ALTER문을 사용하면 테이블명이나 컬럼명, 데이터타입을 변경하거나 테이블에 컬럼을 추가, 삭제할 수 있습니다.

컬럼 추가

컬럼을 추가하는 형식은 다음과 같습니다.

형식

```
ALTER TABLE 테이블명 ADD COLUMN new_컬럼명 데이터타입;
```

예제 8-6 **학생 테이블에 성별 컬럼을 추가하시오.**

컬럼명	데이터타입
성별	고정문자형 1자

```
ALTER TABLE 학생 ADD 성별 CHAR(1);
```

▶ 실행결과

학번	이름	생일	연락처	학과번호	성별
S0001	이윤주	2020-01-30	01033334444	AA	NULL
S0001	이승은	2021-02-23	NULL	AA	NULL
S0003	백재용	2018-03-31	01077778888	DD	NULL

컬럼 데이터타입 변경

컬럼 데이터타입을 변경하는 형식은 다음과 같습니다.

형식

```
ALTER TABLE 테이블명 MODIFY COLUMN 컬럼명 new_데이터타입;
```

예제 8-7 학생 테이블에서 성별 컬럼의 데이터타입을 다음과 같이 변경하시오.

컬럼명	데이터타입
성별	가변문자형 2자

```
ALTER TABLE 학생 MODIFY COLUMN 성별 VARCHAR(2);
```

컬럼명 변경

컬럼명을 변경하는 형식은 다음과 같습니다.

형식

```
ALTER TABLE 테이블명 CHANGE COLUMN old_컬럼명 new_컬럼명 데이터타입;
```

예제 8-8 학생 테이블에서 연락처 컬럼명을 휴대폰번호로 변경하시오.

```
ALTER TABLE 학생 CHANGE COLUMN 연락처 휴대폰번호 VARCHAR(20);
```

▶ 실행결과

학번	이름	생일	휴대폰번호	학과번호	성별
S0001	이윤주	2020-01-30	01033334444	AA	NULL

컬럼 삭제

컬럼을 삭제하는 형식은 다음과 같습니다.

형식

```
ALTER TABLE 테이블명 DROP COLUMN 컬럼명;
```

예제 8-9 학생 테이블에서 성별 컬럼을 삭제하시오.

```
ALTER TABLE 학생 DROP COLUMN 성별;
```

▶ 실행결과

학번	이름	생일	휴대폰번호	학과번호
S0001	이윤주	2020-01-30	01033334444	AA
S0001	이승은	2021-02-23	NULL	AA
S0003	백재용	2018-03-31	01077778888	DD

테이블명 변경

ALTER를 사용하면 컬럼명 뿐만 아니라 테이블명도 변경할 수 있습니다. 테이블명을 변경하는 형식은 다음과 같습니다.

형식

```
ALTER TABLE old_테이블명 RENAME new_테이블명;
```

예제 8-10 **휴학생 테이블명을 졸업생 테이블명으로 변경하시오.**

```
ALTER TABLE 휴학생 RENAME 졸업생;
```

2 DROP

DROP문은 데이터베이스, 테이블 및 기타 여러 객체를 삭제할 때 사용합니다. DROP문에 대한 형식은 다음과 같습니다.

형식

```
DROP DATABASE 데이터베이스명;
DROP TABLE 테이블명;
```

예제 8-11 **학과 테이블과 학생 테이블을 삭제하시오.**

```
DROP TABLE 학과;
DROP TABLE 학생;
```

확인문제

다음 지문에 따라 명령어가 실행되도록 빈칸을 채우시오.

1. 학생 테이블명을 student로 변경한다.

```
ALTER TABLE 학생 [          ] student;
```

2. 학번 컬럼을 student_id로 변경한다.

```
ALTER TABLE student [          ] COLUMN 학번 student_id CHAR(5);
```

3. student 테이블에 address 컬럼을 추가한다.

```
ALTER TABLE student [          ] COLUMN address VARCHAR(10);
```

4. address 컬럼의 데이터타입 크기를 50으로 변경한다.

```
ALTER TABLE student [          ] COLUMN address VARCHAR(50);
```

5. address 컬럼을 삭제한다.

```
ALTER TABLE student [          ] COLUMN address;
```

정답

1. RENAME 2. CHANGE 3. ADD 4. MODIFY 5. DROP

Section 05

제약조건

1 제약조건의 개념

데이터베이스에는 무결한 데이터가 들어가야 합니다. 그런데 [예제 8-3]에서 보았듯이 테이블에 아무런 제약 사항을 두지 않으면 적합하지 않은 데이터가 저장되어 무결성 위배가 발생할 수 있습니다. 이를 위해 테이블에 제약조건을 설정하여 데이터 무결성을 유지할 수 있습니다.

제약조건은 다음과 같은 특징이 있습니다.

- 제약조건은 데이터 사전에 저장된다.
- 제약조건은 CREATE문으로 테이블을 생성할 때 지정할 수 있고, ALTER문으로 테이블의 구조를 변경할 때 지정할 수도 있다.
- 제약조건은 고유한 이름을 붙여서 식별할 수 있다.
- 한 컬럼에 여러 개의 제약조건을 설정할 수 있다.

하나 더 알기 **데이터 사전**

데이터 사전(Data Dictionary)은 DBMS를 효율적으로 사용하기 위해 데이터베이스 내 객체들의 정보를 유지, 관리하는 시스템으로 시스템 카탈로그(System Catalog)라고도 합니다. 데이터 사전은 테이블과 뷰로 정의되며, 데이터베이스 스키마 객체 정보, 테이블과 컬럼 속성 정보, 제약조건 정보, 사용자 및 권한 정보, 디스크 구조 정보 등이 저장됩니다.

데이터 사전에 들어있는 데이터를 메타 데이터(Meta Data)라고 합니다. 메타 데이터는 데이터에 대한 데이터(data about data)로 다른 데이터를 설명해주는 데이터라고 할 수 있습니다. 일반 사용자는 메타 데이터를 직접 삽입, 수정, 삭제할 수 없으며, 오직 검색만 가능합니다.

2 제약조건의 설정

테이블을 생성할 때 제약조건을 추가하는 형식은 다음과 같습니다.

형식

```
CREATE TABLE 테이블명
(
 컬럼1 데이터타입 제약조건 ─── ❶
,컬럼2 데이터타입 ─── ❷
,제약조건(컬럼2) ─── ❸
);
```

제약조건은 ❶과 같이 컬럼의 데이터타입 바로 다음에 기술할 수 있습니다. 이러한 제약조건 설정 방법을 컬럼 레벨 제약조건 설정이라고 합니다. 그리고 ❷와 같이 컬럼의 정의를 끝낸 후 ❸과 같이 제약조건을 별도로 지정해줄 수 있습니다. 이러한 설정 방법을 테이블 레벨 제약조건 설정이라고 합니다. 제약조건 중 NOT NULL은 컬럼 레벨로만 설정할 수 있으며, 기본키가 복합키로 구성이 되는 경우에는 테이블 레벨로만 기본키를 설정할 수 있습니다.

하나 더 알기 ✓ **복합키와 대리키**

레코드를 식별하기 위해서는 기본키를 설정해야 합니다. 기본키는 한 개의 컬럼 이상으로 구성이 될 수 있으며, 두 개 이상의 컬럼으로 생성된 기본키를 복합키(Composite Key)라고 합니다.

대리키(Surrogate key)는 기본키를 대체하는 키로 인공키(Artificial key)라고도 합니다. 기본키가 여러 개의 컬럼으로 구성되어야 하거나 기본키로 사용할 속성이 없을 경우에 대리키를 사용할 수 있습니다. 또는 데이터 길이가 너무 길거나 보안이 필요한 컬럼을 기본키로 사용해야 하는 경우 기본키를 대체할 수 있도록 일련번호와 같은 컬럼을 생성하여 기본키로 사용할 수 있습니다.

3 제약조건의 종류

제약조건의 종류에는 PRIMARY KEY 제약, NOT NULL 제약, UNIQUE 제약, CHECK 제약, DEFAULT 제약, FOREIGN 제약이 있습니다.

■ PRIMARY KEY 제약

- 기본키를 설정하는 제약조건이다.
- 기본키는 레코드를 대표하는 키로 한 개 이상의 컬럼으로 구성된다.
- 기본키는 테이블당 한 개여야 한다.
- 기본키를 생성하면 자동으로 인덱스가 생성된다.
- 기본키는 NOT NULL이어야 하고, 유일한 값을 가져야 한다(NOT NULL 제약조건 + UNIQUE 제약조건).

■ NOT NULL 제약

- NOT NULL 제약조건이 설정된 컬럼에는 반드시 값을 넣어야 한다.
- NOT NULL 제약조건은 반드시 컬럼 레벨로 설정해야 한다.

■ UNIQUE 제약

- UNIQUE 제약조건이 설정된 컬럼에는 반드시 유일한 값을 넣어야 한다.
- 자동으로 인덱스가 생성된다.

■ CHECK 제약

- CHECK 제약조건이 설정된 컬럼에는 설정된 조건에 맞는 값만 넣어야 한다.
- 조건으로는 특정 값이나 범위, 특정 패턴의 숫자나 문자 값 등을 설정할 수 있다.

■ DEFAULT 제약

- 값을 넣지 않을 경우 지정한 값이 자동으로 들어간다.

■ FOREIGN KEY 제약

- 외래키를 설정하는 제약조건이다.
- 한 테이블의 외래키는 참조하는 테이블의 기본키이거나 NULL이어야 한다.
- 외래키의 컬럼과 참조하는 테이블의 기본키 컬럼의 데이터타입과 크기는 서로 동일해야 한다.

하나 더 알기 √ **개체 무결성과 참조 무결성**

개체 무결성과 참조 무결성은 데이터 무결성을 보장하는 중요한 규칙으로 이를 지키지 않으면 데이터의 정확성과 일관성이 손상될 수 있으므로 무결성 규칙을 엄격하게 준수해야 합니다.

■ 개체 무결성

개체 무결성(Entity Integrity)은 기본키와 관련이 있습니다. 개체 무결성은 기본키 컬럼에 중복된 값이나 NULL 값을 허용하지 않는 원칙을 나타냅니다.

■ 참조 무결성

참조 무결성(Referential Integrity)은 외래키와 관련이 있습니다. 특정 테이블의 외래키는 다른 테이블의 기본키를 참조함으로써 관계가 항상 일관성 있게 유지되어야 함을 의미합니다.

Q

테이블에 기본키를 꼭 지정해야 하나요?

A

기본키는 각 레코드를 고유하게 식별하는 역할을 합니다. 기본키를 지정하면 정확하고 빠르게 데이터를 검색하고 관리할 수 있으며, 레코드 간에 관계를 설정하거나 데이터를 조작할 때도 중요한 역할을 합니다. 또한 기본키는 중복을 방지하고 데이터의 무결성을 보장하는 데에도 도움이 됩니다. 기본키를 지정하지 않으면 데이터베이스 시스템이 중복 레코드를 허용할 수 있는데, 이는 데이터 관리와 정확성에 대해 문제를 초래할 수 있습니다. 따라서 특정 상황을 제외하고는 기본키를 지정하여 데이터의 고유성을 보장하고 데이터베이스의 성능을 향상시키는 것이 좋습니다.

예제를 통해 제약조건에 대해 한 가지씩 자세히 살펴보겠습니다.

예제 8-12 **제약조건을 추가하여 학과 테이블을 다시 생성하시오.**

■ 학과 테이블 명세서(제약조건 추가)

컬럼명	데이터타입	제약조건
학과번호	고정문자형 2자	기본키
학과명	가변문자형 20자	필수 입력
학과장명	가변문자형 20자	

■ 방법1: 컬럼 레벨의 제약조건 설정

```
CREATE TABLE 학과
(
 학과번호 CHAR(2) PRIMARY KEY
,학과명 VARCHAR(20) NOT NULL
,학과장명 VARCHAR(20)
);
```

■ 방법2: 테이블 레벨로 제약조건 설정

```
CREATE TABLE 학과
(
 학과번호 CHAR(2)
,학과명 VARCHAR(20) NOT NULL ●──── ❷
,학과장명 VARCHAR(20)
,PRIMARY KEY(학과번호) ●──── ❶
);
```

기본키 제약조건을 테이블 레벨로 설정할 때는 ❶과 같이 기본키로 지정할 컬럼명을 함께 넣어주어야 합니다. NOT NULL 제약조건은 ❷와 같이 컬럼 레벨로만 설정이 가능합니다.

예제 8-13 **제약조건을 추가하여 학생 테이블을 다시 생성하시오.**

■ 학생 테이블 명세서(제약조건 추가)

컬럼명	데이터타입	제약조건
학번	고정문자형 5자	기본키
이름	가변문자형 20자	필수 입력
생일	날짜형	필수 입력
연락처	가변문자형 20자	유일한 값만 입력 가능
학과번호	고정문자형 2자	학과 테이블의 학과번호 참조
성별	고정문자형 1자	남 또는 여만 입력 가능
등록일	날짜형	오늘 날짜 자동 입력

■ 방법1: 컬럼 레벨로 제약조건 설정

```
CREATE TABLE 학생
(
 학번 CHAR(5) PRIMARY KEY
,이름 VARCHAR(20) NOT NULL
,생일 DATE NOT NULL
,연락처 VARCHAR(20) UNIQUE
,학과번호 CHAR(2) REFERENCES 학과(학과번호)
,성별 CHAR(1) CHECK(성별 IN ('남','여'))
,등록일 DATE DEFAULT(CURDATE())
,FOREIGN KEY(학과번호) REFERENCES 학과(학과번호)
);
```

- 방법2: 테이블 레벨로 제약조건 설정

```
CREATE TABLE 학생
(
 학번 CHAR(5)
,이름 VARCHAR(20) NOT NULL
,생일 DATE NOT NULL
,연락처 VARCHAR(20)
,학과번호 CHAR(2)
,성별 CHAR(1)
,등록일 DATE DEFAULT(CURDATE())
,PRIMARY KEY(학번)
,UNIQUE(연락처)
,CHECK(성별 IN ('남','여'))
,FOREIGN KEY (학과번호) REFERENCES 학과(학과번호)
);
```

하나 더 알기 **DBMS에 따른 제약조건 설정의 차이**

제약조건 설정이 DBMS에 따라 다소 차이가 날 수 있습니다. 가령 MySQL에서는 기본키에 대한 제약조건명을 사용자가 설정하지 않지만 오라클이나 MS-SQL 등에서는 기본키에 대한 제약조건명도 사용자가 직접 설정할 수 있습니다. 또한 기본키 제약조건을 삭제하는 방법에도 차이가 있습니다. MySQL에서는 기본키를 삭제할 때 다음과 같은 문법을 사용합니다.

```
ALTER TABLE 테이블명 DROP PRIMARY KEY;
```

외래키의 설정에도 차이가 있습니다. MySQL에서 외래키는 테이블 레벨로만 설정할 수 있습니다.

예제 8-14 **제약조건을 추가하여 과목 테이블을 생성하시오.**

- 과목 테이블 명세서

컬럼명	데이터타입	제약조건
과목번호	고정문자형 5자	기본키
과목명	가변문자형 20자	필수 입력
학점	정수형	필수 입력. 2학점부터 4학점까지만 입력 가능
구분	가변문자형 20자	전공, 교양, 일반만 입력 가능

```
CREATE TABLE 과목
(
 과목번호 CHAR(5) PRIMARY KEY
,과목명 VARCHAR(20) NOT NULL
,학점 INT NOT NULL CHECK(학점 BETWEEN 2 AND 4) ──── ❶
,구분 VARCHAR(20) CHECK(구분 IN ('전공','교양','일반'))
);
```

하나의 컬럼에 두 개 이상의 제약조건을 설정하려면 ❶과 같이 공백으로 두 제약조건을 구분합니다.

예제 8-15 **제약조건을 추가하여 수강_1 테이블을 생성하시오. 기본키는 수강년도, 수강학기, 학번, 과목번호를 모두 포함하시오.**

■ 수강_1 테이블 명세서

컬럼명	데이터타입	제약조건
수강년도	고정문자형 4자	필수 입력
수강학기	가변문자형 20자	필수 입력, 1학기, 2학기, 여름학기, 겨울학기만 입력 가능
학번	고정문자형 5자	필수 입력, 학생 테이블의 학번 참조
과목번호	고정문자형 5자	필수 입력, 과목 테이블의 과목번호 참조
성적	실수형	0부터 4.5까지 입력 가능

```
CREATE TABLE 수강_1
(
 수강년도 CHAR(4) NOT NULL
,수강학기 VARCHAR(20) NOT NULL CHECK(수강학기 IN ('1학기','2학기','여름학기','겨울학기'))
,학번 CHAR(5) NOT NULL
,과목번호 CHAR(5) NOT NULL
,성적 NUMERIC(3,1) CHECK(성적 BETWEEN 0 AND 4.5)
,PRIMARY KEY(수강년도, 수강학기, 학번, 과목번호) ──── ❶
,FOREIGN KEY (학번) REFERENCES 학생(학번)
,FOREIGN KEY (과목번호) REFERENCES 과목(과목번호)
);
```

기본키가 복합키인 경우에는 ❶과 같이 테이블 레벨로만 제약조건을 설정할 수 있습니다.

예제 8-16 **수강번호라는 대리키를 기본키로 하는 제약조건을 추가하여 수강_2 테이블을 생성하시오. 수강번호는 일련번호로 생성하시오.**

```
CREATE TABLE 수강_2
(
 수강번호 INT PRIMARY KEY AUTO_INCREMENT
,수강년도 CHAR(4) NOT NULL
,수강학기 VARCHAR(20) NOT NULL CHECK(수강학기 IN ('1학기','2학기','여름학기','겨울학기'))
,학번 CHAR(5) NOT NULL
,과목번호 CHAR(5) NOT NULL
,성적 NUMERIC(3,1) CHECK(성적 BETWEEN 0 AND 4.5)
,FOREIGN KEY (학번) REFERENCES 학생(학번)
,FOREIGN KEY (과목번호) REFERENCES 과목(과목번호)
);
```

4개의 컬럼으로 구성되었던 기본키를 수강번호라는 대리키를 사용하여 대체하였습니다. 수강번호를 정수형 데이터타입으로 지정하고, AUTO_INCREMENT 옵션을 추가하면 자동으로 일련번호가 생성됩니다.

이제 레코드를 추가하면서 제약조건이 어떻게 적용되는지 확인해보겠습니다.

예제 8-17 **학과 테이블에 다음과 같이 레코드 3건을 추가하시오. 오류가 발생한다면 이유가 무엇인지 생각해봅니다.**

```
INSERT INTO 학과
VALUES ('AA','컴퓨터공학과','배경민');

INSERT INTO 학과
VALUES ('AA','소프트웨어학과','김남준');   ← ❶ 오류 발생

INSERT INTO 학과
VALUES ('CC','디자인융합학과','박선영');
```

위의 문장을 실행하면 문장 ❶에서 오류가 발생합니다. 기본키는 유일성을 갖춰야 하므로 동일한 값이 두 번 이상 들어갈 수 없기 때문입니다.

```
Error Code: 1062. Duplicate entry 'AA'for key '학과.PRIMARY'
```

소프트웨어학과의 학과번호를 'BB'로 바꾸고 다시 실행하면 오류 없이 실행되는 것을 확인할 수 있습니다.

```
INSERT INTO 학과
VALUES ('BB','소프트웨어학과','김남준');
```

▶ 실행결과

학과번호	학과명	학과장명
AA	컴퓨터공학과	배경민
BB	소프트웨어학과	김남준
CC	디자인융합학과	박선영

예제 8-18 **학생 테이블에 다음과 같이 레코드 3건을 추가하시오. 오류가 발생한다면 이유가 무엇인지 생각해봅니다.**

```
INSERT INTO 학생(학번, 이름, 생일, 학과번호)
VALUES ('S0001','이윤주','2020-01-30', 'AA');

INSERT INTO 학생(이름, 생일, 학과번호)      ❶ 오류 발생
VALUES ('이승은','2021-02-23', 'AA');

INSERT INTO 학생(학번, 이름, 생일, 학과번호)      ❷ 오류 발생
VALUES ('S0003','백재용','2018-03-31','DD');
```

위의 SQL문을 실행하면 ❶에서 오류가 발생합니다. 기본키에는 반드시 값이 들어가야 하는데, 학번 컬럼에 값을 넣지 않았기 때문입니다. 다시 말해 개체 무결성 제약조건에 위배되어 오류가 발생한 것입니다.

```
Error Code: 1364. Field '학번' doesn't have a default value
```

학번을 넣고 다시 실행하면 제대로 입력됩니다.

```
INSERT INTO 학생(학번, 이름, 생일, 학과번호)
VALUES ('S0002', '이승은','2020-01-30', 'AA');
```

문장 ❷도 오류가 발생합니다. 학과 테이블에는 'DD'라는 학과번호가 존재하지 않기 때문에 참조 무결성 제약조건에 위배되기 때문입니다.

```
Error Code: 1452. Cannot add or update a child row: a foreign key constraint fails('한빛학사','학생',CONSTRAINT '학생_ibfk_1'FOREIGN KEY ('학과번호') REFERENCES '학과' ('학과번호'))
```

학과번호를 수정하고 다시 실행하면 제대로 추가됩니다.

```
INSERT INTO 학생(학번, 이름, 생일, 학과번호)
VALUES ('S0003','백재용','2018-03-31','CC');
```

▶ **실행결과**

학번	이름	생일	연락처	학과번호	성별	등록일
S0001	이윤주	2020-01-30	NULL	AA	NULL	2023-12-19
S0002	이승은	2020-01-30	NULL	AA	NULL	2023-12-19
S0003	백재용	2018-03-31	NULL	CC	NULL	2023-12-19

예제 8-19 **과목 테이블에 다음과 같이 레코드 3건을 추가하시오. 오류가 발생한다면 이유가 무엇인지 생각해봅니다.**

```
INSERT INTO 과목(과목번호, 과목명, 구분)
VALUES ('C0001','데이터베이스실습', '전공');                ❶ 오류 발생

INSERT INTO 과목(과목번호, 과목명, 구분, 학점)
VALUES ('C0002','데이터베이스 설계와 구축', '전공', 5);     ❷ 오류 발생

INSERT INTO 과목(과목번호, 과목명, 구분, 학점)
VALUES ('C0003','데이터 분석', '전공', 3);
```

세 개의 문장을 실행하면 ❶과 ❷에서 오류가 발생합니다. ❶과 같이 학점 컬럼에는 NOT NULL 제약조건이 설정되어 있기 때문에 반드시 값을 입력해야만 하는데, 학점 컬럼에 값을 입력하지 않았기 때문에 오류가 발생한 것입니다.

```
Error Code: 1364. Field '학점' doesn't have a default value
```

학점을 넣고 다시 실행하면 제대로 입력됩니다.

```
INSERT INTO 과목(과목번호, 과목명, 구분, 학점)
VALUES ('C0001','데이터베이스실습', '전공', 3);
```

문장 ❷에서는 왜 오류가 났을까요? 학점 컬럼의 값은 2부터 4까지의 정수만 입력 가능하도록 CHECK 제약조건을 설정했는데, 이에 위배되는 값인 5를 입력하려고 했기 때문입니다.

```
Error Code: 3819. Check constraint '과목_chk_1'is violated.
```

학점을 수정하고 다시 실행하면 제대로 입력됩니다.

```
INSERT INTO 과목(과목번호, 과목명, 구분, 학점)
VALUES ('C0002','데이터베이스 설계와 구축', '전공', 3);
```

▶ 실행결과

과목번호	과목명	학점	구분
C0001	데이터베이스실습	3	전공
C0002	데이터베이스 설계와 구축	3	전공
C0003	데이터 분석	3	전공

예제 8-20 **수강_1 테이블에 다음과 같이 레코드 4건을 추가하시오. 오류가 발생한다면 이유가 무엇인지 생각해봅니다.**

```
INSERT INTO 수강_1(수강년도, 수강학기, 학번, 과목번호, 성적)
VALUES('2023','1학기','S0001','C0001',4.3);

INSERT INTO 수강_1(수강년도, 수강학기, 학번, 과목번호, 성적)
VALUES('2023','1학기','S0001','C0001',4.5);
```
❶ 오류 발생

```
INSERT INTO 수강_1(수강년도, 수강학기, 학번, 과목번호, 성적)
VALUES('2023','1학기','S0001','C0002',4.6);
```
❷ 오류 발생

```
INSERT INTO 수강_1(수강년도, 수강학기, 학번, 과목번호, 성적)
VALUES('2023','1학기','S0002','C0009',4.3);
```
❸ 오류 발생

첫 문장은 성공적으로 입력됩니다.

문장 ❶은 이미 입력되어 있는 기본키와 동일한 값인 '2023' + '1학기' + 'S0001' + 'C0001'을 또 입력하려 했기 때문에 중복 오류가 발생했습니다.

```
Error Code: 1062. Duplicate entry '2023-1학기-S0001-C0001'for key '수강_1.PRIMARY'
```

문장 ❷에서는 점수를 0부터 4.5 사이의 값을 입력해야 하는데, 범위를 벗어나는 값인 4.6을 입력하여 오류가 발생했습니다.

```
Error Code: 3819. Check constraint '수강_1_chk_2'is violated.
```

학점을 수정하고 다시 실행하면 제대로 입력됩니다.

```
INSERT INTO 수강_1(수강년도, 수강학기, 학번, 과목번호, 성적)
VALUES('2023','1학기','S0001','C0002',4.4);
```

문장 ❸에서는 과목 테이블에 존재하지 않는 'C0009'라는 과목을 입력하여 오류가 발생했습니다.

```
Error Code: 1452. Cannot add or update a child row: a foreign key constraint fails (`한빛
학사`.`수강_1`, CONSTRAINT `수강_1_ibfk_2` FOREIGN KEY (`과목번호`) REFERENCES `과목` (`과
목번호`))
```

과목 테이블에 들어있는 과목번호로 수정하고 다시 실행하면 제대로 입력됩니다.

```
INSERT INTO 수강_1(수강년도, 수강학기, 학번, 과목번호, 성적)
VALUES('2023','1학기','S0002','C0002',4.3);
```

▶ 실행결과

수강년도	수강학기	학번	과목번호	성적
2023	1학기	S0001	C0001	4.3
2023	1학기	S0001	C0002	4.4
2023	1학기	S0002	C0002	4.3

예제 8-21 수강_1에서 넣은 것과 동일하게 수강_2 테이블에 2개의 레코드를 추가해보시오.

```
INSERT INTO 수강_2(수강년도, 수강학기, 학번, 과목번호, 성적)
VALUES('2023','1학기','S0001','C0001',4.3);

INSERT INTO 수강_2(수강년도, 수강학기, 학번, 과목번호, 성적)
VALUES('2023','1학기','S0001','C0001',4.5);
```

▶ 실행결과

수강번호	수강년도	수강학기	학번	과목번호	성적
1	2023	1학기	S0001	C0001	4.3
2	2023	1학기	S0001	C0001	4.5

수강번호가 자동으로 삽입되었습니다. 또한 기본키가 수강번호이기 때문에 '수강년도 + 수강학기 + 학번 + 과목번호'에 동일한 값을 넣어도 삽입됨을 알 수 있습니다.

이처럼 대리키로 기본키를 설정하는 경우 무결성을 보장할 수 없는 일이 발생할 수 있습니다. 따라서 기본키로 대리키를 고려할 때에는 성능, 편의성, 무결성 보장 등 여러 요소를 고려하여 선택해야 합니다.

4 제약조건의 추가, 삭제

ALTER문을 사용하면 이미 생성되어 있는 테이블의 컬럼에 제약조건을 추가하거나 삭제할 수 있습니다. 하지만 제약조건을 변경할 수는 없습니다. 만약 제약조건을 변경하고 싶다면 제약조건을 삭제한 후 새로 생성해야 합니다.

제약조건을 추가하는 형식은 다음과 같습니다.

형식

```
ALTER TABLE 테이블명 ADD CONSTRAINT 제약조건(컬럼명);
```

제약조건 추가에 관한 예제를 살펴봅시다.

예제 8-22 학생 테이블의 학번 컬럼에 CHECK 제약조건을 추가하시오.

- **제약조건: 모든 학번은 'S'로 시작한다.**

```
ALTER TABLE 학생 ADD CONSTRAINT CHECK(학번 LIKE 'S%');
```

ALTER문에서 ADD CONSTRAINT 다음에 제약조건을 넣어 제약조건을 추가할 수 있습니다.

예제 8-23 학생 테이블에 설정되어 있는 제약조건 명세를 확인하시오.

```
SELECT *
FROM INFORMATION_SCHEMA.TABLE_CONSTRAINTS
WHERE CONSTRAINT_SCHEMA = '한빛학사'
AND TABLE_NAME = '학생';
```

▶ 실행결과

CONSTRAINT_CATALOG	CONSTRAINT_SCHEMA	CONSTRAINT_NAME	TABLE_SCHEMA	TABLE_NAME	CONSTRAINT_TYPE	ENFORCED
def	한빛학사	PRIMARY	한빛학사	학생	PRIMARY KEY	YES
def	한빛학사	연락처	한빛학사	학생	UNIQUE	YES
def	한빛학사	학생_ibfk_1	한빛학사	학생	FOREIGN KEY	YES
def	한빛학사	학생_chk_1	한빛학사	학생	CHECK	YES
def	한빛학사	학생_chk_2	한빛학사	학생	CHECK	YES

INFORMATION_SCHEMA는 MySQL에서 사용하는 데이터 사전입니다. INFORMATION_SCHEMA를 통해 데이터베이스, 테이블, 컬럼, 데이터타입, 제약조건, 액세스 권한 등 MySQL 서버 내에 존재하는 데이터베이스 객체에 대한 메타 정보를 확인할 수 있습니다. TABLE_CONSTRAINTS 테

이블에서는 테이블의 컬럼에 설정되어 있는 제약조건명(CONSTRAINT_NAME)과 제약조건타입(CONSTRAINT_TYPE) 등 제약조건에 대한 명세를 확인할 수 있습니다.

제약조건을 삭제하는 형식은 다음과 같습니다.

형식

```
ALTER TABLE 테이블명 DROP CONSTRAINT 제약조건명;
```

예제 8-24 학생 테이블에 설정되어 있는 제약조건 중 연락처에 설정되어 있는 제약조건을 삭제하시오.

```
ALTER TABLE 학생 DROP CONSTRAINT 연락처;
```

예제 8-25 성별 컬럼에 설정되어 있는 CHECK 제약조건을 삭제하시오.

[예제 8-23]의 결과를 보면 학생 테이블에 설정되어 있는 CHECK 제약조건이 2개인 것을 알 수 있습니다. 그런데 제약조건명으로는 어느 것이 성별 컬럼에 걸려있는 제약조건인지 구분하기가 어렵습니다. 우선 학생 테이블에 걸려있는 CHECK 제약조건 2개를 삭제하고 학번에 설정했던 CHECK 제약조건은 다시 설정하겠습니다.

```
ALTER TABLE 학생 DROP CONSTRAINT 학생_chk_1;

ALTER TABLE 학생 DROP CONSTRAINT 학생_chk_2;

ALTER TABLE 학생 ADD CHECK (학번 LIKE 'S%');
```

▶ 실행결과

CONSTRAINT_CATALOG	CONSTRAINT_SCHEMA	CONSTRAINT_NAME	TABLE_SCHEMA	TABLE_NAME	CONSTRAINT_TYPE	ENFORCED
def	한빛학사	PRIMARY	한빛학사	학생	PRIMARY KEY	YES
def	한빛학사	학생_ibfk_1	한빛학사	학생	FOREIGN KEY	YES
def	한빛학사	학생_chk_1	한빛학사	학생	CHECK	YES

제약조건명을 지정하지 않으면 자동으로 이름이 지정됩니다. 사용자가 직접 제약조건명을 설정하면 좀 더 효율적으로 제약조건을 관리할 수 있습니다.

5 제약조건명의 지정

제약조건에는 고유한 이름을 지정하여 관리할 수 있습니다. 이름을 지정할 때는 필요한 정보를 담는 것이 좋습니다. 일반적으로 제약조건명에는 제약조건타입과 테이블명, 컬럼명을 확인할 수 있도록 지정합니다. 제약조건명을 지정하는 형식은 다음과 같습니다.

형식

```
컬럼 레벨:
컬럼명 데이터타입 [CONSTRAINT 제약조건명] 제약조건

테이블 레벨:
[CONSTRAINT 제약조건명] 제약조건
```

예제 8-26 **[예제 8-13]에 있는 학생 테이블의 구조를 사용하여 학생_2 테이블을 생성하시오. 이때 제약조건명을 지정하여 생성하시오.**

```
CREATE TABLE 학생_2
(
 학번 CHAR(5)
,이름 VARCHAR(20) NOT NULL
,생일 DATE NOT NULL
,연락처 VARCHAR(20)
,학과번호 CHAR(2)
,성별 CHAR(1)
,등록일 DATE DEFAULT(CURDATE())
,PRIMARY KEY(학번)
,CONSTRAINT UK_학생2_연락처 UNIQUE(연락처)
,CONSTRAINT CK_학생2_성별 CHECK(성별 IN ('남','여'))
,CONSTRAINT FK_학생2_학과번호 FOREIGN KEY (학과번호) REFERENCES 학과(학과번호)
);
```

테이블을 생성했다면 제약조건 명세를 확인해봅시다.

```
SELECT *
FROM INFORMATION_SCHEMA.TABLE_CONSTRAINTS
WHERE CONSTRAINT_SCHEMA = '한빛학사'
AND TABLE_NAME = '학생_2';
```

▶ 실행결과

CONSTRAINT_CATALOG	CONSTRAINT_SCHEMA	CONSTRAINT_NAME	TABLE_SCHEMA	TABLE_NAME	CONSTRAINT_TYPE	ENFORCED
def	한빛학사	PRIMARY	한빛학사	학생_2	PRIMARY KEY	YES
def	한빛학사	UK_학생2_연락처	한빛학사	학생_2	UNIQUE	YES
def	한빛학사	FK_학생2_학과번호	한빛학사	학생_2	FOREIGN KEY	YES
def	한빛학사	CK_학생2_성별	한빛학사	학생_2	CHECK	YES

6 외래키 제약조건의 옵션

만약 삭제하려는 학과에 소속된 학생이 이미 존재하는 경우에는 학과 테이블에서 학과 레코드를 삭제할 때 삭제되지 않습니다. 이럴 때는 데이터의 일관성을 유지하기 위해 자식 테이블인 학생 테이블에서 해당학과에 소속된 학생의 레코드를 먼저 삭제한 후 학과 테이블을 삭제해야 합니다.

학과 레코드를 삭제할 수 있는 또 다른 방법은 제약조건 설정 시에 옵션을 지정하는 것입니다. ON DELETE CASCADE 옵션을 사용하면 학과 테이블에서 학과 레코드가 삭제될 때 해당 학과에 소속된 학생 테이블의 학생들도 자동으로 삭제됩니다.

다시 말해 ON DELETE CASCADE 옵션을 지정하면 참조하는 테이블의 레코드가 삭제될 때 다른 테이블에서도 해당 레코드와 관련된 모든 데이터를 연쇄적으로 삭제할 수 있습니다.

이렇게 외래키 제약조건 옵션을 사용하면 데이터베이스의 일관성을 유지할 수 있습니다. [표 8-5]는 외래키 제약조건 옵션의 종류를 보여줍니다.

표 8-5 외래키 제약조건 옵션

	ON DELETE	ON UPDATE
CASCADE	부모 레코드 삭제 시 자식 레코드도 연쇄적으로 삭제된다.	부모 레코드의 기본키 수정 시 자식 레코드의 외래키 값도 연쇄적으로 수정된다.
SET NULL	부모 레코드 삭제 시 자식 레코드의 외래키 값이 NULL로 변경된다.	부모 레코드의 기본키 수정 시 자식 레코드의 외래키 값이 NULL로 변경된다.
SET DEFAULT	부모 레코드 삭제 시 자식 레코드의 외래키 값이 기본값으로 변경된다.	부모 레코드의 기본키 수정 시 자식 레코드의 외래키 값이 기본값으로 변경된다.
NO ACTION(기본값)	자식 레코드가 있으면 부모 레코드를 삭제할 수 없다.	자식 레코드가 있으면 부모 레코드의 기본키 값을 수정할 수 없다.

예제 8-27 **수강평가 테이블을 생성하시오. 이때 평가순번은 자동번호로 생성합니다. 또한 과목 테이블에서 레코드를 삭제하면 수강평가 테이블에서도 해당 과목에 대한 평가 레코드가 삭제되도록 옵션을 설정하시오.**

■ 수강평가 테이블 명세서

컬럼명	데이터타입	제약조건 및 조건
평가순번	정수형	기본키, 자동번호
학번	고정문자형 5자	학생 테이블의 학번 참조
과목번호	고정문자형 5자	과목 테이블의 과목번호 참조

평점	정수형	0부터 5까지 입력 가능
과목평가	가변문자형 500자	
평가일시	날짜시간형	현재 일시 자동 등록

```
CREATE TABLE 수강평가
(
 평가순번 INT PRIMARY KEY AUTO_INCREMENT
,학번 CHAR(5) NOT NULL
,과목번호 CHAR(5) NOT NULL
,평점 INT CHECK(평점 BETWEEN 0 AND 5)
,과목평가 VARCHAR(500)
,평가일시 DATETIME DEFAULT CURRENT_TIMESTAMP
,FOREIGN KEY (학번) REFERENCES 학생(학번)
,FOREIGN KEY (과목번호) REFERENCES 과목(과목번호) ON DELETE CASCADE
);
```

예제 8-28 **수강평가 테이블에 4건의 레코드를 추가하시오.**

```
INSERT INTO 수강평가(학번, 과목번호, 평점, 과목평가)
VALUES('S0001','C0001',5,'SQL학습에 도움이 되었습니다.')
      ,('S0001','C0003',5,'SQL 활용을 배워서 좋았습니다.')
      ,('S0002','C0003',5,'데이터 분석에 관심이 생겼습니다.')
      ,('S0003','C0003',5,'머신러닝과 시각화 부분이 유용했습니다.');
```

▶ 실행결과

평가순번	학번	과목번호	평점	과목평가	평가일시
1	S0001	C0001	5	SQL학습에 도움이 되었습니다.	2023-12-27 11:25:38
2	S0001	C0003	5	SQL 활용을 배워서 좋았습니다.	2023-12-27 11:25:38
3	S0002	C0003	5	데이터 분석에 관심이 생겼습니다.	2023-12-27 11:25:38
4	S0003	C0003	5	머신러닝과 시각화 부분이 유용했습니다.	2023-12-27 11:25:38

예제 8-29 **과목 테이블에서 'C0003' 과목을 삭제하시오. 그리고 과목 테이블과 수강평가 테이블에서 결과를 확인해봅니다.**

```
DELETE FROM 과목 WHERE 과목번호 = 'C0003';
```

```
SELECT * FROM 과목;
SELECT * FROM 수강평가;
```

▶ 실행결과

• 과목 테이블

과목번호	과목명	학점	구분
C0001	데이터베이스실습	3	전공
C0002	데이터베이스 설계와 구축	3	전공

• 수강평가 테이블

평가순번	학번	과목번호	평점	과목평가	평가일시
1	S0001	C0001	5	SQL학습에 도움이 되었습니다.	2023-12-27 11:25:38

과목 테이블에서 'C0003' 과목을 삭제하면 자식 테이블인 수강평가 테이블에서도 'C0003'과 관련된 레코드들이 연쇄적으로 삭제됩니다.

예제 8-30 과목 테이블에서 'C0001' 과목을 삭제하시오. 오류가 난다면 이유를 생각해봅니다.

```
DELETE FROM 과목 WHERE 과목번호 = 'C0001';
```

```
Error Code: 1451. Cannot delete or update a parent row: a foreign key constraint fails ('
한빛학사'.'수강_1', CONSTRAINT '수강_1_ibfk_2' FOREIGN KEY ('과목번호') REFERENCES '과목' ('
과목번호'))
```

'C0003' 과목은 수강_1 테이블에 'C0003' 과목번호와 관련된 레코드가 존재하지 않기 때문에 삭제되었고, 수강평가 테이블에서도 연쇄 삭제되었습니다. 하지만 'C0001' 과목은 수강_1 테이블에서 이미 참조되고 있기 때문에 과목 테이블에서 삭제할 수 없으며, 수강평가 테이블에서도 삭제가 이루어지지 않습니다.

확인문제

게시판 테이블을 생성하려고 합니다. 다음 조건에 맞게 빈칸을 채우시오.

조건

1. 번호는 일련번호가 자동으로 삽입된다.
2. 작성일은 시스템의 현재 날짜와 시간이 자동 등록된다.
3. 작성자는 학생 테이블의 학번 또는 NULL만 허용된다.

```
CREATE TABLE 게시판
(
 번호 INT PRIMARY KEY [   ①   ]
,제목 VARCHAR(50) NOT NULL
```

```
,내용 VARCHAR(1000)
,작성자 CHAR(5)
,작성일 DATETIME [    ②    ] CURRENT_TIMESTAMP
,CONSTRAINT fk_게시판_작성자 FOREIGN KEY(작성자) [    ③    ] 학생(학번)
);
```

정답

① AUTO_INCREMENT ② DEFAULT ③ REFERENCES

✓ 점검문제

이번 장에서 배운 내용을 기반으로
제품 테이블과 주문세부 테이블에 제약조건을 추가해봅시다.

예제 소스: Ch08_ex.sql

문제 1

제품 테이블의 재고 컬럼에 CHECK 제약조건을 추가하시오.

- **제약조건**: 재고는 0보다 크거나 같아야 합니다.

해결

```
ALTER TABLE 제품 ADD CHECK(재고 >= 0);

ALTER TABLE 제품 ADD CONSTRAINT ck_제품_재고 CHECK(재고 >= 0);
```

- 테이블의 기존 컬럼에 제약조건을 추가할 수 있습니다. 제약조건에 이름을 부여하고 싶다면 CONSTRAINT 다음에 제약조건명을 넣습니다. 만약 제약조건 정의에 위배되는 데이터가 이미 존재하면 오류가 발생할 수 있습니다.

문제 2

제품 테이블에 재고금액 컬럼을 추가하시오. 이때 재고금액은 '단가 * 재고'가 자동 계산되어 저장되도록 합니다.

해결

```
ALTER TABLE 제품 ADD 재고금액 INT AS (단가 * 재고) STROE
```

- 테이블에 있는 기존 컬럼을 사용하여 계산 컬럼을 생성할 수 있습니다. VIRTUAL 또는 STORED 옵션을 선택하여 데이터 추가 또는 수정 시 값을 계산하거나 데이터를 검색할 때 계산할 수 있습니다.

문제 3

제품 테이블에서 제품 레코드를 삭제하면 주문세부 테이블에 있는 관련 레코드도 함께 삭제되도록 주문세부 테이블의 제품번호 컬럼에 외래키 제약조건과 옵션을 설정하시오.

해결

```
ALTER TABLE 주문세부 ADD FOREIGN KEY(제품번호) REFERENCES 제품(제품번호) ON DELETE CASCADE;
```

- 외래키 제약조건을 설정할 때 ON DELETE CASCADE 옵션을 설정하면 부모 레코드 삭제 시 자식 레코드도 연쇄적으로 삭제되어 데이터의 일관성을 유지할 수 있습니다.

요약

01 데이터 정의어는 데이터베이스, 테이블, 인덱스, 뷰 등의 객체를 만들거나 수정, 삭제할 때 사용하는 언어를 의미합니다. DDL에는 CREATE, ALTER, DROP이 있습니다.

- CREATE: 데이터베이스, 테이블 등의 객체를 생성할 때 사용합니다.
- ALTER: 데이터베이스, 테이블 등의 객체를 수정할 때 사용합니다.
- DROP: 데이터베이스, 테이블 등의 객체를 삭제할 때 사용합니다.

02 테이블을 생성할 때는 컬럼명과 컬럼의 데이터타입을 지정해야 합니다. 데이터타입의 종류에는 문자형, 숫자형, 날짜형, 이진형, 공간형 타입 등이 있습니다.

03 데이터베이스에는 무결한 데이터가 들어가야 합니다. 테이블에 제약조건을 설정하면 무결성 위배가 되는 데이터 저장을 방지함으로써 데이터의 무결성과 일관성을 유지할 수 있습니다.

04 제약조건은 다음과 같은 특징이 있습니다.

- 제약조건은 데이터 사전에 저장된다.
- 제약조건은 CREATE문으로 테이블을 생성하거나, ALTER문으로 테이블의 구조를 변경할 때 지정할 수 있다.
- 제약조건은 고유한 이름을 붙여서 식별할 수 있다.
- 한 컬럼에 여러 개의 제약조건을 설정할 수 있다.

05 제약조건에는 다음과 같은 종류가 있습니다.

- PRIMARY KEY 제약
- UNIQUE 제약
- DEFAULT 제약
- NOT NULL 제약
- CHECK 제약
- FOREIGN KEY 제약

연습문제

01 다음 작업을 할 때 사용되는 명령문을 선택하시오.

㉠ CREATE	㉡ ALTER	㉢ DROP	㉣ INSERT
㉤ UPDATE	㉥ DELETE	㉦ 작업 불가	

① 테이블 생성

② 레코드 삽입

③ 컬럼 추가

④ 제약조건 추가

⑤ 컬럼명 변경

⑥ 제약조건 변경

⑦ 테이블명 변경

⑧ 데이터값 변경

⑨ 컬럼의 데이터타입 변경

⑩ 레코드 삭제

⑪ 제약조건 삭제

⑫ 테이블 삭제

02 다음 문장 중 맞는 것은 무엇인가?

① NOT NULL 제약조건은 테이블 레벨에서 설정할 수 있다.

② 복합키에 대한 기본키 제약조건은 컬럼 레벨에서 설정할 수 있다.

③ 외래키 제약조건을 설정하면 NULL값을 넣을 수 없다.

④ 제약조건에 이름을 부여하기 위해서는 CONSTRAINT 키워드를 사용한다.

03 다음 중 외래키 제약조건의 옵션이 아닌 것은 무엇인가?

① CASCADE

② SET NULL

③ SET DEFAULT

④ SET MERGE

04 다음 문장 중 옳지 않은 것은 무엇인가?

① 기본키에 사용되는 컬럼은 1개만 지정할 수 있다.

② 한 컬럼에 대해 두 개 이상의 제약조건을 설정할 수 있다.

③ CREATE문을 사용하여 이미 존재하는 테이블을 그대로 복사할 수 있다.

④ ON DELETE CASCADE 옵션은 외래키 컬럼에 설정한다.

실습문제

영화 테이블과 평점관리 테이블을 만들고자 합니다. 다음의 테이블 명세서를 참고하여 테이블을 생성하시오.

01 다음 테이블 명세서를 참고하여 영화 테이블을 생성하시오.

컬럼명	데이터타입	제약조건
영화번호	고정문자형 5자	기본키
타이틀	가변문자형 100자	필수 입력
장르	가변문자형 20자	코미디, 드라마, 다큐, SF, 액션, 역사, 기타만 입력 가능
배우	가변문자형 100자	필수 입력
감독	가변문자형 50자	필수 입력
제작사	가변문자형 50자	필수 입력
개봉일	날짜형	
등록일	날짜형	오늘 날짜 자동 입력

02 다음 테이블 명세서를 참고하여 평점관리 테이블을 생성하시오.

컬럼명	데이터타입	제약조건
번호	숫자형	일련번호 자동 입력
평가자닉네임	가변문자형 50자	필수 입력
영화번호	고정문자형 5자	필수 입력. 영화 테이블의 영화번호 참조
평점	숫자형	1부터 5사이의 값만 입력. 필수 입력
평가	가변문자형 2000자	필수 입력
등록일	날짜형	오늘 날짜 자동 입력

· PART ·
03

SQL 활용

CONTENTS

CHAPTER 09

뷰와 인덱스

학습목표

- 뷰의 개념과 사용법을 이해하고 뷰를 생성할 수 있습니다.
- 인덱스의 개념과 B-트리 인덱스를 이해할 수 있습니다.
- 옵티마이저의 개념을 이해하고 EXPLAIN, EXPLAIN ANALYZE를 이해할 수 있습니다.

Preview

뷰와 인덱스는 데이터를 효율적으로 다루고 검색하기 위한 개념입니다. 이번 장에서는 접근 편의성을 제공하는 뷰와 검색 성능 향상을 위해 생성하는 인덱스에 대해 학습하겠습니다.

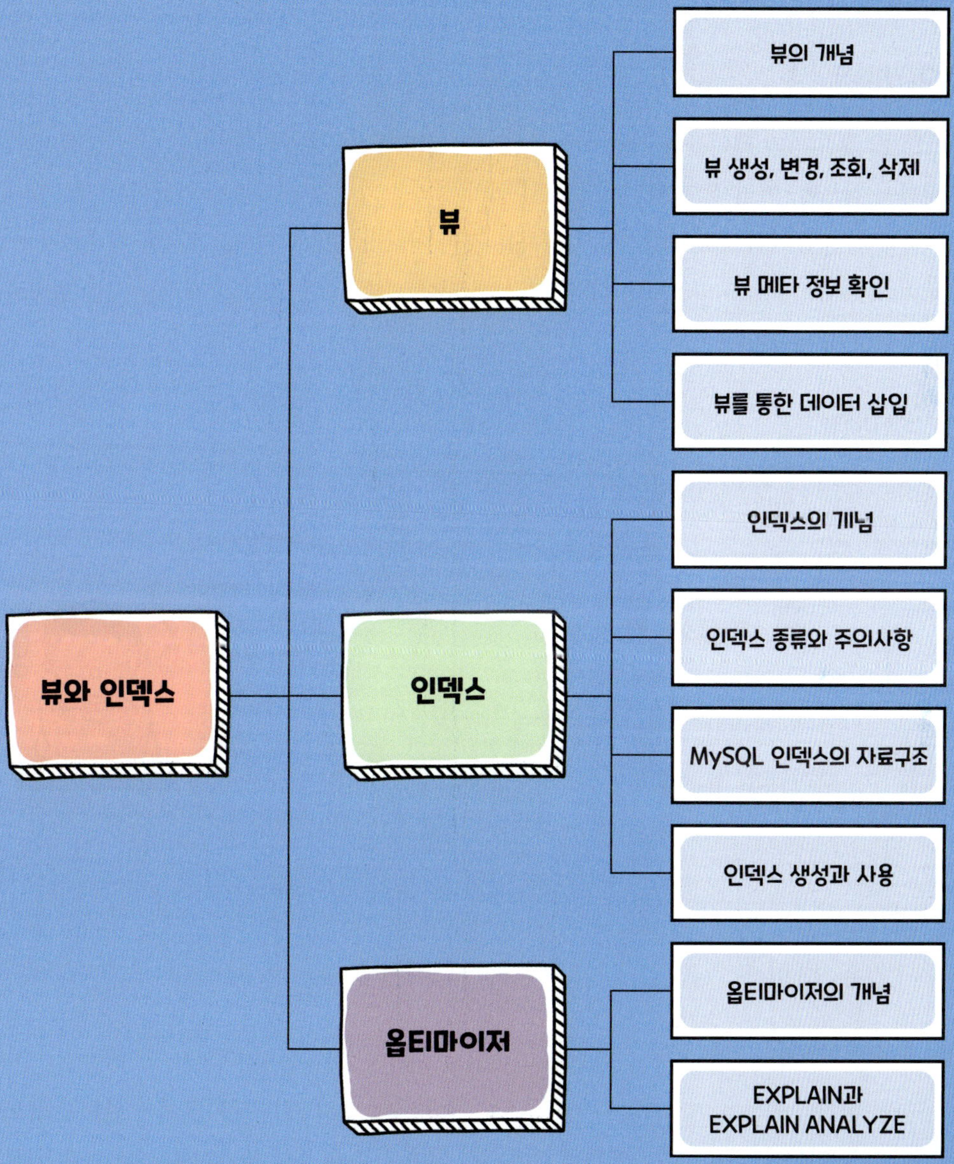

Section 01

뷰

1 뷰의 개념

뷰(view)란 한 개 이상의 테이블을 기반으로 생성된 가상의 테이블을 의미합니다. 뷰는 실제 데이터를 저장하지 않으며, 쿼리 실행 시점에 생성된 쿼리 결과를 가상의 테이블로 만들어서 제공합니다. 다시 말해 뷰는 물리적으로 데이터를 저장하는 것이 아니라 SELECT문을 저장한 형태로서 스토어드 쿼리(Stored Queries)라고도 합니다. 뷰 실행 시에는 테이블을 조회한 것과 유사한 형태로 데이터를 확인할 수 있습니다.

그림 9-1 뷰의 개념

뷰의 장점

뷰는 다음과 같은 장점이 있습니다.

■ 데이터 중복성 최소화

뷰를 사용하면 데이터 중복을 최소화할 수 있습니다. 예를 들어 여러 개의 테이블에서 필요한 정보를 선택하여 뷰로 만든다면 실제로 데이터를 복제하지 않아도 뷰를 통해 필요한 데이터에 대한 정보를 얻을 수 있습니다.

■ 데이터 보안성

뷰를 사용하면 보안성을 유지할 수 있습니다. 만약 보안상의 이유로 데이터 접근을 제한해야 하는 경우에는 보안이 필요한 컬럼을 제외하고 뷰를 작성함으로써 데이터의 일부분만 공개할 수 있습니다.

■ 간편한 데이터 접근

뷰를 사용하면 데이터에 좀 더 간편하게 접근할 수 있습니다. 즉, 복잡한 쿼리를 뷰로 작성하여 하나의 테이블인 것처럼 사용할 수 있으므로 쿼리의 복잡도를 줄이고 가독성을 높일 수 있습니다.

■ 데이터 가상화

뷰는 실제 데이터를 저장하지 않고 쿼리를 실행한 것이기 때문에 데이터 저장 공간을 절약하고, 데이터를 실시간으로 갱신할 수 있는 유연성을 제공합니다.

2 뷰 생성 및 변경하기

뷰는 다음과 같은 형식으로 생성할 수 있습니다. 뷰를 생성할 때 OR REPLACE를 함께 써주면 이미 존재하는 뷰를 재작성하여도 오류가 발생하지 않습니다.

형식

```
CREATE [OR REPLACE] VIEW 뷰명
AS
SELECT문;
```

ALTER문을 사용하여 뷰를 변경할 수도 있습니다. 뷰에서 ALTER를 사용하는 형식은 다음과 같습니다.

형식

```
ALTER VIEW 뷰명
AS
SELECT문;
```

예제 9-1 **한빛무역 데이터베이스에서 사원 테이블을 사용하여 사원의 이름, 집전화, 입사일, 주소를 보이는 뷰를 작성하시오.**

• **뷰명:** view_사원

뷰을 생성할 때 컬럼명에 별명을 붙일 수 있으며, 뷰를 사용할 때에는 컬럼명에 붙인 별명을 사용해야 합니다.

```
CREATE OR REPLACE VIEW view_사원
AS
SELECT 이름
      ,집전화 AS 전화번호
      ,입사일
      ,주소
FROM 사원;
```

컬럼 또는 컬럼의 별명을 뷰 이름 옆에 나열할 수도 있습니다.

```
CREATE OR REPLACE VIEW view_사원(이름, 전화번호, 입사일, 주소)
AS
SELECT 이름
      ,집전화
      ,입사일
      ,주소
FROM 사원;
```

뷰를 생성한 이후에는 뷰를 테이블인 것처럼 조회할 수 있습니다.

```
SELECT *
FROM view_사원;
```

▶ 실행결과

이름	전화번호	입사일	주소
이소미	(02)578-8988	2019-04-13	강남구 역삼동 36-8
배재용	(032)69-0136	2019-01-01	원미동 16-11
유대현	(062)73-0256	2019-03-14	광산구 송정동 100-11
최소민	(051)587-4783	2019-04-15	중구 중앙동 57-14

예제 9-2 **제품 테이블, 주문세부 테이블을 조인하여 제품명과 주문수량합을 보이는 뷰를 작성하시오.**

- **뷰명:** view_제품별주문수량합

조인이나 서브쿼리 등 여러 테이블을 사용한 쿼리문으로 뷰를 생성할 수 있습니다.

```
CREATE OR REPLACE VIEW view_제품별주문수량합
AS
SELECT 제품명
      ,SUM(주문수량) AS 주문수량합
FROM 제품
```

```
INNER JOIN 주문세부
ON 제품.제품번호 = 주문세부.제품번호
GROUP BY 제품명;
```

```
SELECT *
FROM view_제품별주문수량합;
```

▶ 실행결과

제품명	주문수량합
썬 100% 오렌지 주스	828
썬 100% 레몬 주스	1033
썬 체리 시럽	318

예제 9-3 **'여' 사원에 대하여 사원의 이름, 집전화, 입사일, 주소, 성별을 보이는 뷰를 작성하시오.**

• **뷰명**: view_사원_여

```
CREATE OR REPLACE VIEW view_사원_여
AS
SELECT 이름
      ,집전화 AS 전화번호
      ,입사일
      ,주소
      ,성별
FROM 사원
WHERE 성별 = '여';
```

```
SELECT *
FROM view_사원_여;
```

▶ 실행결과

이름	전화번호	입사일	주소	성별
이소미	(02)578-8988	2019-04-13	강남구 역삼동 36-8	여
최소민	(051)587-4783	2019-04-15	중구 중앙동 57-14	여
선하라	(0652)983-1985	2019-02-16	덕진구 고랑동 116	여
유가을	(053)465-1248	2019-10-29	남구 대명동 19-7	여

3 뷰 조회하기

뷰는 테이블을 조회하는 것과 유사하게 사용할 수 있습니다.

형식

```
SELECT *
FROM 뷰명;
```

예제 9-4 **[예제 9-3]에서 생성한 'view_사원_여' 뷰로 전화번호에 '88'이 들어간 사원의 정보를 검색하시오.**

뷰에서 성별 = '여'인 조건을 주었기 때문에 결과적으로 전화번호에 '88'이 들어간 '여' 사원의 정보만 볼 수 있습니다.

```
SELECT *
FROM view_사원_여
WHERE 전화번호 LIKE '%88%';
```

▶ 실행결과

이름	전화번호	입사일	주소	성별
이소미	(02)578-8988	2019-04-13	강남구 역삼동 36-8	여

예제 9-5 **[예제 9-2]에서 생성한 'view_제품별주문수량합' 뷰로 주문수량합이 1,200개 이상인 레코드를 검색하시오.**

조인이나 서브쿼리 등 여러 테이블을 사용한 쿼리문을 뷰로 생성하면 하나의 테이블인 것처럼 간편하게 조회할 수 있습니다.

```
SELECT *
FROM view_제품별주문수량합
WHERE 주문수량합 >= 1200;
```

▶ 실행결과

제품명	주문수량합
블루 바닐라 아이스크림	1397
대림 옥수수 가루	1263
그린 포장 치즈	1496
그린 파메쌍 치즈	1575

4 뷰 메타 정보 확인하기

뷰에 대한 메타 정보를 확인하려면 INFORMATION_SCHEMA.VIEWS 테이블을 조회합니다.

형식

```
SELECT *
FROM INFORMATION_SCHEMA.VIEWS
WHERE TABLE_NAME = '뷰명';
```

또는 SHOW CREATE VIEW문을 사용하여 뷰의 생성 쿼리문을 확인할 수도 있습니다.

형식

```
SHOW CREATE VIEW 뷰명;
```

예제 9-6 **'view_사원' 뷰의 메타 정보를 확인하시오.**

INFORMATION_SCHEMA.VIEWS 테이블을 조회하거나 SHOW CREATE VIEW를 사용하여 뷰에 대한 메타 정보를 확인할 수 있습니다.

```
SELECT *
FROM INFORMATION_SCHEMA.VIEWS
WHERE TABLE_NAME = 'view_사원';
```

▶ 실행결과

TABLE_CATALOG	TABLE_SCHEMA	TABLE_NAME	VIEW_DEFINITION	CHECK_OPTION	IS_UPDATABLE	DEFINER	SECURITY_TYPE	CHARACTER_SET_CLIENT	COLLATION_CONNECTION
def	한빛무역	view_사원	select `한빛무역`.`사원`.`이름` AS `이름`,...	NONE	YES	root@localhost	DEFINER	utf8mb4	utf8mb4_0900_ai_ci

```
SHOW CREATE VIEW view_사원;
```

▶ 실행결과

View	Create View	character_set_client	collation_connection
view_사원	CREATE ALGORITHM=UNDEFINED DEFINER=`root`@`localhost` SQL SECURITY DEFINER VIEW `view_사원` (`이름`,`전화번호`,`...	utf8mb4	utf8mb4_0900_ai_ci

5 뷰 삭제하기

DROP문을 사용하여 뷰를 삭제할 수 있습니다.

형식

```
DROP VIEW 뷰명;
```

예제 9-7 **'view_사원' 뷰를 삭제하시오.**

```
DROP VIEW view_사원;
```

확인문제

뷰를 생성할 때 반드시 필요한 키워드를 모두 선택하시오.

```
CREATE, VIEW, SELECT, JOIN, AS, FROM, WHERE, WITH, CHECK, OPTION
```

정답

CREATE, VIEW, AS, SELECT, FROM

Section

02 뷰를 통한 데이터 삽입

1 데이터 삽입 조건

뷰를 통해 데이터를 삽입할 때는 다음과 같은 조건을 만족해야 합니다.

■ 삽입할 대상의 컬럼 명시

뷰를 통해 데이터를 삽입할 때는 삽입할 컬럼들을 정확히 지정해야 합니다. 뷰는 실제 데이터를 저장하는 것이 아니므로 뷰를 통해 삽입할 경우에는 뷰에서 정의된 컬럼만 삽입이 가능합니다. 즉, 뷰에서 정의되지 않은 컬럼에는 데이터를 삽입할 수 없습니다.

■ NOT NULL 제약조건

뷰를 통해 데이터를 삽입할 때 NOT NULL 제약조건으로 지정된 컬럼에 대해서는 반드시 값을 넣어야 합니다.

■ PRIMARY KEY 제약조건

뷰를 통해 데이터를 삽입할 때 PRIMARY KEY로 지정된 컬럼에 대해서 중복된 값을 넣거나 값을 넣지 않으면 오류가 발생합니다.

■ CHECK 제약조건

뷰를 통해 데이터를 삽입할 때 CHECK 제약조건에 위배되는 데이터를 삽입하려고 하면 오류가 발생합니다.

■ WITH CHECK OPTION 조건

뷰에서 WITH CHECK OPTION을 사용하면 조건을 만족하지 않는 데이터를 삽입하는 것을 방지할 수 있습니다.

■ **함수, 수식, JOIN, GROUP BY, UNION 등 사용 여부**

뷰에 함수나 수식을 사용하였거나 JOIN, GROUP BY, UNION 등을 사용한 경우에는 뷰를 통해 데이터를 삽입할 수 없습니다.

위와 같은 조건을 충족할 경우에는 뷰를 통해 데이터를 삽입하거나 변경할 수 있습니다. 결국 뷰를 사용하여 데이터를 삽입할 때는 뷰의 정의와 테이블의 구조를 정확히 파악하는 것이 중요합니다.

예제 9-8 **[예제 9-3]에서 작성한 'view_사원_여' 뷰를 사용하여 다음 레코드를 삽입하시오. 오류가 발생한다면 이유를 생각해보시오.**

- 이름: 황여름, 전화번호: (02)587-4989, 입사일: 2023-02-10, 주소: 서울시 강남구 청담동 23-5, 성별: 여

```
INSERT INTO view_사원_여(이름, 전화번호, 입사일, 주소, 성별)
VALUES('황여름','(02)587-4989','2023-02-10','서울시 강남구 청담동 23-5','여');
```

위의 문장을 실행하면 다음과 같은 오류가 발생합니다.

```
Error Code: 1423. Field of view '한빛무역.view_사원_여' underlying table doesn't have a
default value
```

view_사원_여 뷰는 이름, 전화번호, 입사일, 주소, 성별 등 5개의 컬럼으로 생성되어 있기 때문에 이들에 대해서만 값을 넣을 수 있습니다. 그런데 view_사원_여 뷰에는 기본키인 사원번호가 빠져 있기 때문에 오류가 발생합니다.

뷰는 단지 쿼리문일 뿐이고, 실제는 뷰에서 사용된 테이블에 데이터가 저장됩니다. 따라서 테이블에 적용된 제약조건에 위배된다면 뷰를 통해서 데이터를 삽입할 수 없습니다.

그렇다면 이 뷰를 통해 레코드를 삽입하려면 어떻게 해야 할까요? 사원 테이블에 지정되어 있는 제약조건을 확인하여 뷰를 생성하고 제약조건에 부합하는 데이터를 넣으면 됩니다.

이제 view_사원_여 뷰에 기본키인 사원번호 컬럼을 추가하여 재실행한 후, INSERT문에도 사원번호 값을 추가하고 다시 실행해보겠습니다.

```
CREATE OR REPLACE VIEW view_사원_여
AS
SELECT 사원번호
      ,이름
      ,집전화 AS 전화번호
      ,입사일
      ,주소
      ,성별
FROM 사원
WHERE 성별 = '여';
```

또는 ALTER문을 사용하여 뷰를 변경할 수도 있습니다.

```
ALTER VIEW view_사원_여
AS
SELECT 사원번호
      ,이름
      ,집전화 AS 전화번호
      ,입사일
      ,주소
      ,성별
FROM 사원
WHERE 성별 = '여';
```

- **사원번호:** E12, **이름:** 황여름, **전화번호:** (02)587-4989, **입사일:** 2023-02-10, **주소:** 서울시 강남구 청담동 23-5, **성별:** 여

```
INSERT INTO view_사원_여(사원번호, 이름, 전화번호, 입사일, 주소, 성별)
VALUES('E12','황여름','(02)587-4989','2023-02-10','서울시 강남구 청담동 23-5','여');
```

이제는 뷰를 통해 테이블에 레코드가 삽입된 것을 확인할 수 있습니다.

```
SELECT *
FROM view_사원_여
WHERE 사원번호 = 'E12';
```

▶ 실행결과

사원번호	이름	전화번호	입사일	주소	성별
E12	황여름	(02)587-4989	2023-02-10	서울시 강남구 청담동 23-5	여

뷰를 사용하여 레코드를 추가하였지만 실제로는 사원 테이블에 레코드가 삽입되었습니다.

```
SELECT *
FROM 사원
WHERE 사원번호 = 'E12';
```

▶ 실행결과

사원번호	이름	영문이름	직위	성별	생일	입사일	주소	도시	지역	집전화	상사번호	부서번호
E12	황여름	NULL	NULL	여	NULL	2023-02-10	서울시 강남구 청담동 23-5	NULL	NULL	(02)587-4989	NULL	NULL

예제 9-9 **[예제 9-2]에서 작성한 'view_제품별주문수량합' 뷰를 사용하여 레코드를 삽입하시오. 오류가 난다면 이유를 생각해보시오.**

- **제품명: 단짠 새우깡, 주문수량합:** 250

```
INSERT INTO view_제품별주문수량합
VALUES('단짠 새우깡', 250);
```

위의 문장을 실행하면 다음과 같은 오류가 발생할 것입니다.

```
Error Code: 1471. The target table view_제품별주문수량합 of the INSERT is not insertable-into
```

뷰를 통해 데이터를 삽입할 때 해당 뷰가 조인이나 서브쿼리, GROUP BY 등을 사용하여 생성되었거나 컬럼에 함수나 수식이 사용된 경우에는 데이터 삽입이 제한될 수 있습니다.

2 WITH CHECK OPTION

WITH CHECK OPTION은 뷰에서 사용하는 옵션 중 하나입니다. 이 옵션은 특정 뷰에 대해 INSERT 또는 UPDATE 작업을 수행할 때 해당 작업으로 인해 뷰에서 정의한 조건을 만족하지 않는 행이 생성되거나 수정되는 것을 방지하기 위한 옵션입니다. WITH CHECK OPTION을 사용하면 뷰를 통해 데이터를 수정하거나 삽입할 때 뷰의 조건을 만족하는 데이터만 작업이 가능합니다. 즉, WITH CHECK OPTION은 뷰에서 사용된 조건식을 기반으로 데이터의 일관성을 보장하기 위한 제약조건입니다.

WITH CHECK OPTION은 뷰 생성 문장의 맨 마지막에 작성합니다.

형식

```
CREATE [OR REPLACE] VIEW 뷰명
AS
SELECT문
WITH CHECK OPTION;
```

예제 9-10 **'view_사원_여' 뷰를 사용하여 '남' 사원 정보를 추가하고, 결과를 확인하시오.**

- 사원번호: E13, 이름: 강겨울, 입사일: 2023-02-10, 주소: 서울시 성북구 장위동 123-7, 성별: 남

```
INSERT INTO view_사원_여(사원번호, 이름, 입사일, 주소, 성별)
VALUES('E13','강겨울','2023-02-10','서울시 성북구 장위동 123-7','남');
```

레코드 삽입이 성공적으로 되었다면 삽입된 레코드를 뷰로 확인해봅시다.

```
SELECT *
FROM view_사원_여
WHERE 사원번호 = 'E13';
```

▶ 실행결과

사원번호	이름	전화번호	입사일	주소	성별

분명히 레코드가 정상적으로 삽입되었는데, 위의 실행 결과처럼 검색이 되지 않습니다. 그렇다면 테이블에서 레코드를 확인해봅시다.

```
SELECT *
FROM 사원
WHERE 사원번호 = 'E13';
```

▶ 실행결과

사원번호	이름	영문이름	직위	성별	생일	입사일	주소	도시	지역	집전화	상사번호	부서번호
E13	강겨울	NULL	NULL	남	NULL	2023-02-10	서울시 성북구 장위동 123-7	NULL	NULL	NULL	NULL	NULL

테이블에는 '강겨울'의 레코드가 들어있지만 뷰를 통해서는 확인할 수 없습니다. 뷰는 SELECT문을 저장한 것으로 뷰 실행 시에는 SELECT문의 결과를 보여줄 뿐이기 때문에 이 뷰를 통해 남 사원이 삽입되었더라도 '남' 사원은 검색되지 않습니다.

이 문제를 해결하기 위한 것이 WITH CHECK OPTION입니다. 뷰 생성 문법에 WITH CHECK OPTION을 추가해봅시다.

```
CREATE OR REPLACE VIEW view_사원_여
AS
SELECT 사원번호
       ,이름
       ,집전화 AS 전화번호
       ,입사일
       ,주소
       ,성별
FROM 사원
WHERE 성별 = '여'
WITH CHECK OPTION;
```

이제 새로운 '남' 사원을 추가해보겠습니다.

- **사원번호:** E14, **이름:** 유봄, **성별:** 남

```
INSERT INTO view_사원_여(사원번호, 이름, 성별)
VALUES('E14','유봄','남');
```

```
Error Code: 1369. CHECK OPTION failed '한빛무역.view_사원_여'
```

이제는 이 뷰를 통해서 '남' 사원의 레코드를 삽입할 수 없습니다. 이번에는 '여' 사원의 성별을 '남' 사원으로 변경해보겠습니다.

- **이름:** 황여름, **성별:** 남

```
UPDATE view_사원_여
SET 성별 = '남'
WHERE 이름 = '황여름';
```

```
Error Code: 1369. CHECK OPTION failed '한빛무역.view_사원_여'
```

역시 이 뷰를 통해서 더 이상 사원의 성별을 '남'으로 변경할 수 없습니다. 이처럼 WITH CHECK OPTION을 사용하면 뷰를 통해 데이터를 수정할 때 뷰에 정의된 조건을 충족하지 않는 데이터를 수정할 수 없기 때문에 데이터의 일관성을 보장할 수 있습니다. 또한 사용자가 특정 뷰에 대한 수정 권한을 가질 때도 그 뷰를 통해 데이터를 수정할 때 제한이 적용되므로 보안을 강화할 수 있습니다.

확인문제

'view_고객' 뷰를 통해 '서울특별시' 고객의 정보에 대해서만 삽입하고자 한다. 빈칸을 채워 문장을 완성하시오.

```
CREATE OR REPLACE VIEW view_고객
AS
SELECT 고객번호
      ,고객회사명
      ,도시
FROM 고객
WHERE 도시 = '서울특별시'
[                    ];
```

정답

```
WITH CHECK OPTION
```

Section 03

인덱스

1 인덱스의 개념

데이터베이스 성능에 영향을 미치는 요소는 많습니다. 특히 데이터가 많을수록 데이터베이스 속도는 느려질 수 있습니다. 성능 문제를 해결하는 방법은 여러 가지가 있는데, 기본적인 해결책은 데이터베이스를 적절하게 인덱싱하는 것입니다.

인덱스(Index)는 데이터베이스 테이블에서 특정 컬럼이나 컬럼의 집합에 대한 검색 성능을 향상시키기 위해 사용되는 자료구조로 데이터베이스의 성능 향상을 위해 중요한 역할을 수행합니다.

인덱스의 장점

인덱스를 사용하면 다음과 같은 장점이 있습니다.

■ 검색 속도 향상

인덱스는 컬럼 값에 대한 레코드 위치 정보를 갖고 있어서 검색 시 전체 테이블을 스캔하지 않고 바로 원하는 결과를 찾을 수 있기 때문에 검색 속도 향상에 도움이 됩니다.

■ 정렬 및 순서 유지

인덱스는 데이터를 정렬된 순서로 유지할 수 있어서 ORDER BY절의 성능을 향상시킵니다.

■ 중복 제거

UNIQUE 인덱스를 사용하면 특정 컬럼에 중복된 값을 허용하지 않고, 데이터 무결성을 유지할 수 있습니다.

■ 조인 성능 향상

인덱스를 사용하면 조인 작업을 최적화하여 여러 테이블 간의 관계를 효율적으로 처리할 수 있습니다.

■ **쿼리 성능 향상**

복잡한 SQL 쿼리에서 인덱스를 활용하면 처리 속도를 향상시킬 수 있습니다.

테이블 생성 시 기본키를 지정하거나 UNIQUE 제약조건을 지정하면 자동으로 인덱스가 생성되며, 사용자가 직접 인덱스를 생성할 수도 있습니다.

2 인덱스 종류와 주의사항

인덱스는 기본 인덱스와 보조 인덱스로 구분됩니다. 기본 인덱스와 보조 인덱스의 개념을 살펴보고 인덱스를 사용할 때 주의사항도 함께 살펴보겠습니다.

기본 인덱스

클러스터형 인덱스(Clustered Index)라고도 하는 기본 인덱스(Primary Index)는 테이블의 기본키 컬럼에 대해 행 데이터가 오름차순으로 정렬되는 인덱스입니다.

기본 인덱스는 테이블당 한 개만 생성할 수 있습니다. 테이블에 대해 기본키를 정의하지 않으면 NOT NULL 제약조건과 UNIQUE 제약조건이 설정된 첫 번째 컬럼을 키로 하는 기본 인덱스가 생성됩니다. 만일 기본키 또는 적합한 UNIQUE 인덱스가 없는 경우에는 행 ID 값을 키로 하는 GEN_CLUST_INDEX라는 숨겨진 기본 인덱스가 생성됩니다.

기본 인덱스는 사전과 유사한 방식으로 저장됩니다. 사전은 단어가 순서대로 정렬되어 있으며 단어와 단어의 설명을 함께 확인할 수 있습니다. 이처럼 기본 인덱스도 행 데이터 전체가 키 컬럼 순서대로 물리적으로 저장됩니다.

그림 9-2 **기본 인덱스와 유사한 사전**

보조 인덱스

기본 인덱스 이외의 인덱스를 보조 인덱스(Secondary Index)라고 합니다. 비클러스터형 인덱스(Non-Clustered Index)라고도 하는 보조 인덱스는 책의 찾아보기 페이지와 유사합니다. 즉, 원하는 정보를 검색하기 위해서는 찾아보기 페이지 내에 순서대로 정렬된 키워드에서 원하는 키워드를 찾은 후 해당 키워드 옆에 표시된 페이지로 이동해서 정보를 찾는 것과 유사합니다.

보조 인덱스의 각 레코드에는 보조 인덱스에 대한 키와 기본키가 포함되며, 보조 인덱스에 있는 기본키 값으로 기본 인덱스에서 행을 검색합니다. 보조 인덱스는 한 테이블에 여러 개를 생성할 수 있습니다.

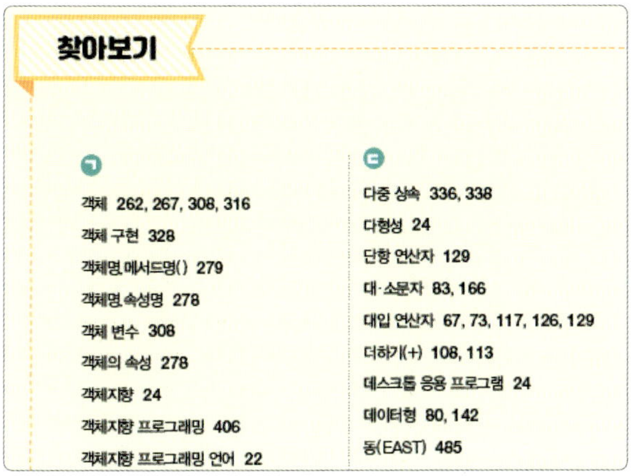
찾아보기

ㄱ

객체 262, 267, 308, 316
객체 구현 328
객체명.메서드명() 279
객체명.속성명 278
객체 변수 308
객체의 속성 278
객체지향 24
객체지향 프로그래밍 406
객체지향 프로그래밍 언어 22

ㄷ

다중 상속 336, 338
다형성 24
단항 연산자 129
대·소문자 83, 166
대입 연산자 67, 73, 117, 126, 129
더하기(+) 108, 113
데스크톱 응용 프로그램 24
데이터형 80, 142
동(EAST) 485

그림 9-3 보조 인덱스와 유사한 색인

인덱스 생성 시 주의사항

인덱스를 생성할 때 유의해야 할 몇 가지 주의사항이 있습니다.

■ 쿼리 패턴 분석

어떤 유형의 쿼리가 자주 실행되는지 파악하는 것이 중요합니다. 빈번하게 검색되는 컬럼이나 조건으로 자주 필터링되는 컬럼이나 컬럼의 집합을 식별하여 인덱스를 생성해야 합니다.

■ 테이블 크기와 메모리 제한

인덱스는 추가적인 디스크 공간을 차지하기 때문에 테이블의 크기와 사용 가능한 메모리 제한을 고려하여 인덱스를 생성해야 합니다. 특히 큰 테이블의 경우에는 인덱스 크기가 커져서 성능 저하를 가져올 수 있으므로 테이블의 크기와 인덱스의 크기를 균형 있게 고려해야 합니다.

■ 업데이트 비용

인덱스는 테이블에서 INSERT, UPDATE, DELETE 작업이 발생할 때마다 갱신되기 때문에 추가적인 비용을 발생시킵니다. 특히 자주 업데이트되는 테이블의 경우에는 인덱스의 성능 향상 효과가 업데이트 작업의 오버헤드보다 작을 수 있기 때문에 주의해야 합니다. 이처럼 인덱스를 생성할 때에는 해당 테이블에서 얼마나 자주 업데이트 작업이 발생하는지를 고려해야 합니다.

■ **복합 인덱스**

복합 인덱스는 두 개 이상의 컬럼을 결합하여 생성하는 인덱스입니다. 복합 인덱스를 생성할 때는 컬럼의 순서가 중요합니다. 쿼리에서 가장 중요한 컬럼을 먼저 사용하여 인덱스를 구성하면 성능이 향상될 수 있습니다.

■ **중복 및 NULL 값**

중복된 값이 많거나 NULL 값이 많은 컬럼은 인덱스의 선택도를 낮출 수 있기 때문에 인덱스의 효율성을 높이기 위해서는 적절한 필터링을 적용해야 합니다.

3 MySQL 인덱스의 자료구조

대부분의 MySQL 인덱스는 B-트리에 저장됩니다. B-트리 인덱스는 =, >, >=, <, <= 또는 BETWEEN, LIKE와 같은 연산자가 사용된 수식의 컬럼 비교에 사용될 수 있습니다. 해시 인덱스는 동등 비교에만 사용되고 범위를 검색하거나 정렬된 결과를 가져오는 목적으로는 사용할 수 없지만 검색 성능이 매우 빠르다는 장점이 있습니다. R-트리는 공간 데이터 유형의 인덱스에 사용됩니다. 메모리 기반 테이블은 해시 인덱스도 지원합니다.

B-트리 인덱스

B-트리는 가장 일반적으로 사용되는 인덱스 형식으로 좌우 자식 간에 항상 균형을 이루는 균형 트리(Balanced Tree)입니다. B-트리에서 노드(Node)는 블록(Block) 또는 페이지(Page)라고 부르는데, 각 노드에는 인덱스키와 자식 노드의 주소인 포인터가 저장됩니다. 최대 M개의 자식 노드를 가질 수 있는 B-트리를 M차 B-트리라고 합니다. M차 B-트리에서 노드는 최대 M-1개의 키를 가질 수 있고, 노드 내부의 키들은 항상 오름차순으로 정렬된 상태를 유지합니다. 각 노드의 키들은 좌우로 다른 노드를 가리키는 포인터를 가지고 있는데, 좌측 포인터는 키보다 작은 데이터를 가진 노드를 가리키고, 우측 포인터는 키보다 큰 데이터를 가진 노드를 가리킵니다.

B-트리 인덱스는 테이블 데이터를 정렬하여 B-트리 형태로 구성하며, 각 노드는 정렬된 값의 범위를 나타냅니다. 이러한 구조로 인해 효율적인 범위 검색과 정렬이 가능합니다.

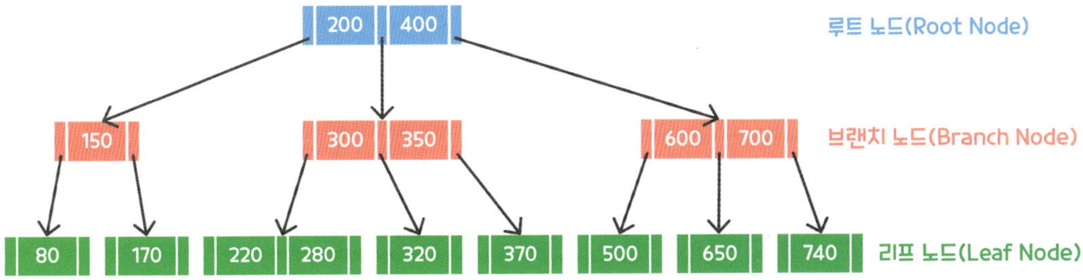

그림 9-4 3차 B-트리의 형태

MySQL의 B-트리 인덱스

데이터는 루트 노드부터 탐색이 시작되고, 정렬된 인덱스키를 따라서 리프 노드까지 도달합니다. 기본 인덱스는 리프 노드에 키가 포함된 행의 모든 데이터를 포함하므로 추가적인 데이터 조회가 필요하지 않습니다. 반면 보조 인덱스는 먼저 인덱스키와 쌍이 되는 기본키 값을 찾은 후 기본 인덱스에서 검색합니다.

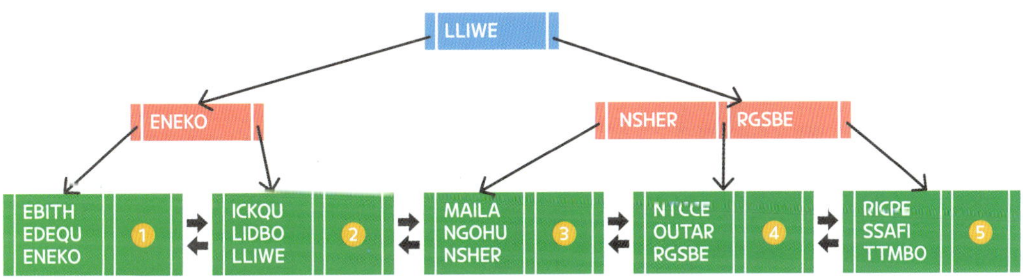

1

고객번호	고객회사명	담당자명	담당자직위	주소	마일리지
EBITH	그린로더스	홍소현	마케팅 과장	남동구 간석동 264-11	81479
EDEQU	에이원카프	박은빈	회계 과장	동구 신흥동 75-3	139
ENEKO	엠앤에스푸드	윤석영	영업 사원	서구가좌 1동 7	1258

2

고객번호	고객회사명	담당자명	담당자직위	주소	마일리지
ICKQU	인터비스	정대광	회계 과장	서구 연희동 400-16	857
LIDBO	진흥 상사	송아린	대표 이사	부산진구 당감 3동 611-3	2819
LLIWE	태산무역	박소영	영업 과장	부산진구 양정 1동 462-77	806

3

고객번호	고객회사명	담당자명	담당자직위	주소	마일리지
MAILA	그린월드푸드	이소연	영업 과장	동구 자양동 34-16	428
NGOHU	케이티에스씨	오유진	영업 사원	동구 범일 3동 14-1	7795
NSHER	송인터내셔널	정다경	영업 과장	중구 도원동 507-16	120

4

고객번호	고객회사명	담당자명	담당자직위	주소	마일리지
NTCCE	코스리아 무역	유석희	마케팅 과장	남동구 간석 3동 270-8	112
OUTAR	엘에이플러스	문인수	영업 사원	남구 연수동 208-16	6851
RGSBE	탑푸드코리아	박건희	영업 과장	서구 도마동 110-6	57746

5

고객번호	고객회사명	담당자명	담당자직위	주소	마일리지
RICPE	뉴가든상사	김지호	영업 사원	금정구 청룡동 168-14	1177
SSAFI	대동 무역	정수환	회계 과장	동구 마산동 250-1	975
TTMBO	컬러헬스푸드	안수인	회계 과장	사하구 신평동 701-29	7329

그림 9-5 고객번호를 기본키로 한 기본 인덱스의 형태

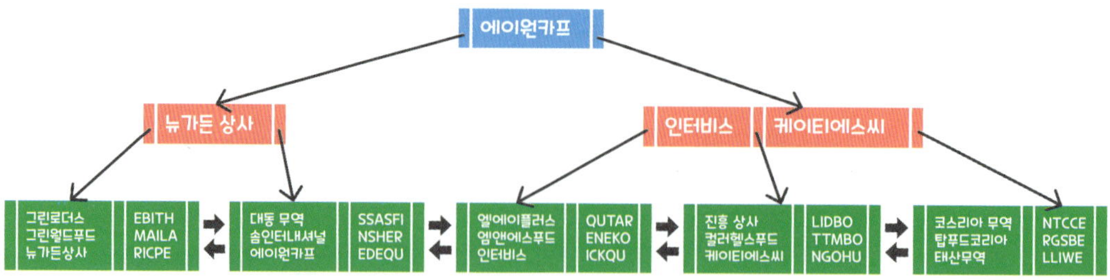

그림 9-6 **고객회사명을 인덱스키로 한 보조 인덱스의 형태**

4 인덱스 생성과 사용

이제 본격적으로 인덱스를 생성하고 사용해보겠습니다.

인덱스 생성하기

인덱스를 생성하는 문법은 다음과 같습니다. 중복값을 허용하지 않는 인덱스를 생성하려면 UNIQUE 키워드를 추가합니다.

형식

```
CREATE [UNIQUE] INDEX 인덱스명 ON 테이블명(컬럼명);
```

테이블을 생성하면서 인덱스를 함께 생성할 수도 있습니다.

형식

```
CREATE TABLE 테이블명
(
 컬럼1 데이터타입
,컬럼2 데이터타입
,컬럼3 데이터타입
,컬럼4 데이터타입
,PRIMARY KEY(컬럼1, 컬럼2, 컬럼3)
,INDEX 인덱스명 (컬럼4) ——— ❶
);
```

기본키를 설정하면 자동으로 기본 인덱스가 생성됩니다. ❶처럼 추가로 보조 인덱스를 함께 생성할 수도 있습니다.

테이블에 인덱스를 추가하는 형식은 다음과 같습니다.

형식

```
ALTER TABLE 테이블명 ADD INDEX 인덱스명 (컬럼명);
```

테이블에서 인덱스를 삭제하는 형식은 다음과 같습니다.

형식

```
ALTER TABLE 테이블명 DROP INDEX 인덱스명 (컬럼명);
```

테이블에 걸려있는 인덱스를 확인하는 형식은 다음과 같습니다.

형식

```
SHOW INDEX FROM 테이블명;
```

인덱스 사용 시 고려 사항

인덱스를 사용할 때 고려해야 할 몇 가지 사항이 있습니다.

인덱스가 다중 컬럼으로 구성되어 있다면 옵티마이저는 인덱스의 가장 왼쪽 접두사(Leftmost Prefix)를 사용해서 컬럼을 찾게 됩니다. 만약 컬럼이 인덱스의 가장 왼쪽 접두사를 가지고 있지 않다면 인덱스를 사용할 수 없습니다. 예를 들어 '컬럼1 + 컬럼2 + 컬럼3'으로 인덱스가 생성된 경우 WHERE절에서 (컬럼1), (컬럼1, 컬럼2), (컬럼1, 컬럼3), (컬럼1, 컬럼2, 컬럼3)을 사용해야 인덱스를 사용하여 검색할 수 있습니다. 만약 (컬럼2, 컬럼3) 또는 (컬럼2)나 (컬럼3)으로 검색한다면 인덱스를 통해 검색할 수 없습니다.

또한 LIKE 비교에서 인수가 상수 문자열인 경우에는 인덱스를 사용할 수 있으나, '%'와 같은 와일드카드 문자로 시작하는 경우에는 인덱스를 사용할 수 없습니다.

마지막으로 인덱스의 가장 왼쪽 접두사가 반드시 모든 AND 그룹에서 사용되어야 인덱스를 사용할 수 있습니다.

예제 9-11 **날씨 테이블과 인덱스를 생성하시오.**

- 컬럼: 년도 INT, 월 INT, 일 INT, 도시 VARCHAR(20), 기온 NUMERIC(3,1), 습도 INT
- 기본키: 년도 + 월 + 일 + 도시
- 보조 인덱스: 기온, 도시

```
CREATE TABLE 날씨
(
 년도 INT
,월 INT
,일 INT
,도시 VARCHAR(20)
,기온 NUMERIC(3,1)
,습도 INT
,PRIMARY KEY(년도, 월, 일, 도시)
,INDEX 기온인덱스(기온)
,INDEX 도시인덱스(도시)
);
```

날씨 테이블을 생성하면 '년도 + 월 + 일 + 도시'를 키로 하는 기본 인덱스 한 개와 '기온'을 키로 하는 인덱스, '도시'를 키로 하는 인덱스 등 두 개의 보조 인덱스가 생성됩니다.

확인문제

[예제 9-11]의 날씨 테이블에서 데이터를 검색할 때 인덱스를 사용한다면 ○, 아니면 ×를 표시하시오.

번호	조건	INDEX 사용 여부
①	WHERE 년도 = 2023 AND 월 = 6;	
②	WHERE 년도 = 2023 OR 월 = 6;	
③	WHERE 년도 = 2023 AND 일 > 1;	
④	WHERE 기온 BETWEEN 10 AND 20;	
⑤	WHERE 월 = 6 AND 일 > 1;	
⑥	WHERE 기온 >= 10 AND 습도 >= 20;	
⑦	WHERE 기온 >= 10 OR 습도 >= 20;	
⑧	WHERE 도시 = '서울';	
⑨	WHERE 도시 LIKE '서울%';	
⑩	WHERE 도시 LIKE '%서울%';	
⑪	WHERE 년도 = 2023 AND 월 = 6 AND 일 > 1 AND 도시 = '서울';	
⑫	WHERE 년도 = 2023 AND 월 = 6 AND 일 > 1 AND 도시 LIKE '서울%';	

정답

① ○, ② ×, ③ ○, ④ ○, ⑤ ×, ⑥ ○, ⑦ ×, ⑧ ○, ⑨ ○, ⑩ ×, ⑪ ○, ⑫ ○

Section

04 옵티마이저

1 옵티마이저의 개념

MySQL의 옵티마이저는 데이터베이스에서 가장 효율적인 방식으로 쿼리를 처리할 수 있도록 SQL 쿼리의 실행 계획을 결정하는 역할을 합니다. 옵티마이저는 테이블 크기, 인덱스 품질, 통계 정보, 시스템 리소스 사용량 등의 다양한 정보와 통계를 기반으로 쿼리 실행 계획을 결정합니다.

2 EXPLAIN과 EXPLAIN ANALYZE

EXPLAIN과 EXPLAIN ANALYZE는 실행 계획 및 쿼리 성능 분석을 위해 사용되는 명령문으로, 쿼리의 성능 튜닝과 최적화에 도움을 줍니다.

EXPLAIN

EXPLAIN은 쿼리의 실행 계획을 확인하기 위해 사용됩니다. EXPLAIN은 쿼리를 실행하기 전에 실행 계획을 추출하여 반환하는데, 반환된 실행 계획은 테이블 스캔, 인덱스 스캔, 조인 순서, 필터링 방법 등과 같이 어떻게 쿼리를 실행할 것인지에 대한 정보를 제공합니다.

EXPLAIN을 사용하여 쿼리의 실행 계획을 확인하면 비효율적인 작업을 찾아내어 개선할 수 있으며, 쿼리의 성능 이슈를 파악하고 최적화할 수 있습니다.

EXPLAIN을 사용하는 형식은 다음과 같습니다.

형식

```
EXPLAIN [FORMAT = TREE ¦ JSON]
SELECT문;
```

예제 9-12 **주문건수가 많은 고객 순으로 고객회사명별 주문건수를 보이는 쿼리의 실행 계획을 확인하시오.**

```
EXPLAIN FORMAT = TREE
SELECT 고객회사명
      ,COUNT(*) AS 주문건수
FROM 고객
INNER JOIN 주문
ON 고객.고객번호 = 주문.고객번호
GROUP BY 고객회사명
ORDER BY COUNT(*) DESC;
```

EXPLAIN을 사용하면 쿼리에 대한 각 작업 단위의 비용(Cost)을 다음과 같이 확인할 수 있습니다.

▶ 실행결과

```
-> Sort: `주문건수` DESC
  -> Table scan on <temporary>
    -> Aggregate using temporary table
      -> Nested loop inner join  (cost=342.40 rows=752)
        -> Filter: (`주문`.`고객번호` is not null)  (cost=79.20 rows=752)
          -> Table scan on 주문  (cost=79.20 rows=752)
            -> Single-row index lookup on 고객 using PRIMARY (고객번호=`주문`.`고객번호`)  (cost=0.25 rows=1)
```

행의 수가 많거나 조인이나 정렬과 같이 키 값 비교 처리가 많을수록 비용이 높아집니다.

EXPLAIN ANALYZE

EXPLAIN ANALYZE를 사용하면 실행 계획 및 실행한 쿼리에 대한 통계를 함께 확인할 수 있습니다. EXPLAIN ANALYZE를 사용하는 형식은 다음과 같습니다.

형식

```
EXPLAIN ANALYZE
SELECT문;
```

예제 9-13 **주문건수가 많은 고객 순으로 고객회사명별로 주문건수를 보이는 쿼리에 대해 실행 계획 및 실행 결과에 대한 통계를 확인하시오.**

```
EXPLAIN ANALYZE
SELECT 고객회사명
      ,COUNT(*) AS 주문건수
FROM 고객
```

```
INNER JOIN 주문
ON 고객.고객번호 = 주문.고객번호
GROUP BY 고객회사명
ORDER BY COUNT(*) DESC;
```

EXPLAIN ANALYZE를 사용하면 쿼리에 대한 각 작업 단위의 비용과 실제 소요 시간을 다음과 같이 확인할 수 있습니다.

▶ 실행결과

```
-> Sort: `주문건수` DESC  (actual time=12.545..12.559 rows=88 loops=1)
    -> Table scan on <temporary>  (actual time=0.002..0.021 rows=88 loops=1)
        -> Aggregate using temporary table  (actual time=12.404..12.452 rows=88 loops=1)
            -> Nested loop inner join  (cost=342.40 rows=752) (actual time=3.925..9.286 rows=751 loops=1)
                -> Filter: (`주문`.`고객번호` is not null)  (cost=79.20 rows=752) (actual time=3.770..5.411 rows=751 loops=1)
                    -> Table scan on 주문  (cost=79.20 rows=752) (actual time=3.767..5.255 rows=751 loops=1)
                -> Single-row index lookup on 고객 using PRIMARY (고객번호=`주문`.`고객번호`)  (cost=0.25 rows=1) (actual time=0.005..0.005 rows=1 loops=751)
```

✓ 점검문제

이번 장에서 배운 내용을 기반으로
고객 테이블을 사용하여 뷰를 생성해봅시다.

예제 소스: Ch09_ex.sql

문제 1

다음 실행결과와 같이 피벗 형식으로 결과가 보이도록 뷰를 작성하시오.

▶ 실행결과

도시	대표 이사	영업	마케팅	회계
서울특별시	11	23	10	3
광명시	0	2	0	0
구리시	0	0	1	0
김해시	0	1	0	0
평택시	0	1	0	0
인천광역시	0	4	2	1
대전광역시	0	2	0	1
상주시	0	1	0	0
전주시	0	1	0	0

해결

피벗(Pivot)은 행 데이터가 열에 표시되도록 하는 것으로, 특정 값을 기준으로 데이터를 그룹화한 다음 이것을 열에 표시하여 결과를 얻을 수 있습니다. MS-SQL과 같은 일부 DBMS에는 PIVOT 함수가 내장되어 있습니다. MySQL에는 PIVOT 함수는 없지만 동일한 형식의 결과를 만들 수 있습니다.

```
CREATE VIEW view_도시_직위별_고객수
AS
SELECT 도시
      ,SUM(CASE WHEN 담당자직위 = '대표 이사' THEN 1 ELSE 0 END) AS '대표 이사'
      ,SUM(CASE WHEN 담당자직위 LIKE '영업%' THEN 1 ELSE 0 END) AS '영업'
      ,SUM(CASE WHEN 담당자직위 LIKE '마케팅%' THEN 1 ELSE 0 END) AS '마케팅'
      ,SUM(CASE WHEN 담당자직위 LIKE '회계%' THEN 1 ELSE 0 END) AS '회계'
FROM 고객
GROUP BY 도시;
```

- 담당자직위가 '대표 이사'이면 1을, 그렇지 않으면 0을 반환한 결과를 합한 결과가 두 번째 컬럼에 보여집니다. 나머지도 동일합니다.

요약

01 뷰는 한 개 이상의 테이블을 기반으로 생성된 가상의 테이블을 의미합니다. 다시 말해 뷰는 물리적으로 데이터를 저장하는 것이 아니라 SELECT문을 저장한 형태입니다.

02 뷰는 다음과 같은 장점을 갖고 있습니다.

- 데이터 중복성 최소화
- 데이터 보안성
- 간편한 데이터 접근
- 데이터 가상화에 의한 유연성 제공

03 뷰는 다음과 같은 형식으로 생성할 수 있습니다.

형식

```
CREATE [OR REPLACE] VIEW 뷰명
AS
SELECT문;
```

04 뷰는 테이블을 조회하는 것과 유사하게 사용할 수 있습니다.

형식

```
SELECT *
FROM 뷰명;
```

05 뷰에서 사용된 조건식을 기반으로 데이터의 일관성을 보장하기 위해 설정하는 옵션이 WITH CHECK OPTION입니다.

06 인덱스는 데이터베이스의 테이블에서 특정 컬럼이나 컬럼의 집합에 대한 검색 성능을 향상시키기 위해 사용되는 자료구조로 데이터베이스의 성능 향상을 위해 중요한 역할을 수행합니다.

07 기본 인덱스는 테이블의 기본키 컬럼에 대해 행 데이터가 오름차순으로 정렬되는 인덱스로 클러스터형 인덱스라고도 합니다.

08 기본 인덱스 이외의 인덱스를 보조 인덱스라고 합니다. 보조 인덱스는 비클러스터형 인덱스라고도 합니다.

09 대부분의 MySQL 인덱스는 B-트리에 저장됩니다. B-트리는 가장 일반적으로 사용되는 인덱스 형식으로 좌우 자식 간에 항상 균형을 이루는 균형 트리입니다.

10 인덱스를 생성하는 문법은 다음과 같습니다. 중복값을 허용하지 않는 인덱스를 생성하려면 UNIQUE 키워드를 추가합니다.

형식

```
CREATE [UNIQUE] INDEX 인덱스명 ON 테이블명(컬럼명);
```

11 옵티마이저는 테이블 크기, 인덱스 품질, 통계 정보, 시스템 리소스 사용량 등 다양한 정보와 통계를 기반으로 쿼리 실행 계획을 결정합니다.

12 EXPLAIN과 EXPLAIN ANALYZE는 실행 계획 및 쿼리 성능 분석을 위해 사용되는 명령문으로 쿼리의 성능 튜닝과 최적화에 도움을 줍니다.

연습문제

01 다음 뷰의 특징 중 틀린 것은 무엇인가?

① 간편한 데이터 접근

② 데이터 보안성

③ 데이터 일관성 유지

④ 데이터 백업

02 뷰에서 조건을 만족하지 않는 데이터를 삽입하는 것을 방지하기 위하여 지정하는 옵션은 무엇인가?

① WITH CHECK OPTION

② WITH GRANT OPTION

③ WITH HELP OPTION

④ WITH VIEW OPTION

03 인덱스를 사용하여 높일 수 있는 작업 성능은 무엇인가?

① INSERT

② UPDATE

③ DELETE

④ SELECT

04 기본키를 지정하면 자동으로 생성이 되는 인덱스는 무엇인가?

① 클러스터형 인덱스(Clustered Index)

② 보조 인덱스(Secondary Index)

③ 비클러스터형 인덱스(Non-Clustered Index)

④ 비트맵 인덱스(Bitmap Index)

실습문제

다음 ERD를 참고하여 뷰를 생성하시오.

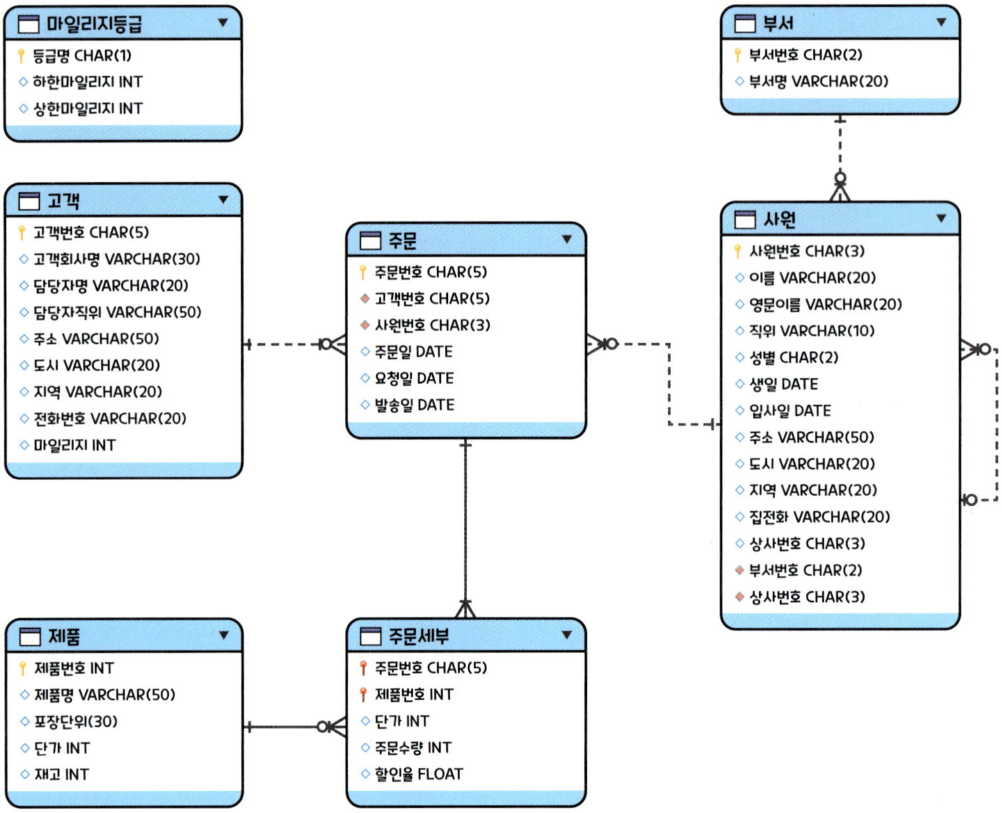

01 주문금액합이 많은 상위 3명의 고객 정보를 보이는 뷰를 작성하고 실행하시오.

- 뷰명: view_상위3고객
- 컬럼: 고객번호, 고객회사명, 담당자명, 주문금액합

02 제품명별로 주문수량합과 주문금액합을 보이는 뷰를 생성하시오.

- 뷰명: view_제품명별주문요약
- 컬럼: 제품명, 주문수량합, 주문금액합

03 'view_제품명별주문요약' 뷰를 사용하여 주문수량합이 1,000개 이상인 레코드를 검색하시오.

04 '광역시'에 사는 고객에 대해 고객회사명과 담당자명, 도시 정보를 보이는 뷰를 작성하시오. 이때 이 뷰를 통해 '광역시' 이외의 도시에 사는 고객 레코드는 삽입되지 않도록 옵션을 설정합니다.

CHAPTER 10

프로시저와 함수, 트리거

학습목표

- 스토어드 프로그램의 개념과 특징을 이해할 수 있습니다.
- 스토어드 프로그램 작성을 위한 문법을 작성할 수 있습니다.
- 스토어드 프로시저와 스토어드 함수의 개념과 사용법을 이해할 수 있습니다.
- 트리거의 개념과 사용법을 이해할 수 있습니다.

Preview

SQL의 절차적 프로그램은 주로 저장 프로시저와 함수, 트리거를 통해 구현됩니다. 이번 장에서는 절차적 프로그램에서 필요한 문법을 학습한 후 사용자 정의 프로시저와 함수, 트리거를 직접 생성해보겠습니다.

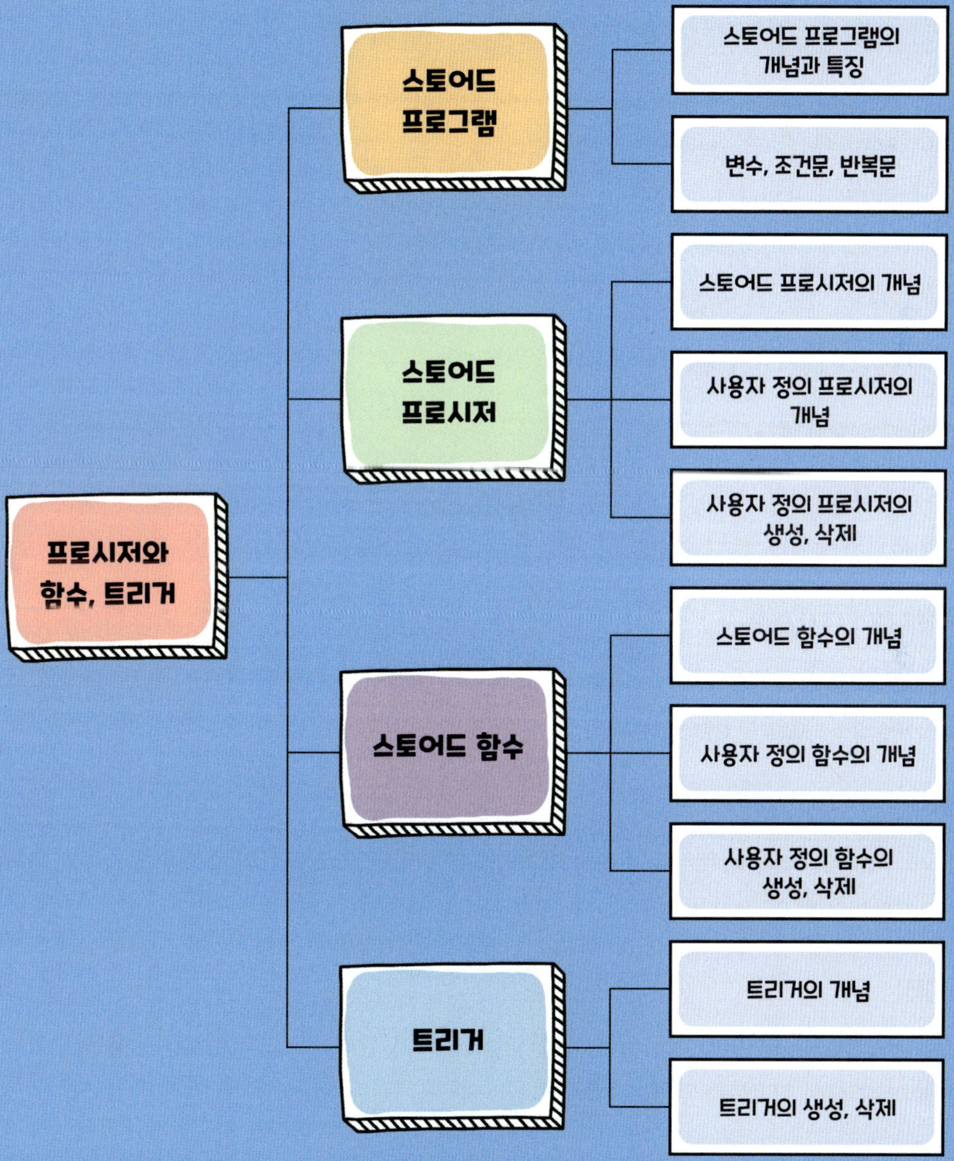

Section

01 스토어드 프로그램

1 스토어드 프로그램의 개념과 특징

SQL 스토어드 프로그램(Stored Program)은 데이터베이스에서 실행되는 프로그램으로 일련의 SQL문을 포함하고 있는 데이터베이스 객체입니다. SQL 스토어드 프로그램은 주로 프로시저나 함수, 트리거 형태로 사용됩니다.

스토어드 프로그램의 특징

스토어드 프로그램은 다음과 같은 특징을 갖고 있습니다.

- **프로그래밍 언어적 특성**

스토어드 프로그램은 변수, 조건문, 반복문 등과 같은 프로그래밍 언어의 특성을 가지고 있기 때문에 복잡한 로직을 구현할 수 있습니다.

- **코드 캡슐화와 유지 보수**

프로시저와 함수는 비즈니스 로직을 캡슐화하기 때문에 사용자는 해당 로직에 대해 알 필요 없이 호출하여 사용할 수 있습니다.

- **재사용성**

스토어드 프로그램은 필요할 때마다 호출하여 재사용할 수 있으므로 코드의 중복을 방지하고 유지 보수성을 향상시킬 수 있습니다.

- **성능 향상**

스토어드 프로그램은 데이터베이스 서버 내에서 컴파일되고 실행되므로 네트워크 비용을 줄이고 데이터베이스 연산을 최적화할 수 있습니다.

■ **보안**

스토어드 프로그램은 데이터베이스 서버 내에서 실행되므로 데이터베이스 보안 정책을 적용하기 쉬워집니다. 데이터베이스 사용자에 대한 접근 권한을 관리하고, 스토어드 프로그램을 통해 데이터베이스에 액세스하는 방법을 제어할 수 있습니다.

■ **트랜잭션 관리**

스토어드 프로그램은 트랜잭션 관리를 위해 사용될 수 있습니다. 여러 개의 SQL문을 하나의 트랜잭션으로 묶음으로써 ACID 특성을 보장할 수 있으며, 이를 통해 데이터의 일관성을 유지하고 데이터베이스의 무결성을 보장할 수 있습니다.

■ **비즈니스 로직 분리**

스토어드 프로그램을 사용하면 데이터베이스 관련 로직과 응용 프로그램의 비즈니스 로직을 분리할 수 있습니다. 이를 통해 응용 프로그램의 유지 보수성을 향상시키고 데이터베이스 스키마 변경에 따른 영향을 최소화할 수 있습니다.

ACID 속성은 트랜잭션의 안전성 보장을 위해 필요한 4가지 속성인 원자성(Atomicity), 일관성(Consistency), 격리성(Isolation), 지속성(Durability)을 의미합니다.

2 변수

변수는 값을 저장하고 참조하는 데 사용되는 식별자를 의미합니다. MySQL에서는 여러 유형의 변수를 사용할 수 있습니다. [표 10-1]은 주요한 변수 유형을 보여줍니다.

표 10-1 **MySQL의 변수 유형**

변수 유형	설명	예
사용자 정의 변수 (User-defined Variables)	• 세션 내에서 사용자가 정의한 변수를 의미하며, 세션이 종료될 때까지 값을 유지한다. • @를 접두사로 사용하며, 변수에 값을 할당하기 위해서는 SET 또는 SELECT를 사용한다.	**• 값 할당** SET @from = 100, @to = 10000; 또는 SELECT @from = 100, @to = 10000; **• 사용** SELECT * FROM 고객 WHERE 마일리지 BETWEEN @from AND @to

로컬 변수 (Local Variables)	• 스토어드 프로시저나 함수와 같은 스토어드 프로그램 내에서 사용되는 변수로, 해당 프로그램 실행이 끝나면 값이 소멸된다. • DECLARE문을 사용하여 변수를 선언하고, SELECT나 SET을 사용하여 값을 할당한다.	DECLARE city VARCHAR DEFAULT '과천시';
시스템 변수 (System Variables)	• MySQL 서버의 동작을 제어하고 구성하는 데 사용되는 변수로 @@를 접두사로 가진다. • 실행 중인 서버에서 사용되는 현재 값을 보려면 SHOW 또는 SELECT를 사용하며, 값을 변경하려면 SET을 사용한다.	**• 시스템 변수 확인** SHOW VARIABLES LIKE '%sort_buffer_size%'; 또는 SELECT @@sort_buffer_size; **• 값 할당** SET @@sort_buffer_size = 262144;

변수명은 문자, 숫자, 밑줄로 구성할 수 있습니다.

3 조건문

스토어드 프로그램을 작성할 때 조건에 따라 다른 로직을 수행하기 위해 IF문과 CASE문을 사용할 수 있습니다.

IF문

조건에 따라 다른 명령을 처리하고자 할 때에는 IF문을 사용합니다. 조건이 여러 개일 때에는 ELSE IF로 조건을 추가할 수 있습니다. ELSEIF절은 여러 개 작성이 가능하지만, ELSE는 문장 내에서 한 번만 작성이 가능합니다. 구문은 다음과 같습니다.

형식

```
IF 조건1 THEN
   조건1이 참일 때 실행할 코드
[ELSEIF 조건2 THEN
   조건2가 참일 때 실행할 코드]
[ELSE
   모든 조건이 참이 아닐 때 실행할 코드]
END IF;
```

예제 10-1 IF문을 사용하여 두 개의 숫자 10과 5의 크기를 비교하는 프로시저를 작성하시오.

```
DELIMITER $$
CREATE PROCEDURE proc_if()
    BEGIN
        DECLARE x INT; ❶
        DECLARE y INT DEFAULT 5; ❷
        SET x = 10; ❸

        IF x > y THEN
            SELECT 'x는 y보다 큽니다.' AS 결과;
        ELSE                                              ❹
            SELECT 'x는 y보다 작거나 같습니다.' AS 결과;
        END IF;
    END $$
DELIMITER ;
```

스토어드 프로시저에 대한 자세한 내용은 다음 절에서 살펴봅니다.

스토어드 프로시저나 함수와 같은 스토어드 프로그램 내에서 사용되는 로컬 변수는 ❶과 같이 DECLARE와 함께 선언하고, ❸과 같이 SET으로 값을 할당합니다. ❷와 같이 변수를 선언함과 동시에 초기값을 할당할 수도 있습니다. 조건에 따라 다른 로직을 수행하고자 할 때는 ❹와 같이 IF문을 사용하여 작성합니다.

스토어드 프로시저를 실행할 때에는 다음과 같이 CALL을 사용합니다.

```
CALL proc_if();
```

▶ 실행결과

결과
x는 y보다 큽니다.

CASE문

CASE문은 주로 복잡한 다중 조건을 처리하기 위해 사용됩니다. 사용 형식은 다음과 같습니다.

형식

```
CASE
    WHEN 조건1 THEN
        조건1이 참일 때 실행할 코드
    [WHEN 조건2 THEN
        조건2가 참일 때 실행할 코드]
    [ELSE
        모든 조건이 참이 아닐 때 실행할 코드]
END CASE;
```

예제 10-2 **CASE문을 사용하여 숫자 10이 짝수인지 홀수인지를 판별하는 프로시저를 작성하시오.**

```
DELIMITER $$
CREATE PROCEDURE proc_case()
    BEGIN
        DECLARE x INT DEFAULT 10;
        DECLARE y INT;
        SET y = 10 mod 2;                    ❶

        CASE
            WHEN y = 0 THEN
               SELECT 'x는 짝수입니다' AS '결과';
            ELSE                                  ❷
               SELECT 'x는 홀수입니다' AS '결과';
        END CASE;
    END $$
DELIMITER ;
```

```
CALL proc_case();
```

▶ 실행결과

결과
x는 짝수입니다

숫자를 2로 나눈 나머지가 0이면 '짝수', 그렇지 않으면 '홀수'라고 판정하기 위해서 ❶과 같이 변수 y에 10을 2로 나눈 나머지 값을 할당합니다. ❷와 같이 CASE문을 작성하여 y가 0이면 '짝수', 그렇지 않으면 '홀수'라고 출력합니다. CASE문에서 WHEN절은 여러 번 작성할 수 있으며, ELSE는 문장의 끝에 한 번만 작성해야 합니다.

4 반복문

스토어드 프로그램에서 반복되는 작업을 수행하고자 할 때는 WHILE문과 LOOP문, REPEAT문을 사용합니다.

WHILE문

WHILE문은 주어진 조건이 참인 동안 반복적으로 코드를 실행하다가, 조건이 거짓이 되면 반복문을 종료합니다. WHILE문은 반복 시작하기 전에 조건을 평가하기 때문에 조건이 처음부터 거짓이면 코드가 실행되지 않습니다. WHILE문의 사용 형식은 다음과 같습니다.

형식

```
WHILE 조건 DO
    반복적으로 실행할 코드
END WHILE;
```

예제 10-3 **1부터 10까지의 합을 출력하는 프로시저를 WHILE문으로 작성하시오.**

```
DELIMITER $$
CREATE PROCEDURE proc_while()
    BEGIN
        DECLARE x INT DEFAULT 0;
        DECLARE y INT DEFAULT 0;

        WHILE x < 10 DO
            SET x = x + 1; ❶
            SET y = y + x; ❷
        END WHILE;
        SELECT x, y; ❸
    END $$
DELIMITER ;
```

```
CALL proc_while();
```

▶ 실행결과

x	y
10	55

WHILE문은 조건이 참인 동안 로직을 반복적으로 수행합니다. 변수 x가 10보다 작은 동안 로직을 반복적으로 수행하는데, 이때 ❶을 넣지 않으면 계속 x=0이 되기 때문에 무한 반복합니다. ❷를 통해 1+2+3+...+10을 계산한 결과가 변수 y에 담기게 됩니다.

만약 ❸을 WHILE문 내에 작성하면 ❸의 결과가 10번 수행되며, ❸을 반복문 밖에 작성하면 최종적으로 한 번만 출력됩니다.

LOOP문

LOOP문은 탈출 조건이 없으면 무한 반복되기 때문에 반복문 내에서 LEAVE문을 사용하여 루프를 종료해야 합니다. 이때 루프에 레이블명을 지정하고, 지정한 레이블명은 LEAVE문에 기술합니다. LOOP문의 사용 형식은 다음과 같습니다.

형식

```
레이블명:LOOP
    반복적으로 실행할 코드
    IF 조건 THEN
        LEAVE 레이블명;
    END IF;
END LOOP;
```

예제 10-4 1부터 10까지의 합을 출력하는 프로시저를 LOOP문으로 작성하시오.

```
DELIMITER $$
CREATE PROCEDURE proc_loop()
    BEGIN
        DECLARE x INT DEFAULT 0;
        DECLARE y INT DEFAULT 0;

        loop_sum:LOOP          ❶
           SET x = x + 1;
           SET y = y + x;
           IF x > 10 THEN      ❷
               LEAVE loop_sum; ❸
           END IF;
           SELECT x, y;
        END LOOP;
    END $$
DELIMITER ;
```

```
CALL proc_loop();
```

▶ 실행결과

x	y
10	55

LOOP문은 ❷와 같이 반복문을 벗어나기 위한 조건을 반드시 작성해야 무한 반복되지 않습니다.

이때 ❶과 같이 레이블명을 지정하고, ❸과 같이 LEAVE 다음에 지정한 레이블명을 기술합니다. LEAVE문을 만나면 현재 실행 중인 반복문을 종료하고 반복문 바로 다음 문장으로 이동합니다.

하나 더 알기 ✓ **ITERATE**

ITERATE도 LEAVE와 같이 반복문의 흐름을 제어하는 데 사용할 수 있습니다. LEAVE문은 현재 실행 중인 반복문을 종료하고, 반복문 바로 다음 문장으로 제어를 이동합니다. 반면 ITERATE문은 현재 반복문의 나머지 부분을 건너뛰고, 다음 반복 단계로 제어를 이동합니다.

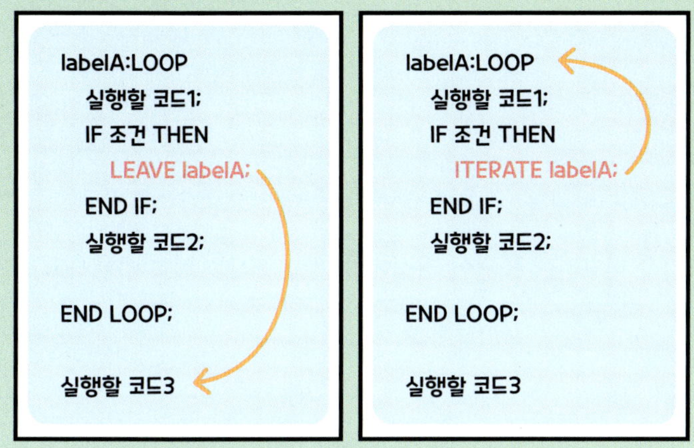

그림 10-1 **LEAVE와 ITERATE의 차이점**

REPEAT문

REPEAT문은 조건이 참이 될 때까지 코드를 실행합니다. REPEAT문은 반복문 내에서 조건을 비교하기 전에 최소 한 번은 코드가 실행됩니다. 사용 형식은 다음과 같습니다.

형식

```
REPEAT
    반복적으로 실행할 코드
UNTIL 조건;
```

예제 10-5 **1부터 10까지의 합을 출력하는 프로시저를 REPEAT문으로 작성하시오.**

```
DELIMITER $$
CREATE PROCEDURE proc_repeat()
BEGIN
    DECLARE x INT DEFAULT 0;
```

```
    DECLARE y INT DEFAULT 0;

    REPEAT
       SET x = x + 1;  ❶
       SET y = y + x;  ❷
    UNTIL x >= 10 END REPEAT;  ❸
    SELECT x, y;
END $$
DELIMITER ;
```

```
CALL proc_repeat()
```

▶ 실행결과

x	y
10	55

❶, ❷가 실행된 후에 ❸에서 조건을 비교하여 조건이 거짓이면 반복 로직을 계속 수행하고, 조건이 참이면 반복문을 종료합니다.

Q MySQL에서 FOR문은 사용할 수 없나요?

A MySQL은 FOR 반복문을 지원하지 않기 때문에 FOR문 대신 WHILE문, LOOP문이나 REPEAT문을 사용하여 유사한 기능을 구현해야 합니다.

확인문제

MySQL의 제어문에서 사용할 수 없는 키워드를 모두 선택하시오.

① IF ② CASE ③ FOR ④ LOOP
⑤ REPEAT ⑥ BREAK ⑦ LEAVE ⑧ CONTINUE
⑨ ITERATE ⑩ DECLARE ⑪ SET

정답

③ FOR ⑥ BREAK ⑧ CONTINUE

Section

02 스토어드 프로시저

1 스토어드 프로시저의 개념

SQL 스토어드 프로시저(Stored Procedure)는 데이터베이스 객체 중 하나로 데이터베이스에서 수행할 수 있는 일련의 SQL문과 제어문을 저장한 SQL 스토어드 프로그램을 의미합니다. SQL 스토어드 프로시저를 사용하면 하나의 요청으로 여러 개의 SQL문을 실행할 수 있으며, 데이터 검색이나 조작, 업데이트, 삭제 등과 같은 다양한 작업을 수행할 수 있습니다.

스토어드 프로시저는 시스템 스토어드 프로시저(System Stored Procedure)와 사용자 정의 프로시저(User Defined Procedure)로 구분할 수 있습니다.

시스템 스토어드 프로시저는 MySQL 데이터베이스 시스템에 내장되어 있는 특수한 유형의 저장 프로그램입니다. 시스템 스토어드 프로시저는 백업, 복원, 성능 최적화, 사용자 관리 등 주로 데이터베이스 시스템의 내부 동작을 제어하고 관리하는 데 사용되며, 데이터베이스에 내장되어 있기 때문에 별도로 설치할 필요가 없습니다.

사용자가 직접 프로시저를 생성할 수도 있는데, 이러한 프로시저를 사용자 정의 프로시저라고 합니다.

2 사용자 정의 프로시저의 개념

자주 사용하는 SQL문을 프로시저로 생성하여 저장한 후 필요 시에 호출해서 사용할 수 있습니다. 이렇게 사용자가 직접 생성하는 프로시저를 사용자 정의 프로시저라고 합니다.

사용자 정의 프로시저는 다음과 같은 요소로 구성됩니다.

- **프로시저 정의**

CREATE PROCEDURE문을 사용하여 정의합니다.

■ 매개변수

매개변수(Parameter)를 사용하여 값을 입력받거나 출력값을 반환할 수 있습니다. 매개변수는 프로시저를 호출할 때 전달되며, 호출된 프로시저 내에서 사용되어 로직을 실행하고 결과를 반환합니다. 매개변수는 필요에 따라 IN 매개변수, OUT 매개변수, INOUT 매개변수로 지정할 수 있습니다.

- **IN 매개변수:** IN 매개변수는 읽기 전용 매개변수로 프로시저에 외부 입력값을 전달하는 데 사용된다.
- **OUT 매개변수:** OUT 매개변수는 쓰기 전용으로 프로시저가 실행을 완료한 후에 외부로 결괏값을 전달하는 데 사용된다.
- **INOUT 매개변수:** INOUT 매개변수는 읽기 및 쓰기 용도로 사용되는 매개변수로 프로시저에 입력값을 전달하고 결괏값을 반환하는 데 동시에 사용된다. INOUT 매개변수를 통해 외부에서 값을 전달하고 프로시저가 실행을 완료한 후 수정된 결괏값을 다시 외부로 반환할 수 있다.

■ 변수

프로시저 내에서 사용되는 일시적인 값을 저장하는 데 사용됩니다. 변수는 데이터의 중간 결과를 저장하거나 조건을 비교하는 데 사용될 수 있습니다.

■ SQL문

데이터베이스 작업을 수행하는 데 필요한 SQL문입니다. SELECT, INSERT, UPDATE, DELETE 등의 SQL문을 사용하여 데이터를 조작하고 검색할 수 있습니다.

■ 제어문

제어문(Control Statement)은 프로시저의 흐름을 제어하기 위해 사용되는 구문입니다. IF, WHILE문 등의 제어 구문을 사용하여 조건에 따라 다른 작업을 수행하거나 반복 작업을 수행할 수 있으며, 이를 통해 프로시저의 실행 흐름을 제어할 수 있습니다.

3 사용자 정의 프로시저의 생성과 삭제

사용자 정의 프로시저를 생성하는 형식은 다음과 같습니다.

형식

```
DELIMITER $$
CREATE PROCEDURE 사용자 정의 프로시저명
    (
     [IN¦OUT¦INOUT 매개변수]
    )
BEGIN
      실행코드
END $$
DELIMITER ;
```

프로시저는 다음과 같이 호출하여 실행합니다.

형식

```
CALL 프로시저명;
```

프로시저에서 ALTER문은 스토어드 프로시저에서 제공하는 보안 및 작동 방식과 관련된 특성을 수정할 때만 사용할 수 있습니다. 프로시저의 매개변수나 로직 처리 내용을 변경할 때는 프로시저를 삭제한 후 새로 생성해야 합니다.

프로시저를 삭제하는 형식은 다음과 같습니다.

형식

```
DROP PROCEDURE 프로시저명;
```

하나 더 알기 ✓ **DELIMITER**

MySQL에서는 세미콜론(;)을 문장 구분자로 사용합니다. 그런데 프로시저나 함수, 트리거와 같은 스토어드 프로그램 내에서는 세미콜론이 여러 번 나타날 수 있기 때문에 세미콜론으로 인해 하나의 프로그램이 여러 개의 명령문으로 나눠지게 됩니다. 이때 프로그램 전체를 한 개의 명령문으로 묶어주기 위해서 DELIMITER를 사용합니다. 즉, 중간에 여러 개의 세미콜론이 있더라도 DELIMITER $$부터 시작해서 END $$까지의 코드가 한 명령문으로 처리됩니다. $$ 대신 %%, !!, //, ## 등을 사용할 수도 있습니다.

예제 10-6 고객 정보와 고객 수를 보이는 프로시저를 작성하시오.

```
DELIMITER $$
CREATE PROCEDURE proc_고객정보()
BEGIN
    SELECT *
    FROM 고객;

    SELECT COUNT(*) AS 고객수
    FROM 고객;
END $$
DELIMITER ;
```

```
CALL proc_고객정보();
```

▶ 실행결과

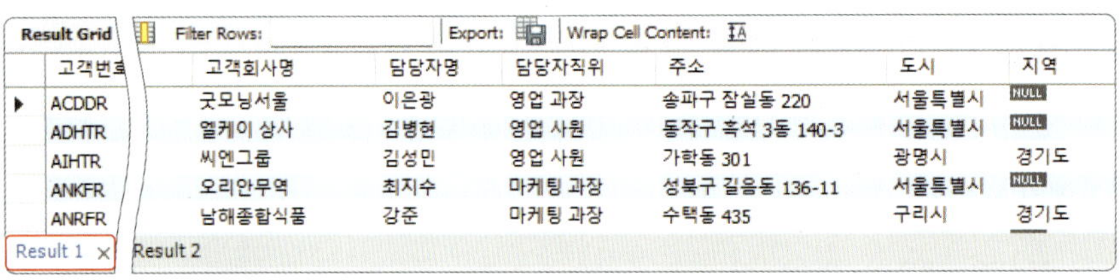

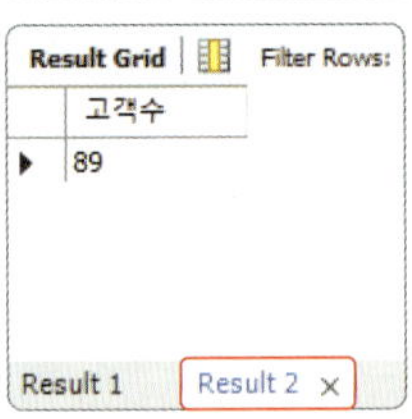

프로시저를 실행하면 별개의 탭에서 고객의 정보와 고객수를 확인할 수 있습니다.

예제 10-7 도시를 입력하면 해당 도시의 고객 정보와 고객 수를 보이는 프로시저를 작성하시오.

```
DELIMITER $$
CREATE PROCEDURE proc_도시고객정보
    (
     IN city VARCHAR(50)   ①
    )
BEGIN
    SELECT *
    FROM 고객
    WHERE 도시 = city;   ②
```

```
    SELECT COUNT(*) AS 고객수
    FROM 고객
    WHERE 도시 = city;
END $$
DELIMITER ;
```

```
CALL proc_도시고객정보('부산광역시');
```

▶ 실행결과

고객번호	고객회사명	담당자명	담당자직위	주소	도시	지역	전화번호	마일리지
LIDBO	진흥 상사	송아린	대표 이사	부산진구 당감 3동 611-3	부산광역시	NULL	(051)784-1945	3101
LLIWE	태산무역	박소영	영업 과장	부산진구 양정 1동 462-77	부산광역시	NULL	(051)555-5111	887
NGOHU	케이티에스씨	오유진	영업 사원	동구 범일 3동 14-1	부산광역시	NULL	(051)820-1993	8575
RICPE	뉴가든상사	김지호	영업 사원	금정구 청룡동 168-14	부산광역시	NULL	(051)12-1122	1295
TTMBO	컬러헬스푸드	안수인	회계 과장	사하구 신평동 701-29	부산광역시	NULL	(051)845-9483	8062

Result 3 × Result 4

고객수
5

Result 3 Result 4 ×

Error Code 1267이 발생하면 207P의 〈하나 더 알기〉를 참고하세요.

외부로부터의 값을 프로시저로 전달하고자 할 때는 ❶과 같이 IN 매개변수로 지정해야 합니다. 프로시저 호출 시에 입력한 값은 IN 매개변수를 통해 전달되어 ❷와 같이 사용됩니다.

예제 10-8 **주문년도와 고객의 도시를 입력하면 해당 년도에 해당 도시의 고객이 주문한 내역에 대하여 주문 고객별로 주문건수를 보이는 프로시저를 작성하시오.**

```
DELIMITER $$
CREATE PROCEDURE proc_주문년도시_고객정보
    (
     IN order_year INT
    ,IN city VARCHAR(50)
     )
BEGIN
    SELECT 고객.고객번호
          ,고객회사명
          ,도시
          ,COUNT(*) AS 주문건수
    FROM 고객 JOIN 주문
    ON 고객.고객번호 = 주문.고객번호
    WHERE YEAR(주문일) = order_year
```

```
    AND 도시 = city
    GROUP BY 고객.고객번호
            ,고객회사명;
END $$
DELIMITER ;
```

```
CALL proc_주문년도시_고객정보(2021, '공주시');
```

▶ 실행결과

고객번호	고객회사명	도시	주문건수
STCEA	오케이식품	공주시	4

두 개 이상의 매개변수를 지정하여 프로시저를 작성할 수도 있습니다. 프로시저를 호출 시에는 프로시저에서 지정한 매개변수 순서대로 값을 입력해야 합니다.

예제 10-9 **고객회사명과 추가할 마일리지를 입력하면 해당 고객에 대하여 입력한 마일리지만큼 추가하는 프로시저를 작성하시오.**

```
DELIMITER $$
CREATE PROCEDURE proc_고객회사명_마일리지추가
    (
     IN company VARCHAR(50)
    ,IN add_mileage INT
    )
BEGIN
    SELECT 고객번호
          ,고객회사명
          ,마일리지 AS 변경전마일리지
    FROM 고객
    WHERE 고객회사명 = company;

    UPDATE 고객
    SET 마일리지 = 마일리지 + add_mileage
    WHERE 고객회사명 = company;

    SELECT 고객번호
          ,고객회사명
          ,마일리지 AS 변경후마일리지
```

만약 UPDATE나 DELETE문을 실행했을 때 오류가 발생한다면 2장 61p의 〈하나 더 알기〉를 참고하세요.

```
    FROM 고객
    WHERE 고객회사명 = company;
END $$
DELIMITER ;
```

```
CALL proc_고객회사명_마일리지추가('진영무역',1000);
```

▶ 실행결과

고객번호	고객회사명	변경전마일리지
LKOFO	진영무역	9468

고객번호	고객회사명	변경후마일리지
LKOFO	진영무역	10468

프로시저는 SELECT뿐만 아니라 INSERT, UPDATE, DELETE 작업을 수행하도록 작성할 수도 있습니다. UPDATE문 전후에 마일리지를 조회함으로써 변경 전후의 값을 확인했습니다.

예제 10-10 **고객회사명을 입력하면 해당 고객의 마일리지를 변경하는 프로시저를 작성하시오. 이때 만일 고객의 마일리지가 전체 고객의 평균마일리지보다 크다면 100점을 추가하고, 그렇지 않다면 전 고객의 평균마일리지만큼으로 변경하시오.**

```
DELIMITER $$
CREATE PROCEDURE proc_고객회사명_평균마일리지로변경
    (
     IN company VARCHAR(50)
    )
BEGIN
    DECLARE 평균마일리지 INT;
    DECLARE 보유마일리지 INT;

    SELECT 고객회사명
          , 마일리지 AS 변경전마일리지
    FROM 고객
    WHERE 고객회사명 = company;

    SET 평균마일리지 = (SELECT AVG(마일리지)
                        FROM 고객);
    SET 보유마일리지 = (SELECT 마일리지                    ❶
                        FROM 고객
                        WHERE 고객회사명 = company);
```

```
    IF (보유마일리지 > 평균마일리지) THEN
        UPDATE 고객
        SET 마일리지 = 마일리지 + 100
        WHERE 고객회사명 = company;
    ELSE
        UPDATE 고객
        SET 마일리지 = 평균마일리지
        WHERE 고객회사명 = company;
    END IF;

    SELECT 고객회사명
         , 마일리지 AS 변경후마일리지
    FROM 고객
    WHERE 고객회사명 = company;
END $$
DELIMITER ;
```

❷

```
CALL proc_고객회사명_평균마일리지로변경('굿모닝서울');
```

▶ 실행결과

고객회사명	변경전마일리지
굿모닝서울	17502

고객회사명	변경후마일리지
굿모닝서울	17602

❶과 같이 SELECT문의 결괏값을 SET을 사용하여 변수에 저장할 수 있습니다. 이때 변수에는 반드시 한 개의 값만 저장해야 한다는 점에 주의해야 합니다. 또한 SET 대신 다음과 같이 SELECT문 내에서 INTO를 사용하여 변수에 값을 저장할 수도 있습니다.

```
SELECT AVG(마일리지)
INTO 평균마일리지
FROM 고객;
```

```
SELECT 마일리지
INTO 보유마일리지
FROM 고객
WHERE 고객회사명 = company;
```

조건에 따라 다르게 처리해야 한다면 ❷와 같이 조건문을 사용하여 해결할 수 있습니다.

예제 10-11 고객회사명을 입력하면 고객의 보유 마일리지에 따라서 등급을 보이는 프로시저를 작성하시오. 이때 고객의 마일리지가 100,000점 이상이면 '최우수고객회사', 50,000점 이상이면 '우수고객회사', 그 나머지는 '관심고객회사'라고 보이시오.

```
DELIMITER $$
CREATE PROCEDURE proc_고객등급
   (
    IN company VARCHAR(50),
    OUT grade VARCHAR(20)  ❶
    )
BEGIN
    DECLARE 보유마일리지 INT;

    SELECT 마일리지
    INTO 보유마일리지
    FROM 고객
    WHERE 고객회사명 = company;

    IF 보유마일리지 > 100000 THEN
       SET grade = '최우수고객회사';
    ELSEIF 보유마일리지 >= 50000 THEN
       SET grade = '우수고객회사';      ❷
    ELSE
       SET grade = '관심고객회사';
    END IF;
END $$
DELIMITER ;
```

```
CALL proc_고객등급('그린로더스', @그린로더스등급);  ❸
CALL proc_고객등급('오뚜락', @오뚜락등급);

SELECT @그린로더스등급, @오뚜락등급;  ❹
```

▶ 실행결과

@그린로더스등급	@오뚜락등급
우수고객회사	관심고객회사

❶의 OUT 매개변수는 프로시저의 결과를 외부로 전달하기 위해 사용되는 매개변수입니다.

고객회사명을 입력하면 프로시저 내에서 마일리지를 검색하여 보유마일리지라는 변수에 저장시킨 후, 보유마일리지를 조건에 따라 비교하여 ❷와 같이 OUT 매개변수인 grade에 출력할 값을 저장합니다.

❸처럼 프로시저 호출 시 첫 번째 매개변수에는 고객회사명을 입력합니다. 이때 입력한 값은 IN 매개변수에 전달됩니다. 두 번째 매개변수에는 프로시저 처리를 통해 출력 매개변수에 저장된 값을 저장할 수 있는 사용자 변수명을 입력합니다. 저장된 값은 ❹와 같은 방법으로 확인할 수 있습니다.

예제 10-12 인상율과 금액을 입력하면 인상금액을 계산하고, 그 결과를 확인할 수 있는 프로시저를 작성하시오.

```
DELIMITER $$
CREATE PROCEDURE proc_인상금액
    (
     IN increase_rate INT
    ,INOUT price INT ●──── ❶
    )
BEGIN
    SET price = price * (1 + increase_rate / 100); ●── ❹
END $$
DELIMITER ;
```

```
SET @금액 = 10000; ●──── ❷
CALL proc_인상금액(10, @금액); ●──── ❸
SELECT @금액; ●──── ❺
```

▶ 실행결과

@금액
11000

❶의 INOUT 매개변수는 IN과 OUT 매개변수를 결합한 것으로 프로시저 호출 시 INOUT 매개변수를 통해 값을 전달하고, 호출한 프로시저를 통해 변경된 값을 다시 그 매개변수로 전달받을 수 있습니다.

❷와 같이 @금액 변수에 10000을 저장합니다. 프로시저를 호출할 때 첫 번째 매개변수값인 10은 increase_rate에 전달되고, @금액에 저장된 10000은 INOUT 매개변수인 price로 전달됩니다. 계산된 결괏값을 ❹처럼 다시 INOUT 매개변수인 price에 저장하면 ❸의 @금액 변수를 통해 값이 전달됩니다. ❺와 같이 실행하면 전달된 값을 확인할 수 있습니다.

@금액 변수는 세션이 유지되는 동안 값이 저장되기 때문에 프로시저를 한 번 더 실행하면 11000에 10%가 추가된 값인 12100을 결과로 얻게 됩니다.

```
CALL proc_인상금액(10, @금액);
SELECT @금액;
```

▶ 실행결과

@금액
12100

확인문제

MySQL의 스토어드 프로시저의 매개변수 유형이 아닌 것을 고르시오.

① IN ② OUT

③ OUTIN ④ INOUT

정답

③ OUTIN

Section

03 스토어드 함수

1 스토어드 함수의 개념

SQL 스토어드 함수(Stored Function)는 데이터베이스에서 사용할 수 있는 함수입니다. SQL 스토어드 함수는 SQL문의 일부로 호출되며, 함수 내에서 로직을 실행하고 값을 반환할 수 있습니다. 스토어드 함수를 사용하면 코드의 재사용성을 높일 수 있으며, 반복적인 작업을 수행하거나 복잡한 로직을 처리하는 데에도 유용하게 사용됩니다.

MySQL의 주요 스토어드 함수의 유형은 다음과 같습니다.

■ **내장 함수**

MySQL을 설치하면 자동으로 제공이 되는 함수로서 3장, 4장, 11장의 함수 및 USER(), DATABASE(), ROW_COUNT(), NOW() 등과 같이 서버의 상태를 확인하거나 다양한 유틸리티 작업을 수행하는데 사용되는 시스템 함수는 모두 내장 함수(Built-in Function)에 해당합니다.

■ **사용자 정의 함수**

사용자 정의 함수는 사용자가 필요에 따라 직접 정의하는 함수를 의미합니다.

2 사용자 정의 함수의 개념

사용자가 필요에 따라 로직을 구현하여 직접 생성한 함수를 사용자 정의 함수(User_defined Function)라고 합니다.

사용자 정의 함수의 구성 요소

사용자 정의 함수는 다음과 같은 요소로 구성됩니다.

■ **함수 정의**

사용자 정의 함수는 CREATE FUNCTION문을 사용하여 정의합니다.

■ **입력 매개변수**

함수는 하나 이상의 입력 매개변수를 가질 수 있습니다.

■ **반환 값**

함수는 실행 결과로 값을 반환하며, 반환된 값은 함수의 결과로 사용됩니다.

■ **제어문**

함수 내에서는 SQL문 및 조건문이나 반복문 등의 제어 구문을 사용하여 필요한 로직을 처리할 수 있습니다.

3 사용자 정의 함수의 생성과 삭제

사용자 정의 함수를 생성하고 실행하는 형식은 다음과 같습니다.

형식

```
DELIMITER $$
CREATE FUNCTION 사용자정의함수명(매개변수)
RETURNS 반환형식
BEGIN
     실행코드
     RETURN 반환값;
END $$
DELIMITER ;
```

형식

```
SELECT 함수명();
```

함수의 매개변수나 로직 처리 내용을 변경할 때는 함수를 삭제하고 새로 생성해야 합니다. 함수를 삭제하는 형식은 다음과 같습니다.

형식

```
DROP FUNCTION 함수명;
```

예제 10-13 **수량과 단가를 입력하면 두 수를 곱하여 금액을 반환하는 함수를 생성하시오.**

```
DELIMITER $$
CREATE FUNCTION func_금액(quantity INT, price INT)
   RETURNS INT
BEGIN
    DECLARE amount INT;
    SET amount = quantity * price;
    RETURN amount;
END $$
DELIMITER ;
```

생성한 함수는 다음과 같이 실행합니다.

```
SELECT func_금액(100, 4500);
```

▶ 실행결과

func_금액(100, 4500)
450000

```
SELECT *
      ,func_금액(주문수량, 단가) AS 주문금액
FROM 주문세부;
```

▶ 실행결과

주문번호	제품번호	단가	주문수량	할인율	주문금액
H0249	14	1900	9	0	17100
H0249	51	4200	40	0	168000
H0250	41	800	10	0	8000
H0250	51	4200	35	0.15	147000

실행했을 때 Error Code 1418 오류가 발생한다면 오른쪽 페이지에 있는 〈하나 더 알기〉를 참고하세요.

하나 더 알기 √ **Error Code: 1418 에러 발생**

log_bin_trust_function_creators 변수가 0(OFF)으로 설정된 경우에는 사용자는 함수를 생성하거나 수정할 수 없기 때문에 다음과 같은 오류가 발생합니다.

```
Error Code: 1418. This function has none of DETERMINISTIC, NO SQL, or
READS SQL DATA in its declaration and binary logging is enabled.
```

이때 함수 생성에 제약을 받지 않도록 1(ON)로 설정 값을 변경하면 문제를 해결할 수 있습니다.

```
SET GLOBAL log_bin_trust_function_creators = 1;
```

확인문제

MySQL에서 사용자 정의 함수를 생성하는 데 사용되지 않는 키워드를 고르시오.

① FUNCTION ② RETURNS
③ RETURN ④ INOUT

정답

④

Section 04 트리거

1 트리거의 개념

트리거(Trigger)는 데이터베이스에서 데이터 삽입, 변경 또는 삭제와 같은 특정 이벤트가 발생할 때마다 자동으로 실행되는 작업을 의미합니다. 다시 말해 INSERT, UPDATE, DELETE와 같은 이벤트가 발생할 때마다 트리거에 정의된 SQL문이 자동으로 실행됩니다. 트리거는 복잡한 비즈니스 규칙 구현 및 데이터 검증, 보안, 로깅 등에 사용됩니다. 트리거를 통해 데이터의 일관성을 유지할 수 있으며 다양한 작업을 자동화할 수 있습니다.

트리거의 구성 요소

트리거는 다음과 같은 요소로 구성됩니다.

■ 트리거 정의

트리거는 CREATE TRIGGER문을 사용하여 정의합니다.

■ 이벤트

이벤트(Event)는 데이터베이스에서 발생하는 특정 동작 또는 상태 변화를 나타냅니다. INSERT, UPDATE, DELETE 등의 작업을 기반으로 트리거를 설정할 수 있습니다.

■ 테이블

트리거가 연결될 대상 테이블을 지정합니다. 이벤트가 발생하면 트리거는 해당 테이블에 대해 동작을 수행합니다.

■ 타이밍

타이밍(Timing)은 트리거가 실행되는 시점을 정의합니다. BEFORE 트리거는 쿼리 이벤트가 작동하기 전에 트리거가 실행되고, AFTER 트리거는 쿼리 이벤트가 작동한 후에 트리거가 실행됩니다.

■ **본문**

본문(Body)은 트리거의 실제 동작을 정의하는 SQL문입니다. 이벤트가 발생하면 본문에 포함된 SQL문이 실행됩니다.

2 트리거의 생성과 삭제

트리거를 생성하는 형식은 다음과 같습니다.

형식

```
DELIMITER $$
CREATE TRIGGER 트리거명
BEFORE¦AFTER  INSERT¦UPDATE¦DELETE ON 테이블명
FOR EACH ROW
BEGIN
    실행코드
END $$
DELIMITER ;
```

트리거 본문 내에서 OLD 및 NEW 키워드를 사용하면 트리거의 영향을 받는 행의 컬럼에 접근할 수 있습니다. INSERT 트리거에서는 NEW.컬럼명만을 사용할 수 있고, DELETE 트리거에서는 OLD.컬럼명만을 사용할 수 있습니다. UPDATE 트리거에서 OLD.컬럼명을 사용하면 변경되기 전의 컬럼 값을 참조할 수 있고, NEW.컬럼명을 사용하면 변경 후의 값을 참조할 수 있습니다.

표 10-2 **트리거 이벤트에 따른 OLD, NEW 키워드 사용 가능 여부**

트리거 이벤트	OLD.컬럼명	NEW.컬럼명
INSERT	×	○
UPDATE	○	○
DELETE	○	×

트리거가 생성되었는지를 확인하기 위해서는 다음과 같이 작성합니다.

형식

```
SHOW 트리거명;
```

트리거를 삭제하는 형식은 다음과 같습니다.

형식

```
DROP TRIGGER 트리거명;
```

예제 10-14 **제품로그 테이블을 생성하시오. 그리고 제품을 추가할 때마다 로그 테이블에 정보를 남기는 트리거를 작성하시오.**

```
CREATE TABLE 제품로그
(
로그번호 INT AUTO_INCREMENT PRIMARY KEY,
처리 VARCHAR(10),
내용 VARCHAR(100),
처리일 TIMESTAMP DEFAULT CURRENT_TIMESTAMP
);
```

```
DELIMITER $$
CREATE TRIGGER trigger_제품추가로그
AFTER INSERT ON 제품
FOR EACH ROW
BEGIN
   INSERT INTO 제품로그(처리, 내용)
   VALUES('INSERT', CONCAT('제품번호:', NEW.제품번호, '제품명:', NEW.제품명));
END $$
DELIMITER ;
```

제품 테이블에 레코드를 추가할 때마다 제품로그 테이블에 제품에 대한 정보가 자동으로 추가됩니다. INSERT 트리거인 경우에 NEW 키워드를 사용하면 삽입된 값을 확인할 수 있습니다.

트리거 동작 여부는 제품 테이블에 레코드를 추가하고 제품로그 테이블을 검색하여 확인합니다.

```
INSERT INTO 제품(제품번호,제품명,단가,재고)
VALUES(99, '레몬캔디', 2000, 10);

SELECT *
FROM 제품
WHERE 제품번호 = 99;
```

▶ 실행결과

제품번호	제품명	포장단위	단가	재고	재고금액
99	레몬캔디	NULL	2000	10	20000

```
SELECT *
FROM 제품로그;
```

▶ 실행결과

로그번호	처리	내용	처리일
1	INSERT	제품번호:99 제품명:레몬캔디	2023-11-24 14:17:15

예제 10-15 **제품 테이블에서 단가나 재고가 변경되면 변경된 사항을 제품로그 테이블에 저장하는 트리거를 생성하시오.**

```
DELIMITER $$
CREATE TRIGGER trigger_제품변경로그
AFTER UPDATE ON 제품
FOR EACH ROW
BEGIN
    IF (NEW.단가 <> OLD.단가) THEN ❶
      INSERT INTO 제품로그(처리, 내용)
      VALUES ('UPDATE', CONCAT('제품번호:', OLD.제품번호,' 단가:', OLD.단가, '->', NEW.단가));
    END IF;

    IF (NEW.재고 <> OLD.재고) THEN ❷
      INSERT INTO 제품로그(처리, 내용)
      VALUES ('UPDATE', CONCAT('제품번호:', OLD.제품번호,' 재고:', OLD.재고, '->', NEW.재고));
    END IF;
END $$
DELIMITER ;
```

UPDATE 트리거인 경우에는 OLD와 NEW 키워드를 사용하여 변경 전후의 값을 확인할 수 있습니다.

제품 테이블에서 단가가 변경되었다면 ❶에 있는 IF문이 수행됩니다. OLD.단가에는 변경 전 단가가 들어있고, NEW.단가에는 변경 후의 단가가 들어있습니다. 재고가 변경된 경우는 ❷에 있는 IF문이 수행되고, 그 밖의 컬럼이 변경된 경우에는 제품로그 테이블에 로그 정보가 추가되지 않습니다.

트리거가 동작하는지를 확인하기 위해서 제품 테이블에서 단가나 재고 값을 변경한 후, 제품로그 테이블을 확인합니다.

```
UPDATE 제품
SET 단가 = 2500
WHERE 제품번호 = 99;
```

```
SELECT *
FROM 제품로그;
```

▶ 실행결과

로그번호	처리	내용	처리일
1	INSERT	제품번호:99 제품명:레몬캔디	2023-11-24 14:17:15
2	UPDATE	제품번호:99 단가:2000->2500	2023-11-24 14:18:06

예제 10-16 **제품 테이블에서 제품 정보를 삭제하면 삭제된 레코드의 정보를 제품로그 테이블에 저장하는 트리거를 생성하시오.**

```
DELIMITER $$
CREATE TRIGGER trigger_제품삭제로그
AFTER DELETE ON 제품
FOR EACH ROW
BEGIN
   INSERT INTO 제품로그(처리, 내용)
   VALUES ('DELETE', CONCAT('제품번호:', OLD.제품번호, ' 제품명:', OLD.제품명));
END $$
DELIMITER ;
```

제품 테이블에서 레코드가 삭제될 때마다 제품로그 테이블에 제품에 대한 정보가 자동으로 추가됩니다. DELETE 트리거인 경우에는 OLD 키워드를 사용하여 삭제된 값을 확인할 수 있습니다.

트리거가 동작하는지를 확인하기 위해서 제품 테이블에서 레코드를 삭제한 후, 제품로그 테이블을 확인해봅니다.

```
DELETE FROM 제품
WHERE 제품번호 = 99;

SELECT * FROM 제품로그;
```

▶ 실행결과

로그번호	처리	내용	처리일
1	INSERT	제품번호:99 제품명:레몬캔디	2023-11-24 14:17:15
2	UPDATE	제품번호:99 단가:2000->2500	2023-11-24 14:18:06
3	DELETE	제품번호:99 제품명:레몬캔디	2023-11-24 14:18:30

확인문제

트리거에서 이벤트가 발생한 값을 확인하기 위해 사용되는 키워드에는 OLD와 NEW가 있습니다. 이 키워드를 어느 이벤트에서 사용할 수 있는지 고르시오.

① INSERT ② UPDATE ③ DELETE

1. OLD : (   )

2. NEW : (   )

정답

1. ②, ③ 2. ①, ②

✓ 점검문제

이번 장에서 배운 내용을 기반으로 프로시저와 함수를 작성해봅시다.

예제 소스: Ch10_ex.sql

문제 1

제품명의 일부를 입력하면 해당 제품들에 대하여 제품명별로 주문수량합, 주문금액합을 보이는 프로시저를 작성하시오.

▶ 실행결과

제품명	주문수량합	주문금액합
뉴그린 트로피컬 캔디	138	153900
참스 계피 캔디	520	950000
미미 스카치 캔디	799	963700

해결

```
DELIMITER $$
CREATE PROCEDURE proc_제품명_주문내역
    (
     IN product_name VARCHAR(50)
    )
BEGIN
    SELECT 제품명
          ,SUM(주문수량) AS 주문수량합
          ,SUM(주문세부.단가 * 주문수량) AS 주문금액합
    FROM 제품
        ,주문세부
    WHERE 제품.제품번호 = 주문세부.제품번호
    AND 제품명 LIKE CONCAT('%', product_name,'%')
    GROUP BY 제품명;
END $$
DELIMITER ;
```

```
CALL proc_제품명_주문내역('캔디');
```

- '캔디'가 들어간 제품명을 찾기 위해서는 WHERE 제품명 LIKE '%제품명%'이라고 해주어야 합니다. 프로시저에서 매개변수로 넘겨받은 값을 사용하기 위해서는 문자 연결 함수인 CONCAT을 사용하여 매개변수 앞뒤에 %를 붙여줍니다.

문제 2

생일을 입력하면 연령구분을 반환하는 함수를 생성하시오.

조건

❶ 나이가 20살보다 적으면 '미성년'이다.
❷ 나이가 20살보다 많고 30살보다 적으면 '청년층'이다.
❸ 나이가 30살보다 많고 55살보다 적으면 '중년층'이다.
❹ 나이가 55살보다 많고 70살보다 적으면 '장년층'이다.
❺ 그 이외는 '노년층'이다.

▶ 실행결과

사원번호	이름	생일	나이	연령구분
E01	이소미	1985-12-05	38	중년층
E02	배재용	1973-02-17	50	중년층
E03	유대현	1988-08-27	35	중년층
E04	최소민	1987-09-17	36	중년층

해결

```
DELIMITER $$
CREATE FUNCTION func_연령구분(birthday DATE)
   RETURNS VARCHAR(20)
BEGIN
    DECLARE 나이 INT;
    DECLARE 연령구분 VARCHAR(20);

    SET 나이 = YEAR(NOW()) - YEAR(birthday);

    SET 연령구분 = (SELECT CASE
                            WHEN 나이 < 20 THEN '미성년'
                            WHEN 나이 < 30 THEN '청년층'
                            WHEN 나이 < 55 THEN '중년층'
                            WHEN 나이 < 70 THEN '장년층'
                            ELSE '노년층'
                         END);
   RETURN 연령구분;
END $$
DELIMITER ;
```

날짜 타입 컬럼에서 연도만을 추출하기 위해서는 다음과 같이 YEAR( ), DATE_FORMAT( ), SUBSTRING( ) 등의 함수를 사용할 수 있습니다.

```
SELECT 이름
     ,생일
     ,YEAR(생일)
     ,DATE_FORMAT(생일, '%Y')
     ,SUBSTRING(생일,1,4)
 FROM 사원;
```

이름	생일	YEAR(생일)	DATE_FORMAT(생일, '%Y')	SUBSTRING(생일,1,4)
이소미	1985-12-05	1985	1985	1985
배재용	1973-02-17	1973	1973	1973
유대현	1988-08-27	1988	1988	1988
최소민	1987-09-17	1987	1987	1987

- 조건에 따라 다른 결괏값을 얻기 위해 CASE문을 사용하고, 그 결괏값을 연령구분이라는 변수에 담았습니다.

이제 생성한 함수를 사용하여 연령구분에 대한 결과를 확인해보겠습니다. '2000-01-01'을 매개변수로 넣으면 결과가 어떻게 나오는지 확인해봅시다.

```
SELECT func_연령구분('2000-01-01');
```

func_연령구분('2000-01-01')
청년층

함수의 매개변수에 컬럼을 넣어 사용할 수도 있습니다.

```
SELECT 사원번호
      ,이름
      ,생일
      ,YEAR(NOW()) - YEAR(생일) AS 나이
      ,func_연령구분(생일) AS 연령구분
FROM 사원;
```

사원번호	이름	생일	나이	연령구분
E01	이소미	1985-12-05	38	중년층
E02	배재용	1973-02-17	50	중년층
E03	유대현	1988-08-27	35	중년층
E04	최소민	1987-09-17	36	중년층

요약

01 SQL 스토어드 프로그램은 데이터베이스에서 실행되는 프로그램으로 일련의 SQL문을 포함하고 있는 데이터베이스 객체입니다.

02 스토어드 프로그램을 작성할 때 조건에 따라 다른 로직을 수행하기 위해 IF문과 CASE문을 사용합니다.

03 스토어드 프로그램에서 반복되는 작업을 수행하고자 할 때는 WHILE문과 LOOP문, REPEAT문을 사용합니다.

04 SQL 스토어드 프로시저는 데이터베이스 객체 중 하나로 데이터베이스에서 수행할 수 있는 일련의 SQL문과 제어문을 저장한 SQL 스토어드 프로그램을 의미합니다. 사용자가 직접 생성하는 프로시저를 사용자 정의 프로시저라고 합니다.

05 SQL 스토어드 함수는 데이터베이스에서 사용할 수 있는 함수입니다. SQL 스토어드 함수는 SQL 문의 일부로 호출되며, 함수 내에서 로직을 실행하고 값을 반환할 수 있습니다.

06 트리거는 데이터베이스에서 데이터 삽입, 변경 또는 삭제와 같은 특정 이벤트가 발생할 때마다 자동으로 실행되는 작업을 의미합니다.

연습문제

01 스토어드 프로시저에서 변수를 선언할 때 사용하는 키워드는 무엇인가?

① UPDATE ② INSERT
③ DECLARE ④ SELECT

02 스토어드 함수를 생성하기 위해서 사용되는 문장은 무엇인가?

① PROCEDURE FUNCTION
② CREATE FUNCTION
③ CREATE PROCEDURE
④ INSERT FUNCTION

03 트리거에서 변경 전의 값을 확인하기 위해 필요한 키워드는 무엇인가?

① OLD ② NEW
③ BEFORE ④ AFTER

04 프로시저에 입력값을 전달하고 결괏값을 반환하는 데 동시에 사용되는 매개변수를 선언하기 위해 사용하는 키워드는 무엇인가?

① INOUT
② OUTIN
③ INSERTPRINT
④ PRINTINSERT

05 MySQL에서 사용할 수 없는 반복문 구문은 무엇인가?

① WHILE
② LOOP
③ REPEAT
④ FOR

실습문제

01 고객 테이블에 있는 담당자명을 입력하면 그 담당자의 회사명과 주문건수, 주문금액합을 반환하는 프로시저를 작성하시오.

02 주문시작일과 주문끝일을 입력하면 해당 기간에 주문금액합이 많았던 상위 10개 제품에 대해 순위별로 제품명, 주문금액합을 보이는 프로시저를 작성하시오.

03 생일을 입력하면 나이대를 반환하는 함수를 작성하시오(예 20대 초반, 30내 중반). 이때 나이 끝자리가 3보다 작거나 같으면 '초반', 7보다 작거나 같으면 '중반', 그 외는 '후반'으로 구분합니다.

04 주문세부 테이블에 레코드가 추가될 때마다 주문된 수량만큼 제품 테이블의 재고수량에서 빠지는 트리거를 작성하시오.

CHAPTER 11

윈도우 함수

학습목표

- 윈도우 함수의 개념과 사용법을 이해할 수 있습니다.
- 집계 윈도우 함수를 이해하고 활용할 수 있습니다.
- 순위 윈도우 함수를 이해하고 활용할 수 있습니다.
- 행 순서 윈도우 함수를 이해하고 활용할 수 있습니다.

Preview

윈도우 함수는 SQL에서 특정 윈도우 내부의 연산을 수행하는 함수로 파티션 별로 순위 부여, 집계, 이전 및 다음 행 값 비교 등을 통해 다양한 분석을 수행할 수 있습니다. 이번 장에서는 윈도우 함수의 사용 방법에 대해 알아보겠습니다.

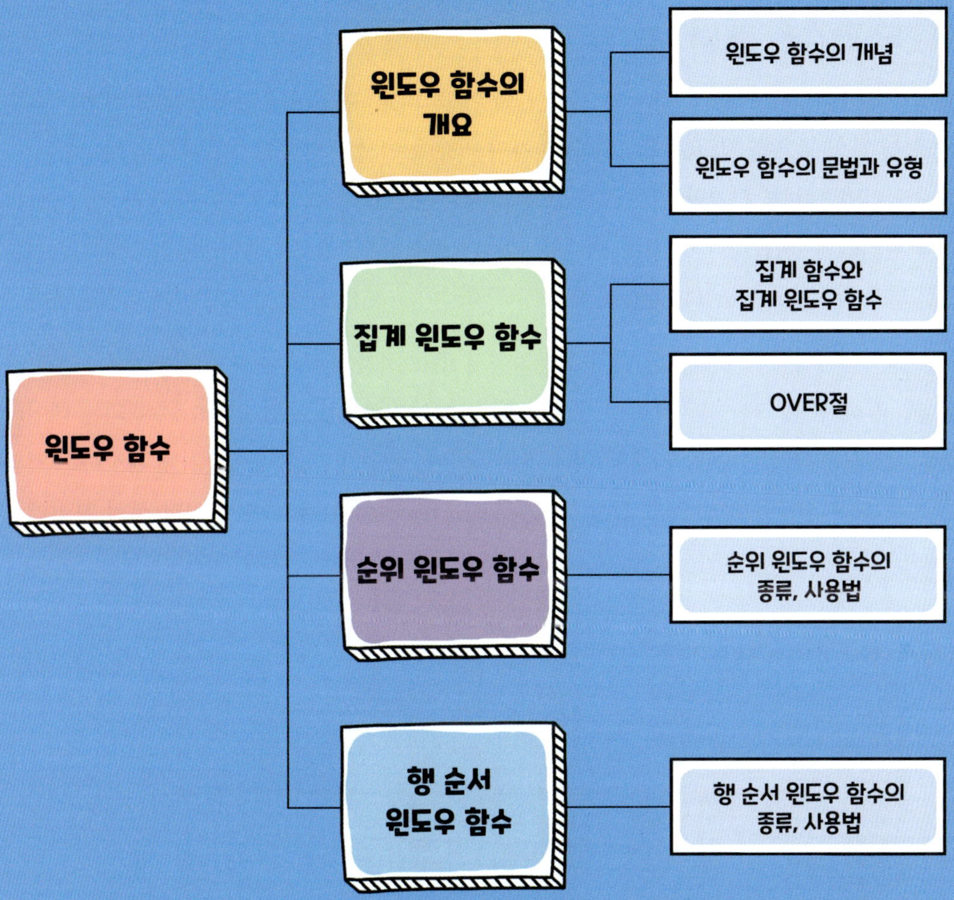

Section

01 윈도우 함수의 개요

• 예제 소스: Ch11.sql

1 윈도우 함수의 개념

기존 관계형 데이터베이스에서는 컬럼과 컬럼 간의 연산, 비교, 연결이나 집합에 대한 집계는 쉬운 반면, 행과 행 간의 관계를 정의하거나 행과 행 간의 비교와 연산을 하나의 SQL문으로 처리하는 것은 어려운 일이었습니다. 하지만 윈도우 함수(Window Function)를 이용한다면 행과 행 간의 관계를 쉽게 정의할 수 있습니다. 윈도우 함수는 데이터 웨어하우스(Data Warehouse)에서 발전한 기능으로, 분석 함수(Analytic Function) 또는 순위 함수(Rank Function)로도 알려져 있습니다.

윈도우 함수는 데이터베이스 쿼리나 데이터 분석에서 주로 사용되는 함수로 데이터셋을 그룹화하거나 정렬한 후에 특정 연산을 적용하는 데 사용합니다. 여기서 윈도우란 연산이 수행되는 데이터셋의 부분 집합으로 지정한 분할 기준에 의해서 정의되며, 함수가 적용되는 범위를 지정하는 역할을 합니다. 윈도우 함수는 OLAP(OnLine Analytical Processing)과 같은 데이터 분석 분야에서 자주 사용됩니다.

담당자직위	도시	고객번호	고객회사명	마일리지	순위	전체평균마일리지	도시평균마일리지
영업 사원	부산광역시	NGOHU	케이티에스씨	8575	1	6948	4935
영업 사원	부산광역시	RICPE	뉴가든상사	1295	2	6948	4935
영업 사원	상주시	FKIAL	태원 산업	7772	1	6948	7772
영업 사원	서귀포시	VEASA	크림푸드	1114	1	6948	1114
영업 사원	서울특별시	HMSLE	대화유피스	85801	1	6948	10772
영업 사원	서울특별시	AUSBL	제원인터내쇼날	52652	2	6948	10772
영업 사원	서울특별시	NCHRA	쉐프스푸드	9589	3	6948	10772
영업 사원	서울특별시	UGBLA	금진 무역	8026	4	6948	10772
영업 사원	서울특별시	CTUCA	유성물산교역	7955	5	6948	10772
영업 사원	서울특별시	DWOOL	하이롱 식품	7629	6	6948	10772
영업 사원	서울특별시	NDKWA	코리아유통	4364	7	6948	10772

그림 11-1 윈도우 함수의 사용 예

2 윈도우 함수의 문법과 유형

윈도우 함수를 사용하기 위해서는 반드시 OVER절이 필요합니다. OVER절은 윈도우 함수가 작동하는 윈도우를 정의하며, 이 윈도우에서 파티션과 순서를 지정할 수 있습니다.

윈도우 함수의 사용 형식은 다음과 같습니다.

형식

```
SELECT 윈도우함수명(인수)
            OVER([PARTITION BY 컬럼] [ORDER BY 컬럼] [WINDOWING절])
FROM 테이블명;
```

윈도우 함수는 그 종류에 따라서 0개부터 n개의 인수(Arguments)가 지정될 수 있습니다. 또한 OVER절 내에서 PARTITION BY절을 지정하여 파티션을 나눌 수 있고, ORDER BY절을 지정하여 정렬 항목을 정의할 수 있습니다. WINDOWING절에서는 함수의 대상이 되는 범위를 지정할 수 있는데, 이 절은 정렬된 값을 기준으로 하기 때문에 ORDER BY절에 종속적이라고 할 수 있습니다.

윈도우 함수의 유형에는 집계 윈도우 함수, 순위 윈도우 함수, 행 순서 윈도우 함수가 있습니다.

- 집계 윈도우 함수
- 순위 윈도우 함수
- 행 순서 윈도우 함수

다음 절부터 한 가지씩 자세히 살펴보겠습니다.

Section

02 집계 윈도우 함수

1 집계 함수와 집계 윈도우 함수

3장에서 학습한 집계 함수를 윈도우 함수로도 사용할 수 있습니다. 그렇다면 집계 함수와 집계 윈도우 함수(Aggregate Window Function)의 차이점은 무엇일까요?

집계 함수에서 사용하는 GROUP BY절은 특정 컬럼을 기준으로 데이터를 집계하고자 할 때 사용합니다. 예를 들어 고객의 마일리지를 도시 기준으로 그룹화하거나 주문건수를 주문년도별로 그룹화하여 집계된 값을 얻고자 할 때 GROUP BY절을 사용합니다. 이때 GROUP BY절을 수행한 후에는 기존의 상세 데이터들은 확인할 수 없으며, 집계된 결과만 알 수 있습니다.

이에 반해 OVER절을 사용하여 정의하는 집계 윈도우 함수는 PARTITION BY절을 사용하여 그룹화하는데, GROUP BY와는 달리 기존 행의 데이터와 집계된 값을 함께 볼 수 있습니다. 모든 집계 함수는 윈도우 함수로 사용할 수 있습니다.

2 OVER절

윈도우 함수는 결과를 생성하기 위해 입력으로 고려해야 하는 행의 일부를 OVER절에서 정의하는데, 이 부분을 윈도우(Window) 또는 파티션(Partition)이라고 부릅니다.

먼저 집계 함수를 사용하여 '부산광역시' 고객 테이블에서 평균마일리지를 구해봅시다.

```
SELECT AVG(마일리지) AS 평균마일리지
FROM 고객
WHERE 도시 = '부산광역시';
```

▶ 실행결과

평균마일리지
4384.0000

고객 테이블에 있는 레코드를 집계한 결과는 1건이며, 집계 후에는 원래 데이터를 확인할 수 없습니다.

이번에는 AVG 함수를 윈도우 함수로 사용하여 결과를 비교하겠습니다.

예제 11-1 **'부산광역시' 고객에 대하여 고객번호, 고객회사명, 마일리지와 평균 마일리지를 함께 보이시오.**

```
SELECT 고객번호
      ,고객회사명
      ,마일리지
      ,AVG(마일리지) OVER() AS 평균마일리지
FROM 고객
WHERE 도시 = '부산광역시';
```

▶ 실행결과

고객번호	고객회사명	마일리지	평균마일리지
LIDBO	진흥 상사	3101	4384.0000
LLIWE	태산무역	887	4384.0000
NGOHU	케이티에스씨	8575	4384.0000
RICPE	뉴가든상사	1295	4384.0000
TTMBO	컬러헬스푸드	8062	4384.0000

윈도우 함수는 OVER절을 넣음으로써 집계 함수의 결과가 각 행에 나타납니다. 결과를 보면 고객 테이블의 각 행에서 평균마일리지를 확인할 수 있습니다. 다시 말해 윈도우 함수를 사용하면 결과 행의 건수가 줄어들지 않으며 원래 데이터와 집계된 값을 함께 볼 수 있습니다.

그렇다면 이러한 결과는 어떻게 활용할 수 있을지 간단한 예제로 확인해봅시다.

예제 11-2 **'부산광역시' 고객에 대하여 고객번호, 고객회사명, 마일리지, 평균마일리지, 그리고 각 고객의 마일리지와 평균마일리지 간의 차이를 보이시오.**

```
SELECT 고객번호
      ,고객회사명
      ,마일리지
      ,AVG(마일리지) OVER() AS 평균마일리지
      ,마일리지 - AVG(마일리지) OVER() AS 차이
FROM 고객
WHERE 도시 = '부산광역시';
```

▶ 실행결과

고객번호	고객회사명	마일리지	평균마일리지	차이
LIDBO	진흥 상사	3101	4384.0000	-1283.0000
LLIWE	태산무역	887	4384.0000	-3497.0000
NGOHU	케이티에스씨	8575	4384.0000	4191.0000
RICPE	뉴가든상사	1295	4384.0000	-3089.0000
[illegible]	[illegible]	[illegible]	4384.0000	[illegible]

3,101 - 4,384

887 - 4,384

윈도우 함수를 사용하면 집계된 결과를 각 행마다 얻을 수 있기 때문에 동일 행에서 집계 함수 결과를 활용할 수 있습니다.

PARTITION BY절

전체 집합을 특정 기준에 의해 소그룹으로 나누고자 할 때는 OVER절 내에서 PARTITION BY절을 사용합니다. 먼저 집계 함수를 사용하여 '경기도' 지역의 각 도시별로 평균 마일리지를 확인해봅시다.

```
SELECT 도시
      ,AVG(마일리지) AS 평균마일리지
FROM 고객
WHERE 지역 = '경기도'
GROUP BY 도시;
```

▶ 실행결과

도시	평균마일리지
광명시	5046.5000
구리시	117.0000
평택시	134.0000
동두천시	694.0000
부천시	3976.0000
과천시	5819.0000

GROUP BY를 사용하여 데이터를 도시별로 나누었으며, AVG 함수는 각 그룹에 대해서 집계 값을 계산합니다.

예제 11-3 **'경기도' 고객에 대하여 고객번호, 도시, 마일리지, 도시의 평균마일리지, 그리고 각 고객의 마일리지와 도시의 평균마일리지 간 차이를 보이시오.**

```
SELECT 고객번호
      ,도시
      ,마일리지 AS 고객마일리지
      ,AVG(마일리지) OVER(PARTITION BY 도시) AS 도시평균마일리지
      ,마일리지 - AVG(마일리지) OVER(PARTITION BY 도시) AS 차이
FROM 고객
WHERE 지역 = '경기도';
```

▶ 실행결과

고객번호	도시	고객마일리지	도시평균마일리지	차이
LKOFO	과천시	10468	5819.0000	4649.0000
RIBFU	과천시	1170	5819.0000	-4649.0000
AIHTR	광명시	9667	5046.5000	4620.5000
NSHCO	광명시	426	5046.5000	-4620.5000
ANRFR	구리시	117	117.0000	0.0000

10,468 - 5,819

9,667 - 5,046.5

PARTITION BY절을 사용하면 파티션별로 집계된 값을 확인할 수 있습니다. 이때 원래의 값과 집계된 값을 함께 확인할 수 있으며, 파티션별로 집계된 값은 각 행에서 확인할 수 있습니다.

ORDER BY절

OVER절에 ORDER BY절을 사용하면 정렬 기준을 지정할 수 있습니다. 특히 SUM 윈도우 함수의 OVER절에 ORDER BY절을 넣으면 지정한 컬럼을 기준으로 누적 합을 구할 수 있습니다.

예제 11-4 **'부산광역시' 고객에 대하여 고객번호, 마일리지, 모든 고객의 마일리지 합, 그리고 각 고객번호 순으로 마일리지의 누적 합을 보이시오.**

```
SELECT 고객번호
      ,마일리지 AS 고객마일리지
      ,SUM(마일리지) OVER() AS 마일리지합
      ,SUM(마일리지) OVER(ORDER BY 고객번호) AS 누적마일리지
FROM 고객
WHERE 도시 = '부산광역시';
```

▶ 실행결과

고객번호	고객마일리지	마일리지합	누적마일리지
LIDBO	3101	21920	3101
LLIWE	887	21920	3988
NGOHU	8575	21920	12563
RICPE	1295	21920	13858
TTMBO	8062	21920	21920

3,101 + 887

3,988 + 8,575

SUM 윈도우 함수의 OVER절에서 ORDER BY 고객번호를 지정하면 고객의 정보가 고객번호 순으로 정렬되며, 결과 셋에서 고객번호 순으로 누적되는 마일리지 합을 확인할 수 있습니다.

확인문제

다음 지문의 내용이 맞으면 ○, 틀리면 ×를 표시하시오.

1. 윈도우 함수는 집계된 결과만을 확인할 수 있다. (　　　)
2. 윈도우 함수는 반드시 OVER절을 함께 작성해야 한다. (　　　)
3. 윈도우 함수는 반드시 ORDER BY를 함께 작성해야 한다. (　　　)

정답

1. × 2. ○ 3. ×

Section

03 순위 윈도우 함수

순위 윈도우 함수(Rank Window Function)는 행 간의 값을 비교하여 순위를 매기는 함수를 의미합니다.

1 순위 윈도우 함수의 종류

[표 11-1]은 순위 함수의 종류를 보여줍니다.

표 11-1 순위 윈도우 함수의 종류

함수	설명	예
RANK()	결과 집합의 각 행에 대해 순위를 반환한다. RANK는 동률 순위에 대해 동일한 숫자 값을 제공한다.	1, 2, 2, 4, 5
DENSE_RANK()	결과 집합의 각 행에 대해 순위를 반환한다. DENSE_RANK는 바로 앞의 해당 특정 행에 대한 순위 값에 1을 더한 수를 제공한다.	1, 2, 2, 3, 4
ROW_NUMBER()	결과 집합의 각 행에 대해 순위를 반환한다. ROW_NUMBER는 모든 행에 대해 순차적으로 번호를 지정한다.	1, 2, 3, 4, 5
PERCENT_RANK()	백분율 순위 값을 의미한다. 파티션 내에서 행의 상대 순위를 계산하며 0과 1 사이의 값으로 표현된다.	0, 0.25, 0.5, 0.5, 1
CUME_DIST()	파티션 내에서 값의 누적 분포(Cumulative Distribution)를 계산한다. 즉, 파티션의 전체 건수에서 현재 행보다 작거나 같은 건수에 대한 누적 백분율을 의미한다.	0.2, 0.4, 0.8, 0.8, 1
NTILE(n)	정렬된 파티션의 행을 지정된 수의 그룹으로 나누며, 해당 행이 속한 그룹 번호를 반환한다. 파티션 별 전체 건수를 n등분하여 표현한다.	1, 1, 1, 2, 2

2 순위 윈도우 함수의 사용

순위 윈도우 함수의 종류와 사용법을 좀 더 자세히 살펴보겠습니다.

RANK( ), DENSE_RANK( ), ROW_NUMBER( )

RANK()와 DENSE_RANK(), ROW_NUMBER()는 모두 순위를 반환하는 함수입니다. 각 함수의 사용 형식은 다음과 같습니다.

형식

```
RANK() OVER([PARTITION BY 컬럼] ORDER BY 컬럼)
DENSE_RANK() OVER([PARTITION BY 컬럼] ORDER BY 컬럼)
ROW_NUMBER() OVER([PARTITION BY 컬럼] ORDER BY 컬럼)
```

순위 윈도우 함수는 ORDER BY절에서 지정한 컬럼을 기준으로 순위를 매기게 됩니다. 세 개의 함수 모두 순위를 나타내지만 동일한 값이 있는 경우 결과가 다르게 반환됩니다. 예를 들어 '홍길동' 학생의 과목별 성적에 순위 함수를 사용해봅시다. [그림 11-2]는 '홍길동' 학생의 성적을 내림차순 정렬한 결과에 대해 순위를 매긴 것인데, 어떤 함수를 쓰느냐에 따라 순위가 다르게 나타나는 것을 알 수 있습니다.

성적	순위		
	RANK()	DENSE_RANK()	ROW_NUMBER()
100	1	1	1
95	2	2	2
95	2	2	3
90	4	3	4
88	5	4	5

그림 11-2 **함수별 동일한 값의 순위 처리 방식**

예제를 통해 순위를 매기는 함수의 사용법을 살펴봅시다.

예제 11-5 **'부산광역시' 고객에 대하여 마일리지가 많은 고객부터 순위를 매기시오.**

```
SELECT 고객번호
       ,고객회사명
       ,담당자명
       ,마일리지
       ,RANK() OVER(ORDER BY 마일리지 DESC) AS 순위
FROM 고객
WHERE 도시 = '부산광역시';
```

▶ 실행결과

고객번호	고객회사명	담당자명	마일리지	순위
NGOHU	케이티에스씨	오유진	8575	1
TTMBO	컬러헬스푸드	안수인	8062	2
LIDBO	진흥 상사	송아린	3101	3
RICPE	뉴가든상사	김지호	1295	4
LLIWE	태산무역	박소영	887	5

순위 윈도우 함수는 OVER절 내에 ORDER BY절을 작성해주어야 정렬된 컬럼을 기준으로 순위를 매기게 됩니다. 이때 오름차순 정렬은 ASC, 내림차순 정렬은 DESC를 넣어주는데 ASC는 생략 가능합니다.

예제 11-6 **'경기도' 지역의 각 도시별로 마일리지가 많은 고객부터 순위를 매기시오.**

```
SELECT 고객번호
      ,고객회사명
      ,도시
      ,마일리지
      ,RANK() OVER(PARTITION BY 도시 ORDER BY 마일리지 DESC) AS 순위
FROM 고객
WHERE 지역 = '경기도';
```

▶ 실행결과

고객번호	고객회사명	도시	마일리지	순위
LKOFO	진영무역	과천시	10468	1
RIBFU	대림에스엠	과천시	1170	2
AIHTR	씨엔그룹	광명시	9667	1
NSHCO	은혜식품	광명시	426	2
ANRFR	남해종합식품	구리시	117	1
ISDMA	선인 상사	동두천시	694	1
LIRSP	세미원푸드	부천시	7817	1
MSPTO	보라티	부천시	135	2

OVER절에서 PARTITION BY절과 ORDER BY절을 함께 쓰면 파티션 내에서 순위가 매겨지는 것을 확인할 수 있습니다.

PERCENT_RANK()

PERCENT_RANK() 함수는 현재 행의 순위를 백분율로 나타낼 때 사용합니다. 이 함수를 사용하면 현재 행의 상대적 위치를 확인할 수 있습니다. PERCENT_RANK()의 사용 형식은 다음과 같습니다.

형식

```
PERCENT_RANK() OVER([PARTITION BY 컬럼] ORDER BY 컬럼)
```

PERCENT_RANK() 함수는 가장 큰 값을 제외한 현재 행의 값보다 작은 값의 백분율을 반환합니다. PERCENT_RANK()의 수식은 (순위 – 1) / (윈도우 행 수 - 1)로 계산됩니다. PERCENT_RANK() 함수의 결과는 첫 행은 항상 0이고, 마지막 행은 항상 1이 됩니다. PERCENT_RANK() 함수를 사용하면 해당 사원의 연봉이 전체 사원 중에서 어느 백분율에 해당하는지, 또는 해당 주식 가격이 전체 주식 목록 중 어느 위치에 해당하는지 등을 백분율로 확인할 수 있습니다. 이를 통해 해당 연봉이나 주식의 상대적 위치를 파악하거나 통계적 분석을 수행할 수 있습니다.

그림 11-3 PERCENT_RANK 함수가 사용되는 경우

예를 들어 몸무게가 적을수록 높은 순위가 되도록 순위 백분율 값을 계산하면 [표 11–2]와 같습니다.

표 11-2 몸무게에 대한 순위 백분율 계산 예

몸무게	RANK()	PERCENT_RANK()	수식
51	1	0	(1 – 1) / (5 – 1)
53	2	0.25	(2 – 1) / (5 – 1)
59	3	0.5	(3 – 1) / (5 – 1)
59	3	0.5	(3 – 1) / (5 – 1)
75	5	1	(5 – 1) / (5 – 1)

예제를 통해 PERCENT_RANK()의 사용법을 살펴봅시다.

예제 11-7 **'시럽' 제품에 대해 단가를 기준으로 백분율 순위를 보이시오.**

```
SELECT 제품명
      ,단가
      ,PERCENT_RANK() OVER(ORDER BY 단가) AS 백분율순위
 FROM 제품
 WHERE 제품명 LIKE '%시럽%';
```

▶ 실행결과

제품명	단가	백분율순위
썬 체리 시럽	1000	0
방그레 바닐라 시럽	1380	0.25
파블로바 피넛 시럽	1700	0.5
베리 100% 파인애플 시럽	2100	0.75
베리 100% 복숭아 시럽	2200	1

'시럽' 제품들 중에서 '방그레 바닐라 시럽' 단가의 백분율 순위는 0.25에 해당하는데, 이는 상대적으로 하위 25%에 위치함을 나타냅니다.

CUME_DIST()

CUME_DIST() 함수는 누적 분포를 나타낼 때 사용합니다. 이 함수는 해당 행의 값이 윈도우 내에서 어느 위치에 있는지에 대한 상대적 위치를 누적 백분율로 표현합니다. CUME_DIST()의 사용 형식은 다음과 같습니다.

형식

```
CUME_DIST() OVER([PARTITION BY 컬럼] ORDER BY 컬럼)
```

CUME_DIST()의 수식은 구하고자 하는 값보다 작거나 같은 값을 가진 행의 수를 윈도우의 총 행 수로 나누어 계산하며, 결괏값의 범위는 0<결괏값<=1이 됩니다. CUME_DIST() 함수를 사용하면 특정 고객의 주문금액이 전체 고객 중에서 어느 백분율에 해당하는지를 확인하여 우수 고객을 선별할 수 있습니다. 또는 특정 제품의 단가가 전체 제품 중에서 어느 백분율에 해당하는지를 확인하여 저렴한 단가의 제품과 고가 제품을 구별하거나 단가 분포의 시각화 등에 활용할 수 있습니다.

[표 11-3]은 몸무게를 기준으로 누적 분포를 계산한 예시입니다.

표 11-3 **몸무게에 대한 누적 분포 예시**

몸무게	CUME_DIST()	수식
51	0.2	1 / 5
53	0.4	2 / 5
59	0.8	4 / 5
59	0.8	4 / 5
75	1	5 / 5

[표 11-3]의 첫 행에서 51보다 작거나 같은 값은 1개이고, 윈도우 내 행의 수는 5개이므로 1/5이 됩니다. 59의 경우 59보다 작거나 같은 값이 4개이며, 윈도우 내 행의 수는 5개이므로 4/5가 됩니다.

예제를 통해 CUME_DIST() 함수의 사용법을 살펴봅시다.

예제 11-8 **'부산광역시' 고객에 대하여 고객번호, 고객회사명, 마일리지 및 마일리지를 기준으로 한 누적 분포 값을 보이시오.**

```
SELECT 고객번호
      ,고객회사명
      ,마일리지
      ,CUME_DIST() OVER(ORDER BY 마일리지) AS 누적분포
FROM 고객
WHERE 도시 = '부산광역시';
```

▶ 실행결과

고객번호	고객회사명	마일리지	누적분포
LLIWE	태산무역	887	0.2
RICPE	뉴가든상사	1295	0.4
LIDBO	진흥 상사	3101	0.6
TTMBO	컬러헬스푸드	8062	0.8
NGOHU	케이티에스씨	8575	1

'부산광역시' 고객에 대하여 'LLIWE' 고객의 마일리지 누적 분포는 0.2인데, 이는 'LLIWE'의 마일리지 이하를 가진 고객이 20%라는 의미입니다. 또한 'LLIWE'과 'RICPE'가 차지하는 비율은 40%인데, 이것은 'RICPE'의 마일리지 이하를 가진 고객이 40%라고 해석할 수 있습니다.

NTILE( )

NTILE() 함수는 데이터를 특정 기준에 따라 그룹으로 나누고 차례대로 그룹 번호를 부여하는 함수입니다. PARTITION BY절을 생략하면 전체 행을 한 그룹으로 하여 계산하고, PARTITION BY

절을 지정하면 해당 윈도우 내에서 그룹화를 진행하여 그룹 번호를 부여합니다. 또한 ORDER BY절을 지정하면 해당 컬럼 순으로 정렬한 후에 그룹 번호를 부여합니다. 사용 형식은 다음과 같습니다.

형식

```
NTILE(n) OVER([PARTITION BY 컬럼] ORDER BY 컬럼)
```

NTILE( ) 함수는 그룹의 수를 인수로 지정합니다. 예제를 통해 좀 더 자세히 살펴보겠습니다.

예제 11-9 **'인천광역시' 고객에 대해 마일리지를 기준으로 하여 3개 그룹으로 나누시오.**

```
SELECT 고객번호
      ,도시
      ,마일리지
      ,NTILE(3) OVER(ORDER BY 마일리지) AS 그룹
 FROM 고객
 WHERE 도시 = '인천광역시';
```

▶ 실행결과

고객번호	도시	마일리지	그룹
NTCCE	인천광역시	123	1
NSHER	인천광역시	132	1
ICKQU	인천광역시	943	1
CTEVI	인천광역시	1033	2
ENEKO	인천광역시	1384	2
OUTAR	인천광역시	7536	3
EBITH	인천광역시	89627	3

인수에 3을 넣음으로써 3개의 그룹으로 구분됨을 확인할 수 있습니다.

예제 11-10 **각 도시별로 고객에 대하여 마일리지를 기준으로 두 그룹씩 나누시오.**

```
SELECT 고객번호
      ,도시
      ,마일리지
      ,NTILE(2) OVER(PARTITION BY 도시 ORDER BY 마일리지) AS 그룹
 FROM 고객;
```

▶ 실행결과

고객번호	도시	마일리지	그룹
RICPE	부산광역시	1295	1
LIDBO	부산광역시	3101	1
TTMBO	부산광역시	8062	2
NGOHU	부산광역시	8575	2
MSPTO	부천시	135	1
LIRSP	부천시	7817	2

PARTITION BY절을 넣지 않으면 전체 테이블을 하나의 윈도우로 그룹화하지만, PARTITION BY절을 넣으면 지정한 컬럼을 기준으로 그룹을 나누고 그룹 번호를 부여합니다.

확인문제

동일 지역 고객별로 마일리지가 많은 순서로 순위를 매기고자 합니다. 빈칸에 알맞은 키워드를 넣으시오.

```
SELECT 고객번호
      ,고객회사명
      ,도시
      ,마일리지
      ,RANK() OVER(    ①    BY 지역    ②    BY 마일리지 DESC) AS 순위
 FROM 고객;
```

정답

① PARTITION ② ORDER

Section

04 행 순서 윈도우 함수

행 순서 윈도우 함수는 특정 행의 위치에 있는 값을 가져올 때 사용합니다.

1 행 순서 윈도우 함수의 종류

행 순서 윈도우 함수에는 다음과 같은 것이 있습니다.

표 11-4 **행 순서 윈도우 함수의 종류**

함수명	설명
FIRST_VALUE()	정렬된 값 집합의 첫 번째 값을 반환한다.
LAST_VALUE()	정렬된 값 집합의 마지막 값을 반환한다.
LAG()	명시된 값을 기준으로 이전 행의 값을 반환한다.
LEAD()	명시된 값을 기준으로 이후 행의 값을 반환한다.
NTH_VALUE(n)	윈도우의 n번째 행의 값을 반환한다.

2 행 순서 윈도우 함수의 사용

행 순서 윈도우 함수에 대해 좀 더 자세히 살펴보겠습니다.

FIRST_VALUE()

FIRST_VALUE() 함수는 정렬된 컬럼 또는 수식 값 중 첫 번째 값을 반환합니다. FIRST_VALUE()의 사용 형식은 다음과 같습니다.

형식

```
FIRST_VALUE(수식) OVER([PARTITION BY 컬럼] [ORDER BY 컬럼] [WINDOWING절])
```

예제 11-11 **'부산광역시' 고객에 대하여 고객 회사명, 마일리지, 최소 마일리지를 가진 고객회사명, 최소 마일리지, 마일리지와 최소 마일리지와의 차이를 보이시오.**

```sql
SELECT 고객회사명
      ,마일리지
      ,FIRST_VALUE(고객회사명) OVER(ORDER BY 마일리지) AS 최소마일리지보유고객
      ,FIRST_VALUE(마일리지) OVER(ORDER BY 마일리지) AS 최소마일리지
      ,마일리지 - FIRST_VALUE(마일리지) OVER(ORDER BY 마일리지) AS 차이
FROM 고객
WHERE 도시 = '부산광역시';
```

▶ 실행결과

고객회사명	마일리지	최소마일리지보유고객	최소마일리지	차이
태산무역	887	태산무역	887	0
뉴가든상사	1295	태산무역	887	408
진흥 상사	3101	태산무역	887	2214
컬러헬스푸드	8062	태산무역	887	7175
케이티에스씨	8575	태산무역	887	7688

887 - 887

1,295 - 887

FIRST_VALUE()에 ORDER BY 마일리지를 지정하면 마일리지 순으로 정렬된 마일리지 컬럼의 첫 번째 값인 최소마일리지를 각 행에서 확인할 수 있습니다. 이 예제에서는 마일리지와 최소마일리지 간의 차이를 보이는 데 사용하였습니다.

예제 11-12 **각 도시별로 고객회사명, 마일리지와 최소 마일리지를 가진 고객회사명, 도시의 최소 마일리지, 그리고 고객의 마일리지와 최소마일리지 간의 차이를 보이시오.**

```sql
SELECT 도시
      ,고객회사명
      ,마일리지
      ,FIRST_VALUE(고객회사명) OVER(PARTITION BY 도시 ORDER BY 마일리지) AS 최소마일리지보
       유고객
      ,FIRST_VALUE(마일리지) OVER(PARTITION BY 도시 ORDER BY 마일리지) AS 최소마일리지
      ,마일리지 - FIRST_VALUE(마일리지) OVER(PARTITION BY 도시 ORDER BY 마일리지) AS 차이
FROM 고객;
```

▶ 실행결과

도시	고객회사명	마일리지	최소마일리지보유고객	최소마일리지	차이
공주시	오케이식품	458	오케이식품	458	0
과천시	대림에스엠	1170	대림에스엠	1170	0
과천시	진영무역	10468	대림에스엠	1170	9298
광명시	은혜식품	426	은혜식품	426	0
광명시	씨엔그룹	9667	은혜식품	426	9241
[illegible]	남해종합식품	[illegible]	남해종합식품	117	[illegible]

1,170 - 1,170

10,468 - 1,170

FIRST_VALUE()에 PARTITION BY 도시를 지정하면 각 도시에 대한 윈도우에서 마일리지 순으로 정렬된 마일리지 컬럼의 첫 번째 값인 최소마일리지를 행마다 확인할 수 있습니다.

LAST_VALUE()

LAST_VALUE() 함수는 정렬된 수식 값 중 마지막 값을 반환하는 함수입니다. LAST_VALUE()의 사용 형식은 다음과 같습니다.

형식

```
LAST_VALUE(수식) OVER([PARTITION BY 컬럼] [ORDER BY 컬럼] [WINDOWING절])
```

예제 11-13 **'부산광역시' 고객에 대하여 고객회사명, 마일리지와 최대 마일리지를 가진 고객회사명, 최대 마일리지를 보이시오.**

```
SELECT 고객회사명
      ,마일리지
      ,LAST_VALUE(고객회사명) OVER(ORDER BY 마일리지) AS 최대마일리지보유고객
      ,LAST_VALUE(마일리지) OVER(ORDER BY 마일리지) AS 최대마일리지
FROM 고객
WHERE 도시 = '부산광역시';
```

▶ 실행결과

고객회사명	마일리지	최대마일리지보유고객	최대마일리지
태산무역	887	태산무역	887
뉴가든상사	1295	뉴가든상사	1295
진흥 상사	3101	진흥 상사	3101
컬러헬스푸드	8062	컬러헬스푸드	8062
케이티에스씨	8575	케이티에스씨	8575

그런데 실행결과를 보면 예상한 것과 다르게 나왔을 것입니다. 이것은 윈도우의 범위를 인수로 지정해주지 않았기 때문에 기본값인 첫 행부터 현재 행까지(BETWEEN UNBOUNDED PRECEDING AND CURRENT ROW)가 범위가 되었기 때문입니다. 즉, 첫 행은 첫 행부터 첫 행까지가 범위가 되므로 887이 마지막 값인 결괏값이 된 것입니다. 두 번째 행은 첫 행부터 현재 행인 두 번째 행까지가 범위가 되며 그 범위에서 마지막 값인 1295가 결괏값이 됩니다. 그렇다면 이 문제를 어떻게 해결할 수 있을까요?

OVER절에서 함수의 대상이 되는 행 기준의 범위를 명시적으로 지정하면 문제를 해결할 수 있습니다. [표 11-5]는 범위 기준 옵션에 사용되는 키워드를 나타냅니다.

표 11-5 **범위 기준 옵션에 사용되는 키워드의 종류**

키워드	설명
ROW	물리적인 단위로 행 집합을 지정한다. ORDER BY로 정렬된 컬럼 중 같은 값을 가지는 행이 있다면 묶어서 한번에 연산한다.
RANGE	논리적인 주소에 의해 행 집합을 지정한다. ORDER BY로 정렬된 컬럼에 대해 각 행마다 계산한다.
BETWEEN ~ AND ~	윈도우의 시작과 끝 위치를 지정한다.
UNBOUNDED PRECEDING	윈도우에서 첫 번째 행을 의미한다.
UNBOUNDED FOLLOWING	윈도우에서 마지막 행을 의미한다.
CURRENT ROW	윈도우에서 현재 행을 의미한다.

몇 가지 예를 살펴보겠습니다.

- **윈도우 내의 첫 번째 행부터 현재 행까지를 범위로 지정하기**

```
BETWEEN RANGE UNBOUNDED PRECEDING AND CURRENT ROW
```

- **현재 행을 기준으로 윈도우 내 앞 뒤 한 개씩을 범위로 지정하기**

```
BETWEEN 1 PRECEDING AND 1 FOLLOWING
```

- **윈도우 내 현재 행부터 마지막 행까지를 범위로 지정하기**

```
BETWEEN CURRENT ROW AND UNBOUNDED FOLLOWING
```

위에서 살펴본 예시를 응용하여 이제 각 행마다 최대 마일리지를 보이도록 SQL 문장을 완성해보겠습니다.

```
SELECT 고객회사명
      ,마일리지
      ,LAST_VALUE(마일리지) OVER(ORDER BY 마일리지
           ROWS BETWEEN UNBOUNDED PRECEDING AND UNBOUNDED FOLLOWING) AS 최대마일리지
FROM 고객
WHERE 도시 = '부산광역시';
```

윈도우의 첫 행부터 마지막 행까지를 범위로 하고, 그 중 마지막 값을 가져오게 하였으므로 최대 마일리지를 각 행마다 보일 수 있습니다. 또는 다음과 같이 현재 행부터 마지막 행까지를 범위로 하고 마지막 값을 가져오게 해도 동일한 결과를 얻을 수 있습니다.

```
SELECT 고객회사명
      ,마일리지
      ,LAST_VALUE(마일리지) OVER(ORDER BY 마일리지
           ROWS BETWEEN CURRENT ROW AND UNBOUNDED FOLLOWING) AS 최대마일리지
FROM 고객
WHERE 도시 = '부산광역시';
```

▶ 실행결과

고객회사명	마일리지	최대마일리지
태산무역	887	8575
뉴가든상사	1295	8575
진흥 상사	3101	8575
컬러헬스푸드	8062	8575
케이티에스씨	8575	8575

LAG( ), LEAD( )

LAG()와 LEAD() 함수는 윈도우에서 이전 행의 값과 다음 행에 대한 값을 알고 싶을 때 사용하는 함수입니다. 두 함수의 사용 형식은 다음과 같습니다.

형식

```
LAG(수식) OVER([PARTITION BY 컬럼] [ORDER BY 컬럼] [WINDOWING절])
LEAD(수식) OVER([PARTITION BY 컬럼] [ORDER BY 컬럼] [WINDOWING절])
```

예제 11-14 **이전 행의 고객번호, 현재 행의 고객번호, 다음 행의 고객번호를 보이시오.**

```
SELECT LAG(고객번호) OVER(ORDER BY 고객번호) AS 이전행고객번호
      ,고객번호
      ,LEAD(고객번호) OVER(ORDER BY 고객번호) AS 다음행고객번호
FROM 고객;
```

▶ 실행결과

이전행고객번호	고객번호	다음행고객번호
NULL	ACDDR	ADHTR
ACDDR	ADHTR	AIHTR
ADHTR	AIHTR	ANKFR
AIHTR	ANKFR	ANRFR

결과 화면에서 첫 행은 이전 행이 없기 때문에 첫 행에 대한 LAG() 함수의 결과는 NULL이 되고, 첫 행을 기준으로 다음 행은 2행이므로 첫 행에 대한 LEAD() 함수의 결과는 'ADHTR'이 됩니다. 두 번째 행에 대하여 LAG() 함수의 결과인 이전 행의 값은 'ACDDR', LEAD() 함수의 결과인 다음 행의 값은 'AIHTR'이 됩니다.

NTH_VALUE()

NTH_VALUE() 함수는 윈도우에서 n번째 행의 값을 가져오기 위해 사용합니다. NTH_VALUE() 함수의 사용 형식은 다음과 같습니다.

형식

```
NTH_VALUE(수식, 행위치) OVER([PARTITION BY 컬럼] [ORDER BY 컬럼] [WINDOWING절])
```

NTH_VALUE() 함수의 첫 번째 인수에는 수식을, 두 번째 인수에는 값을 가져올 행의 위치 값을 넣습니다.

예제 11-15 **'부산광역시' 고객에 대하여 고객의 정보와 마일리지가 세 번째로 적은 고객의 정보를 함께 보이시오.**

```
SELECT 고객번호
      ,고객회사명
      ,마일리지
      ,NTH_VALUE(고객회사명, 3) OVER(ORDER BY 마일리지) AS "3번째로 마일리지가 적은 고객"
      ,NTH_VALUE(마일리지, 3) OVER(ORDER BY 마일리지) AS "3번째 마일리지"
FROM 고객
WHERE 도시 = '부산광역시';
```

▶ 실행결과

고객번호	고객회사명	마일리지	3번째로 마일리지가 적은 고객	3번째 마일리지
LLIWE	대신무역	897	NULL	NULL
RICPE	뉴가든상사	1295	NULL	NULL
LIDBO	진흥 상사	3101	진흥 상사	3101
TTMBO	컬러헬스푸드	8062	진흥 상사	3101
NGOHU	케이티에스씨	8575	진흥 상사	3101

마일리지에 대해 오름차순 정렬을 한 후, 세 번째로 마일리지가 적은 고객에 대해 고객회사명과 마일리지를 가져오기 위해서는 NTH_VALUE() 함수의 첫 번째 인수에 고객회사명과 마일리지를 넣고, 두 번째 인수에 행의 위치 값을 넣어줍니다.

확인문제

빈칸에 알맞은 함수를 넣으시오.

현재 행을 기준으로 이전 행의 값을 알고 싶을 때는 [　　　] 함수를 사용하고, 다음 행의 값을 알고 싶을 때는 [　　　] 함수를 사용한다.

정답

LAG(), LEAD()

✓ 점검문제

이번 장에서 배운 내용을 기반으로 윈도우 함수를 작성해봅시다.

예제소스: Ch11_ex.sql

문제 1

2021년도의 주문에 대해 월별 주문금액합과 월별 주문금액합에 대한 누적합을 보이시오.

▶ 실행결과

주문월	주문금액합	누적주문금액합
1	5522100	5522100
2	4347000	9869100
3	4701300	14570400
4	5542500	20112900
5	5021000	25133900
6	7876700	33010600
7	4616100	37626700
8	6503100	44129800
9	10103900	54233700
10	11018800	65252500
11	8422300	73674800
12	16083400	89758200

해결

```
SELECT 주문월
       ,주문금액합
       ,SUM(주문금액합) OVER(ORDER BY 주문월) AS 누적금액합
FROM (
      SELECT MONTH(주문일) AS 주문월
            ,SUM(주문수량 * 단가) AS 주문금액합
      FROM 주문
      INNER JOIN 주문세부
      ON 주문.주문번호 = 주문세부.주문번호
      WHERE YEAR(주문일) = 2021
      GROUP BY MONTH(주문일)
      ) AS 월별주문;
```

- 인라인 뷰를 사용했습니다. 주문 테이블을 사용하여 2021년의 주문에 대하여 월별로 주문금액합을 집계하는 문장을 FROM 절에 넣습니다. 인라인 뷰는 반드시 별명을 붙여주어야 합니다.
- SUM 윈도우 함수에 ORDER BY를 사용하면 누적 합을 구할 수 있습니다. 주문월 순으로 정렬하면 주문 월 순으로 누적되는 주문금액합을 확인할 수 있습니다.

문제 2

2021년도의 주문에 대해 분기별 주문건수, 첫 분기 주문건수, 마지막 분기 주문건수, 현 분기와 첫 분기 간의 주문건수 차이, 현 분기와 마지막 분기 간 주문건수의 차이를 보이시오.

▶ 실행결과

분기	주문건수	첫분기주문건수	마지막분기주문건수	첫분기와의차이	마지막분기와의차이
1	91	91	199	0	-108
2	106	91	199	15	-93
3	133	91	199	42	-66
4	199	91	199	108	0

해결

```
SELECT 분기
      ,주문건수
      ,FIRST_VALUE(주문건수) OVER(ORDER BY 주문건수) AS 첫분기주문건수
      ,LAST_VALUE(주문건수) OVER(ORDER BY 주문건수
            RANGE BETWEEN CURRENT ROW AND UNBOUNDED FOLLOWING) AS 마지막분기주문건수
      ,주문건수 - FIRST_VALUE(주문건수) OVER(ORDER BY 주문건수) AS 첫분기와의차이
      ,주문건수 - LAST_VALUE(주문건수) OVER(ORDER BY 주문건수
            RANGE BETWEEN CURRENT ROW AND UNBOUNDED FOLLOWING) AS 마지막분기와의차이
FROM (
      SELECT QUARTER(주문일) AS 분기
            ,COUNT(*) AS 주문건수
      FROM 주문
      WHERE YEAR(주문일) = 2021
      GROUP BY QUARTER(주문일)
      ) AS 분기별주문건수;
```

- 인라인 뷰를 사용했습니다. 주문 테이블을 사용하여 2021년의 주문에 대하여 분기별로 주문건수를 집계하는 문장을 메인 쿼리의 FROM절에 넣습니다. 인라인 뷰는 반드시 별명을 붙여주어야 합니다.
- FIRST_VALUE( ) 함수는 윈도우 내에서 첫 값을, LAST_VALUE( ) 함수는 윈도우 내에서의 마지막 값을 각 행마다 반환합니다.
- LAST_VALUE( ) 함수는 범위 지정 옵션을 넣어주어야 제대로 된 결과를 얻을 수 있습니다. 범위를 윈도우의 현재 행(CURRENT ROW)부터 윈도우의 마지막 행(UNBOUNDED FOLLOWING)까지로 지정하거나 또는 윈도우의 첫 행(UNBOUNDED PRECEDING)부터 윈도우의 마지막 행(UNBOUNDED FOLLOWING)까지로 지정해야 바른 결과를 얻을 수 있습니다.

문제 3

2021년도의 주문에 대해 월별로 당월 주문건수, 차월 주문건수, 차차월 주문건수를 보이시오.

▶ 실행결과

주문월	당월주문건수	차월주문건수	차차월주문건수
1	30	28	33
2	28	33	34
3	33	34	35
4	34	35	37
5	35	37	36
6	37	36	42
7	36	42	55
8	42	55	53
9	55	53	69
10	53	69	77
11	69	77	NULL
12	77	NULL	NULL

해결

```
WITH 월별주문건수 AS
     (
      SELECT MONTH(주문일) AS 주문월
            ,COUNT(*) AS 주문건수
      FROM 주문
      WHERE YEAR(주문일) = 2021
      GROUP BY MONTH(주문일)
      )

SELECT 주문월
      ,주문건수 AS 당월주문건수
      ,LEAD(주문건수) OVER(ORDER BY 주문월) AS 차월주문건수
      ,LEAD(주문건수, 2) OVER(ORDER BY 주문월) AS 차차월주문건수
FROM 월별주문건수;
```

- 인라인 뷰 대신 CTE(Common Table Expressions)를 사용하여 문제를 해결할 수도 있습니다. CTE는 쿼리를 통해 만들어낸 임시 데이터셋입니다. 이렇게 만든 임시 테이블을 사용하여 월별 주문건수, 차월 주문건수, 차차월 주문건수를 구합니다.
- LEAD( ) 함수는 현재 행을 기준으로 다음 행의 값을 읽어올 수 있습니다. 가져올 행의 위치는 두 번째 인수에 넣습니다.

요약

01 윈도우 함수를 이용하면 행과 행 간의 관계를 쉽게 정의할 수 있습니다. 윈도우 함수는 데이터 분석에서 주로 사용하는 함수로 데이터셋을 그룹화하거나 정렬한 후에 특정 연산을 적용하는 데 사용합니다.

형식

```
SELECT 윈도우함수명(Arguments)
          OVER([PARTITION BY 컬럼] [ORDER BY 컬럼] [WINDOWING절])
FROM 테이블명;
```

02 윈도우 함수는 출력을 생성하기 위해 입력으로 고려해야 하는 행의 일부를 OVER절에서 정의하는데, 이 부분을 윈도우 또는 파티션이라고 부릅니다.

03 순위 윈도우 함수는 행 간의 값을 비교하여 순위를 매기는 함수를 의미합니다.

함수명	설명
RANK()	결과 집합의 각 행에 대해 순위를 반환한다. RANK는 동률 순위에 대해 동일한 숫자 값을 제공한다.
DENSE_RANK()	결과 집합의 각 행에 대해 순위를 반환한다. DENSE_RANK는 바로 앞의 해당 특정 행에 대한 순위 값에 1을 더한 수를 제공한다.
ROW_NUMBER()	결과 집합의 각 행에 대해 순위를 반환한다. ROW_NUMBER는 모든 행에 대해 순차적으로 번호를 지정한다.
PERCENT_RANK()	백분율 순위 값을 의미한다. 파티션 내에서 행의 상대 순위를 계산하며 0과 1 사이의 값으로 표현된다.
CUME_DIST()	파티션 내에서 값의 누적 분포(Cumulative Distribution)를 계산한다. 즉, 파티션의 전체 건수에서 현재 행보다 작거나 같은 건수에 대한 누적 백분율을 의미한다.
NTILE(n)	정렬된 파티션의 행을 지정된 수의 그룹으로 나누며, 해당 행이 속한 그룹 번호를 반환한다. 파티션 별 전체 건수를 n등분하여 표현한다.

04 행 순서 윈도우 함수는 특정 행의 위치에 있는 값을 가져올 때 사용합니다.

함수	설명
FIRST_VALUE()	윈도우에서 첫 번째 값을 반환한다.
LAST_VALUE()	윈도우에서 마지막 값을 반환한다.
LAG()	명시된 값을 기준으로 이전 행의 값을 반환한다.
LEAD()	명시된 값을 기준으로 이후 행의 값을 반환한다.
NTH_VALUE(n)	윈도우의 n번째 행의 값을 반환한다.

연습문제

01 다음 중 윈도우 함수가 아닌 것은 무엇인가?

① RANK()

② FIRST_VALUE()

③ LEAD()

④ OVER()

02 고객 테이블에서 마일리지가 많은 순으로 순위를 매기려고 한다. 빈칸에 들어갈 키워드로 맞는 것을 선택하시오.

```
SELECT 고객번호
       ,고객회사명
       ,담당자명
       ,마일리지
       ,RANK() [   (A)   ] ( [   (B)   ] 마일리지 DESC) AS 순위
```

① (A) OVER (B) ORDER BY

② (A) OVER (B) PARTITION BY

③ (A) WINDOW (B) ORDER BY

④ (A) WINDOW (B) PARTITION BY

03 윈도우 함수의 특징으로 옳지 않은 것을 고르시오.

① 기존의 행들에 대해 요약된 결과만을 확인할 수 있다.

② 집계된 값을 기존의 행에 추가하여 확인할 수 있다.

③ COUNT, MAX, MIN, AVG, SUM 등의 집계 함수는 윈도우 함수로도 사용할 수 있다.

④ 윈도우 함수는 반드시 OVER절이 있어야 한다.

04 윈도우 함수에서 그룹을 나눌 때 사용하는 것을 고르시오.

① GROUP BY

② PARTITION BY

③ ORDER BY

④ HAVING

실습문제

01 제품 테이블에서 단가를 기준으로 제품을 세 그룹으로 나누시오.

02 고객회사명, 마일리지, 최대마일리지, 최대마일리지와 고객 마일리지 간의 차이를 보이시오.

03 주문세부 테이블에서 각 제품별로 주문금액합이 많은 것부터 순위를 매기시오.

04 (주문년도, 주문월)별로 주문금액합과 누적주문금액합을 보이시오.

CHAPTER 12

데이터 모델링

학습목표

- 데이터 모델의 개념과 종류를 이해할 수 있습니다.
- 데이터 모델링의 개념과 프로세스를 이해할 수 있습니다.
- 이상과 정규화의 개념을 살펴보고 실습을 통해 정규화 과정을 직접 수행할 수 있습니다.

Preview

데이터베이스 모델링은 데이터베이스를 설계하고 구성하는 과정을 의미합니다. 이를 통해 비즈니스 요구사항을 지원하고 데이터의 일관성, 품질, 효율성을 보장할 수 있는 데이터베이스를 구축할 수 있습니다. 이번 장에서는 데이터베이스 설계 프로세스를 통해 데이터베이스 모델을 생성해보겠습니다.

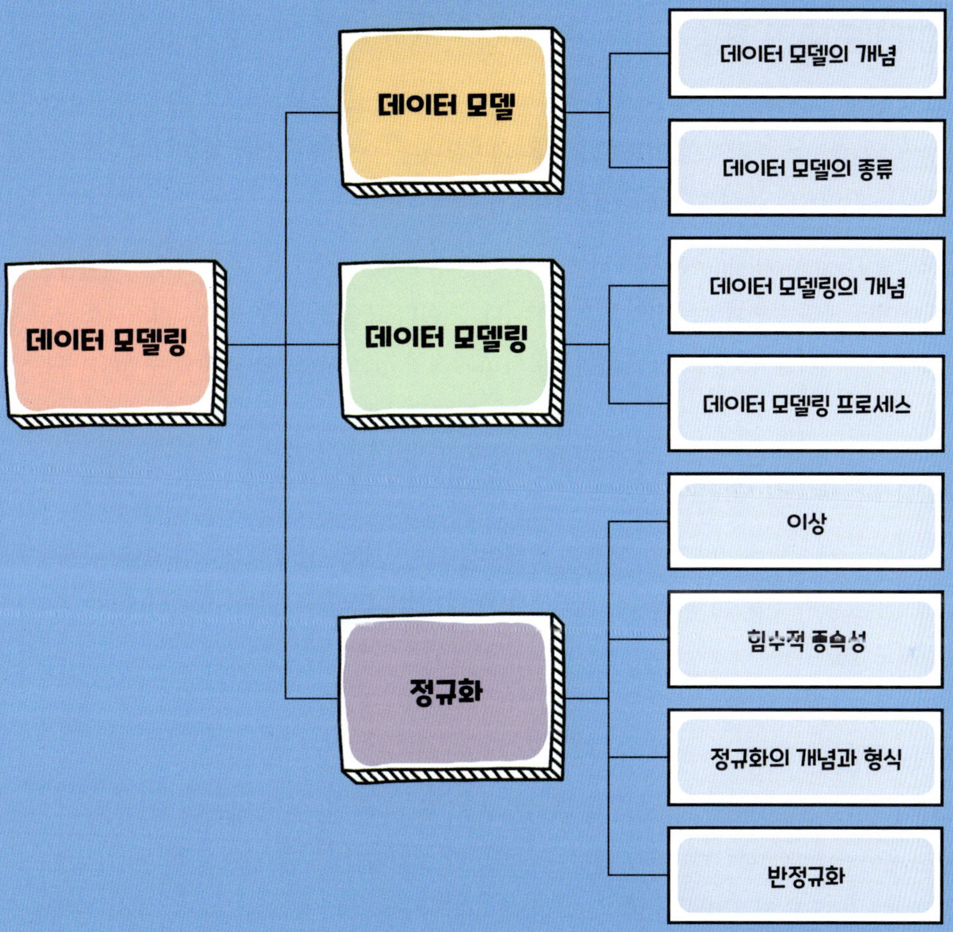

Section

01 데이터 모델의 개요

1 데이터 모델의 개념

데이터 모델(Data Model)은 현실 세계를 추상화하여 사람, 장소, 사물, 범주 등에 대한 데이터 구조와 이들 간의 관계를 시각적으로 표현한 것을 의미합니다. 데이터 모델은 데이터베이스 시스템에서 사용되는 데이터의 논리적 구조를 정의합니다.

데이터 모델링(Data Modeling)은 데이터 모델을 개발하기 위한 과정으로 현실 세계의 데이터를 추상화하여 데이터 모델로 변환하는 작업을 의미합니다. 데이터 모델을 통해 기업은 비즈니스 프로세스의 맥락에서 데이터를 정의하고 구조화함으로써 효과적인 정보 시스템을 개발할 수 있습니다.

2 데이터 모델의 종류

데이터 모델에는 계층적 데이터 모델, 네트워크 데이터 모델, 개체-관계형 데이터 모델, 관계형 데이터 모델, 차원 데이터 모델, 객체지향 데이터 모델, 그래프 데이터 모델이 있습니다. 한 가지씩 자세히 살펴보겠습니다.

계층적 데이터 모델

계층적 데이터 모델(Hierarchical Data Model)은 상위 및 하위 레코드에 대하여 트리(Tree) 구조의 배열로 데이터를 구성합니다. 자식 레코드는 하나의 부모만 가질 수 있으며 일대다(1:N)로 모델링이 됩니다. 계층적 접근 방식은 메인프레임 데이터베이스에서 시작되었습니다. 1980년대부터는 대부분 관계형 데이터 모델로 대체되었지만, IBM의 IMS(Information Management System) 등에서는 여전히 사용되고 있으며 Extensible Markup Language로 알려진 계층적 방법은 오늘날 XML에서도 사용되고 있습니다.

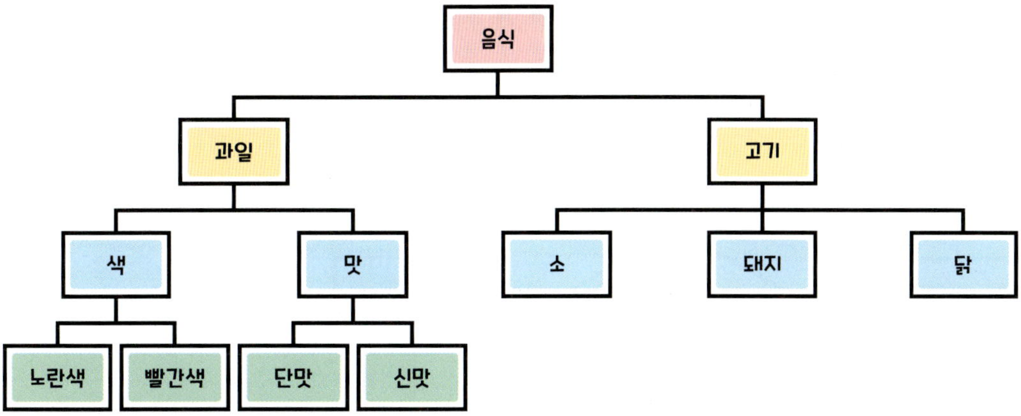

그림 12-1 계층적 데이터 모델의 예

네트워크 데이터 모델

네트워크 데이터 모델(Network Data Model)은 계층적 데이터 모델이 확장된 형태로 하위 레코드를 여러 상위 레코드에 연결하여 다대다(N:M)로 모델링이 가능한 모델입니다. 지금은 없어진 기술 표준 그룹인 CODASYL(Conference on Data Systems Languages)에서 1971년에 공식적으로 이 모델을 정의했기 때문에 네트워크 데이터 모델을 CODASYL 모델이라고도 합니다.

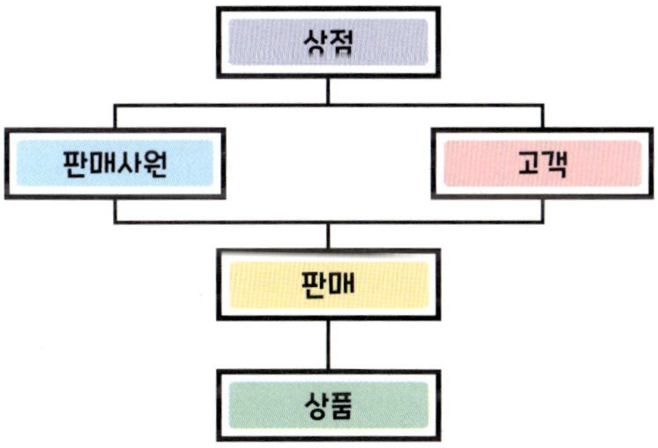

그림 12-2 네트워크 데이터 모델의 예

개체-관계형 데이터 모델

개체-관계형 데이터 모델(Entity-Relationship Data Model)은 피터 첸(Peter Chen)이 1976년에 개발한 모델로 지정된 소프트웨어 시스템에 대한 데이터 요소 및 해당 관계를 정의하는 상위 수준의 데이터 모델입니다. 데이터베이스를 설계할 때 직면하는 문제 중 하나는 설계자, 개발자 및 최종 사용자가 데이터와 그 사용법을 다르게 볼 수 있다는 것입니다. 이로 인해 사용자의 요구 사항을 충족하지 못하는 데이터베이스 시스템이 생성될 수 있습니다. 이때 개체-관계형 데이터 모델은 커뮤니케이션 도구로 사용될 수 있습니다.

개체-관계형 데이터 모델은 개체(Entity), 속성(Attribute) 및 관계(Relationship)를 ER 다이어그램(Entity-Relationship Diagram, ERD)과 같이 시각적으로 표현함으로써 개체 간의 관계를 쉽게 이해할 수 있어 데이터 구현 방법에 대한 지식이 없는 사람들에게도 유용하게 활용됩니다.

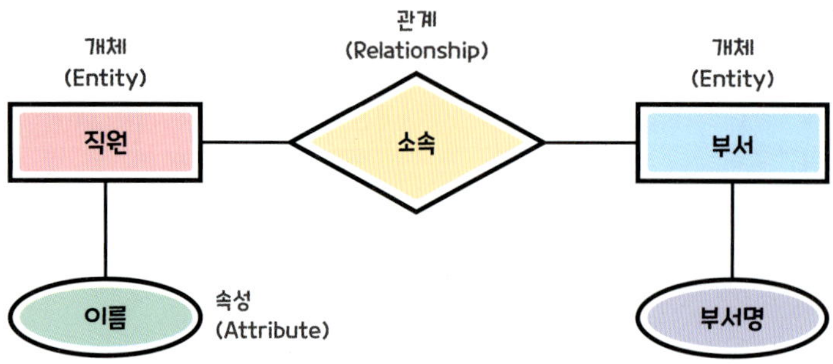

그림 12-3 **개체-관계형 데이터 모델의 예**

관계형 데이터 모델

관계형 데이터 모델(Relational Data Model)은 1970년대에 에드거 프랭크 코드(Edgar Frank Codd) 박사에 의하여 발표된 데이터 모델로 수학의 집합 개념을 기초로 한 데이터베이스 모델입니다. 이 모델은 계층 및 네트워크 데이터 모델에 대한 보다 유연한 대안으로 만들어졌습니다. 관계형 데이터 모델은 구현 또는 표현 모델로 테이블 간의 관계를 나타내는 데 사용되며, 개체-관계형 데이터 모델에 비해 테이블 간의 관계를 도출하기가 좀 더 쉽습니다.

관계형 데이터 모델에서 데이터는 테이블에 저장되는데, 이 테이블은 릴레이션(Relation)이라고도 합니다. 테이블은 최소 0개 이상의 행(Row)과 1개 이상의 열(Column)로 구성됩니다. 열은 테이블의 항목들로 필드(Field), 속성(Attribute)이라고도 합니다. 행은 관련된 열의 집합으로 레코드(Record) 또는 튜플(Tuple)이라고도 합니다. 테이블의 각 레코드는 기본키(Primary Key) 속성에 의해 구별됩니다. 개체-관계형 데이터 모델로 데이터베이스를 모델링한 경우에는 관계형 데이터 모델로 변환해야 합니다.

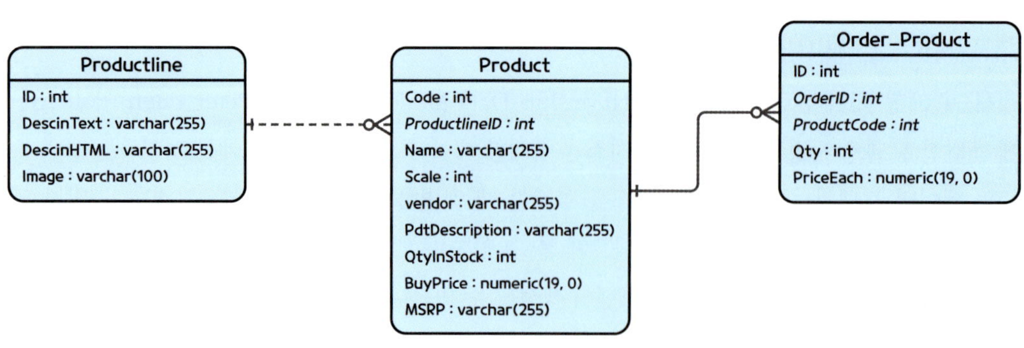

그림 12-4 **관계형 데이터 모델의 예**

차원 데이터 모델

차원 데이터 모델(Dimensional Data Model)은 주로 비즈니스 인텔리전스 애플리케이션을 지원하는 데이터 웨어하우스나 데이터 마트에서 사용됩니다. 차원 데이터 모델은 비즈니스 측정값을 포함하는 팩트(Fact) 테이블과 비즈니스 관점이나 분석 대상을 포함하는 차원(Dimension) 테이블로 구성됩니다.

예를 들어 팩트 테이블은 주문에 대한 데이터를, 차원 테이블은 제품 및 고객에 대한 데이터를 저장합니다. 대표적인 차원 모델에는 팩트 테이블을 다른 차원 테이블에 연결하는 스타 스키마(Star Schema) 모델이 있습니다. 또한 이를 변형한 모델로 차원 테이블들이 정규화되어 여러 수준으로 분해된 테이블을 포함하는 눈송이 스키마(Snowflake Schema) 모델이 있습니다.

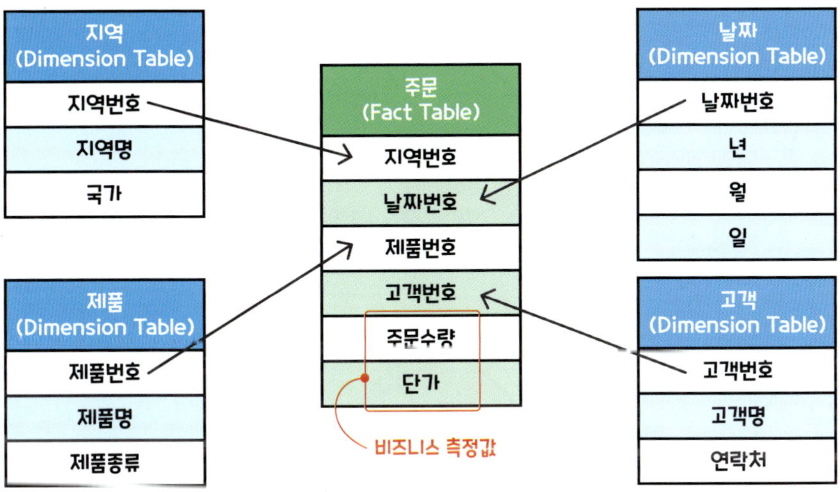

그림 12-5 **차원 데이터 모델의 예**

객체지향 데이터 모델

1990년대에 객체지향 프로그래밍이 발전하고 객체 데이터베이스가 개발되면서 객체지향 데이터 모델(Object Oriented Data Model)이 등장했습니다. 객체지향 데이터 모델은 객체를 하나 이상의 속성(Property)과 동작(Method)을 갖는 객체(Object)로 모델링합니다. 속성과 동작이 동일한 여러 객체는 클래스(Class)로 그룹화할 수 있으며, 새 클래스는 기존 클래스의 속성과 동작을 상속합니다. 객체지향 데이터 모델은 복잡한 구조의 정보 모델링이 가능하다는 장점에도 불구하고 안정성과 성능이 떨어진다는 이유 등으로 지금은 특수한 전문 분야를 제외하고는 잘 쓰이고 있지 않습니다.

그래프 데이터 모델

그래프 데이터 모델(Graph Data Model)은 네트워크 및 계층형 데이터 모델로부터 파생된 모델입니다. 주로 소셜 네트워크, 추천 엔진 및 사기 탐지 애플리케이션 등 복잡한 관계가 포함된 데이터 집합을 표현하는 데 사용됩니다. 관계형 데이터베이스는 미리 정의된 스키마를 사용하여 테이블을 구성하고 데이터를 저장하지만, 그래프 데이터베이스는 미리 정의된 스키마가 없습니다. 그래프 데이터 모델은 개별 엔티티를 나타내는 노드(Node), 노드 간의 관계를 나타내는 엣지(Edge), 노드의 특성인 속성(Property)으로 구성되며 필요에 따라서 새로운 노드와 엣지를 그래프에 추가할 수 있습니다. 이 모델은 특정 비즈니스 요구사항을 수용하기 위해 유연하고 쉽게 모델링할 수 있고, 데이터 내의 관계를 이해하기가 훨씬 쉬워 복잡한 관계의 데이터 집합과 실시간 쿼리가 필요한 애플리케이션에 적합합니다.

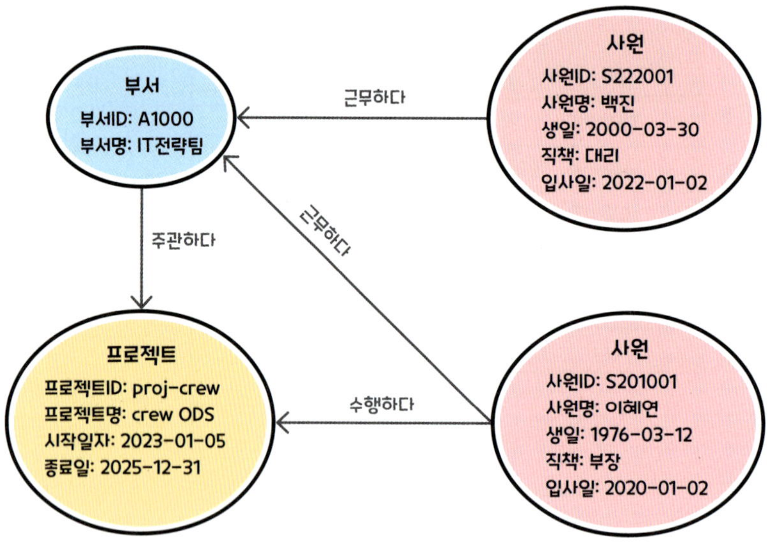

그림 12-6 **그래프 데이터 모델의 예**

하나 더 알기 **데이터 마트, 운영 데이터 스토어**

1장의 〈하나 더 알기〉에서 데이터 웨어하우스에 대해 알아보았습니다. 이번 장에서는 데이터 마트, 운영 데이터 스토어에 대해 간단히 살펴보겠습니다.

■ **데이터 마트**

데이터 마트(Data Mart, DM)는 재무, 회계, 영업, 마케팅 등 단일 부서나 사업부와 관련된 정보를 포함하는 단순한 형태의 데이터 웨어하우스입니다. 기업에서 사용하고 있는 전사적 데이터를 분석에 적합한 정규화된 모델로 재구성해서 적재한 것이 데이터 웨어하우스라면 데이터 마트는 특정 부서나 프로젝트 등의 작은 단위의 분석에 사용하는 것을 목적으로 합니다. 데이터 마트를 통해 인사이트를 신속하게 도출할 수 있으며, 이로 인해 빠른 의사결정을 내릴 수 있습니다.

■ **운영 데이터 스토어**

운영 데이터 스토어(Operational Data Store, ODS)는 조직이 일상적인 운영 활동에서 발생하는 데이터를 저장, 관리하는 데이터 저장소로 조직의 현재 데이터 스냅샷을 저장합니다. 운영 데이터 스토어는 일반적으로 최신의 비즈니스 데이터를 저장하기 때문에 BI 도구와 결합하여 주문 추적, 물류 관리 및 고객 활동 모니터링과 같은 실시간 BI 작업을 수행할 수 있습니다. 운영 데이터 스토어는 제한된 최근 데이터를 저장하기 때문에 '지금 로그인한 사용자가 몇 명인가?' 또는 '오늘 얼마나 많은 예약을 처리했는가?'와 같은 비즈니스의 현재 상태에 대한 운영 쿼리 처리에 적합합니다. 운영 데이터 스토어는 데이터 품질 관리를 위한 플랫폼 역할도 수행합니다. 즉, 데이터 웨어하우스와 같은 스토리지로 데이터를 이동하거나 BI 및 분석 도구에 입력하기 전에 운영 데이터 스토어에서 데이터를 검증하고 변환할 수 있으며, 이를 통해 조직은 강력한 데이터 품질 제어를 구현하여 데이터 정확성, 완전성 및 일관성을 개선할 수 있습니다.

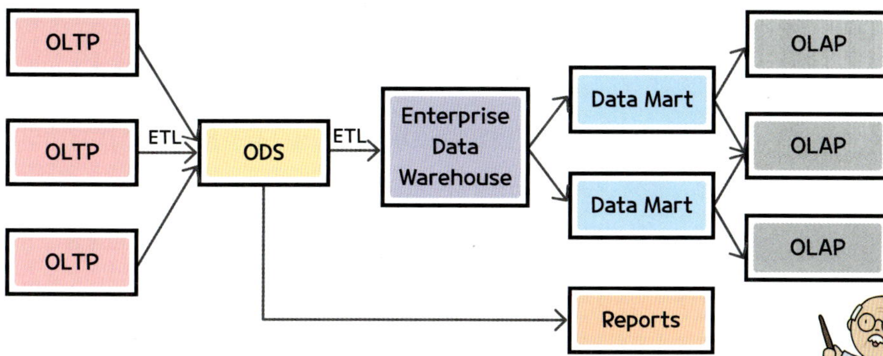

그림 12-7 **데이터 웨어하우스, 데이터 마트, 운영 데이터 스토어**

하나 더 알기 **ETL이란?**

ETL(Extraction, Transformation, Load)은 다양한 데이터 소스로부터 데이터를 추출하고 변환하여 데이터 웨어하우스, 데이터 마트, 운영 데이터 스토어 등에 데이터를 적재하는 작업의 핵심 구성요소입니다. 데이터 추출 단계에서는 다양한 데이터 소스로부터 데이터를 추출하는 작업이 이루어집니다. 데이터 변환 단계에서는 데이터 클렌징, 형식 변환, 표준화, 통합, 비즈니스 규칙 적용 등을 통해 적절한 저장 구조로 변환하여 데이터를 처리하는 작업이 이루어집니다. 데이터 적재 단계에서는 데이터를 저장하는 작업이 이루어집니다.

Section

02 데이터 모델링의 개요

1 데이터 모델링의 개념

데이터 모델링은 현실 세계의 엔티티(개체), 속성, 관계를 분석하고 이를 데이터 모델로 변환하는 프로세스를 의미합니다. 데이터 모델링 과정에서는 비즈니스 요구사항을 이해하고 데이터 요구사항을 수집하며, 데이터의 구조와 관계를 정의하고 문서화합니다. 데이터 모델링은 데이터 모델의 설계, 개발, 유지보수를 위한 체계적인 방법론을 사용하여 진행됩니다. 데이터 모델링은 데이터베이스 설계와 밀접한 관련이 있으며 데이터베이스 시스템의 성능, 효율성 및 유지보수 용이성에 영향을 미칩니다.

데이터 모델링 프로세스

데이터 모델링은 일반적으로 다음과 같은 단계로 수행됩니다.

❶ 요구사항 분석

❷ 개념적 데이터 모델링

❸ 논리적 데이터 모델링

❹ 물리적 데이터 모델링

❺ 구현 및 유지보수

❻ 검증 및 최적화

❼ 문서화

각 단계에 대해 좀 더 자세히 살펴보겠습니다.

2 요구사항 분석

요구사항 분석 단계는 데이터 모델링의 시작 단계로 시스템 또는 응용프로그램에서 필요한 사용자 및 시스템의 요구사항을 정의하고 문서화하는 단계입니다. 주요 산출물로는 요구사항 분석서, 인터뷰 기록 문서 등이 있습니다.

3 개념적 데이터 모델링

개념적 데이터 모델링(Conceptual Data Modeling) 단계에서는 요구사항 분석 결과를 기반으로 개념적 데이터 모델을 구축합니다. 개념적 데이터 모델링은 특정 DBMS와 독립적인 개념적 스키마를 기술하는 단계로 업무 중심적이고 포괄적인 수준의 모델링을 진행하며, 엔티티와 관계 위주의 모델링을 통해 전반적인 골격을 파악하는 데 중점을 둡니다. 이 단계에서 주제 영역 및 주요 엔티티, 주요 속성, 식별자와의 관계를 도출합니다. 개념적 데이터 모델은 ERD 등으로 표현할 수 있으며, 개념적 데이터 모델로 표현한 결과를 '개념적 스키마'라고 합니다.

엔티티 도출

엔티티(Entity, 개체)는 학생, 과목, 교수와 같이 데이터베이스 내에서 관리되는 정보의 단위로, 고유한 식별자로 식별되는 개별적인 항목, 객체 또는 개념을 나타냅니다. 예를 들어 고객 엔티티는 각각의 고객 개인을 나타내고, 각 고객은 고객번호와 같은 고유한 식별자와 엔티티의 특성을 저장하는 속성을 가집니다.

엔티티 타입(Entity Type)은 어떤 유형의 객체 또는 사물, 사람을 나타내는 추상적인 개념으로 속성 이름들로만 기술된 엔티티의 정의입니다. 예를 들어 학생 엔티티 타입은 학번, 이름, 학과번호, 연락처와 같은 속성을 가질 수 있습니다. 엔티티 인스턴스(Entity Instance)는 '김학생', '이학생'과 같이 실제 개별 엔티티를 나타내는 것으로 엔티티 어커런스(Entity Occurrence)라고도 합니다. 엔티티 타입이 논리적인 개념이라면 엔티티 인스턴스는 데이터베이스에 저장되는 실제적인 데이터 값이라 할 수 있습니다. 엔티티 집합(Entity Set)은 특정 엔티티 타입의 모든 인스턴스를 모아놓은 데이터 집합입니다. 예를 들어 학생 엔티티 타입의 엔티티 집합에는 모든 학생 인스턴스가 포함됩니다.

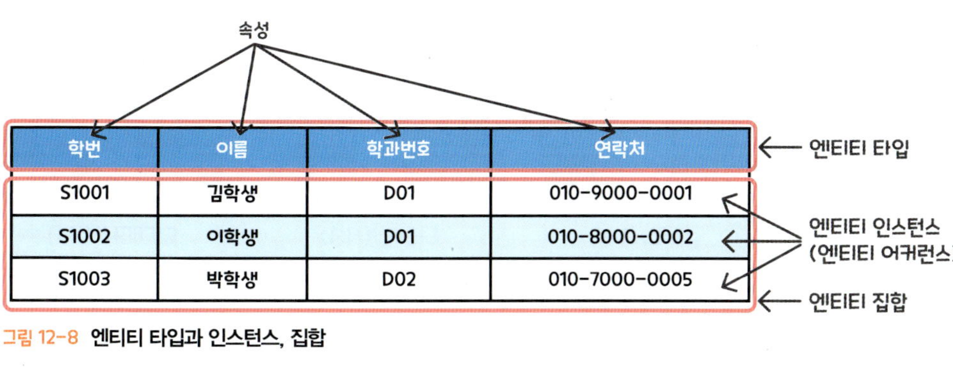

그림 12-8 엔티티 타입과 인스턴스, 집합

주요 속성 도출

속성(Attribute)이란 엔티티 집합에 포함되는 최소의 데이터 단위를 의미합니다. 엔티티 집합의 각 엔티티는 각각의 속성에 대해 단일 속성값을 가져야 합니다. 예를 들어 학생이라는 엔티티 집합에서 학번이 'S1001'인 엔티티는 이름, 학과번호, 연락처 속성에 여러 개의 값을 가질 수 없고, 속성마다 한 개의 값을 가져야 합니다.

식별자 도출

식별자(Identifier)란 하나의 엔티티 집합에서 각 엔티티를 구분할 수 있는 속성이나 속성의 집합을 의미합니다. 엔티티 집합은 반드시 식별자를 가져야 합니다.

관계 도출

관계(Relationship)란 엔티티 간의 관련성을 의미하는 것으로 존재 관계(Existence Relationship)와 행위 관계(Behavioral Relationship)로 구분할 수 있습니다.

존재 관계는 두 엔티티 간의 소속이나 소유의 관계가 있는 것으로 사원과 가족 엔티티 간의 관계를 예로 들 수 있습니다. 가족 엔티티는 사원 엔티티가 있어야만 존재할 수 있기 때문입니다. 학과와 학생, 은행과 계좌 엔티티 간의 관계도 존재 관계의 예라고 할 수 있습니다.

행위 관계는 두 엔티티 간의 상호작용이나 동작의 관계가 있는 것을 말합니다. 교수와 학생 엔티티 간의 관계를 예로 들 수 있습니다. 교수는 학생을 지도하고 학생은 교수에게 지도받는, 즉 서로 지도를 주고받는 상호작용을 하는 관계입니다. 고객과 주문 엔티티 간의 관계도 행위 관계의 예라고 할 수 있습니다. 주문 엔티티의 주문번호는 고객이 '주문한다'라는 행위에 의해 발생되기 때문입니다.

■ 관계의 카디널리티

두 테이블 간의 관계에서 카디널리티(Cardinality, Degree)는 대응수라고도 하는데, 한 테이블의 행이 다른 테이블에서 두 개 이상의 행과 연결될 수 있는지의 여부를 나타냅니다. 종류에는 일대일(1:1), 일대다(1:N), 다대일(N:1), 다대다(N:M)가 있습니다.

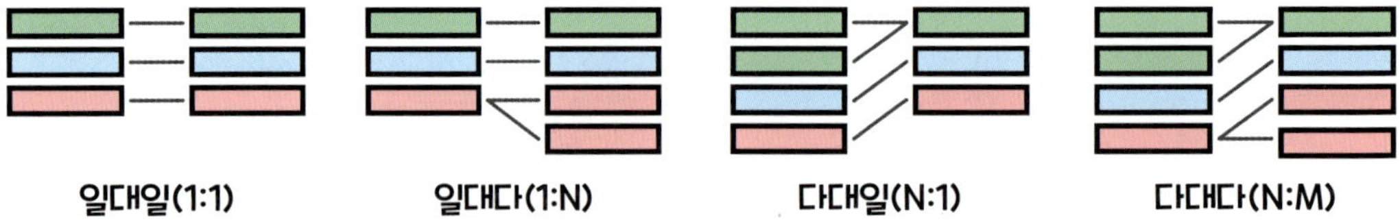

그림 12-9 카디널리티의 종류

하나 더 알기 ✓ 단일 테이블에서의 카디널리티

카디널리티는 단일 테이블에서 고유 값이 존재하는 방식을 나타내기도 합니다. '카디널리티가 낮다'라는 말은 '고유한 값이 적다', 즉 '중복 값이 많다'라는 의미입니다. 반대로 '카디널리티가 높다'라는 말은 '고유한 값이 많다', 즉 '중복 값이 적다'라는 의미입니다.

예를 들어 고객 테이블에서 도시, 담당자직위와 같은 컬럼은 중복 값이 많으므로 상대적으로 '카디널리티가 낮다'라고 할 수 있고, 고객번호, 담당자명, 전화번호, 고객회사명과 같은 컬럼은 중복 값이 적으므로 '카디널리티가 높다'라고 표현할 수 있습니다.

■ 관계 이름

관계 이름(Membership)은 객체 간에 관계가 맺어지는 형태를 의미하는 것으로 각 관계에 대해 두 개의 관계 이름이 존재합니다. 관계 시작점(The Beginning)은 관계가 시작되는 쪽의 엔티티이고, 관계 끝점(The End)은 관계가 끝나는 쪽의 엔티티를 의미합니다. 이들에 대해 각각 관계 이름을 지정합니다. 관계 이름을 명명할 때는 애매하지 않은 현재형 동사로 기술하는데, 관점에 따라 '주문하다', '예약하다' 같이 능동적(Active)이거나 '주문되다', '예약되다' 같이 수동적(Passive)으로 명명될 수 있습니다.

■ 관계 선택 사양

관계 선택 사양(Optionality)은 두 엔티티의 인스턴스 간에 관계가 반드시 존재해야 하는지, 아니면 선택적으로 존재할 수 있는 것인지에 따라서 필수적(Mandatory) 참여 관계와 선택적(Optional) 참여 관계로 구분할 수 있습니다.

하나 더 알기 ✓ ERD 표기법

ERD 표기법에는 피터 첸(Peter Chen) 표기법, IE(Information Engineering) 표기법, 바커(Baker) 표기법 등이 있습니다. IE 표기법은 관계를 나타내는 선의 끝 모양이 새의 발 모양처럼 생겼다고 하여 새발 표기법(Crow's Foot Notation)이라고도 합니다.

피터 첸 방식의 ERD 표기법은 직관적으로 이해하기는 쉬우나 실무에서는 거의 사용하지 않습니다. 주요 표기법은 다음과 같습니다.

표 12-1 ERD 주요 표기법(피터 첸 방식)

의미	기호
객체 타입	
키 속성	
속성	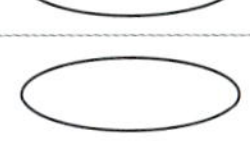
관계	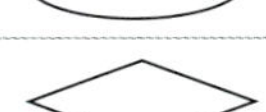

학과에 소속된 학생이 과목을 수강신청하는 시나리오에 대해 엔티티 간의 관계를 피터 첸 표기법으로 표현한 개념적 데이터 모델 ERD의 예는 다음과 같습니다.

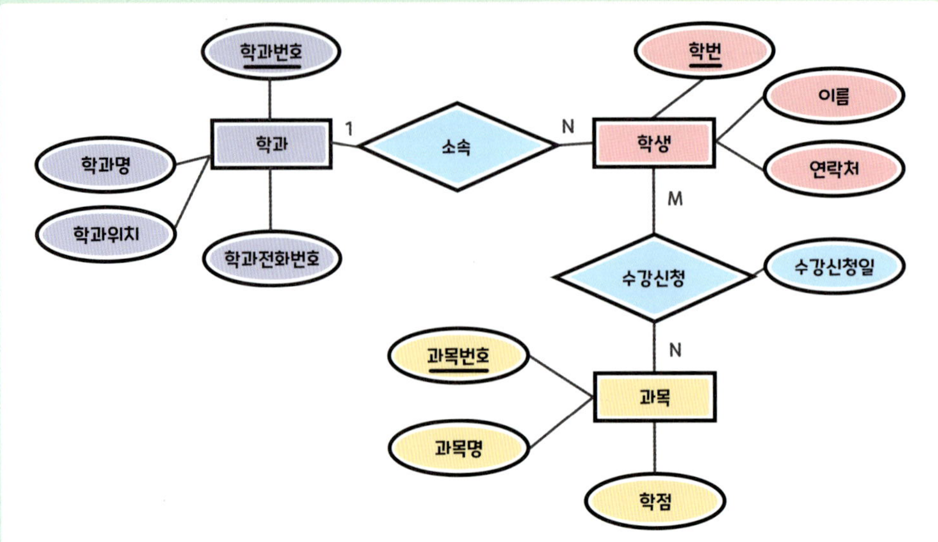

그림 12-10 **피터 첸 표기법으로 표현한 개념적 데이터 모델 ERD의 예**

IE 표기법은 실무에서 가장 많이 사용하는 ERD 표기법 중 하나입니다. IE 표기법은 논리적 데이터 모델이나 물리적 데이터 모델을 작성하는 데에도 사용됩니다. [표 12-2]는 IE의 주요 표기법을 보여줍니다.

표 12-2 **ERD 주요 표기법(IE 방식)**

관계	선택 여부	IE 표기법
1:1	필수	
1:1	선택	
1:N	필수	
1:N	선택	

4 논리적 데이터 모델링

논리적 데이터 모델링(Logical Data Modeling)은 개념적 데이터 모델을 더 상세하게 정의하는 단계로 개념적 데이터 모델을 개발에 사용하는 특정 DBMS에 적합한 모델로 변환합니다. DBMS가 관계형 데이터 모델인 경우에는 개념적 스키마를 릴레이션 스키마 등으로 변환해야 합니다. 다시 말해 개념적 데이터 모델에서 도출된 엔티티 타입, 속성, 관계, 식별자를 관계형 모델에 기반하여 매핑합니다. 또한 용어사전, 도메인, 속성 규칙 등 세부 사항을 도출하고 정규화를 수행하며 객체 타입, 속성, 관계 적합성 등에 대한 검증 작업을 수행합니다. 릴레이션 스키마와 같이 논리적 데이터 모델로 표현된 결과를 '논리적 스키마'라고 합니다.

개념적 스키마를 릴레이션 스키마로 매핑할 때는 [그림 12-11]과 같이 변환합니다.

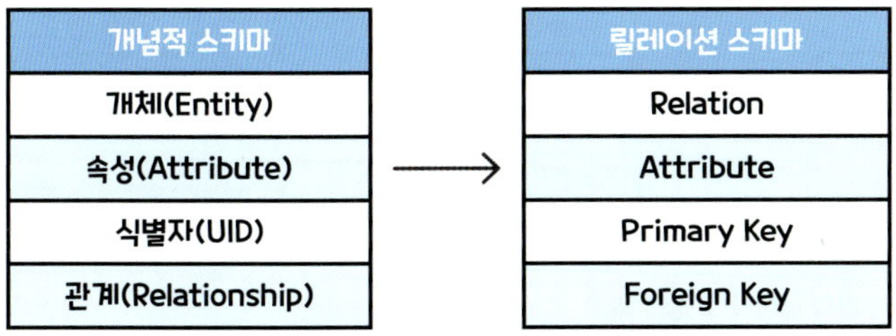

그림 12-11 **개념적 데이터 모델을 관계형 데이터 모델로 매핑**

또한 개념적 스키마를 릴레이션 스키마로 변환하기 위해서는 몇 가지 규칙을 적용해야 합니다. 주요 규칙은 다음과 같습니다.

- 모든 엔티티는 릴레이션으로 변환한다.
- 일대일 관계(1:1)는 외래키로 표현한다.
- 일대다 관계(1:N)는 외래키로 표현한다.
- 다대다 관계(N:M)는 릴레이션으로 변환한다.

두 릴레이션 간의 관계는 외래키를 사용하여 설정합니다. 일대일 관계에서는 주(Main) 릴레이션의 기본키를 부(Sub) 릴레이션의 속성으로 추가합니다. 일대다 관계(1:N)인 경우에서는 일(1)인 쪽 릴레이션의 기본키를 다(N)인 쪽 릴레이션의 속성으로 추가합니다.

관계형 모델에서는 다대다 관계를 직접적으로 구현할 수 없기 때문에 연결 릴레이션을 추가하여 다대다 관계를 두 개의 일대다 관계로 분리합니다. 이때 연결 릴레이션에는 양쪽 릴레이션의 기본키가 모두 포함되어야 합니다.

이 규칙을 적용하여 [그림 12-10]의 개념적 데이터 모델을 릴레이션 스키마로 변환한 결과는 [그림 12-12]와 같습니다.

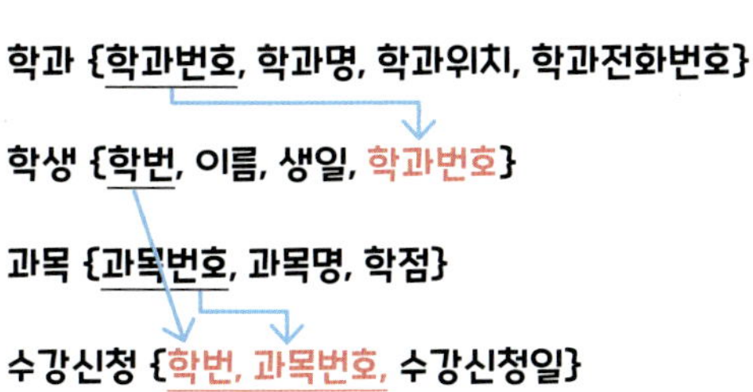

그림 12-12 **개념적 데이터 모델을 릴레이션 스키마로 변환한 예**

릴레이션 스키마는 다음과 같이 표현할 수도 있습니다.

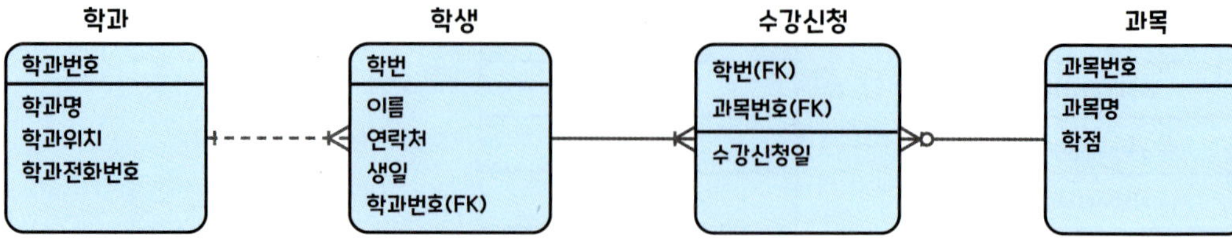

그림 12-13 IE 표기법을 사용하여 ERD로 표현한 논리적 데이터 모델의 예

식별 관계와 비식별 관계

[그림 12-13]을 보면 두 릴레이션 간에 점선과 실선이 구분되어 있습니다. 점선은 비식별 관계(Non-Identifying Relationship)를 표현한 것이고, 실선은 식별 관계(Identifying Relationship)를 표현한 것입니다. 이 두 관계는 부모 릴레이션과 자식 릴레이션 간의 관계를 나타냅니다. 식별 관계는 부모 릴레이션의 기본키가 자식 릴레이션의 기본키의 일부로 사용되는 관계로 두 릴레이션 간의 속성이 서로에 대해 필수적일 때 적합합니다. 예를 들어 학생 릴레이션과 수강신청 릴레이션 사이의 관계에서 학번은 수강신청의 일부이며, 수강신청을 고유하게 식별하는 데 사용됩니다.

비식별 관계는 부모 릴레이션의 기본키가 자식 릴레이션의 기본키에 포함되지 않는 관계로, 두 릴레이션 간의 관계가 서로에 대해 필수 정보가 아닐 때 적합합니다. 예를 들어 학생 릴레이션은 학과 릴레이션의 기본키인 학과번호를 포함하지만, 학과번호가 학생을 고유하게 식별하는 데 사용되지는 않습니다.

5 물리적 데이터 모델링

물리적 데이터 모델링(Physical Data Modeling) 단계에서는 논리적 데이터 모델을 구체적인 데이터베이스 시스템에 맞게 변환합니다. 테이블에 대해 기본키 컬럼 순서, 영문 컬럼명 매핑, 데이터 타입 및 크기 등을 결정합니다. 또한 인덱스, 참조 무결성 규칙 등의 제약조건, 파티셔닝과 같은 세부 사항을 정의하고, 저장 구조와 접근 경로 등을 결정합니다. 물리적 설계의 결과인 물리적 구조를 '물리적 스키마'라고 합니다. 이 단계의 주요 산출물로는 구체적인 DBMS에 맞춘 물리적 데이터 모델, 테이블 정의 문서, 인덱스 생성에 필요한 정보를 정의한 문서 등이 있습니다.

[그림 12-14]는 [그림 12-13]을 물리적 데이터 모델로 변환한 예입니다.

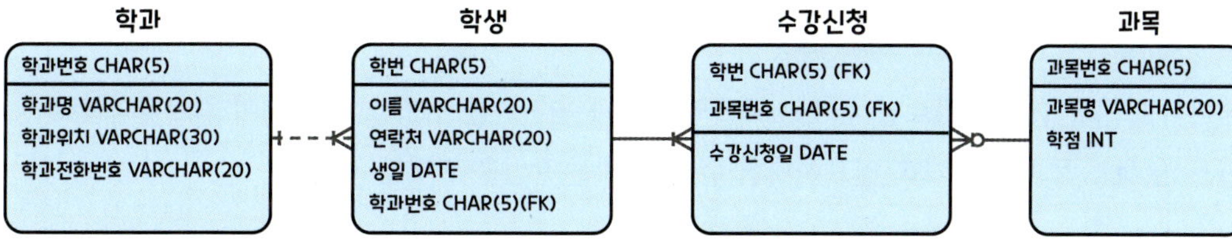

그림 12-14 **물리적 데이터 모델의 예**

실무에서는 일반적으로 한글 명칭을 사용하지 않고 영문 명칭으로 테이블명과 컬럼명을 지정합니다.

하나 더 알기 **ERD 작성 도구**

다음은 자주 쓰이는 ERD 작성 도구입니다. 이외에도 여러 가지 유/무료 버전의 ERD 작성 도구가 있습니다.

- **ERwin**

현업에서 많이 사용하는 데이터 모델 생성 도구 중 하나인 ERwin은 윈도우 기반의 도구로 데이터 모델링 과정에서 생성되는 데이터 모델 및 각종 산출물 관련 작업들을 지원합니다. 커뮤니티 에디션(Community Edition) 버전은 데이터 모델링 도구를 처음 사용하는 학생과 사용자에게 유용한 무료 버전의 솔루션으로 데이터베이스 설계 및 생성, 모델 비교, 표준 정의 등 데이터 모델링에 필요한 주요 핵심 기능이 포함되어 있습니다.

- **ERD Cloud**

ERD Cloud는 웹 기반의 데이터 모델 생성 도구로 웹브라우저나 모바일에서도 ERD를 참조하고 수정할 수 있어 편리하게 사용할 수 있습니다. 또한 팀원들과 실시간으로 동시 작업할 수 있는 클라우드 서비스도 제공합니다.

- **MySQL Workbench**

MySQL을 사용한다면 MySQL Workbench에서 제공하는 도구를 사용하여 간단하게 ERD를 작성할 수도 있습니다.

6 구현 및 유지보수

구현 단계에서는 물리적 데이터 모델을 기반으로 데이터베이스를 생성합니다. 이후 데이터베이스 시스템을 운영하고 유지보수하며, 필요에 따라 모델을 조정하거나 확장합니다. 주요 산출물로는 테이블, 뷰, 프로시저, 함수, 트리거 등과 같은 데이터베이스 객체들의 생성 스크립트인 데이터베이스 객체 정의문, 기존 데이터를 새로운 데이터베이스로 이전하기 위한 계획 문서인 데이터 마이그레이션 계획서 등이 있습니다.

7 검증 및 최적화, 문서화

데이터 모델링 단계가 완료된 후에는 모델의 검증과 최적화를 수행합니다. 데이터 모델의 정확성, 일관성, 성능 등을 평가하고, 필요하다면 수정 및 개선 작업을 진행합니다.

문서화는 각 단계에서 산출된 문서를 정리하여 모델을 이해하고 유지보수할 수 있도록 만들어줍니다.

확인문제

데이터 모델링 프로세스입니다. 빈칸을 채워 완성하시오.

요구사항 분석 → [   ] 모델링 → [   ] 모델링 → [   ] 모델링 → 구현 및 유지보수 → 검증 및 최적화 → 문서화

정답

개념적, 논리적, 물리적

Section

03 정규화

1 이상

관계형 데이터베이스에서 데이터 삽입, 삭제 및 수정과 관련하여 발생할 수 있는 불일치 또는 오류를 이상(Anomaly)이라고 합니다.

이상의 유형

이상은 데이터베이스의 정상적인 동작을 방해하거나 데이터의 무결성과 일관성을 저해할 수 있습니다. 데이터베이스가 정규화되지 않은 경우 세 가지 유형의 이상 현상이 발생할 수 있습니다.

■ 삽입 이상

삽입 이상(Insertion Anomaly)이란 데이터를 삽입할 때 발생하는 이상으로 데이터를 삽입할 때 원하지 않는 불필요한 데이터를 반복해서 입력해야 하는 경우입니다.

■ 삭제 이상

삭제 이상(Deletion Anomaly)이란 데이터를 삭제할 때 발생하는 이상으로 테이블에서 일부 레코드를 삭제하면 삭제할 필요가 없는 다른 정보도 함께 삭제되는 경우입니다.

■ 수정 이상

수정 이상(Update Anomaly)이란 데이터를 변경할 때 발생하는 이상으로 테이블의 일부 레코드의 값만 수정되어 데이터 일관성이 깨지는 경우입니다. 이로 인해 데이터에 모순이 발생할 수 있습니다.

이제 동아리, 학생, 학과 정보를 한번에 관리하도록 설계된 동아리가입학생학과 테이블로 어떤 이상 현상이 나타날 수 있는지 확인해보겠습니다.

동아리번호	동아리명	동아리개설일	학번	이름	동아리가입일	학과번호	학과명
C1	지구한바퀴여행	2000-02-01	231001	문지영	2023-04-01	D1	화학공학과
C1	지구한바퀴여행	2000-02-01	231002	배경민	2023-04-03	D4	경영학과
C2	클래식연주동아리	2010-06-05	232001	김명희	2023-03-22	D2	통계학과
C3	위너비골퍼	2020-03-01	232002	전은정	2023-03-07	D2	통계학과
C3	위너비골퍼	2020-03-01	231002	배경민	2023-04-02	D4	경영학과
C4	댄스배틀	2021-07-01	231001	문지영	2023-04-30	D1	화학공학과
C4	댄스배틀	2021-07-01	233001	이현경	2023-03-27	D3	역사학과

그림 12-15 기본키가 {동아리번호, 학번}인 정규화되지 않은 동아리가입학생학과 테이블

- **삽입 이상:** '인공지능학과'가 신설되었다고 가정합시다. 이때 이 학과에 대한 정보를 추가하려면 '인공지능학과' 소속 학생에 대한 정보 및 해당 학생이 가입한 동아리 정보를 알아야만 레코드를 추가할 수 있습니다.
- **삭제 이상:** '김명희' 학생의 정보를 삭제한다고 가정합시다. 그러면 '클래식연주동아리'에 대한 정보도 함께 삭제되어 동아리명, 동아리개설일과 같은 동아리 정보를 더 이상 확인할 수 없습니다.
- **수정 이상:** '댄스배틀' 동아리개설일 정보가 잘못되어 변경해야 한다고 가정합니다. 이때 '댄스배틀' 동아리인 두 개 행의 정보를 일관되게 변경해야만 데이터의 불일치가 발생하지 않습니다.

이러한 이상 현상은 정규화를 통해 해결할 수 있습니다. 정규화(Normalization)는 데이터의 중복성과 종속성을 줄이는 방식으로서 테이블을 구성하는 데이터베이스 설계 기술입니다. 정규화는 큰 테이블을 작은 테이블로 분해하고, 관계(Relationship)를 사용하여 관련된 테이블을 연결하는 방법으로 수행됩니다. 정규화를 수행하기 위해서는 먼저 함수적 종속성을 이해해야 합니다.

2 함수적 종속성

함수적 종속성(Functional Dependency, FD)은 관계형 데이터베이스의 릴레이션에서 속성 간의 관계를 표현한 것입니다. 특정 릴레이션에서 속성 X와 속성 Y 사이에 함수적 종속성이 존재한다는 것은 'X의 값이 주어지면 Y의 값이 항상 유일하게 결정된다'라는 의미로 'X -> Y'와 같이 표현합니다. 이때 X는 결정자(Determinant), Y는 종속자(Dependent)라고 합니다.

예를 들어 학생 릴레이션에서 학번이 주어지면 학생의 이름은 유일하게 결정될 수 있으므로 학번과 이름 간에는 함수적 종속성이 존재합니다. 이것은 학번 -> 이름과 같이 표현하며, '학번은 이름을 함수적으로 결정한다'라고 하거나 '이름은 학번에 함수적으로 종속된다'라고 해석합니다.

함수적 종속성 다이어그램(Functional Dependency Diagram, FDD)은 함수적 종속성을 나타내는 표기법으로 이것을 통해 속성 간의 관계를 쉽게 파악할 수 있습니다.

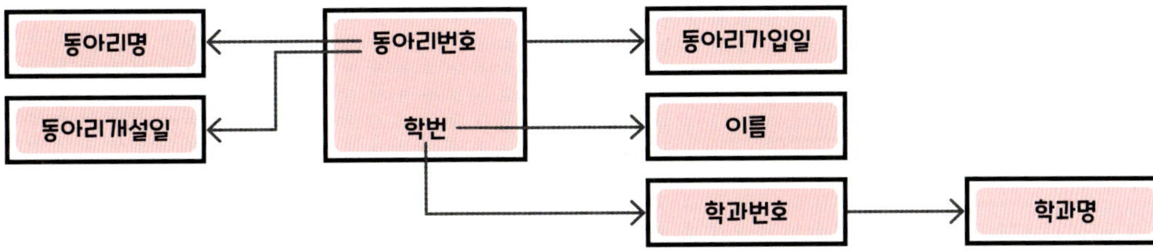

그림 12-16 동아리가입학생학과 테이블의 함수적 종속성 다이어그램

[그림 12-16]의 함수적 종속성 다이어그램을 통하여 다음과 같은 함수적 종속성을 확인할 수 있습니다.

```
동아리번호 -> 동아리명
동아리번호 -> 동아리개설일
{동아리번호, 학번} -> 동아리가입일
학번 -> 이름
학번 -> 학과번호
학과번호 -> 학과명
```

완전 함수적 종속성

완전 함수적 종속성(Full Functional Dependency)은 기본키가 아닌 속성들이 기본키에 종속이 되는 종속 관계를 의미합니다. 만일 기본키가 복합키인 경우에는 기본키를 구성하는 속성 집합에 종속되어야 합니다.

예를 들어 동아리가입일을 결정하기 위해서는 {동아리번호, 학번}이 모두 필요하며, 동아리번호나 학번에 대해 둘 중 하나의 속성만으로는 동아리가입일을 결정할 수 없습니다.

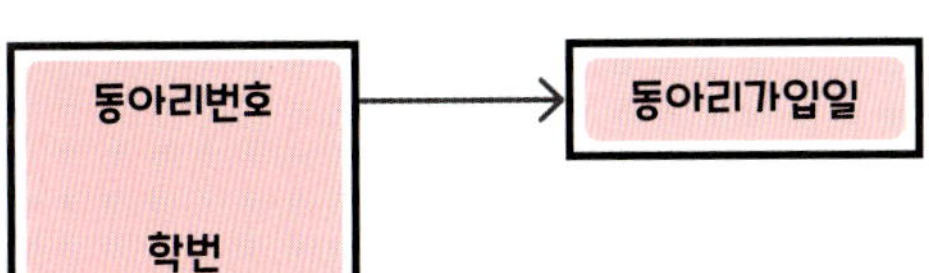

그림 12-17 완전 함수적 종속성의 예

부분 함수적 종속성

부분 함수적 종속성(Partial Functional Dependency)은 기본키가 아닌 속성들이 기본키의 일부

에 종속되는 관계를 의미합니다.

예를 들어 동아리명과 동아리개설일은 기본키인 {동아리번호, 학번}에서 기본키의 일부 속성인 동아리번호만으로 결정될 수 있습니다. 또한 학생의 이름과 학과번호는 기본키인 {동아리번호, 학번}에서 기본키의 일부 속성인 학번만으로 결정될 수 있기 때문에 부분 함수적 종속성을 갖게 됩니다.

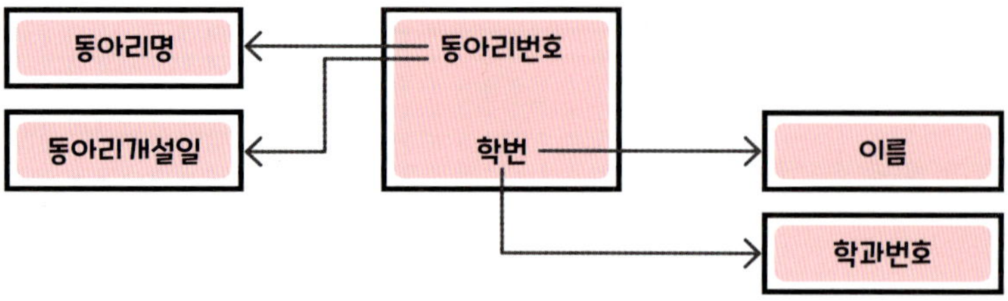

그림 12-18 **부분 함수적 종속성의 예**

이행 함수적 종속성

이행 함수적 종속성(Transitive Functional Dependency)은 세 개 이상의 속성이 연결되어 있을 때 발생하는 종속 관계를 의미합니다. X, Y, Z라는 3개의 속성이 있을 때 X -> Y, Y -> Z와 같이 속성 간에 종속성이 연쇄적으로 전파되는 경우를 이행 함수적 종속성이 있다고 합니다. Y가 X에 함수적으로 종속되고, Z가 Y에 함수적으로 종속되면, Z는 X에 대해 이행 함수적으로 종속됩니다.

예를 들어 학번은 학과번호를 함수적으로 결정하며, 학과번호는 학과명을 함수적으로 결정하므로 학번으로 학과명을 결정할 수 있습니다.

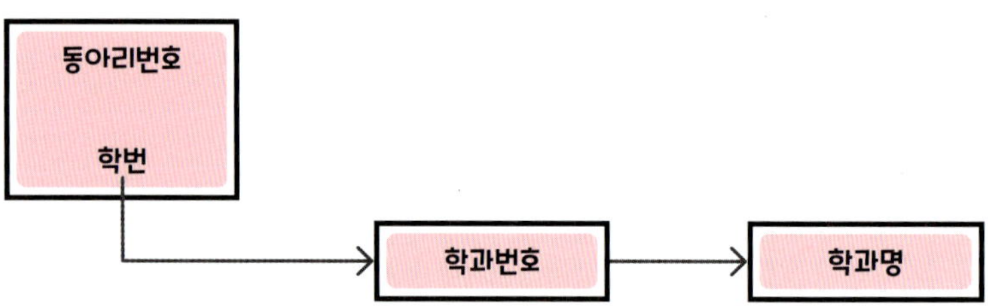

그림 12-19 **이행 함수적 종속성의 예**

3 정규화의 개념과 형식

데이터베이스 정규화(Normalization)는 데이터베이스 설계의 중요한 개념으로 이상을 제거하여 데이터베이스를 효율적으로 구조화하는 과정입니다. 정규화를 통해 일련의 규칙과 원칙을 적용시켜 데이터베이스를 구조화하면 데이터 삽입 이상, 수정 이상, 삭제 이상이 최소화되어 데이터의 중복을 줄일 수 있고, 데이터 무결성을 강화하며 일관성을 유지할 수 있습니다. 또한 데이터의 논리적 구조가 좀 더 간결하고 명확하게 표현되므로 데이터를 검색하는 데 효율적이며, 유지보수성이 향상됩니다.

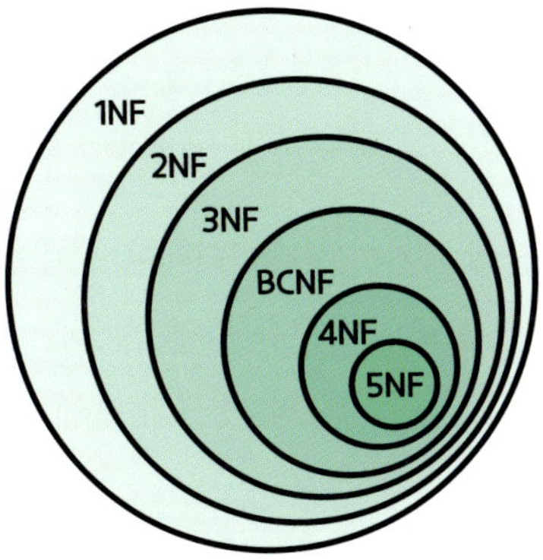

그림 12-20 **정규화 단계**

주요한 정규화 형식에는 제1정규형(1NF), 제2정규형(2NF), 제3정규형(3NF) 등이 있습니다.

제1정규형(1NF)

테이블의 각 속성 값은 반복 그룹(Repeating Group)이 없는 원자 값(Atomic Value)으로만 구성되어야 합니다. 이를 위해서 중복되는 속성이나 속성 그룹은 별도의 테이블로 분리합니다.

제2정규형(2NF)

제2정규형은 제1정규형을 만족하면서 부분 함수적 종속성을 제거해야 합니다. 제2정규형을 만족하려면 테이블에서 기본키를 구성하는 속성을 제외한 나머지 속성들이 기본키 속성에 대해 완전 함수적 종속성을 가져야 합니다. 즉, 부분 함수적 종속성이 존재하는 경우 이를 제거하기 위해 테이블을 분할하거나 기본키를 변경하여 속성 간의 종속성을 조정해야 합니다.

제3정규형(3NF)

제3정규형은 제2정규형을 만족하면서 이행 함수적 종속성을 제거해야 합니다. 테이블의 모든 비-키(Non-key) 속성은 기본키에만 종속되어야 하고, 비-키 속성 간에는 종속성이 존재하지 않아야 합니다. 만일 비-키 속성 간에 종속성이 존재하는 경우 이를 제거하기 위해 테이블을 분할해야 합니다.

추가적인 정규화 형식으로는 보이스-코드 정규형(Boyce-Codd NF, BCNF), 제4정규형(4NF), 제5정규형(5NF) 등이 있습니다. 실무에서 데이터베이스 정규화는 주로 제3정규형까지 진행합니다. 보이스-코드 정규형이나 제4정규형, 제5정규형 수준으로 진행하는 것은 데이터 모델을 복잡하게 만들 수 있습니다. 즉, 조인 연산을 자주 수행해야 하므로 성능 저하의 가능성이 있어 일반적으로는 진행하지 않으며, 필요에 따라 데이터베이스 성능 및 쿼리 요구 사항을 고려하여 진행합니다.

4 반정규화

반정규화(Denormalization)는 중복 데이터를 하나 이상의 테이블에 추가하는 데이터베이스 최적화 기술입니다. 이를 통해 관계형 데이터베이스에서 비용이 많이 드는 조인의 수를 줄일 수 있습니다. 반정규화는 정규화를 되돌린다거나 정규화하지 않음을 의미하는 것이 아니며, 정규화 후에 적용되는 최적화 기법입니다.

■ 반정규화의 장점

더 적은 수의 테이블을 사용함으로써 조인 개수를 줄일 수 있고, 이로 인해 검색 쿼리가 간단해지고 빠른 읽기 작업의 수행으로 인해 검색 성능을 높일 수 있습니다.

■ 반정규화의 단점

반정규화는 중복 저장으로 인해 더 많은 스토리지가 필요합니다. 또한 데이터 불일치가 발생할 수 있으며, 쓰기 작업에 추가적인 비용이 소요될 수 있습니다.

예제 12-1 동아리가입학생학과 테이블에 대해 제1 정규형을 적용하시오.

• 정규화 대상인 동아리가입학생학과 테이블

동아리번호	동아리명	동아리개설일	학번	이름	동아리가입일	학과번호	학과명
C1	지구한바퀴여행	2000-02-01	231001	문지영	2023-04-01	D1	화학공학과
C1	지구한바퀴여행	2000-02-01	231002	배경민	2023-04-03	D4	경영학과
C2	클래식연주동아리	2010-06-05	232001	김명희	2023-03-22	D2	통계학과
C3	워너비골퍼	2020-03-01	232002	전은정	2023-03-07	D2	통계학과
C3	워너비골퍼	2020-03-01	231002	배경민	2023-04-02	D4	경영학과
C4	댄스배틀	2021-07-01	231001	문지영	2023-04-30	D1	화학공학과
C4	댄스배틀	2021-07-01	233001	이현경	2023-03-27	D3	역사학과

• 동아리가입학생학과 테이블

동아리가입학생학과
동아리번호 **학번**
동아리명 동아리개설일 이름 동아리가입일 학과번호 학과명

동아리가입학생학과 테이블은 동아리번호와 학번이 주식별자인 테이블로서 정규화되어 있지 않습니다. 이 테이블에는 동아리명, 동아리개설일 등 반복되는 속성 그룹이 존재함을 알 수 있으며, 제1정규형을 만족하려면 반복 속성 그룹을 별도의 테이블로 분할해야 합니다.

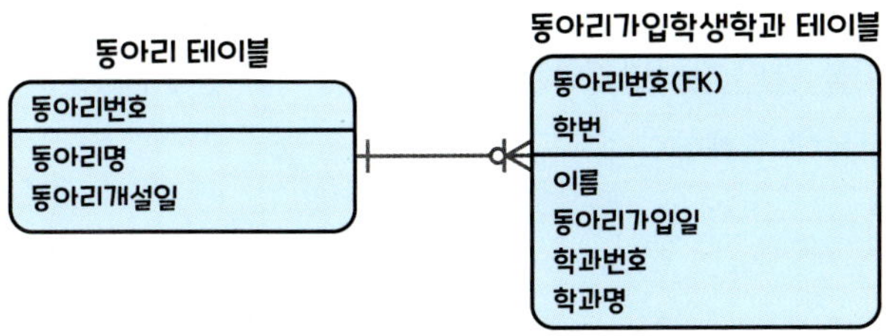

분할된 동아리 테이블과 동아리가입학생학과 테이블 간의 카디널리티는 일대다이며, 이런 경우 동아리 테이블의 기본키를 동아리가입학생학과 테이블에 추가합니다.

• 동아리 테이블

동아리번호	동아리명	동아리개설일
C1	지구한바퀴여행	2000-02-01
C2	쿨래식연주동아리	2010-06-05
C3	워너비골퍼	2020-03-01
C4	댄스배틀	2021-07-01

• 동아리가입학생학과 테이블

동아리번호	학번	이름	동아리가입일	학과번호	학과명
C1	231001	문지영	2023-04-01	D1	화학공학과
C1	231002	배경민	2023-04-03	D4	경영학과
C2	232001	김명희	2023-03-22	D2	통계학과
C3	232002	전은정	2023-03-07	D2	통계학과
C3	231002	배경민	2023-04-02	D4	경영학과
C4	231001	문지영	2023-04-30	D1	화학공학과
C4	233001	이현경	2023-03-27	D3	역사학과

예제 12-2 **동아리가입학생학과 테이블에 대해 제2정규형을 적용하시오.**

동아리가입학생학과 테이블은 제1정규형을 만족하지만 부분 함수적 종속성이 존재하기 때문에 제2정규형을 만족하지 않습니다. 제2정규형을 만족하기 위해서는 테이블 분할을 통해 부분 함수적 종속성을 제거해야 합니다.

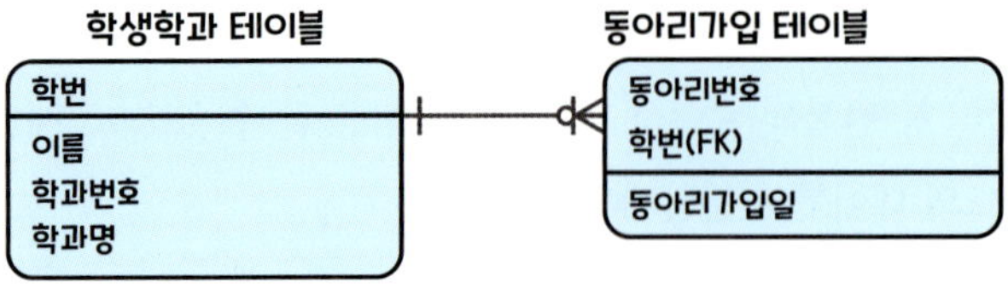

분할된 학생학과 테이블과 동아리가입 테이블 간의 카디널리티는 일대다이며, 이런 경우 학생학과 테이블의 기본키인 학번을 동아리가입 테이블에 추가합니다.

• 학생학과 테이블

학번	이름	학과번호	학과명
231001	문지영	D1	화학공학과
231002	배경민	D4	경영학과
232001	김명희	D2	통계학과
232002	전은정	D2	통계학과
233001	이현경	D3	역사학과

• 동아리가입 테이블

동아리번호	학번	동아리가입일
C1	231001	2023-04-01
C1	231002	2023-04-03
C2	232001	2023-03-22
C3	232002	2023-03-07
C3	231002	2023-04-02
C4	231001	2023-04-30
C4	233001	2023-03-27

예제 12-3 **학생학과 테이블에 대해 제3정규형을 적용하시오.**

동아리가입 테이블은 제2정규형을 만족하지만 이행 함수적 종속성이 존재하기 때문에 제3정규형을 만족하지 않습니다. 즉, 학번 → 학과번호, 학과번호 → 학과명과 같이 속성의 종속성이 연쇄적으로 발생하고 있습니다. 이렇게 비-키 속성 간에 이행 함수적 종속성이 존재하는 경우에는 테이블을 분할하여 종속성을 제거해야 합니다.

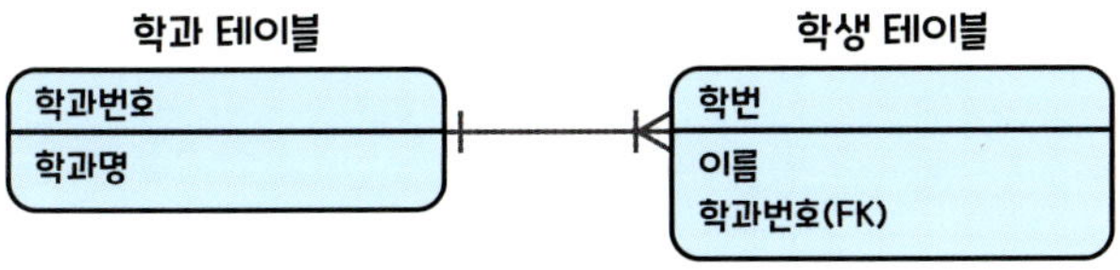

분할된 학과 테이블과 학생 테이블 간의 카디널리티는 일대다이며, 이런 경우에 학과 테이블의 기본키인 학과번호를 학생 테이블에 추가합니다.

- 학과 테이블

학과번호	학과명
D1	화학공학과
D2	통계학과
D3	역사학과
D4	경영학과

- 학생 테이블

학번	이름	학과번호
231001	문지영	D1
231002	배경민	D4
232001	김명희	D2
232002	전은정	D2
233001	이현경	D3

제3정규형을 만족하는 정규화 결과는 다음과 같습니다.

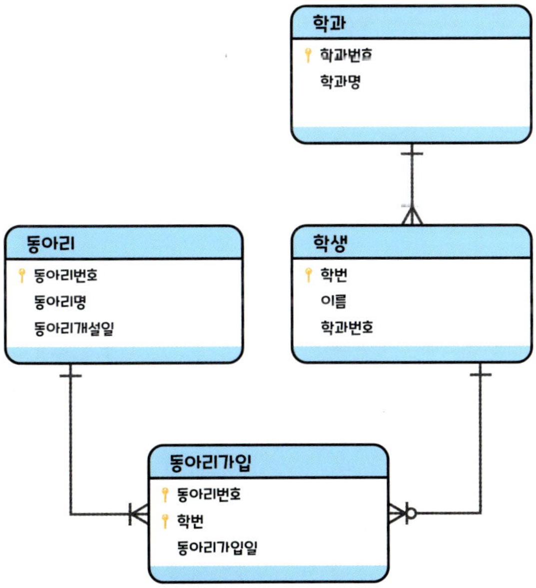

그림 12-21 **제3정규형을 만족하는 정규화 결과**

확인문제

각 정규형에 맞는 조건을 선택하시오.

① 반복 및 반복 그룹 속성 제거
② 완전 함수 종속성 제거
③ 부분 함수 종속성 제거
④ 이행 함수 종속성 제거

1. 제1정규형: ________

2. 제2정규형: ________

3. 제3정규형: ________

정답

1. ①　2. ③　3. ④

✓ 점검문제

이번 장에서 배운 내용을 기반으로 테이블을 생성해봅시다.

예제소스: Ch12_ex.sql

문제 1

[예제 12-3]에서 도출된 논리적 모델에 대해 물리적 모델링을 수행한 후 DDL문을 사용하여 테이블을 생성하시오. 이때 데이터타입 및 크기는 임의로 지정하시오.

해결

■ 동아리 테이블

```
CREATE TABLE 동아리
(
 동아리번호 CHAR(2) PRIMARY KEY
,동아리명 VARCHAR(50)
,동아리개설일 DATE
);
```

■ 학과 테이블

```
CREATE TABLE 학과
(
 학과번호 CHAR(2) PRIMARY KEY
,학과명 VARCHAR(50)
);
```

■ 학생 테이블

```
CREATE TABLE 학생
(
 학번 CHAR(6) PRIMARY KEY
,이름 VARCHAR(50)
,학과번호 CHAR(2)
,FOREIGN KEY(학과번호) REFERENCES 학과(학과번호)
);
```

■ 동아리가입 테이블

```
CREATE TABLE 동아리가입
(
 동아리번호 CHAR(2)
,학번 CHAR(6)
,동아리가입일 DATE
,PRIMARY KEY(동아리번호, 학번)
,FOREIGN KEY(동아리번호) REFERENCES 동아리(동아리번호)
,FOREIGN KEY(학번) REFERENCES 학생(학번)
);
```

요약

01 데이터 모델은 현실 세계를 추상화하여 사람, 장소, 사물, 범주 등의 데이터 구조와 이들 간의 관계를 시각적으로 표현한 것을 의미합니다.

02 데이터 모델에는 계층적 데이터 모델, 네트워크 데이터 모델, 개체-관계형 데이터 모델, 관계형 데이터 모델, 차원 데이터 모델, 객체지향 데이터 모델, 그래프 데이터 모델이 있습니다.

03 데이터 모델링은 현실 세계의 엔티티(개체), 속성, 관계를 분석하고 이를 데이터 모델로 변환하는 프로세스를 의미합니다.

04 데이터 모델링은 일반적으로 다음과 같은 단계로 수행됩니다.

- 요구사항 분석
- 개념적 데이터 모델링
- 논리적 데이터 모델링
- 물리적 데이터 모델링
- 구현 및 유지보수
- 검증 및 최적화
- 문서화

05 관계형 데이터베이스에서 데이터 삽입, 삭제 및 수정과 관련하여 발생할 수 있는 불일치 또는 오류를 이상이라고 합니다. 이상의 유형에는 삽입 이상, 삭제 이상, 수정 이상이 있습니다.

06 함수적 종속성은 관계형 데이터베이스의 릴레이션에서 속성 간의 관계를 표현한 것입니다.

07 데이터베이스 정규화는 데이터베이스 설계의 중요한 개념으로 이상을 제거하여 데이터베이스를 효율적으로 구조화하는 과정입니다.

08 반정규화는 중복 데이터를 하나 이상의 테이블에 추가하는 데이터베이스 최적화 기술입니다. 반정규화로 검색 성능을 개선할 수 있지만, 데이터 불일치 및 쓰기 작업에 추가 비용이 발생할 수 있습니다.

연습문제

01 어떤 릴레이션에 속한 모든 속성이 원자값만을 가지며, 기본키가 아닌 속성 모두가 기본키에 완전 함수 종속이지만 이행적 함수 종속이 나타난다면 어떤 정규형인가?

① 제1정규형
② 제2정규형
③ 제3정규형
④ 보이스/코드 정규형

02 다음과 같은 함수 종속성을 갖는 릴레이션은 어떤 정규형인가?

```
X -> (Y, Z)
Y -> Z
```

① 제1정규형
② 제2정규형
③ 제3정규형
④ 보이스/코드 정규형

03 정규화에 대한 설명으로 옳지 않은 것은 무엇인가?

① 이상(Anomaly) 현상은 데이터들 간에 존재하는 함수 종속이 하나의 원인이 될 수 있다.
② 여러 가지 종류의 정보를 하나의 릴레이션으로 표현하면 그 릴레이션을 조작할 때 이상 현상이 발생할 수 있다.
③ 정규화를 하지 않으면 불필요한 데이터 중복이 발생하므로 릴레이션을 조작할 때 문제가 발생할 수 있다.
④ 정규화의 목적은 종속성을 제거하기 위해 여러 개의 릴레이션을 단일 릴레이션으로 통합하는 것이다.

04 다음 중 엔티티(개체)의 일반적인 특징으로 가장 맞지 않는 것은 무엇인가?

① 유일한 식별자에 의해 식별할 수 있어야 한다.
② 다른 엔티티와 관계를 가질 필요가 없다.
③ 엔티티는 업무 프로세스에 의해 이용되어야 한다.
④ 엔티티는 반드시 한 개 이상의 속성을 포함해야 한다.

실습문제

01 다음 릴레이션을 보고 빈칸을 채우시오.

지점	품번	단가	판매수량
동부지점	I3	5000	50
동부지점	I2	4000	40
서부지점	I5	6000	60
서부지점	I2	4000	10

- FD1: { 지점, 품번 } -> { (①) }
- FD2: { (②) } -> { 단가 }
- 이 릴레이션은 (③) 정규형은 만족하지만 FD2와 같은 (④) 종속성으로 인해 (⑤) 정규형은 만족하지 않는다.
- (④) 종속성을 제거하기 위해 릴레이션을 분할한 결과는 다음과 같으며, 이 릴레이션은 (⑤) 정규형을 만족한다.

지점	품번	판매수량
동부지점	I3	50
동부지점	I2	40
서부지점	I5	60
서부지점	I2	10

품번	단가
I2	4000
I3	5000
I5	6000

02 다음의 정규화되지 않은 staffBranch 테이블에 대하여 제1 정규화를 실행하시오.

• staffBranch 테이블

사번	이름	직급	연봉	지점코드	지점	전화번호
S1000	톰	매니저	78000	W	서부지점	02-234-6789
S1100	줄리아	사무보조	35000	W	서부지점	02-234-6789
S2500	안나	매니저	65000	N	북부지점	02-987-9090
S4300	짐	지점장	150000	E	동부지점	02-132-5466

CHAPTER 13

[프로젝트] 공공데이터를 활용한 데이터 분석

학습목표

- 데이터 분석의 단계와 도구에 대해 이해할 수 있습니다.
- 공공데이터를 내려받고 전처리하는 과정을 이해할 수 있습니다.
- 공공데이터를 활용하여 서울 지하철 공기질과 서울 지하철 승하차 분석을 수행할 수 있습니다.

Preview

이번 장에서는 공공데이터를 이용해 그동안 배운 SQL을 활용하여 데이터를 분석하는 프로젝트를 진행해보겠습니다.

- 데이터 분석의 개요
  - 데이터 분석 단계
  - 데이터 분석 도구
  - 데이터 분석을 위한 데이터 소스
- 공공데이터 분석
  - 서울 지하철 공기질 자료의 탐색적 데이터 분석
  - 서울 지하철 승하차 자료의 탐색적 데이터 분석
  - 서울 지하철 자료의 데이터 통합 분석

Section 01

데이터 분석과 공공데이터

4차 산업혁명 시대에 데이터는 가장 중요한 자산입니다. 더군다나 치열한 비즈니스 시대에 데이터의 중요성은 더 이상 의심의 여지가 없습니다. 기업은 데이터를 사용하여 비즈니스 기회를 강화하고, 데이터를 비즈니스 전략 수립의 필수적인 자원으로 사용합니다. 데이터라는 자산을 활용하는 데 필요한 것이 바로 데이터 분석 능력입니다.

데이터 분석은 다양한 데이터 분석 도구를 사용하여 데이터를 분석하고 해석하여 조직이 목표를 달성하는 데 도움이 되는 통찰력과 추세를 제시하는 것입니다. 잘 분석된 데이터는 조직이 자신있게 의사 결정을 내리고, 조직에 가치를 추가하고, 제품 및 서비스 개발에 더 나은 정보를 제공하는 데 도움을 줄 수 있습니다.

1 데이터 분석 단계

데이터 분석을 위해서는 일반적으로 [그림 13-1]과 같은 단계를 거치게 됩니다.

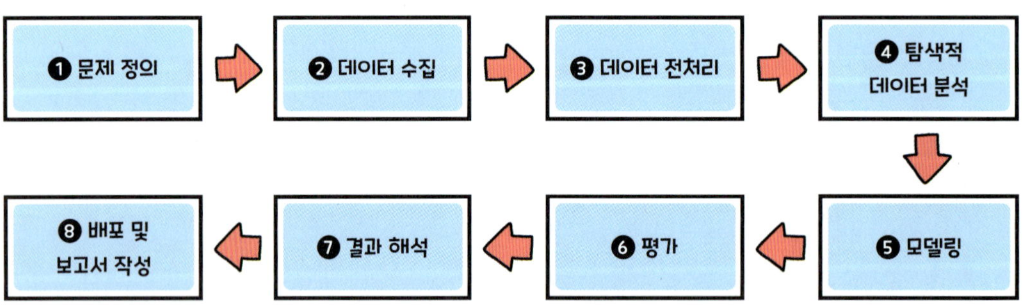

그림 13-1 **데이터 분석 단계**

❶ 문제 정의

분석하려는 문제와 질문을 정의하고 목표를 설정합니다.

❷ 데이터 수집

필요한 데이터를 수집합니다. 데이터의 품질과 양은 분석 결과에 큰 영향을 미칩니다.

❸ 데이터 전처리

데이터 전처리(Data Preprocessing)란 데이터를 목적에 맞게 분석이 가능한 상태로 만드는 것을 의미합니다. 데이터 전처리 과정을 통하여 결손 데이터나 이상값 처리, 불완전한 데이터 제거, 형식 변환, 데이터 결합, 집계 등의 작업이 이루어집니다. 일반적으로 데이터 분석 과정에서 가장 시간이 많이 소요되는 단계입니다.

❹ 탐색적 데이터 분석

데이터를 다양한 각도로 관찰하고 이해하는 과정을 탐색적 데이터 분석(Exploratory Data Analysis, EDA)이라고 합니다. EDA는 데이터의 특성을 이해하고 문제를 정의하는 데 도움을 주며, EDA를 통해 얻은 시각화 인사이트를 통해 패턴이나 경향성을 파악할 수 있습니다.

❺ 모델링

분석에 적합한 모델을 선택하고 훈련시킵니다. 통계 분석이나 머신러닝 등이 이 단계에 해당합니다.

❻ 평가

예측 결과나 분석 결과가 목표에 부합하는지 등에 대해 성능을 평가하고 필요에 따라 수정합니다.

❼ 결과 해석

분석 결과를 해석하고 비즈니스 결정이나 의사 결정을 위한 인사이트를 도출합니다.

❽ 배포 및 보고서 작성

분석 결과를 관련자에게 전달하며, 시각화 및 보고서를 작성하여 결과를 공유합니다.

2 데이터 분석 도구

데이터 분석 도구는 목적에 따라 통계 분석용 도구, 비즈니스 인텔리전스 도구, 프로그래밍 언어 기반 도구로 구분할 수 있습니다. 통계 분석용 도구로는 엑셀, R, SAS, SPSS 등이 있습니다. 비즈니스 인텔리전스 도구로는 Power BI, 태블로(Tableau) 등이 있으며, 프로그래밍 언어 기반 도구에는 파이썬, SQL 등이 있습니다.

데이터 분석 도구 SQL

SQL은 데이터베이스와 관련된 작업에서 매우 강력한 도구이며, 효과적인 데이터 분석을 위해서도 SQL은 중요합니다.

- **데이터 추출:** SELECT문을 사용하여 특정 열이나 행을 선택하고 필요한 조건에 따라 데이터를 검색할 수 있습니다.
- **데이터 필터링 및 정렬:** WHERE절을 활용하여 데이터를 원하는 조건에 따라 필터링하고, ORDER BY절을 사용하여 데이터를 정렬할 수 있습니다.
- **집계 및 그룹화:** SUM, AVG, COUNT 등의 집계 함수를 사용하여 데이터를 그룹화하고 집계할 수 있습니다.
- **조인 및 서브쿼리:** 조인이나 서브쿼리를 사용하여 복잡한 데이터를 추출하고, 분석을 수행할 수 있습니다.
- **데이터 변환 및 처리:** SQL을 사용하여 날짜 계산, 문자열 처리, NULL 처리 등 데이터를 변환하거나 연산을 수행할 수 있습니다.
- **데이터 시각화를 위한 기반 데이터 생성:** SQL을 사용하여 분석 결과를 시각화하기 위한 기반 데이터를 생성할 수 있습니다.

데이터 시각화 분석 도구

데이터 시각화는 정보를 시각적으로 표현함으로써 데이터를 보다 효과적으로 활용하고 이해하는 데 중요한 역할을 합니다.

데이터 시각화를 통해 데이터의 패턴, 관계 및 추세를 직관적으로 이해하여 데이터를 좀 더 깊이 파악할 수 있으며, 이상치나 오류를 시각적으로 식별하여 데이터 품질을 향상시킬 수 있습니다. 또한 복잡한 데이터를 비전문가에게 이해하기 쉽게 전달하여 의견 협의와 협업을 용이하게 하며, 시각화된 정보를 통해 새로운 인사이트를 발견할 수도 있습니다.

[표 13-1]은 주요 데이터 시각화 도구를 소개합니다.

표 13-1 **주요 데이터 시각화 도구**

시각화 도구	설명
Matplotlib, Seaborn	파이썬에서 사용되는 데이터 시각화 라이브러리
ggplot2	R언어에서 사용되는 데이터 시각화 라이브러리
D3.js	웹을 위한 자바스크립트 시각화 라이브러리
Power BI	마이크로소프트의 비즈니스 인텔리전스 도구로 엔터프라이즈 및 클라우드 기반의 서비스 제공
Excel	스프레드시트 프로그램으로 차트 및 그래프 생성 지원
Tableau	엔터프라이즈 수준의 데이터 시각화 도구로 데이터 시각화, 대시보드 및 리포팅 지원
Redash	오픈 소스 데이터 시각화 도구
Google Data Studio	무료로 사용 가능한 클라우드 기반의 데이터 시각화 도구
Looker Studio	구글 클라우드에서 제공하는 데이터 시각화 및 비즈니스 인텔리전스 플랫폼으로 SQL 기반의 데이터 탐색과 시각화 지원
Amazon QuickSight	AWS(Amazon Web Services)에서 제공하는 데이터 시각화 및 비즈니스 분석 도구

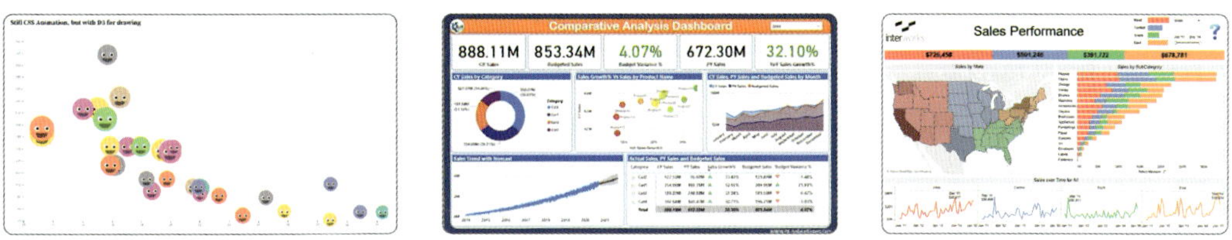

(a) D3.js (b) PowerBI (c) Tableau

그림 13-2 **데이터 시각화의 예**

3 데이터 분석을 위한 데이터 소스

데이터 분석을 위한 데이터는 여러 소스로부터 얻을 수 있습니다. 데이터를 얻을 때는 데이터의 품질, 출처의 신뢰성, 개인정보 보호 등을 고려하여 적절한 데이터를 선택해야 합니다.

데이터 분석을 위한 데이터 소스에는 다음과 같은 것이 있습니다.

- **내부 데이터:** 고객 정보, 주문 정보, 예약 정보 등 조직 내부에서 생성된 데이터로 기업 내부 시스템이나 데이터베이스로부터 추출된 데이터입니다.
- **외부 데이터:** 공공데이터베이스, 정부 기관, 금융 시장, 기상 정보 등 조직 외부로부터 가져온 데이터입니다. 이러한 데이터는 주로 오픈 데이터 포털이나 데이터 공급업체로부터 얻을 수 있습니다.
- **웹 스크래핑:** 환율 정보, 주식 가격, 뉴스 기사, 소셜 미디어 등 웹사이트로부터 정보를 추출하여 분석에 활용할 수 있습니다.

- **사용자 생성 콘텐츠:** 소셜 미디어나 온라인 커뮤니티에서 생성된 텍스트 데이터나 이미지 및 동영상 등과 같은 콘텐츠를 분석에 활용할 수 있습니다.
- **업계 데이터:** 시장 동향, 경쟁사 정보 등 해당 업계로부터 수집된 데이터를 분석에 활용할 수 있습니다.
- **연구 데이터:** 과학 연구나 학술 연구를 위해 수집된 데이터도 활용할 수 있습니다.
- **애널리틱 데이터:** 기존에 수행한 분석 작업의 결과물이나 보고서 등에서 추출한 데이터도 활용할 수 있습니다.

4 데이터 제공 사이트

국내외에서 데이터를 얻을 수 있는 여러 가지 사이트가 있습니다. [표 13-2]와 [표 13-3]은 일부 국내외 데이터 제공 사이트입니다.

표 13-2 **국내 데이터 제공 사이트**

사이트명	사이트	설명
공공데이터포털	https://www.data.go.kr/	한국 정부에서 운영하는 공공데이터 제공 포털로 다양한 분야의 데이터를 제공
국가통계포털	https://kosis.kr/	통계청에서 운영하는 국가 통계 포털
서울 열린데이터광장	https://data.seoul.go.kr/	서울시에서 운영하는 공공데이터 포털
K-ICT 빅데이터 센터	https://kbig.kr/portal/	과기부와 한국지능정보사회진흥원에서 지원하는 공식 사이트
통합데이터지도	https://www.bigdata-map.kr/	공공과 민간에서 제공하는 데이터를 쉽게 검색, 활용할 수 있도록 지원

표 13-3 **해외 데이터 제공 사이트**

사이트	설명
https://data.gov/	미국 정부에서 운영하는 미국의 공공데이터 포털
https://data.europa.eu/euodp/	유럽 연합에서 운영하는 오픈 데이터 포털
https://data.gov.uk/	영국 정부에서 운영하는 영국의 공공데이터 포털
https://www.kaggle.com/datasets	전 세계 다양한 분야의 데이터셋 제공
https://registry.opendata.aws/	아마존 AWS 데이터셋

Section 02

공공데이터 전처리

이번 장에서는 그동안 배운 SQL 지식을 활용하여 탐색적 데이터 분석을 해보겠습니다. 2022년도 서울지하철의 승하차와 공기질에 대한 데이터를 사용하여 지하철 승하차 및 공기질에 대해 여러 가지 정보를 파악해보고, 지하철 승하차 승객수와 공기질 수치 간에 상관이 있는지에 대해서도 확인해보겠습니다. 두 정보는 공공데이터포털에서 얻을 수 있습니다.

1 공공데이터포털에서 데이터셋 얻기

01 공공데이터포털 사이트(https://www.data.go.kr/)에 접속하여 '지하철'을 검색합니다.

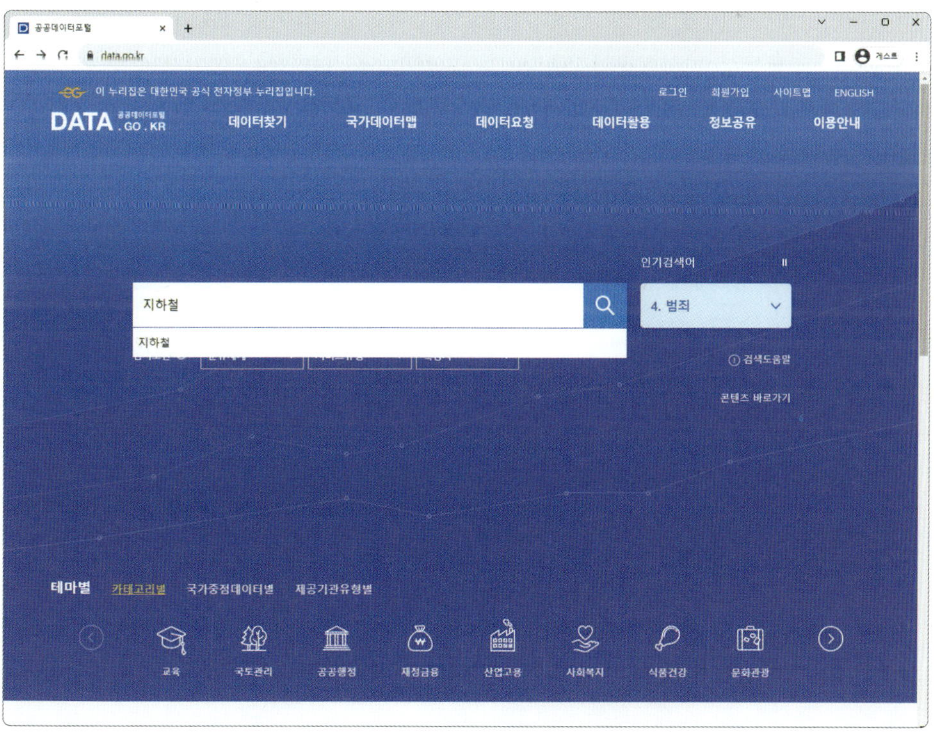

02 검색 화면에서 [파일데이터] 탭을 클릭하여 '서울특별시_지하철 호선별 역별 승하차 인원 정보'의 [바로가기] 버튼을 클릭합니다. 이후 서울 열린데이터 광장 페이지의 '파일내려받기'에서 ⤓ 버튼을 클릭하여 'CARD_SUBWAY_MONTH_2022.csv' 파일을 다운로드합니다.

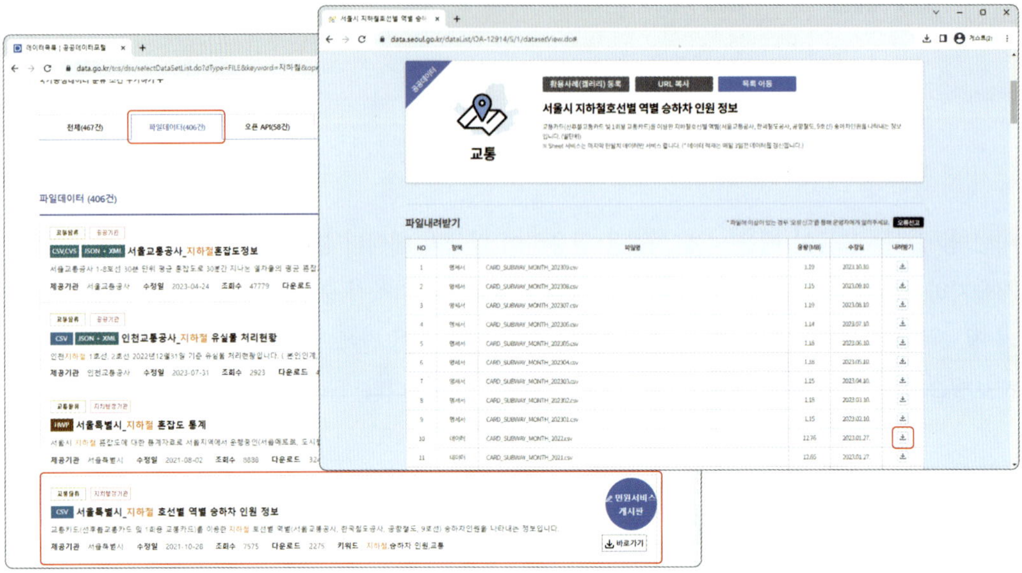

03 이제 [표준데이터셋] 탭을 클릭하여 '전국지하철공기질측정정보표준데이터'를 클릭합니다. 데이터 목록에서 '서울교통공사_지하철공기질측정정보'를 클릭하여 나타나는 데이터 상세정보 창에서 [CSV] 버튼을 클릭하여 CSV 파일을 다운받습니다.

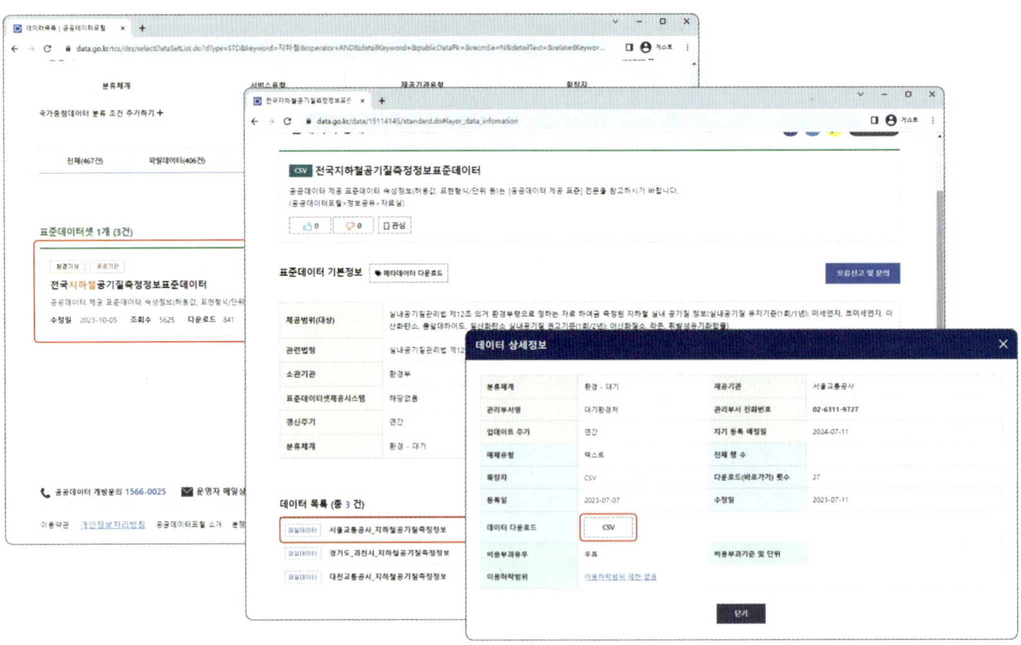

2 전처리하기

다운받은 CSV 파일로 엑셀에서 전처리 작업을 수행합니다. 전처리 전 파일과 전처리 후 파일은 한빛아카데미 자료실(http://www.hanbit.co.kr/src/40014)에서 내려받을 수 있습니다.

지하철승하차 데이터의 전처리 수행 작업

01 등록일자 필드 삭제

02 역명에 붙은 (역명) 삭제

03 '노선명'을 '호선명'으로 변경

04 1~9호선 이외의 정보 삭제

05 사용일자를 날짜 타입으로 변환

06 '승차총승객수'를 '승차승객수'로, '하차총승객수'를 '하차승객수'로 변경

- **전처리 전 파일명:** CARD_SUBWAY_MONTH_2022.CSV
- **전처리 후 파일명:** 지하철승하차.CSV

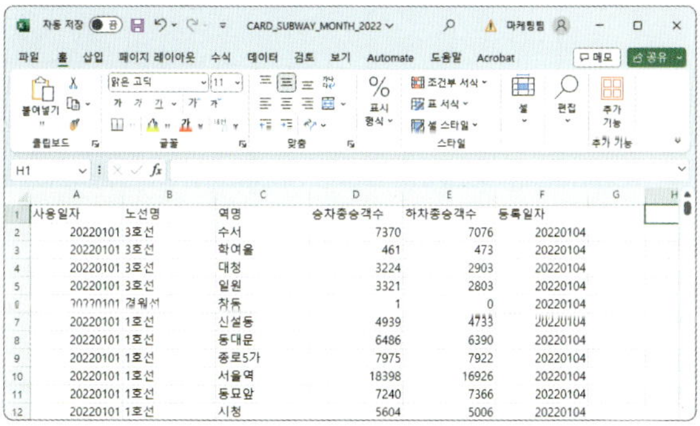

(a) 전처리 전 파일(CARD_SUBWAY_MONTH_2022.CSV)

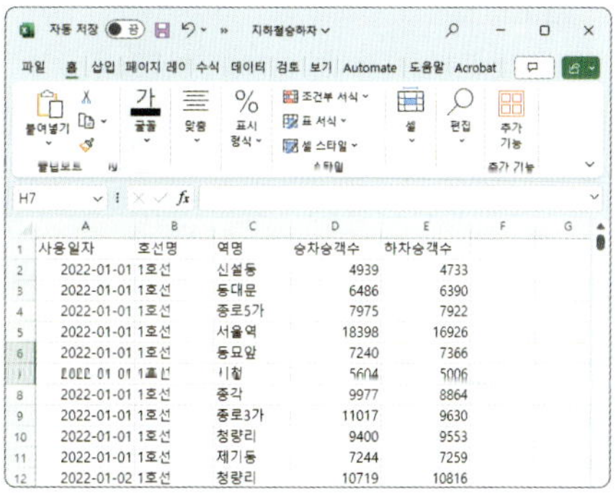

(b) 전처리 후 파일(지하철승하차.CSV)

그림 13-3 **지하철승하차 전처리 전/후 파일**

지하철공기질 데이터의 전처리 수행 작업

01 측정연도, 측정위치, 이산화질소, 라돈, 휘발성유기화합물, 관리기관명, 데이터기준일자 필드 삭제

02 지하철역사명에 붙은 (호선) 삭제

03 '지하철역사명'을 '역명', '지하철호선명'을 '호선명'으로 변경

- **전처리 전 파일명:** 서울교통공사_지하철공기질측정정보_20230711.CSV
- **전처리 후 파일명:** 지하철공기질.CSV

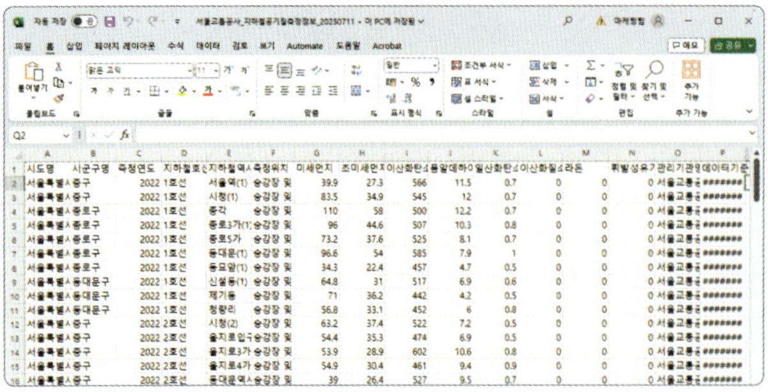

(a) 전처리 전 파일(서울교통공사_지하철공기질측정정보_20230711.CSV)

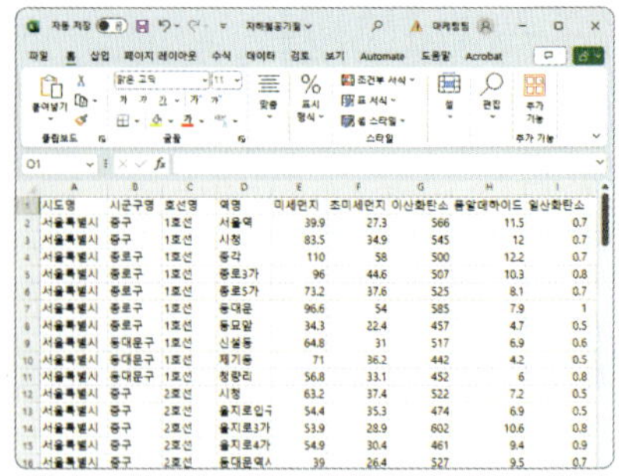

(b) 전처리 후 파일(지하철공기질.CSV)

그림 13-4 지하철공기질 전처리 전/후 파일

3 스키마 생성하기

데이터 전처리를 완료했다면 이제 워크벤치를 수행시켜 스키마를 생성하겠습니다.

스키마를 생성하는 대신 2장을 참고하여 데이터베이스를 생성해도 동일하게 작업할 수 있습니다.

01 워크벤치의 [Navigator] 창에서 마우스 오른쪽 버튼을 클릭하여 [Create Schema...]를 클릭합니다. 스키마 이름은 '서울지하철'로 지정합니다. Charset은 'utf8mb4'로, Collation은 'utf8mb4_bin'으로 지정하고 〈Apply〉 버튼을 클릭합니다.

02 [Apply SQL Script to Database] 창에서는 수정할 것이 없으므로 〈Apply〉와 〈Finish〉 버튼을 클릭하여 스키마 생성을 완료합니다.

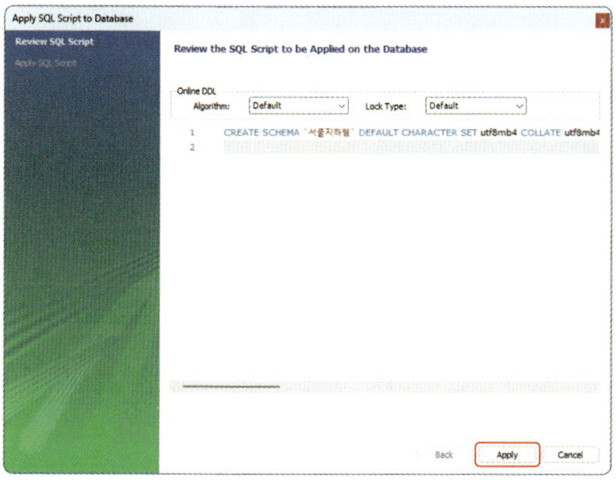

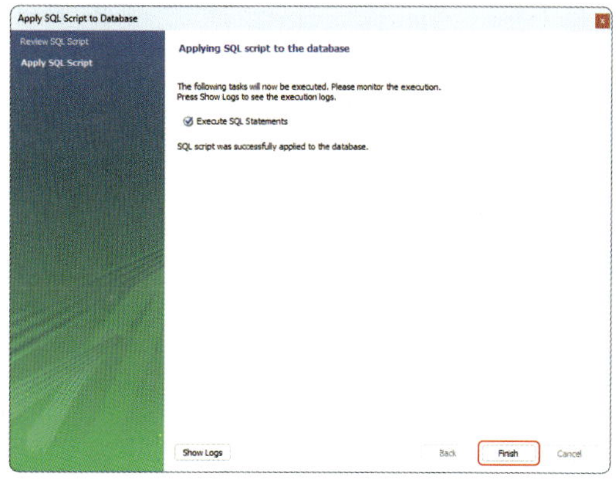

03 Navigator 창에서 새로고침 버튼( )을 클릭하면 '서울지하철' 스키마가 생성된 것을 확인할 수 있습니다.

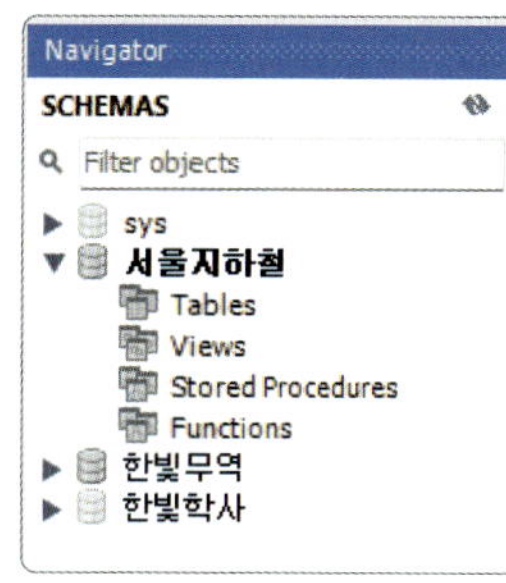

4 데이터 가져오기

데이터를 가져오면서 바로 테이블을 생성해보겠습니다.

01 서울지하철 스키마의 [Tables]에서 마우스 오른쪽 버튼을 클릭하고 [Table Data Import Wizard]를 선택합니다. Table Data Import 창에서 〈Browse...〉 버튼을 클릭하여 '지하철공기질.csv' 파일을 선택하고, 〈Next〉 버튼을 클릭합니다.

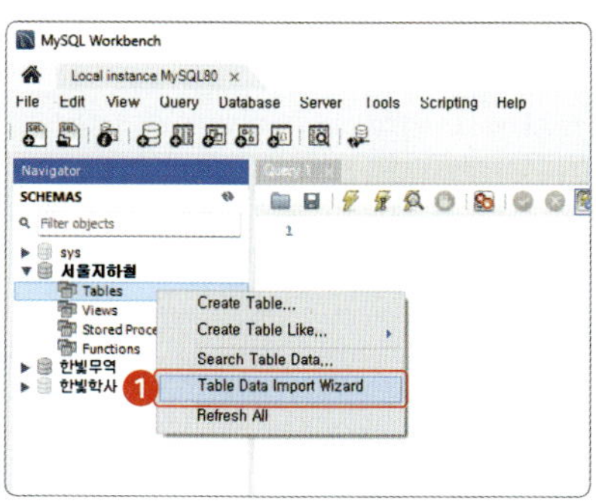

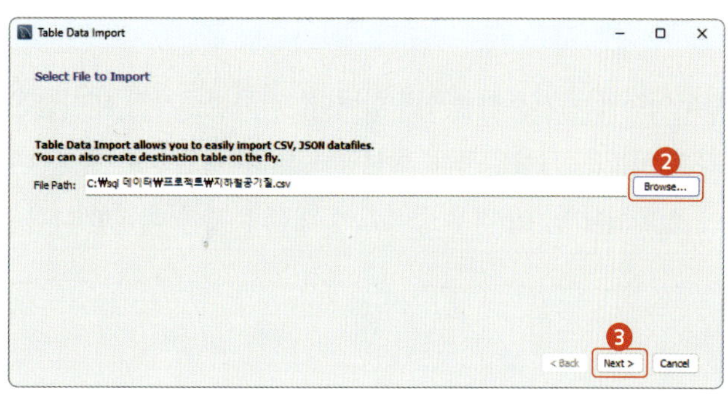

02 이후 창에서 [Next]와 [Finish] 버튼을 클릭하여 데이터 가져오기와 테이블 생성을 마칩니다.

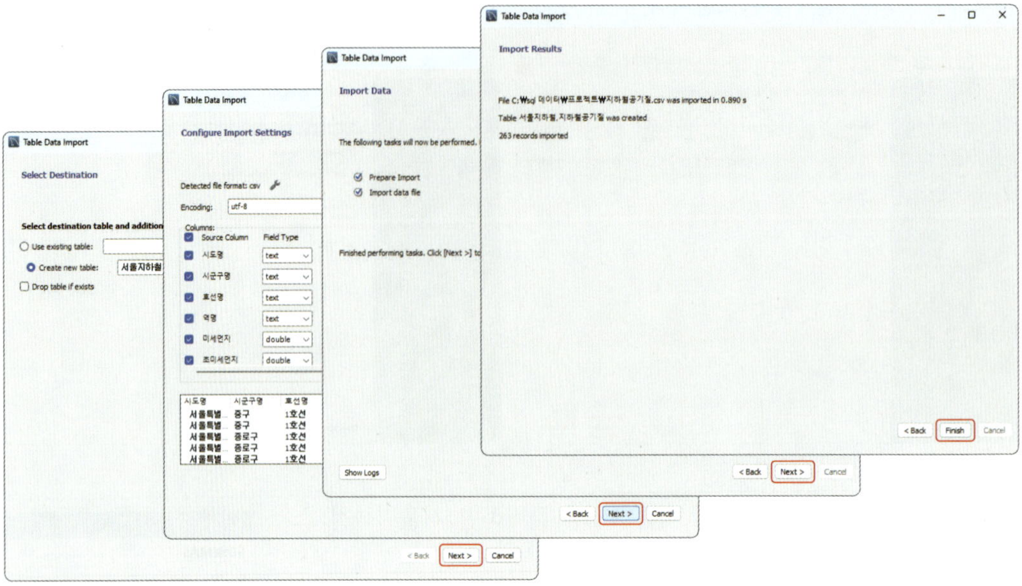

지하철 공기질 데이터 가져오기를 마쳤다면 지하철승하차.CSV 파일도 01, 02번 작업과 동일하게 수행합니다.

03 새로 생성된 지하철공기질 테이블과 지하철승하차 테이블에 있는 컬럼 중 일부 컬럼의 데이터 타입과 크기를 변경합니다.

```
ALTER TABLE 지하철공기질 MODIFY 호선명 VARCHAR(30);
ALTER TABLE 지하철공기질 MODIFY 역명 VARCHAR(30);
ALTER TABLE 지하철공기질 MODIFY 시도명 VARCHAR(30);
ALTER TABLE 지하철공기질 MODIFY 시군구명 VARCHAR(30);

ALTER TABLE 지하철승하차 MODIFY 사용일자 DATE;
ALTER TABLE 지하철승하차 MODIFY 호선명 VARCHAR(30);
ALTER TABLE 지하철승하차 MODIFY 역명 VARCHAR(30);
```

04 이번에는 기본키를 설정합니다. 지하철공기질 테이블은 '호선명 + 역명' 컬럼으로, 지하철승하차 테이블은 '사용일자 + 호선명 + 역명' 컬럼으로 설정합니다. 만약 중복값이 있으면 기본키 설정에 실패합니다. 이 경우 중복값에 대한 문제를 해결한 다음 기본키를 설정해야 합니다.

```
ALTER TABLE 지하철공기질 ADD PRIMARY KEY(호선명, 역명);
ALTER TABLE 지하철승하차 ADD PRIMARY KEY(사용일자, 호선명, 역명);
```

05 Navigator 창에서 새로고침 버튼을 클릭하면 생성된 테이블과 컬럼을 확인할 수 있습니다.

데이터 분석을 위한 준비를 끝냈습니다. 이제 그동안 익힌 SQL 기술을 사용하여 원하는 정보를 얻기 위한 쿼리문을 작성해봅시다. 더불어 시각화 기술에 대해서도 알아보겠습니다.

Section

03 서울 지하철 공기질 자료의 탐색적 데이터 분석

이번 프로젝트를 통해 지하철 공기질에 대해 탐색해볼 수 있는 여러 쿼리를 작성하고, 시각화 차트로도 표현해보겠습니다.

그림 13-5 지하철 공기질에 대한 탐색적 데이터 분석 프로젝트

예제 13-1 지하철공기질 테이블의 모든 정보를 보이시오.

먼저 작업 데이터베이스를 '서울지하철'로 지정합니다.

```
USE 서울지하철;
```

지하철공기질 테이블을 검색하면 2022년도 서울 지하철역의 공기질 정보를 확인할 수 있습니다.

```
SELECT *
FROM 지하철공기질;
```

▶ 실행결과

시도명	시군구명	호선명	역명	미세먼지	초미세먼지	이산화탄소	폼알데하이드	일산화탄소
서울특별시	중구	1호선	서울역	39.9	27.3	566	11.5	0.7
서울특별시	중구	1호선	시청	83.5	34.9	545	12	0.7
서울특별시	종로구	1호선	종각	110	58	500	12.2	0.7
서울특별시	종로구	1호선	종로3가	96	44.6	507	10.3	0.8
서울특별시	종로구	1호선	종로5가	73.2	37.6	525	8.1	0.7
	종로구				54			

다음 [그림 13-6]은 각 호선에 대하여 상자그림(Box Plot) 차트를 사용하여 공기질 정보를 시각화하여 보여주고 있습니다.

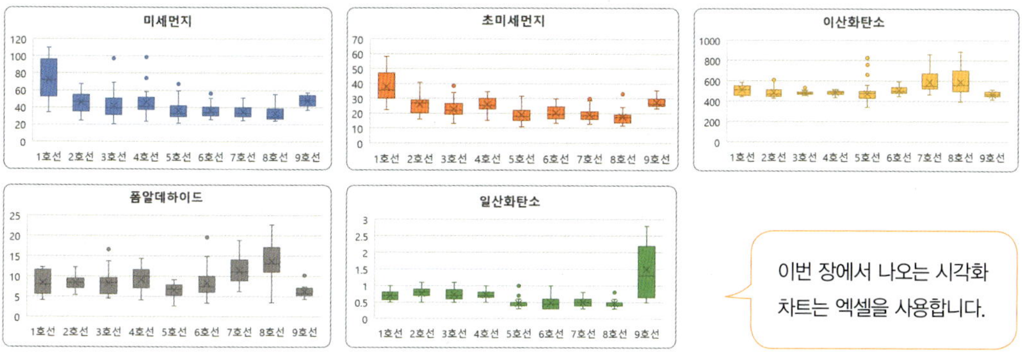

이번 장에서 나오는 시각화 차트는 엑셀을 사용합니다.

그림 13-6 **상자그림 차트를 사용하여 지하철 공기질 데이터를 시각화한 예**

1호선의 미세먼지와 초미세먼지, 8호선의 이산화탄소와 폼알데하이드는 각 역 간 수치 차이가 큰 것을 확인할 수 있으며, 특히 9호선의 일산화탄소 수치는 박스가 세로로 긴 것으로 보아 역 산 수치 차이가 상당히 큰 것을 확인할 수 있습니다.

하나 더 알기 **상자그림 차트**

상자그림 차트(Box Plot Chart)는 최솟값, 제1사분위 수(25%), 제2사분위 수(50%), 제3사분위 수(75%), 최댓값 등 5가지 통계 요약 수치 및 이상치를 시각적으로 표현합니다. 이 차트는 주로 데이터 분포를 이해하고 여러 그룹 간의 데이터 분포를 비교하여 통계적 차이를 시각화함으로써 데이터의 특성을 파악하는 데 활용됩니다.

이번에는 [그림 13-7]과 같이 분산형 차트를 사용해 공기질 항목 간의 관련성을 확인하겠습니다. 미세먼지와 초미세먼지 간에 양의 상관관계가 있는 것으로 보입니다.

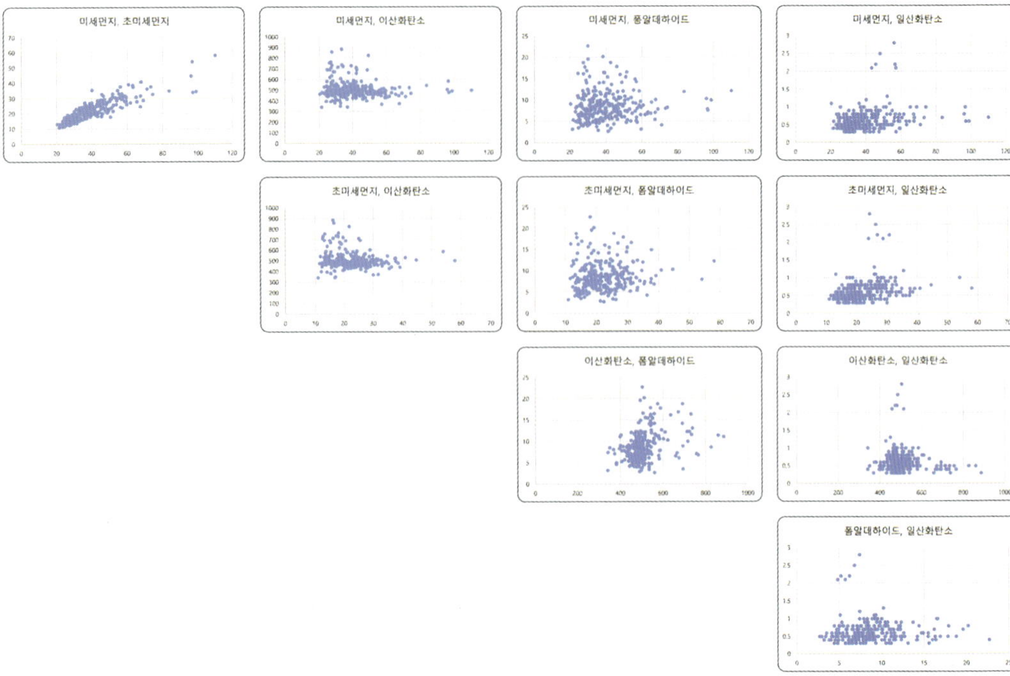

그림 13-7 **분산형 차트를 사용하여 시각화한 예**

하나 더 알기 **분산형 차트**

분산형 차트(Scatter Chart)는 데이터 간의 상관관계 및 패턴을 시각적으로 파악하거나 이상치를 식별하기 위해 주로 활용됩니다. 또한 분포와 집단 간의 비교를 통해 데이터의 특성을 빠르게 파악하는 데에도 도움이 됩니다.

예제 13-2 **지하철공기질 테이블에 있는 총 레코드 건수 및 각 공기질 측정 항목에 대하여 평균 수치값을 보이시오.**

```
SELECT COUNT(*) AS 총건수
      ,ROUND(AVG(미세먼지), 1) AS  평균미세먼지
      ,ROUND(AVG(초미세먼지), 1) AS 평균초미세먼지
      ,ROUND(AVG(이산화탄소), 1) AS 평균이산화탄소
      ,ROUND(AVG(폼알데하이드), 1) AS 평균폼알데하이드
      ,ROUND(AVG(일산화탄소), 1) AS 평균일산화탄소
FROM 지하철공기질;
```

▶ 실행결과

총건수	평균미세먼지	평균초미세먼지	평균이산화탄소	평균폼알데하이드	평균일산화탄소
263	40.4	22.3	507.9	8.7	0.6

예제 13-3 **호선별로 공기질의 각 항목에 대한 평균값을 보이시오.**

```
SELECT 호선명
      ,ROUND(AVG(미세먼지), 1) AS  평균미세먼지
      ,ROUND(AVG(초미세먼지), 1) AS 평균초미세먼지
      ,ROUND(AVG(이산화탄소), 1) AS 평균이산화탄소
      ,ROUND(AVG(폼알데하이드), 1) AS 평균폼알데하이드
      ,ROUND(AVG(일산화탄소), 1) AS 평균일산화탄소
FROM 지하철공기질
GROUP BY 호선명;
```

▶ 실행결과

호선명	평균미세먼지	평균초미세먼지	평균이산화탄소	평균폼알데하이드	평균일산화탄소
1호선	72.6	37.9	509.6	8.4	0.7
2호선	45.8	26	483.4	8.4	0.8
3호선	42	22.8	481.9	8.3	0.7
4호선	45.9	25.8	483.9	9.2	0.7
5호선	36.1	19	474.6	6.6	0.5
6호선	36.1	20.3	508.8	8.3	0.5
7호선	34.5	19.1	589.0	11.4	0.5
8호선	32.6	17.7	588.9	13.7	0.5
9호선	47.7	27.5	469.8	6.2	1.5

각 호선별로 공기질 측정 항목에 대한 평균 수치를 확인하였습니다. [그림 13-8]은 결과 데이터셋을 세로 막대형 차트로 시각화하여 보여줍니다.

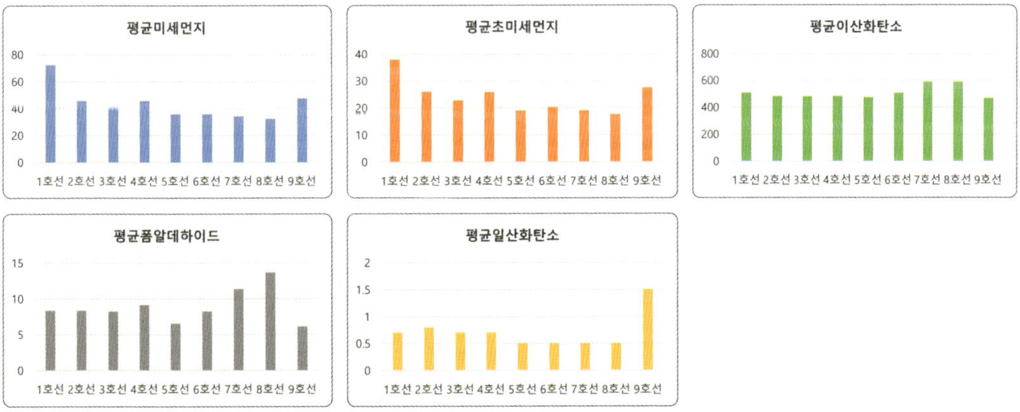

그림 13-8 세로 막대형 차트를 사용하여 시각화한 예

미세먼지와 초미세먼지는 1호선, 이산화탄소는 7호선과 8호선, 폼알데하이드는 8호선, 일산화탄소는 9호선이 상대적으로 높은 것을 확인할 수 있습니다.

하나 더 알기 **막대형 차트**

막대형 차트(Bar Chart)는 데이터 시각화에서 가장 일반적으로 사용되는 그래프 유형 중 하나로 수치의 크기를 막대 모양의 길이로 나타낸 그래프입니다. 이 차트는 길이나 높이로 나타낸 막대들을 비교하여 데이터 간의 상대적 크기나 양을 파악할 수 있습니다. 막대를 세로로 할 수도 있고 가로로 할 수도 있는데, 항목 수가 적거나 항목 간 수치 비교를 통해 순위를 강조하고 싶을 때에는 세로 막대 차트가 좀 더 이해하기 좋습니다. 항목 수가 많거나 항목 레이블이 길다면 가로 막대 차트가 좀 더 직관적이고 보기 좋습니다.

이번에는 1호선 어느 역의 미세먼지 수치가 높은지 확인해보겠습니다.

예제 13-4 **1호선 역에 대하여 미세먼지 수치가 높은 역부터 10개 역의 순위를 매겨 나타내시오.**

```
SELECT RANK() OVER(ORDER BY 미세먼지 DESC) AS 순위
      ,역명
      ,미세먼지
FROM 지하철공기질
WHERE 호선명 = '1호선'
LIMIT 10;
```

▶ **실행결과**

순위	역명	미세먼지
1	종각	110
2	동대문	96.6
3	종로3가	96
4	시청	83.5
5	종로5가	73.2
6	제기동	71
7	신설동	64.8
8	청량리	56.8
9	서울역	39.9
10	동묘앞	34.3

1호선의 역 중에서 종각역의 미세먼지 수치가 가장 높은 것을 알 수 있습니다. 위의 결과 데이터셋을 시각화한 차트의 예는 [그림 13-9]와 같습니다.

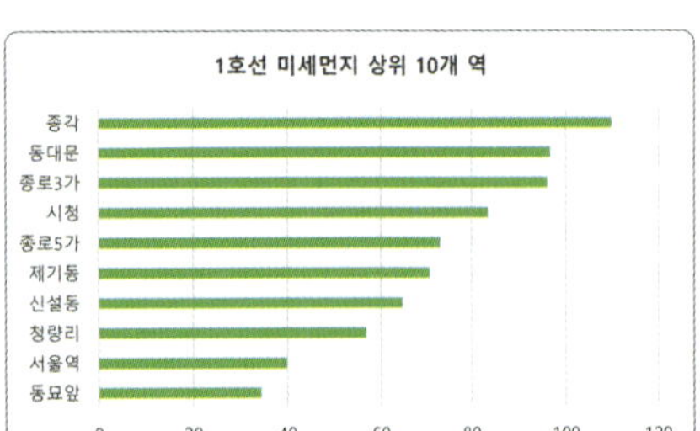

그림 13-9 가로 막대형 차트를 사용하여 시각화한 예

그러면 1호선의 평균 미세먼지 수치보다 높은 역은 어디일까요?

예제 13-5 **1호선의 평균 미세먼지 수치보다 높은 수치를 보이는 호선 및 역에 대한 정보를 보이시오.**

```
SELECT 호선명
      ,역명
      ,미세먼지
FROM 지하철공기질
WHERE 미세먼지 > (
                SELECT AVG(미세먼지)
                FROM 지하철공기질
                WHERE 호선명 = '1호선'
                );
```

▶ 실행결과

호선명	역명	미세먼지
1호선	동대문	96.6
1호선	시청	83.5
1호선	종각	110
1호선	종로3가	96
1호선	종로5가	73.2
3호선	을지로3가	96.9
4호선	수유	98.7
4호선	이촌	74.2

서브쿼리를 사용하여 1호선의 미세먼지 항목에 대하여 평균 수치를 구한 후, 그 값보다 수치가 높은 미세먼지 수치를 필터링하면 결과를 얻을 수 있습니다. 1호선의 평균 미세먼지 수치보다 높은 역에는 1호선의 동대문역, 시청역, 종각역 등이 있으며, 3호선의 을지로3가, 4호선의 수유역과 이촌역이 있습니다.

예제 13-6 **시군구명별로 역 개수와 공기질 각 항목에 대한 평균값을 보이시오. 이때 역의 개수가 많은 레코드부터 순서대로 나타내시오.**

```
SELECT 시군구명
      ,COUNT(*) AS 역개수
      ,ROUND(AVG(미세먼지), 1) AS  평균미세먼지
      ,ROUND(AVG(초미세먼지), 1) AS 평균초미세먼지
      ,ROUND(AVG(이산화탄소), 1) AS 평균이산화탄소
      ,ROUND(AVG(폼알데하이드), 1) AS 평균폼알데하이드
      ,ROUND(AVG(일산화탄소), 1) AS 평균일산화탄소
FROM 지하철공기질
GROUP BY 시군구명
ORDER BY 2 DESC;
```

▶ 실행결과

시군구명	역개수	평균미세먼지	평균초미세먼지	평균이산화탄소	평균폼알데하이드	평균일산화탄소
송파구	27	36.2	21.2	518.4	9.1	0.7
중구	23	49.4	26.5	488.9	9	0.7
강남구	21	39	22.2	523.7	9.4	1
마포구	16	38.5	20.6	484.5	6.8	0.6
종로구	15	54.7	29.2	495.7	9.1	0.6
은평구	13	38.7	22.9	492.3	8.4	0.5
강동구	13	39.1	21.5	511.0	8.4	0.5
서초구	12	[illegible]	22	[illegible]	[illegible]	0.7

시군구명	역개수	평균미세먼지	평균초미세먼지	평균이산화탄소	평균폼알데하이드	평균일산화탄소
송파구	27	36.2	21.2	518.4	9.1	0.7
중구	23	49.4	26.5	488.9	9	0.7
강남구	21	39	22.2	523.7	9.4	1
마포구	16	38.5	20.6	484.5	6.8	0.6
종로구	15	54.7	29.2	495.7	9.1	0.6
은평구	13	38.7	22.9	492.3	8.4	0.5
강동구	13	39.1	21.5	511	8.4	0.5
서초구	12	[illegible]	22	[illegible]	9.7	[illegible]

그림 13-10 **조건부 서식(데이터 막대)을 사용하여 시각화한 예**

전반적으로 시군구에 있는 역의 개수와 공기질 수치 간에는 연관 관계가 있어 보이지는 않습니다.

하나 더 알기 **조건부 서식**

엑셀의 조건부 서식(Conditional Formatting)은 데이터 시각화를 위해서도 유용하게 사용할 수 있습니다. 조건부 서식을 통하여 특정 조건을 만족하는 데이터를 시각적으로 강조할 수 있습니다. 특히 막대 차트와 같이 수치의 크기를 비교하거나 데이터를 범주화하고 관련된 항목을 같은 서식으로 표시하여 데이터 집계 및 분석을 쉽게 할 수 있어 데이터를 직관적으로 이해하고 효과적으로 표현할 수 있습니다.

예제 13-7 **시군구명별로 역의 개수와 역명 목록을 보이시오. 이때 중복된 역명은 한 번씩만 보이며, 역의 개수가 많은 레코드부터 순서대로 나타내시오.**

```
SELECT 시군구명
      ,COUNT(DISTINCT 역명) AS 역개수
      ,GROUP_CONCAT(DISTINCT 역명) AS 역명
FROM 지하철공기질
GROUP BY 시군구명
ORDER BY 역개수 DESC;
```

[예제 13-6]과 [예제 13-7]의 역의 개수를 비교해보면 차이가 나는 것을 알 수 있습니다. 그 이유는 [예제 13-7]에서는 DISTINCT를 사용함으로써 동일한 역명을 갖는 환승역명에 대해 중복을 제거하고 개수를 세었기 때문입니다. 역명을 목록으로 보기 위해서는 GROUP_CONCAT 함수를 사용할 수 있으며, 이 함수에서도 이름이 중복되는 환승역명을 제거하기 위해 DISTINCT를 사용합니다.

▶ **실행결과**

시군구명	역개수	역명
송파구	22	가락시장,강동구청,개롱,거여,경찰병원,마천,몽촌토성,문정,방이,복정,삼전,석촌,석촌고분,송파,송파나루,오금,올림픽공원,...
강남구	21	강남,강남구청,논현,대청,대치,도곡,매봉,봉은사,삼성,삼성중앙,선릉,선정릉,수서,신사,압구정,언주,역삼,일원,청담,학동,학...
마포구	14	공덕,광흥창,대흥,마포,마포구청,망원,상수,신촌,아현,애오개,월드컵경기장,이대,합정,홍대입구
중구	14	동대문역사문화공원,동대입구,명동,버티고개,서울역,시청,신당,약수,을지로3가,을지로4가,을지로입구,청구,충무로,회현
강동구	12	강동,강일,고덕,굽은다리,길동,둔촌동,둔촌오륜,명일,상일동,암사,중앙보훈병원,천호
은평구	11	구산,구파발,녹번,독바위,디지털미디어시티,불광,새절,역촌,연신내,응암,증산
종로구	11	경복궁,광화문,동대문,동묘앞,서대문,안국,종각,종로3가,종로5가,창신,혜화
서초구	10	고속터미널,교대,남부터미널,남태령,내방,반포,방배,서초,양재,잠원
영등포구	10	대림,문래,보라매,신길,신풍,양평,여의나루,여의도,영등포구청,영등포시장

이번에는 환승역을 찾아보겠습니다.

예제 13-8 **환승역과 역개수, 환승 호선명을 목록으로 함께 보이시오. 이때 환승 역개수가 많은 역부터 순서대로 나타내시오.**

```
SELECT 역명 AS 환승역
      ,COUNT(*) AS 역개수
      ,GROUP_CONCAT(호선명) AS 호선명
FROM 지하철공기질
GROUP BY 역명
HAVING COUNT(*) >= 2
ORDER BY 2 DESC;
```

▶ **실행결과**

환승역	역개수	호선명
동대문역사문화공원	3	2호선,4호선,5호선
종로3가	3	1호선,3호선,5호선
고속터미널	2	3호선,7호선
공덕	2	5호선,6호선
교대	2	2호선,3호선
군자	2	5호선,7호선

동일 이름으로 되어 있는 역명이 2개 이상인 것은 HAVING절을 사용하여 필터링했습니다. 환승역이 어느 호선에 있는지는 GROUP_CONCAT 함수를 사용하여 목록을 확인할 수 있습니다.

예제 13-9 **환승역과 환승역이 아닌 역을 구분하여 각 공기질 항목에 대한 평균값을 보이시오.**

```
WITH 환승역 AS
(
SELECT 역명
      ,COUNT(*) AS 환승역수
FROM 지하철공기질
GROUP BY 역명
HAVING COUNT(*) >= 2
```

```
)

SELECT '환승역' AS 구분
       ,ROUND(AVG(미세먼지), 1) AS  평균미세먼지
       ,ROUND(AVG(초미세먼지), 1) AS 평균초미세먼지
       ,ROUND(AVG(이산화탄소), 1) AS 평균이산화탄소
       ,ROUND(AVG(폼알데하이드), 1) AS 평균폼알데하이드
       ,ROUND(AVG(일산화탄소), 1) AS 평균일산화탄소
FROM 지하철공기질
WHERE 역명 IN (
              SELECT 역명
              FROM 환승역
              )

UNION

SELECT '단일역'
       ,ROUND(AVG(미세먼지), 1) AS  평균미세먼지
       ,ROUND(AVG(초미세먼지), 1) AS 평균초미세먼지
       ,ROUND(AVG(이산화탄소), 1) AS 평균이산화탄소
       ,ROUND(AVG(폼알데하이드), 1) AS 평균폼알데하이드
       ,ROUND(AVG(일산화탄소), 1) AS 평균일산화탄소
FROM 지하철공기질
WHERE 역명 NOT IN (
                  SELECT 역명
                  FROM 환승역
              );
```

▶ 실행결과

구분	평균미세먼지	평균초미세먼지	평균이산화탄소	평균폼알데하이드	평균일산화탄소
환승역	42.2	23.4	508.1	8.6	0.6
단일역	39.8	21.9	507.8	8.8	0.6

본 예제에서는 CTE와 UNION 연산자를 사용하였습니다. CTE는 쿼리를 통해 만들어낸 임시 데이터셋으로, 파생 테이블(Derived Table)과 비슷한 개념으로 사용된다고 설명하였습니다. [예제 13-8]에서 환승역을 검색하는 쿼리를 만들었고, 그 쿼리를 활용하여 환승역에서의 공기질 측정 결과를 확인하였습니다. 결과에 의하면 환승 여부에 따라 공기질 수치 간에는 큰 차이가 있어 보이지 않습니다.

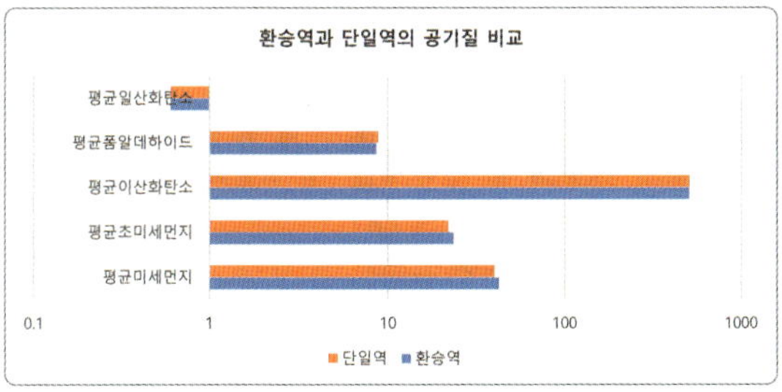

그림 13-11 **가로 막대형 로그 차트를 사용하여 시각화한 예**

하나 더 알기 ✓ **로그 막대 차트**

로그 막대 차트는 아주 큰 값과 작은 값이 함께 존재할 때 유용하게 사용할 수 있습니다. 이 차트는 작은 값과 큰 값 간의 비율을 강조합니다. 이를 통해 작은 변화나 간격을 뚜렷하게 나타낼 수 있으며, 데이터 간의 상대적 비교가 용이해집니다. 엑셀에서는 '로그 눈금 간격' 옵션을 지정하여 적용할 수 있습니다.

예제 13-10 **각 호선별로 미세먼지 수치가 가장 높은 역에 대하여 역명과 미세먼지 수치를 보이시오.**

```
SELECT 호선명
       ,역명
       ,미세먼지
FROM 지하철공기질
WHERE (호선명, 미세먼지) IN (SELECT 호선명, MAX(미세먼지)
                            FROM 지하철공기질
                            GROUP BY 호선명);
```

각 호선마다 최대 미세먼지 수치가 측정된 역을 검색하기 위해서는 다중 컬럼 서브쿼리를 사용할 수 있습니다.

▶ **실행결과**

호선명	역명	미세먼지
1호선	종각	110
2호선	신림	67.6
3호선	을지로3가	96.9
4호선	수유	98.7
5호선	방화	67.4
6호선	역촌	56
7호선	상도	50.9
8호선	몽촌토성	55.2
9호선	삼성중앙	57.1

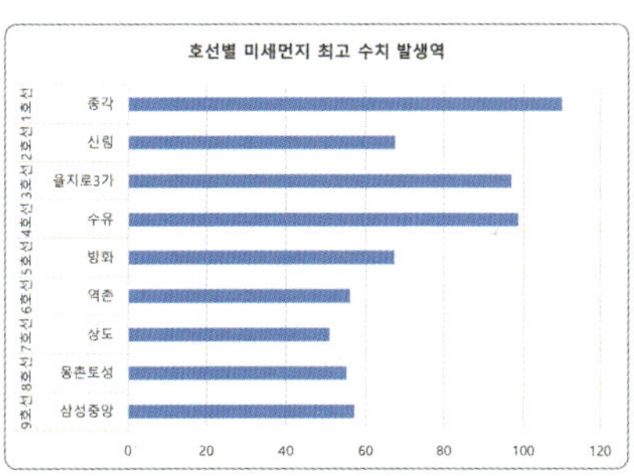

그림 13-12 **가로 막대형 차트를 사용하여 시각화한 예**

Section 04

서울 지하철 승하차 자료의 탐색적 데이터 분석

이번 절에서는 지하철 승하차 데이터에 대해서 살펴보겠습니다.

예제 13-11 **호선명별로 승차승객수합, 하차승객수합, 승하차승객수합을 보이시오.**

```
SELECT 호선명
      ,SUM(승차승객수) AS 승차승객수합
      ,SUM(하차승객수) AS 하차승객수합
      ,SUM(승차승객수 + 하차승객수) AS 승하차승객수합
FROM 지하철승하차
GROUP BY 호선명;
```

▶ 실행결과

호선명	승차승객수합	하차승객수합	승하차승객수합
1호선	74538614	72891546	147430160
2호선	441861854	447823921	889685775
3호선	167786748	167588713	335375461
4호선	158029620	160093030	318122650
5호선	206065776	204965294	411031070
6호선	108027486	106623231	214650717
7호선	191420784	188305212	379725996
8호선	60647370	61098112	121745482
9호선	89484922	90306325	179791247
9호선2~3단계	32062985	31802541	63865526

결과를 보면 2호선의 승하차 승객수가 다른 호선에 비해 월등히 많은 것을 확인할 수 있습니다.

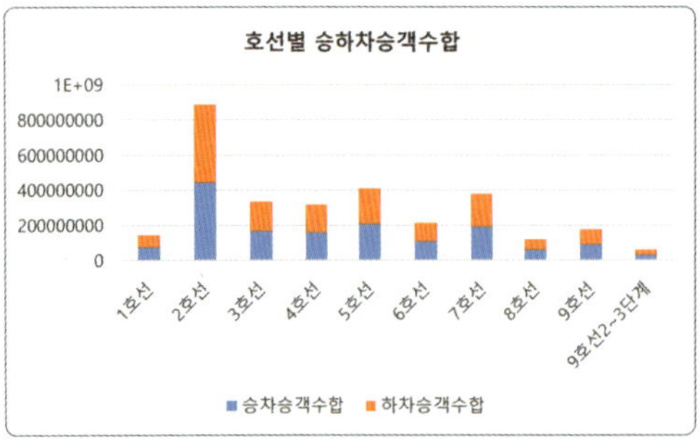

그림 13-13 **누적 세로 막대형 차트를 사용하여 시각화한 예**

하나 더 알기 ✓ **누적 막대형 차트**

누적 막대형 차트(Stacked Column Chart)는 데이터의 부분과 전체 간의 상대적 비율을 시각적으로 나타내는 데 사용됩니다. 항목 간 상대적 크기나 비율을 비교하거나 전체에서 각 부분이 차지하는 비율을 보여주어 데이터의 전반적인 구조를 이해하는 데 도움이 됩니다.

예제 13-12 **호선명별로 역개수, 역명, 승하차승객수합, 역당 평균승하차승객수를 보이시오. 이때 역당 평균승하차승객수가 많은 레코드부터 순서대로 나타내시오.**

```
SELECT 호선명
      ,COUNT(DISTINCT 역명) AS 역개수
      ,GROUP_CONCAT(DISTINCT 역명) AS 역명
      ,SUM(승차승객수 + 하차승객수) AS 승하차승객수합
      ,ROUND(SUM(승차승객수 + 하차승객수) / COUNT(DISTINCT 역명), 0) AS 역당_평균승하차승객수
FROM 지하철승하차
GROUP BY 호선명
ORDER BY 5 DESC;
```

지하철승하차 테이블에는 각 호선의 역에 대해 2022년도 1월 1일부터 12월 31일까지의 승하차승객수 데이터가 들어있기 때문에 COUNT(역명)이라고 하면 중복된 역명을 모두 세어줍니다. 중복되는 역명을 한 번씩만 세기 위해서는 COUNT 함수에 DISTINCT를 넣습니다. GROUP_CONCAT 함수를 사용하여 역명을 목록으로 보일 때에도 동일한 이유로 DISTINCT 키워드를 추가합니다.

▶ **실행결과**

호선명	역개수	역명	승하차승객수합	역당_평균승하차승객수
2호선	50	강남,강변,건대입구,교대,구로디지털단지,구의,낙성대,당산,대림,도림천,동대문역사문화공원,뚝섬,문래,방배,봉천,사당,삼...	889685775	17793716
1호선	10	동대문,동묘앞,서울역,시청,신설동,제기동,종각,종로3가,종로5가,청량리	147430160	14743016
4호선	26	길음,남태령,노원,당고개,동대문,동대문역사문화공원,동작,명동,미아,미아사거리,사당,삼각지,상계,서울역,성신여대입구,...	318122650	12235487
3호선	34	가락시장,경복궁,경찰병원,고속터미널,교대,구파발,금호,남부터미널,녹번,대청,대치,도곡,독립문,동대입구,매봉,무악재,불...	335375461	9863984
7호선	51	가산디지털단지,강남구청,건대입구,고속터미널,공릉,광명사거리,군자,굴포천,까치울,남구로,남성,내방,노원,논현,대림,도...	379725996	7445608
5호선	56	강동,강일,개롱,개화산,거여,고덕,공덕,광나루,광화문,군자,굽은다리,길동,김포공항,까치산,답십리,동대문역사문화공원,둔...	411031070	7339841
9호선	25	가양,개화,고속터미널,공항시장,구반포,국회의사당,김포공항,노들,노량진,당산,동작,등촌,마곡나루,사평,샛강,선유도,신논...	179791247	7191650
8호선	18	가락시장,강동구청,남위례,남한산성입구,단대오거리,모란,몽촌토성,문정,복정,산성,석촌,송파,수진,신흥,암사,잠실,장지,천호	121745482	6763638
6호선	39	고려대,공덕,광흥창,구산,녹사평,대흥,독바위,돌곶이,동묘앞,디지털미디어시티,마포구청,망원,버티고개,보문,봉화산,불광,...	214650717	5503865
9호선2~3단계	13	둔촌오륜,봉은사,삼성중앙,삼전,석촌,석촌고분,선정릉,송파나루,언주,올림픽공원,종합운동장,중앙보훈병원,한성백제	63865526	4912733

호선명	역개수	승하차승객수합	역당_평균승하차승객수
2호선	50	889,685,775	17,793,716
1호선	10	147,430,160	14,743,016
4호선	26	318,122,650	12,235,487
3호선	34	335,375,461	9,863,984
7호선	51	379,725,996	7,445,608
5호선	56	411,031,070	7,339,841
9호선	25	179,791,247	7,191,650
8호선	18	121,745,482	6,763,638
6호선	39	214,650,717	5,503,865
9호선2~3단계	13	63,865,526	4,912,733

그림 13-14 **조건부 서식(색조)을 사용하여 시각화한 예**

1호선, 2호선, 4호선은 다른 호선과 비교했을 때 역당 평균승하차승객수가 상대적으로 크다는 것을 확인할 수 있습니다. 특히 1호선의 경우에는 전체 승하차승객수합은 다른 호선에 비해 크지 않지만, 역당 평균 승하차승객수합이 5호선의 2배에 해당할 만큼 상대적으로 아주 크다는 것을 알 수 있습니다.

[그림 13-15]는 승하차승객수에 대한 비율을 원형 차트로 표현한 것입니다.

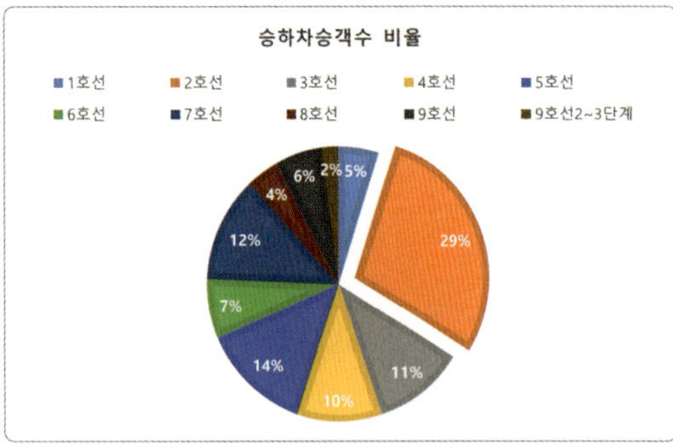

그림 13-15 원형 차트를 사용하여 시각화한 예

하나 더 알기 **원형 차트**

원형 차트(Pie Chart)는 데이터의 상대적인 부분과 전체 간의 비율을 시각적으로 나타내는 데 사용됩니다. 원형 차트를 사용하면 부분-전체 관계에서 상대적 비율을 강조하여 시각화할 수 있습니다.

예제 13-13 **월별, 호선명별로 승하차승객수합을 보이시오.**

```
SELECT MONTH(사용일자) AS 월
      ,호선명
      ,SUM(승차승객수 + 하차승객수) AS 승하차승객수합
FROM 지하철승하차
GROUP BY MONTH(사용일자)
        ,호선명
ORDER BY 1, 2;
```

▶ 실행결과

월	호선명	승하차승객수합
1	1호선	10910954
1	2호선	67662511
1	3호선	25383519
1	4호선	23726386
1	5호선	31344826
1	6호선	15945703

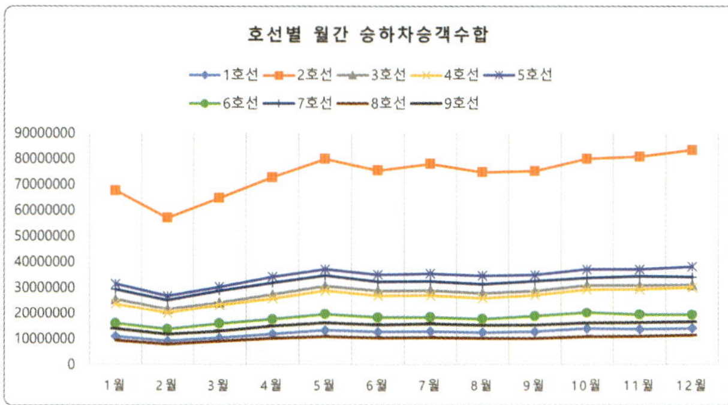

그림 13-16 꺾은선 차트를 사용하여 시각화한 예

모든 호선에서 2월의 승객수가 가장 적고, 5월과 12월의 승객수가 가장 많은 것을 확인할 수 있습니다.

하나 더 알기 ✓ **꺾은선 차트**

꺾은선 차트(Line Chart)는 데이터의 추세, 패턴, 상관관계를 시각적으로 보여주는 데 사용됩니다. 꺾은선 차트는 시계열 데이터를 표시하여 시간에 따른 값의 변화를 분석함으로써 시간 내에서의 추세, 주기성, 계절성 등을 파악할 수 있으며, 서로 다른 변수 간의 상관관계를 시각화하여 선형 또는 비선형 관계를 파악할 수도 있습니다. 또한 과거 데이터를 기반으로 미래 추세를 예측하고 데이터의 흐름을 이해하는 데에도 유용하게 사용할 수 있습니다.

예제 13-14 **어느 역, 어느 호선의 승하차승객수합이 많은지 상위 10개의 정보를 보이시오.**

```
SELECT 역명
      ,호선명
      ,SUM(승차승객수 + 하차승객수) AS 승하차승객수합
FROM 지하철승하차
GROUP BY 역명
        ,호선명
ORDER BY 3 DESC
LIMIT 10;
```

▶ **실행결과**

역명	호선명	승하차승객수합
강남	2호선	51764650
잠실	2호선	49660855
홍대입구	2호선	43253951
신림	2호선	39184576
구로디지털단지	2호선	36820457
삼성	2호선	33684518
[illegible]	2호선	[illegible]

상위 10개 역 중에서 9개 역이 2호선 라인의 역임을 확인할 수 있습니다

예제 13-15 **2호선에 대하여 요일별로 승하차승객수합을 보이되 월요일부터 순서대로 보이시오.**

```
SELECT MONTH(사용일자) AS 월
      ,WEEKDAY(사용일자) AS 정수요일
      ,CASE WEEKDAY(사용일자)
            WHEN 0 THEN '월요일'
            WHEN 1 THEN '화요일'
            WHEN 2 THEN '수요일'
            WHEN 3 THEN '목요일'
            WHEN 4 THEN '금요일'
            WHEN 5 THEN '토요일'
            ELSE '일요일'
      END AS 요일
      ,SUM(승차승객수 + 하차승객수) AS 승하차승객수합
FROM 지하철승하차
WHERE 호선명 = '2호선'
GROUP BY MONTH(사용일자)
        ,WEEKDAY(사용일자)
        ,CASE WEEKDAY(사용일자)
             WHEN 0 THEN '월요일'
             WHEN 1 THEN '화요일'
             WHEN 2 THEN '수요일'
             WHEN 3 THEN '목요일'
             WHEN 4 THEN '금요일'
             WHEN 5 THEN '토요일'
             ELSE '일요일'
        END
ORDER BY 1,2;
```

▶ 실행결과

월	정수요일	요일	승하차승객수합
1	0	월요일	11104750
1	1	화요일	10611443
1	2	수요일	10712608
1	3	목요일	10685467
1	4	금요일	10802850
1	5	토요일	7836806
[illegible]	6	[illegible]	[illegible]

WEEKDAY 함수 외에 DAYOFWEEK 함수를 사용하여 요일을 확인할 수도 있습니다. WEEKDAY와는 달리 DAYOFWEEK 함수는 일요일이 0이고, 토요일이 6이 됩니다. 2호선의 경우, 월 중에서

12월의 승하차인원수가 가장 많고 2월이 가장 적으며, 요일 중에는 금요일이 가장 많고 주말의 승하차인원수가 적은 것을 확인할 수 있습니다.

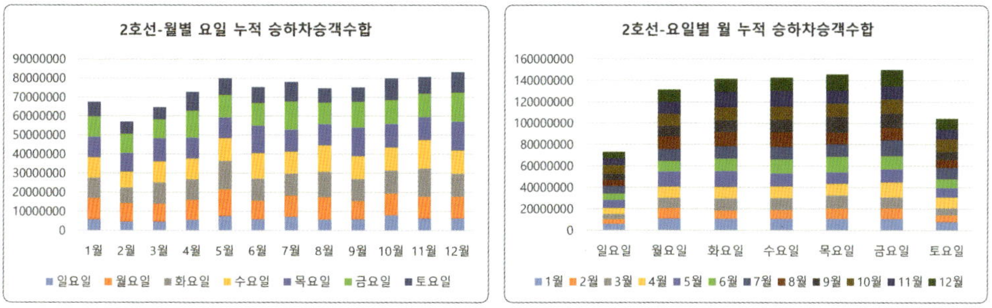

그림 13-17 **누적 세로 막대형 차트에서 행/열 전환을 사용하여 시각화한 예**

예제 13-16 강남역과 홍대입구역, 잠실역, 명동역의 12월 데이터에 대하여 역명, 사용일자, 승하차승객수 및 승하차승객수누적합을 보이시오.

```
SELECT 역명
      ,사용일자
      ,SUM(승차승객수 + 하차승객수) AS 승하차승객수합
      ,SUM(승차승객수 + 하차승객수)
          OVER(PARTITION BY 역명 ORDER BY 사용일자) 승하차승객수누적합
FROM 지하철승하차
WHERE 역명 IN ('강남','홍대입구','잠실','명동')
AND MONTH(사용일자) = 12
GROUP BY 역명
        ,사용일자
ORDER BY 1, 2;
```

SUM 집계 함수에 OVER절을 붙이면 윈도우 함수로 사용할 수 있으며, OVER 절에서 ORDER BY를 넣으면 누적합을 확인할 수 있습니다.

▶ 실행결과

역명	사용일자	승하차승객수합	승하차승객수누적합
강남	2022-12-01	160084	160084
강남	2022-12-02	173348	333432
강남	2022-12-03	121627	455059
[illegible]	2022-12-04	[illegible]	521978
[illegible]	[illegible]	166894	[illegible]
강남	2022-12-31	94064	4615577
명동	2022-12-01	53912	53912
명동	2022-12-02	57983	111895
명동	2022-12-03	61408	173303
명동	2022-12-04	44485	217788

160,084 + 173,348

53,912 + 57,983

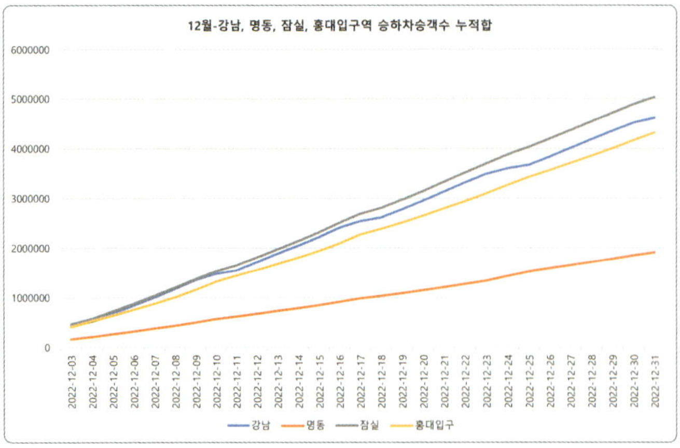

그림 13-18 꺾은선 차트에서 추이 비교를 시각화한 예

4개 역에 대하여 비교한 결과 강남, 잠실, 홍대입구역은 승하차인원이 비슷한 추세로 누적됨에 반해 명동역은 상대적으로 승하차인원이 완만하게 누적됨을 확인할 수 있습니다. 강남역은 주말의 승하차인원의 누적폭이 평일의 누적폭과 다르다는 것도 확인할 수 있습니다.

하나 더 알기 **에러 코드 1055가 발생하는 경우**

[예제 13-16]을 실행했을 때 오류가 발생할 수 있습니다. MySQL 5.7.5 이상에서는 ONLY_FULL_GROUP_BY 모드가 활성화된 경우 선택 목록, HAVING 조건 또는 ORDER BY 목록이 GROUP BY절에 지정되지 않았거나 기능적으로 종속되지 않은 집계되지 않은 열을 참조하는 쿼리는 허용하지 않는 것으로 변경되었기 때문입니다. 이 문제는 sql_mode에 설정되어 있는 ONLY_FULL_GROUP_BY 모드를 다음과 같이 비활성으로 변경하여 해결할 수 있습니다.

```
SET sql_mode=(SELECT REPLACE(@@sql_mode,'ONLY_FULL_GROUP_BY',''));
```

예제 13-17 **환승역에 대하여 승하차승객수합을 보이시오. 이때 승하차승객수합이 많은 역부터 나타내시오.**

```
WITH 환승역 AS
(
SELECT 역명
      ,COUNT(*) AS 역개수
FROM (
       SELECT DISTINCT 호선명
                      ,역명
       FROM 지하철승하차
      ) AS t
```

```
GROUP BY 역명
HAVING COUNT(*) >= 2
)

SELECT 역명
       ,SUM(승차승객수 + 하차승객수) AS 승하차승객수합
       ,GROUP_CONCAT(DISTINCT 호선명) AS 호선명
FROM 지하철승하차
WHERE 역명 IN (
                SELECT 역명
                FROM 환승역
               )
GROUP BY 역명
ORDER BY 2 DESC;
```

▶ 실행결과

역명	승하차승객수합	호선명
잠실	60624028	2호선,8호선
고속터미널	52696727	3호선,7호선,9호선
사당	42905316	2호선,4호선
서울역	40343499	1호선,4호선
여의도	35053176	5호선,9호선
[illegible]	34390287	[illegible]

예제 13_10 **호선명, 역명, 승차승객수합, 하차승객수합, 승하차승객수합을 보이는 뷰를 지하철승하차뷰라는 이름으로 생성하시오.**

```
CREATE VIEW 지하철승하차뷰
AS
SELECT 호선명
       ,역명
       ,SUM(승차승객수) AS 승차승객수합
       ,SUM(하차승객수) AS 하차승객수합
       ,SUM(승차승객수+하차승객수) AS 승하차승객수합
FROM 지하철승하차
GROUP BY 호선명
         ,역명;
```

Section

05 서울 지하철 자료의 데이터 통합 분석

앞서 서울 지하철의 공기질과 승하차 데이터를 이용하여 탐색적 데이터 분석을 해보았습니다. 이번 절에서는 두 데이터를 합쳐 서울 지하철에 대한 통합 분석을 해보겠습니다.

예제 13-19 **호선명, 역명, 승차승객수합, 하차승객수합, 승하차승객수합 및 공기질 항목의 수치를 보이시오. 이때 [예제 13-18]에서 생성한 뷰를 사용하시오.**

■ ANSI SQL 조인

```
SELECT 승하차.*
       ,공기질.미세먼지
       ,공기질.초미세먼지
       ,공기질.이산화탄소
       ,공기질.폼알데하이드
       ,공기질.일산화탄소
FROM 지하철승하차뷰 AS 승하차
JOIN 지하철공기질 AS 공기질
ON 승하차.호선명 = 공기질.호선명
AND 승하차.역명 = 공기질.역명
ORDER BY 호선명
         ,역명;
```

■ Non-ANSI SQL 조인

```
SELECT 승하차.*
       ,공기질.미세먼지
       ,공기질.초미세먼지
       ,공기질.이산화탄소
       ,공기질.폼알데하이드
       ,공기질.일산화탄소
```

```
FROM 지하철승하차뷰 AS 승하차
    ,지하철공기질 AS 공기질
WHERE 승하차.호선명 = 공기질.호선명
AND 승하차.역명 = 공기질.역명
ORDER BY 호선명
        ,역명;
```

▶ 실행결과

호선명	역명	승차승객수합	하차승객수합	승하차승객수합	미세먼지	초미세먼지	이산화탄소	폼알데하이드	일산화탄소
1호선	동대문	3863207	3680871	7544078	96.6	54	585	7.9	1
1호선	동묘앞	3196812	3317739	6514551	34.3	22.4	457	4.7	0.5
1호선	서울역	15575611	15107638	30683249	39.9	27.3	566	11.5	0.7
1호선	시청	7472550	7549153	15021703	83.5	34.9	545	12	0.7
1호선	신설동	4469939	4326111	8796050	64.8	31	517	6.9	0.6
	제기동		5839885			36.2		4.2	

예제 13-20 공기질을 측정하지 않은 역에 대하여 호선명, 역명을 보이시오.

먼저 몇 개의 역이 공기질 측정을 하지 않았는지 확인해보겠습니다.

```
SELECT COUNT(*) AS 공기질미측정역개수
FROM 지하철승하차뷰 AS 승하차
WHERE NOT EXISTS (
                SELECT *
                FROM 지하철공기질 AS 공기질
                WHERE 공기질.호선명 = 승하차.호선명
                AND 공기질.역명 = 승하차.역명
                );
```

▶ 실행결과

공기질미측정역개수
72

공기질 측정을 하지 않은 호선명과 역명은 다음과 같이 확인할 수 있습니다.

```
SELECT 호선명
      ,역명
FROM 지하철승하차뷰 AS 승하차
WHERE NOT EXISTS (
                SELECT *
                FROM 지하철공기질 AS 공기질
                WHERE 공기질.호선명 = 승하차.호선명
                AND 공기질.역명 = 승하차.역명
                );
```

▶ 실행결과

호선명	역명
2호선	강변
2호선	건대입구
2호선	구로디지털단지
2호선	구의
2호선	당산
2호선	대림
[illegible]	뚝섬

예제 13-21 공기질 측정을 한 역을 대상으로 호선명별로 역개수, 승하차승객수합, 각 호선의 역당 평균승하차승객수 및 공기질 각 항목에 대한 평균 수치를 보이시오. 이때 역당 평균승하차승객수가 많은 레코드부터 순서대로 나타내시오.

ANSI SQL 조인

```
SELECT 승하차.호선명
       ,COUNT(승하차.역명) AS 역개수
       ,SUM(승하차승객수합) AS 승하차승객수합
       ,ROUND(승하차승객수합 / COUNT(승하차.역명), 0) AS 역당_평균_승하차인원수
       ,ROUND(AVG(미세먼지), 1) AS  평균미세먼지
       ,ROUND(AVG(초미세먼지), 1) AS 평균초미세먼지
       ,ROUND(AVG(이산화탄소), 1) AS 평균이산화탄소
       ,ROUND(AVG(폼알데하이드), 1) AS 평균폼알데하이드
       ,ROUND(AVG(일산화탄소), 1) AS 평균일산화탄소
FROM 지하철승하차뷰 AS 승하차
JOIN 지하철공기질 AS 공기질
ON 승하차.호선명 = 공기질.호선명
AND 승하차.역명 = 공기질.역명
GROUP BY 승하차.호선명
ORDER BY 4 DESC;
```

Non-ANSI SQL 조인

```
SELECT 승하차.호선명
       ,COUNT(승하차.역명) AS 역개수
       ,SUM(승하차승객수합) AS 승하차승객수합
       ,ROUND(승하차승객수합 / COUNT(승하차.역명), 0) AS 역당_평균_승하차인원수
       ,ROUND(AVG(미세먼지), 1) AS  평균미세먼지
       ,ROUND(AVG(초미세먼지), 1) AS 평균초미세먼지
       ,ROUND(AVG(이산화탄소), 1) AS 평균이산화탄소
       ,ROUND(AVG(폼알데하이드), 1) AS 평균폼알데하이드
       ,ROUND(AVG(일산화탄소), 1) AS 평균일산화탄소
```

```
FROM 지하철승하차뷰 AS 승하차
    ,지하철공기질 AS 공기질
WHERE 승하차.호선명 = 공기질.호선명
AND 승하차.역명 = 공기질.역명
GROUP BY 승하차.호선명
ORDER BY 4 DESC;
```

▶ 실행결과

호선명	역개수	승하차승객수합	역당_평균_승하차인원수	평균미세먼지	평균초미세먼지	평균이산화탄소	평균폼알데하이드	평균일산화탄소
2호선	37	687052418	1399045	45.8	26	483.4	8.4	0.8
1호선	10	147430160	754408	72.6	37.9	509.6	8.4	0.7
7호선	39	365656235	663099	34.5	19.1	589.0	11.4	0.5
4호선	21	268007128	649530	45.9	25.8	483.9	9.2	0.7
8호선	17	118271146	306405	32.6	17.7	588.9	13.7	0.5
5호선	56	411031070	209258	36.1	19	474.6	6.6	0.5
3호선	32	326064850	178753	42	22.8	481.9	8.3	0.7
6호선	38	214650587	143671	36.1	20.3	508.8	8.3	0.5

호선명	역개수	승하차승객수합	역당_평균_승하차인원수	평균미세먼지	평균초미세먼지	평균이산화탄소	평균폼알데하이드	평균일산화탄소
2호선	37	687,052,418	1,059,043	45.8	26	483.4	8.4	0.8
1호선	10	147,430,160	879,605	72.6	37.9	509.6	8.4	0.7
4호선	21	268,007,128	867,378	45.9	25.8	483.9	9.2	0.7
3호선	32	326,064,850	364,673	42	22.8	481.9	8.3	0.7
8호선	17	118,271,146	170,275	32.6	17.7	588.9	13.7	0.5
7호선	39	365,656,235	161,902	34.5	19.1	589	11.4	0.5
6호선	38	214,650,587	144,763	36.1	20.4	508.8	8.3	0.5
5호선	56	411,031,070	71,868	36.1	19	474.6	6.6	0.5

그림 13-19 **조건부 서식(색조, 아이콘 집합)을 사용하여 시각화한 예**

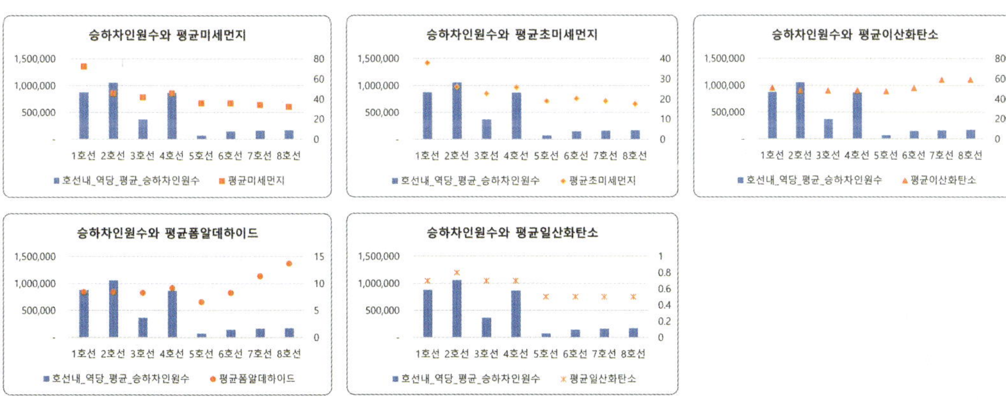

그림 13-20 **콤보 차트(막대형과 꺾은선)를 사용하여 시각화한 예**

역당 평균 승하차승객수가 많은 2호선과 1호선, 4호선에서는 미세먼지, 초미세먼지, 일산화탄소 수치가 높습니다. 역당 평균 승하차승객수가 상대적으로 적은 7호선과 8호선에서는 미세먼지, 초미세먼지, 일산화탄소 수치는 낮지만 이산화탄소와 폼알데하이드 수치가 높은 것을 확인할 수 있습니다.

지금까지 지하철 공기질과 승하차 데이터를 이용하여 탐색적 데이터 분석을 해보았습니다. 데이터 분석은 목표를 정의하고 목표에 맞게 쿼리를 작성하여 결과를 얻어야 하지만, 본 교재에서는 분석에 대하여 결론을 도출하는 대신 다양한 SQL 기술 활용 및 시각화 기술 소개에 주안을 두어 설명하였습니다.

탐색적 데이터 분석은 데이터를 이해하고 그것으로부터 인사이트를 도출하기 위한 데이터 분석의 초기 단계 작업입니다. 이 단계를 통해서 데이터의 통계적 요약을 생성하고 데이터 분석을 위한 가설을 세울 수 있습니다. 이후 회귀 분석, 분류, 군집화, 딥러닝 등과 같은 다양한 통계 모델 또는 알고리즘이나 머신러닝을 선택하여 가설 검증을 위한 모델을 개발하고, 훈련된 모델을 통해 얻은 결과를 해석하여 분석 목표에 대한 결론을 도출하며, 도출된 결과를 통하여 문제를 해결하거나 의사결정을 내릴 수 있습니다.

찾아보기

찾아보기